enVision® Matemáticas

Volumen 1 Temas 1 a 8

Autores

Randall I. Charles
Professor Emeritus
Department of Mathematics
San Jose State University
San Jose, California

Jennifer Bay-Williams
Professor of Mathematics Education
College of Education and Human Development
University of Louisville
Louisville, Kentucky

Robert Q. Berry, III
Professor of Mathematics Education
Department of Curriculum, Instruction and Special Education
University of Virginia
Charlottesville, Virginia

Janet H. Caldwell
Professor Emerita
Department of Mathematics
Rowan University
Glassboro, New Jersey

Zachary Champagne
Assistant in Research
Florida Center for Research in Science, Technology, Engineering, and Mathematics (FCR-STEM)
Jacksonville, Florida

Juanita Copley
Professor Emerita, College of Education
University of Houston
Houston, Texas

Warren Crown
Professor Emeritus of Mathematics Education
Graduate School of Education
Rutgers University
New Brunswick, New Jersey

Francis (Skip) Fennell
Professor Emeritus of Education and Graduate and Professional Studies
McDaniel College
Westminster, Maryland

Karen Karp
Professor of Mathematics Education
School of Education
Johns Hopkins University
Baltimore, Maryland

Stuart J. Murphy
Visual Learning Specialist
Boston, Massachusetts

Jane F. Schielack
Professor Emerita
Department of Mathematics
Texas A&M University
College Station, Texas

Jennifer M. Suh
Associate Professor for Mathematics Education
George Mason University
Fairfax, Virginia

Jonathan A. Wray
Mathematics Supervisor
Howard County Public Schools
Ellicott City, Maryland

SAVVAS LEARNING COMPANY

Matemáticos

Roger Howe
Professor of Mathematics
Yale University
New Haven, Connecticut

Gary Lippman
Professor of Mathematics and Computer Science
California State University, East Bay
Hayward, California

Asesores de ELL

Janice R. Corona
Independent Education Consultant
Dallas, Texas

Jim Cummins
Professor
The University of Toronto
Toronto, Canada

Revisores

Katina Arnold
Teacher
Liberty Public School District
Kansas City, Missouri

Christy Bennett
Elementary Math and Science Specialist
DeSoto County Schools
Hernando, Mississippi

Shauna Bostick
Elementary Math Specialist
Lee County School District
Tupelo, Mississippi

Samantha Brant
Teacher
Platte County School District
Platte City, Missouri

Jamie Clark
Elementary Math Coach
Allegany County Public Schools
Cumberland, Maryland

Shauna Gardner
Math and Science Instructional Coach
DeSoto County Schools
Hernando, Mississippi

Kathy Graham
Educational Consultant
Twin Falls, Idaho

Andrea Hamilton
K-5 Math Specialist
Lake Forest School District
Felton, Delaware

Susan Hankins
Instructional Coach
Tupelo Public School District
Tupelo, Mississippi

Barb Jamison
Teacher
Excelsior Springs School District
Excelsior Springs, Missouri

Pam Jones
Elementary Math Coach
Lake Region School District
Bridgton, Maine

Sherri Kane
Secondary Mathematics Curriculum Specialist
Lee's Summit R7 School District
Lee's Summit, Missouri

Jessica Leonard
ESOL Teacher
Volusia County Schools
DeLand, Florida

Jill K. Milton
Elementary Math Coordinator
Norwood Public Schools
Norwood, Massachusetts

Jamie Pickett
Teacher
Platte County School District
Kansas City, Missouri

Mandy Schall
Math Coach
Allegany County Public Schools
Cumberland, Maryland

Marjorie Stevens
Math Consultant
Utica Community Schools
Shelby Township, Michigan

Shyree Stevenson
ELL Teacher
Penns Grove-Carneys Point Regional School District
Penns Grove, New Jersey

Kayla Stone
Teacher
Excelsior Springs School District
Excelsior Springs, Missouri

Sara Sultan
PD Academic Trainer, Math
Tucson Unified School District
Tucson, Arizona

Angela Waltrup
Elementary Math Content Specialist
Washington County Public Schools
Hagerstown, Maryland

Savvas Learning Company LLC, 15 East Midland Avenue, Paramus, NJ 07652

ISBN-13: 978-0-13-496273-3
ISBN-10: 0-13-496273-7
6 23

Recursos digitales

¡Usarás estos recursos digitales a lo largo del año escolar!

Visita SavvasRealize.com

Libro del estudiante

Tienes acceso en línea y fuera de línea.

Aprendizaje visual

Interactúa con el aprendizaje visual animado.

Evaluación

Muestra lo que aprendiste.

Cuaderno de práctica adicional

Tienes acceso en línea y fuera de línea.

Amigo de práctica

Haz prácticas interactivas en línea.

Herramientas matemáticas

Explora las matemáticas con herramientas digitales.

Glosario

Lee y escucha en inglés y en español.

SAVVAS realize™ Todo lo que necesitas para las matemáticas a toda hora y en cualquier lugar.

¡Hola! Estamos aquí para ayudarte. ¡Que tengas un buen año escolar!

Me llamo Jada.

Me llamo Emily.

Me llamo Carlos.

Me llamo Marta.

Me llamo Daniel.

Me llamo Alex.

Me llamo Jackson.

Contenido

Recursos digitales en SavvasRealize.com

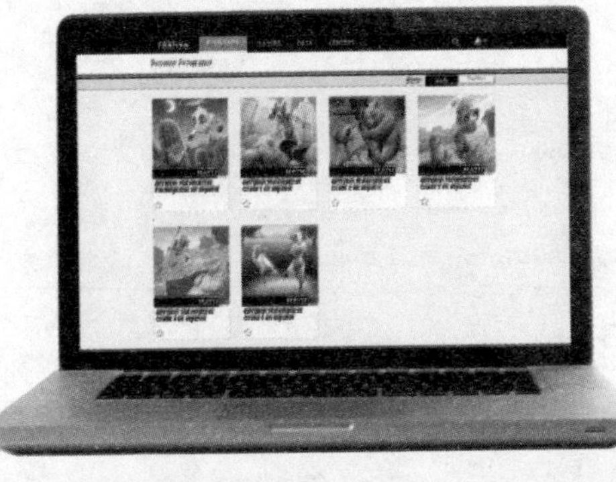

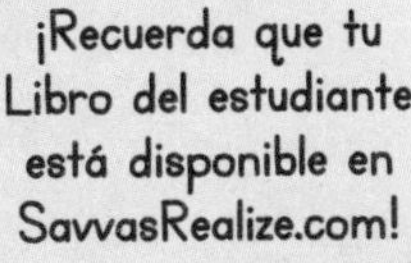

¡Recuerda que tu Libro del estudiante está disponible en SavvasRealize.com!

TEMAS

SavvasRealize.com

TEMA 1
Números del 0 al 5

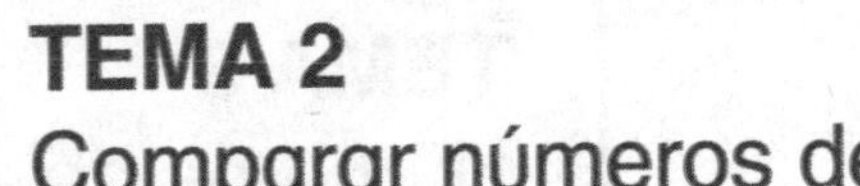

TEMA 2
Comparar números del 0 al 5

SavvasRealize.com

TEMA 3
Números del 6 al 10

TEMA 4
Comparar números del 0 al 10

SavvasRealize.com

Tienen pelaje. NO tienen pelaje.

TEMA 5
Clasificar y contar datos

TEMA 6
La suma

TEMA 7
La resta

TEMA 8
Más sobre la suma y la resta

SavvasRealize.com

TEMA 9 en el volumen 2
Contar números hasta el 20

TEMA 10 en el volumen 2
Componer y descomponer números del 11 al 19

SavvasRealize.com

TEMA 11 en el volumen 2
Contar números hasta 100

TEMA 12 en el volumen 2
Identificar y describir figuras

TEMA 13 en el volumen 2

Analizar, comparar y crear figuras

TEMA 14 en el volumen 2

Describir y comparar atributos medibles

SavvasRealize.com

Manual de Prácticas matemáticas y resolución de problemas

El **Manual de Prácticas matemáticas y resolución de problemas** está disponible en SavvasRealize.com.

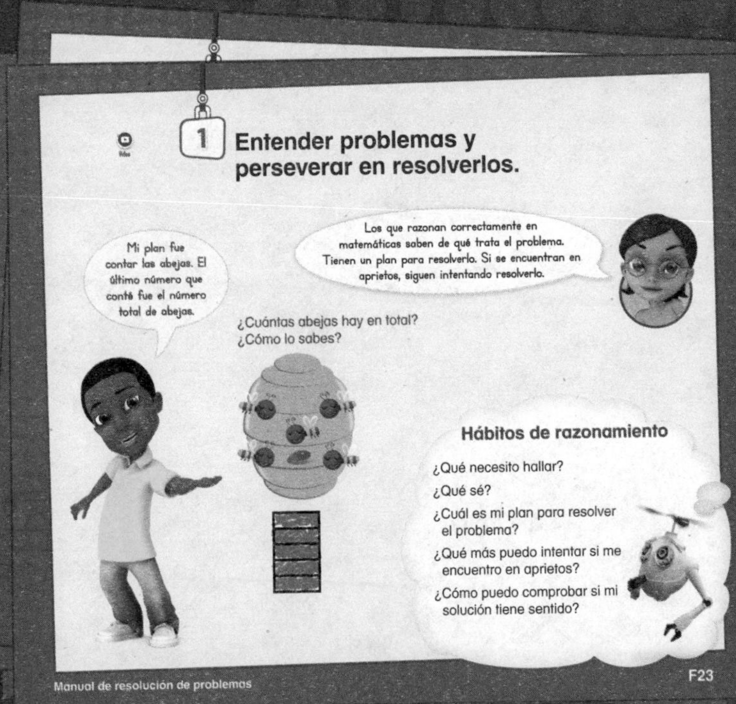

Prácticas matemáticas

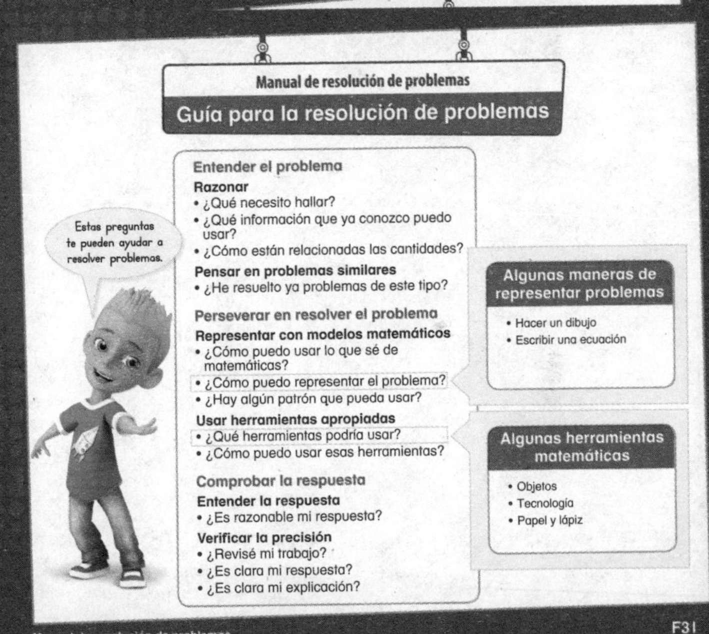

Guía para la resolución de problemas

Resolución de problemas: Hoja de anotaciones

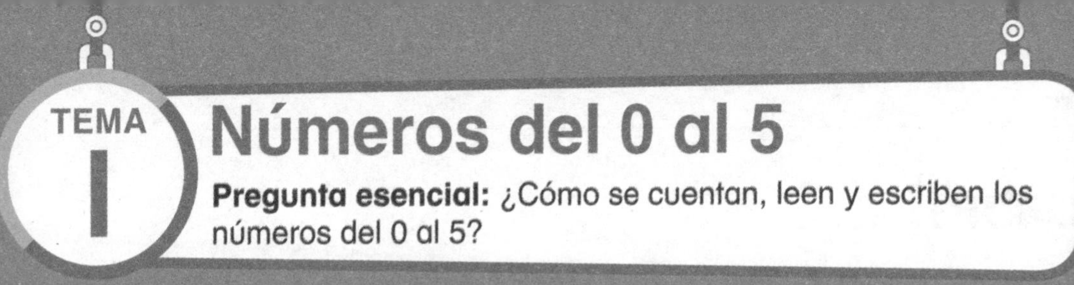

TEMA 1 Números del 0 al 5

Pregunta esencial: ¿Cómo se cuentan, leen y escriben los números del 0 al 5?

Lluvia

Algunos días llueve. Otros días hay sol.

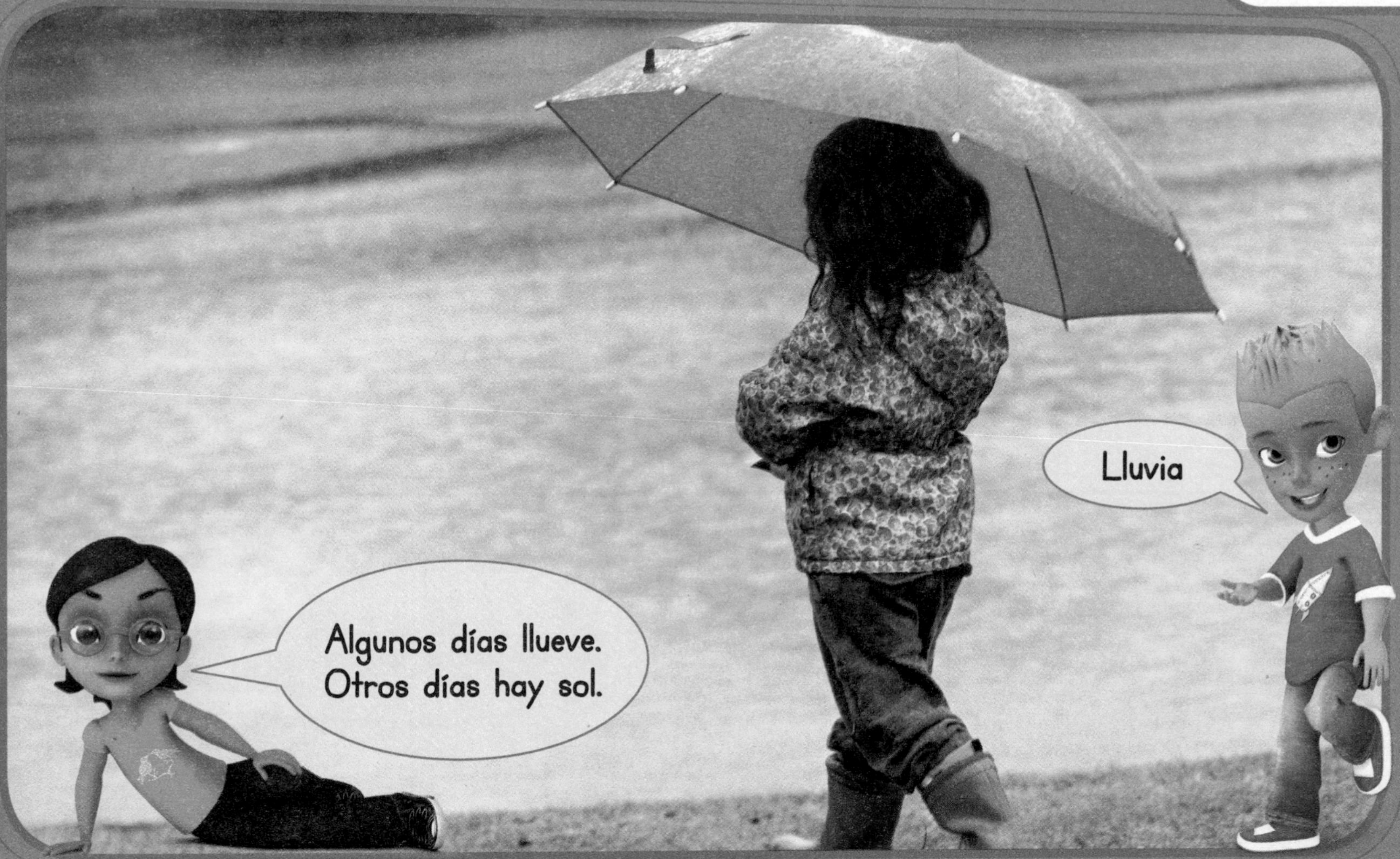

Proyecto de enVision STEM: Cambios en el tiempo

Instrucciones Lea el diálogo a los estudiantes. **¡Investigar!** Pida a los estudiantes que presten atención a los cambios diarios en el tiempo. Diga: *El tiempo cambia día a día. Hablen con sus amigos y familiares acerca del tiempo. Pídanles que les ayuden a anotar la cantidad de días soleados y días lluviosos de lunes a viernes.* **Diario: Hacer un cartel** Pida a los estudiantes que hagan un cartel con la información que han recopilado sobre el tiempo. Pídales que dibujen soles para la cantidad de días soleados y nubes con gotas de lluvia para la cantidad de días lluviosos. Luego, pida a los estudiantes que escriban los números que indican cuántos días hay.

Nombre ___________________________________

Repasa lo que sabes

Instrucciones Pida a los estudiantes que: 1 encierren en un círculo el animal de la derecha; 2 encierren en un círculo el animal de la izquierda; 3 encierren en un círculo el animal verde; 4 a 6 dibujen una línea para unir cada objeto de la fila de arriba con un objeto de la fila de abajo.

Nombre ______________________________

Escoge un proyecto

A

B

C

Instrucciones Diga: *Escogerán uno de estos proyectos. Miren la foto* **A**. *Piensen en esta pregunta: ¿Qué dirían los animales si pudieran hablar? Si escogen el Proyecto A, podrán crear personajes de animales divertidos y contar una historia. Miren la foto* **B**. *Piensen en esta pregunta: ¿Se usa una pelota en su deporte o juego favorito? Si escogen el Proyecto B, harán un cartel con diferentes pelotas que se usan en los deportes y juegos. Miren la foto* **C**. *Piensen en esta pregunta: ¿Qué te gustaría mostrar en una placa de matrícula? Si escogen el Proyecto C, harán una placa de matrícula para su bicicleta.*

MATEMÁTICAS EN 3 ACTOS: VISTAZO

Representación matemática

Pon la mesa

Video

Instrucciones Lea a los estudiantes lo que dice el robot. **Crear interés** Pregunte a los estudiantes si alguna vez tuvieron que poner la mesa. Diga: *¿Quién pone la mesa antes de comer? ¿De qué tareas domésticas se encargan ustedes?* Pídales que cuenten cosas sobre sus responsabilidades domésticas y las reglas que hay en sus casas.

Puedo...
representar con modelos matemáticos para contar al resolver un problema.

Resuélvelo y coméntalo

Nombre ______________________________

Lección 1-1
Contar 1, 2 y 3

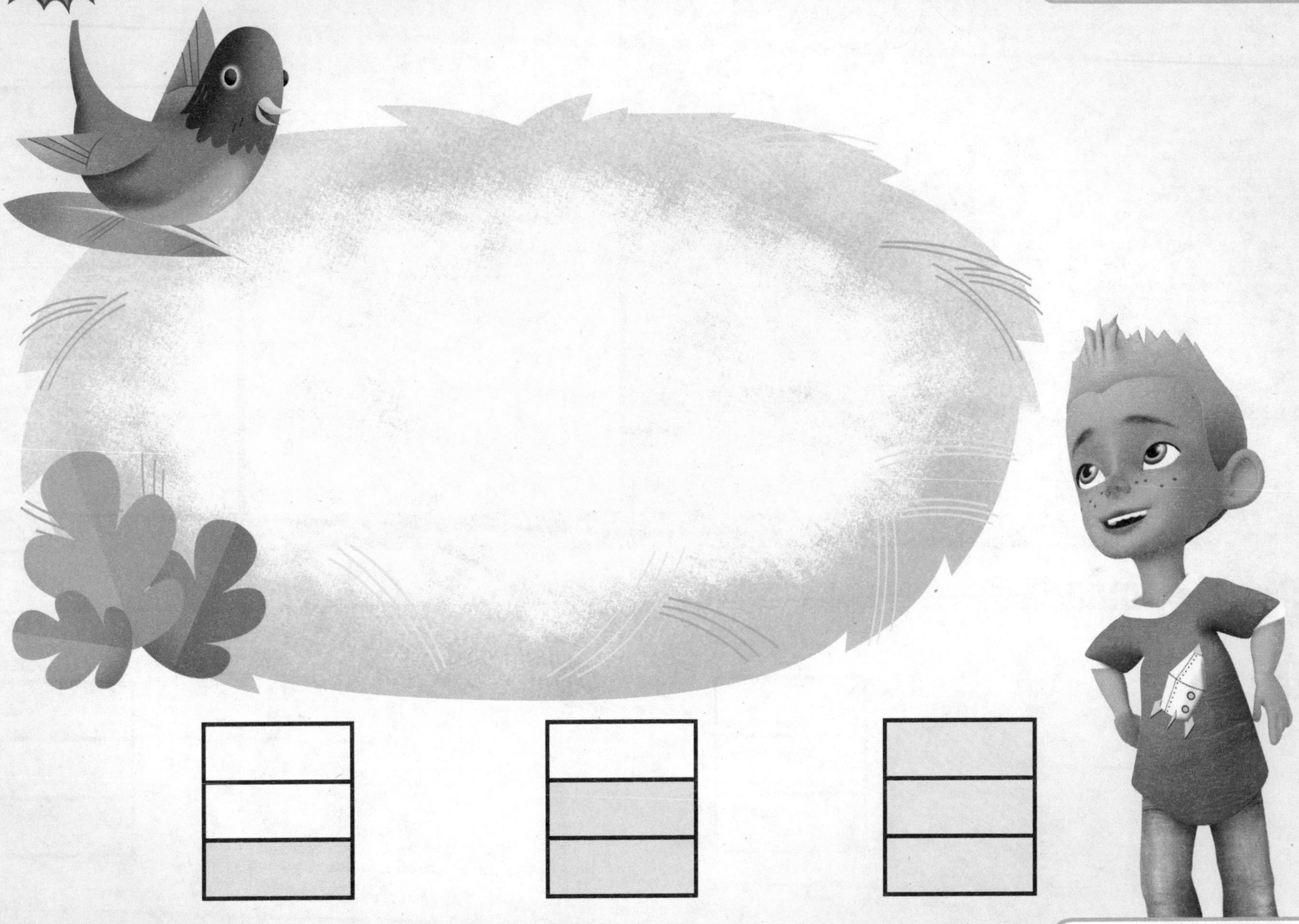

Instrucciones Pida a los estudiantes que coloquen dos fichas en el nido. Diga: *El pájaro Pío Pío encontró estos gusanos para sus hijitos. Encierren en un círculo el recuadro coloreado que muestra cuántos gusanos encontró Pío Pío. Expliquen cómo saben que tienen razón.*

Puedo...
contar 1, 2 y 3 objetos.

También puedo usar herramientas matemáticas correctamente.

Práctica guiada

1

2

Instrucciones 1 y 2 Pida a los estudiantes que cuenten los gusanos y luego coloreen las casillas en el recuadro para mostrar cuántos hay.

Nombre ______________________________

3

4

5

Instrucciones 3 y 4 Pida a los estudiantes que coloreen las casillas mientras cuentan cada gusano para mostrar cuántos hay. 5 **Vocabulario** Pida a los estudiantes que **cuenten** los gusanos y coloreen una casilla mientras cuentan cada gusano en voz alta.

Práctica independiente

Herramientas Evaluación

6

7

8

9

Instrucciones 6 a 8 Pida a los estudiantes que coloreen una casilla mientras cuentan cada nido para mostrar cuántos hay. 9 **Razonamiento de orden superior** Pida a los estudiantes que dibujen 1, 2 o 3 nidos y que luego coloreen una casilla por cada nido para mostrar cuántos hay.

Nombre ____________________

Lección 1-2

Reconocer 1, 2 y 3 en diferentes ordenaciones

Instrucciones Diga: *El pájaro rojo y el pájaro azul tienen dos hijitos cada uno. El pájaro rojo y el pájaro azul buscan gusanos para sus hijitos y los ponen en sus nidos. Los gusanos del pájaro azul se mueven por el nido. Muestren y cuenten con sus fichas cuántos gusanos hay. Coloreen las casillas para mostrar cuántos hay en cada nido. Cuenten cómo saben que tienen razón.*

Puedo...
contar grupos de 1, 2 y 3 objetos mostrados de diferentes maneras.

También puedo razonar sobre las matemáticas.

Puente de aprendizaje visual

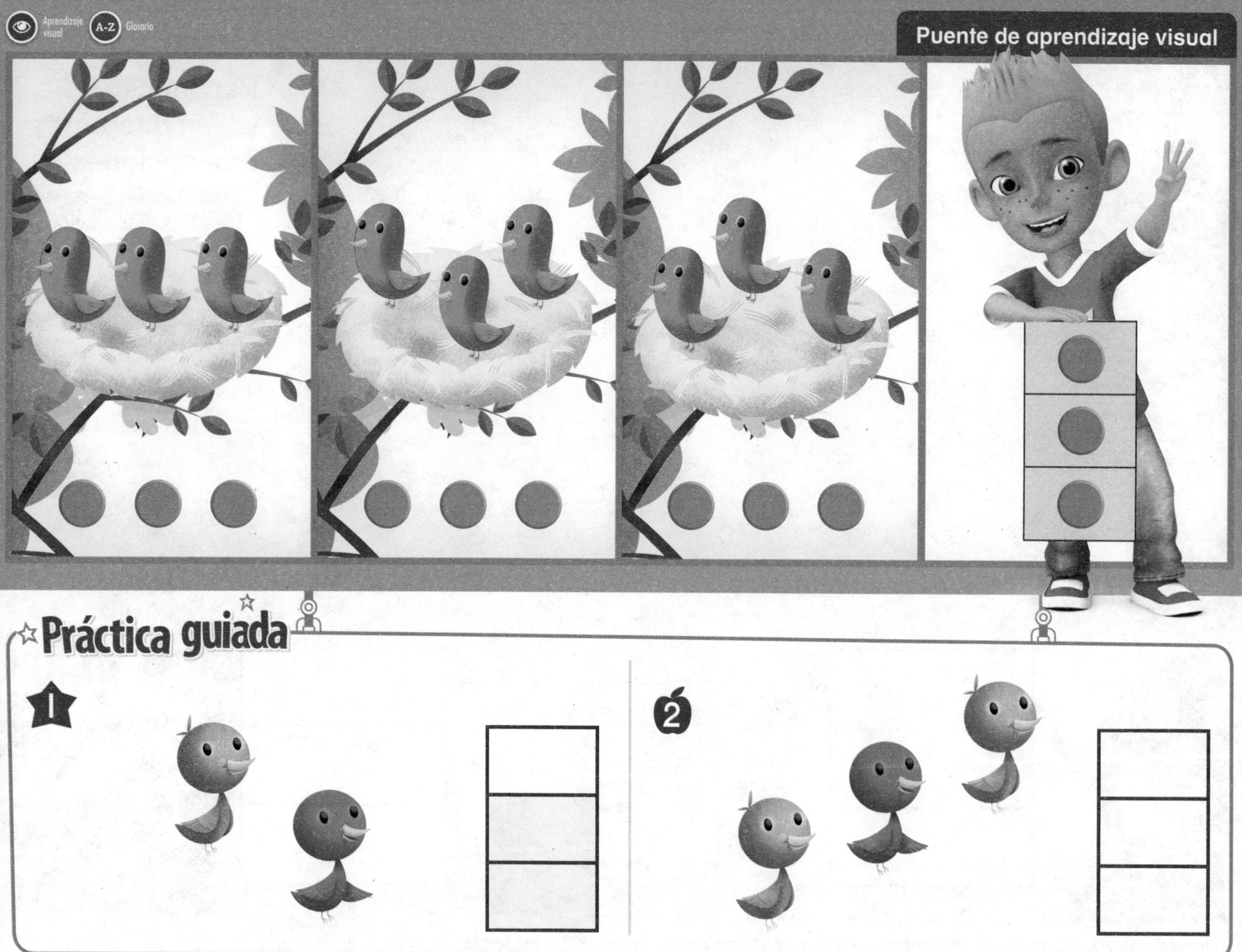

Práctica guiada

1

2

Instrucciones 1 y 2 Pida a los estudiantes que cuenten cada pájaro y luego coloreen las casillas en el recuadro para mostrar cuántos hay.

Nombre ______

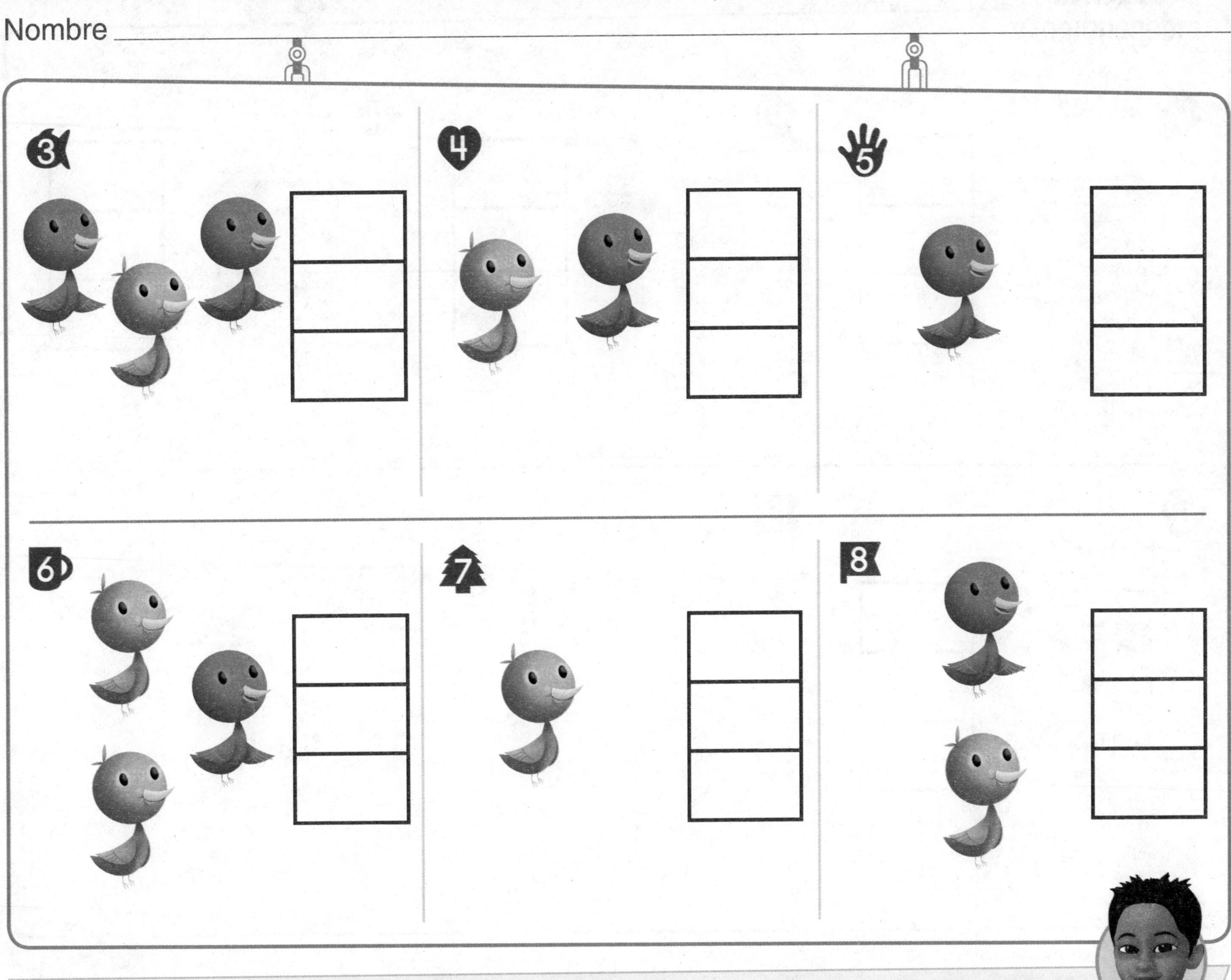

Instrucciones 3 a 8 Pida a los estudiantes que cuenten cada pájaro y luego coloreen las casillas para mostrar cuántos hay.

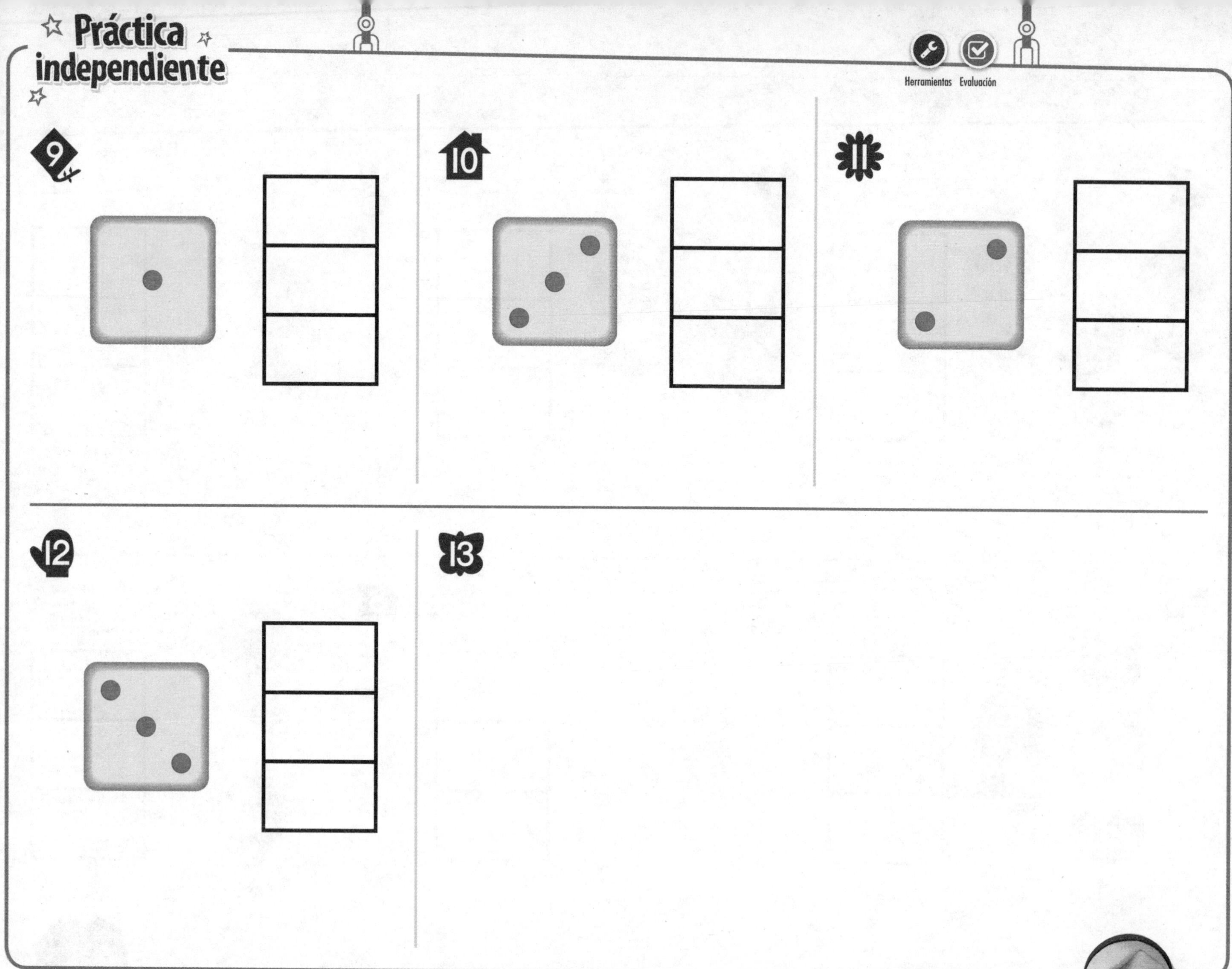

Instrucciones 9 a 12 Pida a los estudiantes que cuenten los puntos y luego coloreen las casillas para mostrar cuántos hay.
13 **Razonamiento de orden superior** Pida a los estudiantes que dibujen 2 fichas y luego dibujen otras 2 fichas de una manera diferente.

Nombre ____________________

Lección 1-3
Leer, formar y escribir 1, 2 y 3

Instrucciones Diga: *Alex ve dos estrellas en el cielo. Él dibuja 2 estrellas en una nube. Coloquen fichas en la nube más grande del tablero para mostrar cuántas estrellas hay. ¿De qué otras maneras pueden mostrar cuántas estrellas hay? Dibujen o usen objetos para mostrar otras maneras en la pequeña nube vacía.*

Puedo...
leer y escribir los números 1, 2 y 3.

También puedo hacer mi trabajo con precisión.

Puente de aprendizaje visual

3

3

tres

Práctica guiada

1

2

3

Instrucciones 1 a 3 Pida a los estudiantes que cuenten las estrellas y luego escriban el número que indica cuántas hay.

Nombre

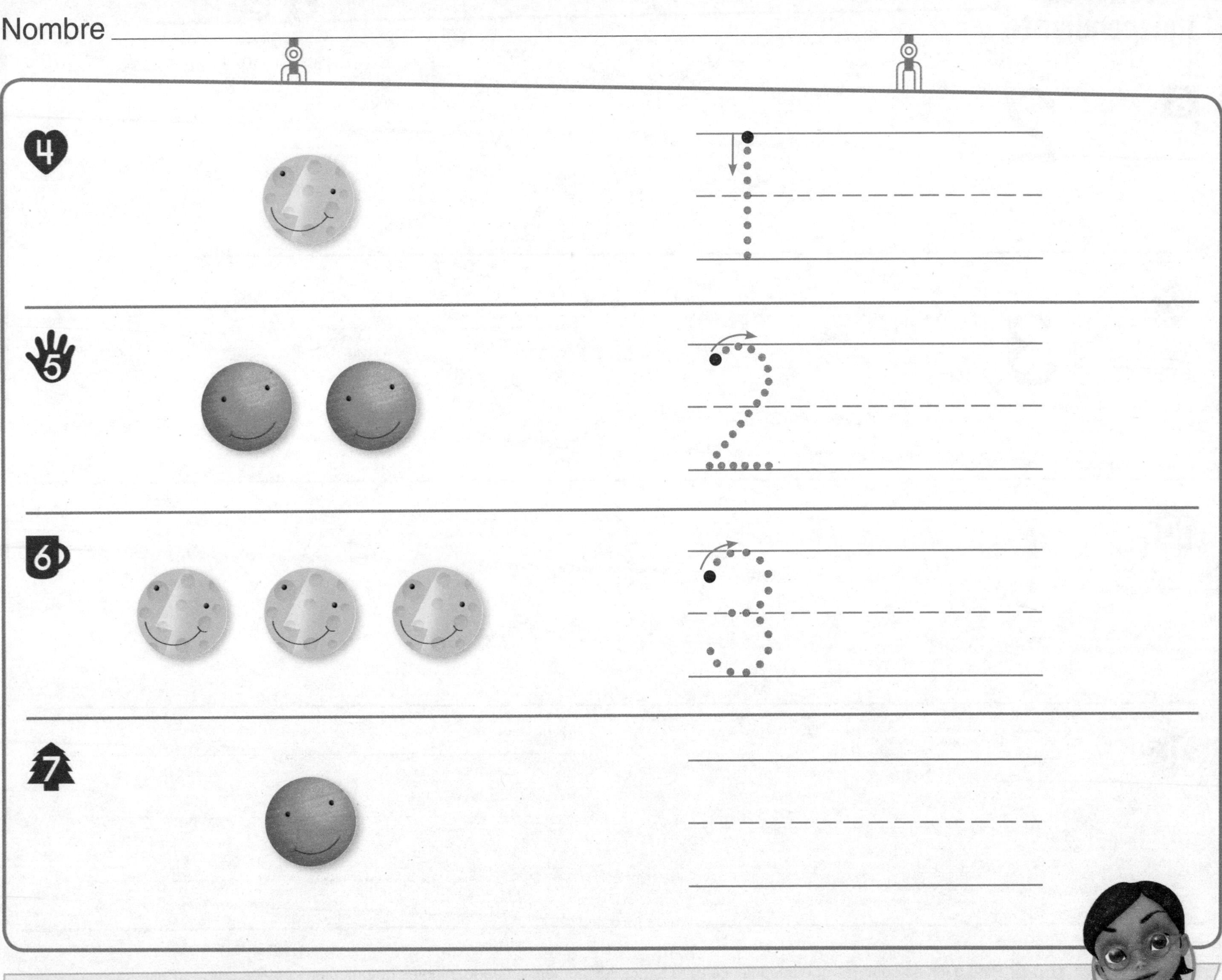

Instrucciones 4 a 7 Pida a los estudiantes que cuenten los objetos y luego practiquen la escritura del número que indica cuántos hay.

Práctica independiente

Instrucciones. 8 a 10 Pida a los estudiantes que usen fichas para formar los números. Luego, pídales que dibujen círculos para representar los números. 11 **Razonamiento de orden superior** Pida a los estudiantes que dibujen 1, 2 o 3 estrellas y luego practiquen la escritura del número que indica cuántas hay.

Lección 1-4
Contar 4 y 5

Instrucciones Pida a los estudiantes que coloquen 5 fichas sobre el árbol que hay en el tablero. Luego, diga: *Ardi, la ardilla, halló estas nueces. Encierren en un círculo el recuadro coloreado que muestra cuántas nueces halló Ardi. Digan cómo saben que tienen razón.*

Puedo...
contar 4 y 5 objetos.

También puedo representar con modelos matemáticos.

Puente de aprendizaje visual

Práctica guiada

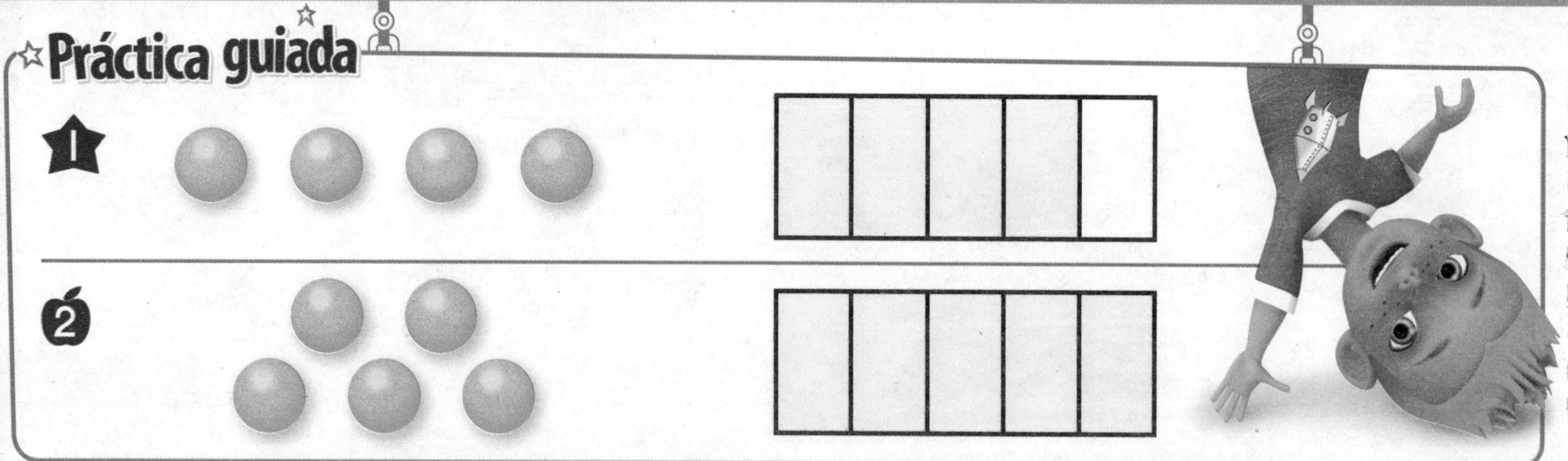

Instrucciones 1 y 2 Pida a los estudiantes que coloreen una casilla a medida que cuentan cada naranja para mostrar cuántas hay.

Nombre ______________________________

3

4

5

6

Instrucciones 3 a 6 Pida a los estudiantes que coloreen una casilla mientras cuentan cada fruta para mostrar cuántas hay.

Práctica independiente

Herramientas Evaluación

7

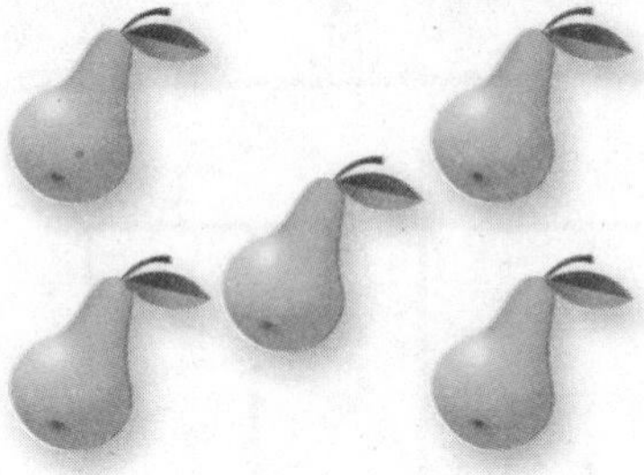

8

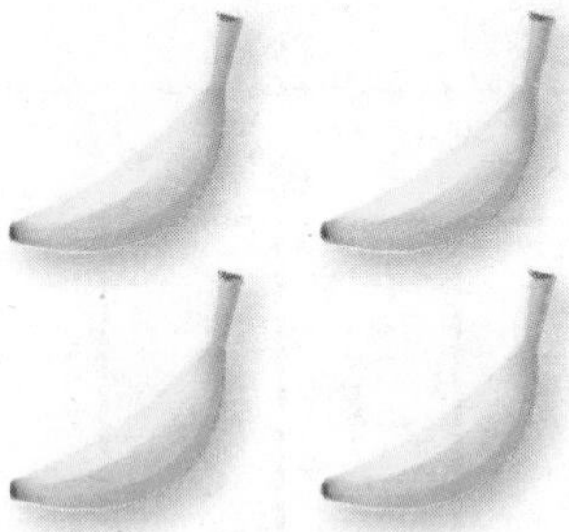

9

10

Instrucciones 7 a 9 Pida a los estudiantes que coloreen una casilla a medida que cuentan cada fruta para mostrar cuántas hay. 10 **Razonamiento de orden superior** Pida a los estudiantes que dibujen 4 o 5 naranjas y luego coloreen una casilla por cada naranja para mostrar cuántas hay.

Nombre ______________________________

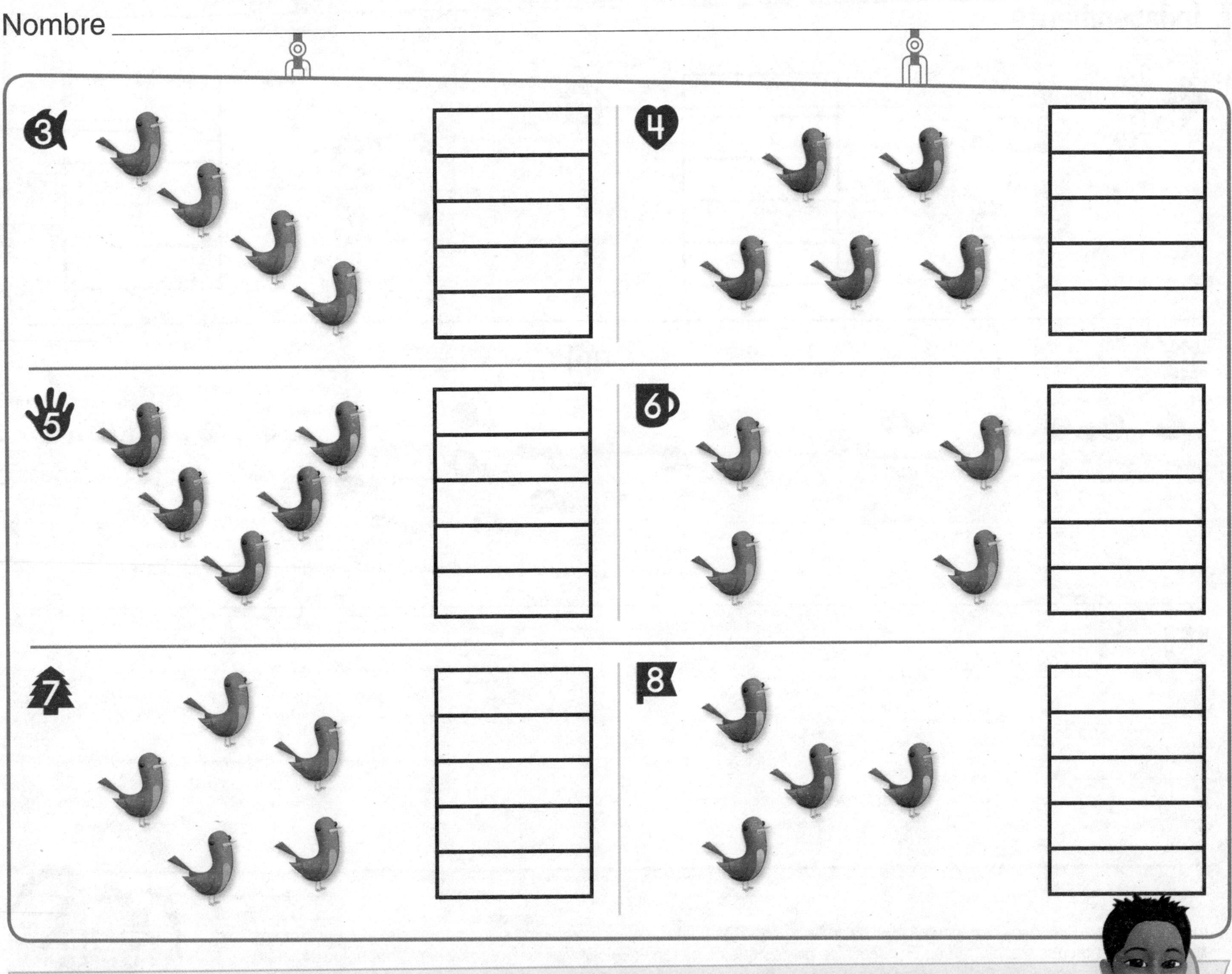

Instrucciones 3 a 8 Pida a los estudiantes que cuenten los pájaros y luego coloreen las casillas para mostrar cuántos hay.

Práctica independiente

Herramientas Evaluación

9

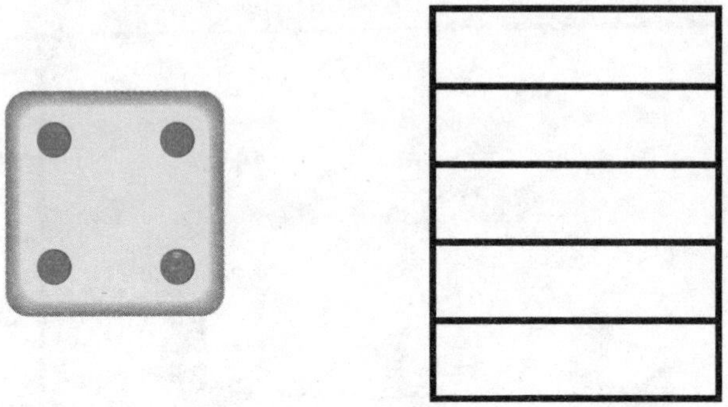

10

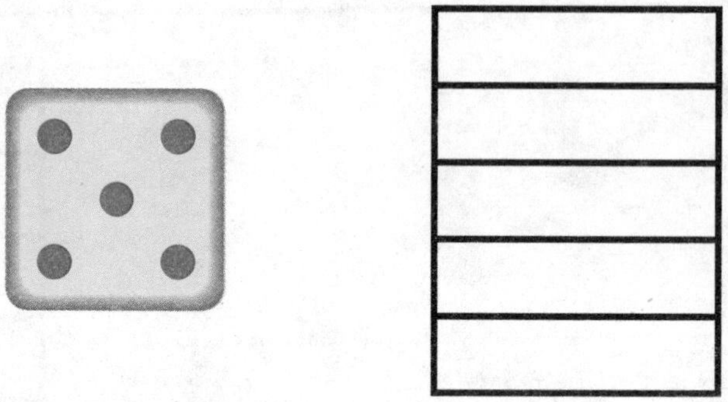

11

12

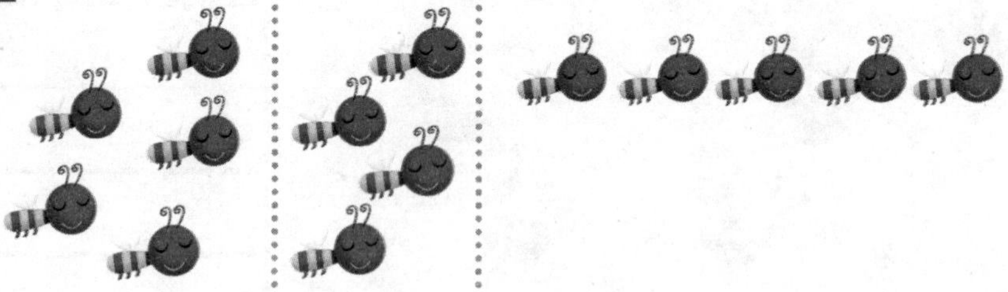

13

Instrucciones Pida a los estudiantes que: 9 y 10 cuenten los puntos y luego coloreen los recuadros para mostrar cuántos hay; 11 cuenten los grupos y encierren en un círculo los grupos que muestran 4; 12 cuenten los grupos y encierren en un círculo los grupos que muestran 5. 13 **Razonamiento de orden superior** Pida a los estudiantes que dibujen 5 fichas en el primer espacio y luego dibujen 5 fichas de dos maneras diferentes en los otros dos espacios.

Nombre ______________________

Lección 1-6
Leer, formar y escribir 4 y 5

Instrucciones Diga: *Alex ve algunas ranas sobre una hoja de nenúfar. Muestren cuántas ranas ve poniendo fichas en la hoja de nenúfar más grande. Cuéntenlas y digan cuántas hay. Luego, dibujen o usen objetos para mostrar, en la pequeña hoja de nenúfar que se encuentra vacía, otras maneras de contar cuántas ranas hay.*

Puedo...
leer y escribir los números 4 y 5.

También puedo hacer mi trabajo con precisión.

Aprendizaje visual

Glosario

Puente de aprendizaje visual

4

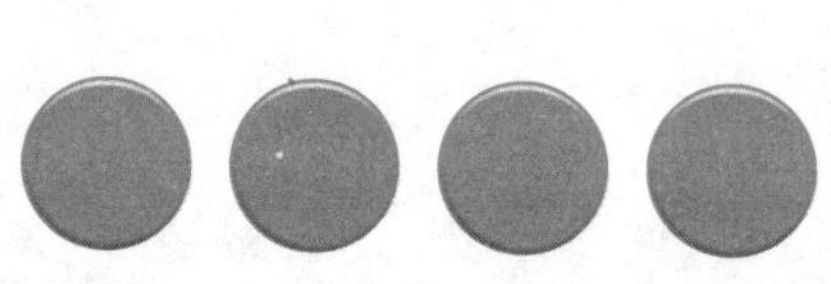

4

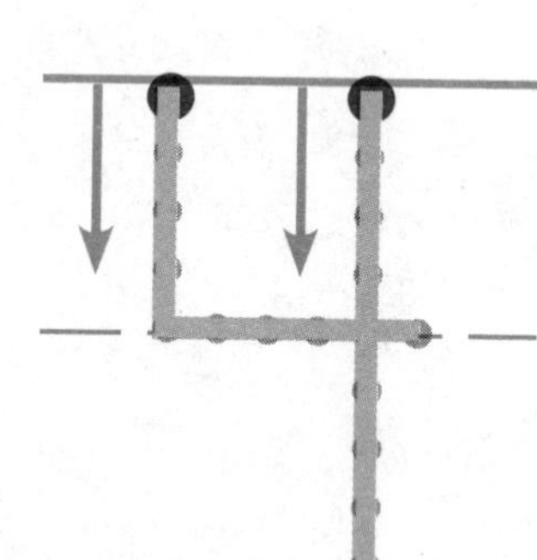

cuatro

Práctica guiada

1

2

Instrucciones 1 y 2 Pida a los estudiantes que cuenten las mariposas y luego practiquen la escritura del número que indica cuántas hay.

Nombre ______________________

3

4

5

6

Instrucciones 3 a 6 Pida a los estudiantes que cuenten las ranas y luego practiquen la escritura del número que indica cuántas hay.

4

5

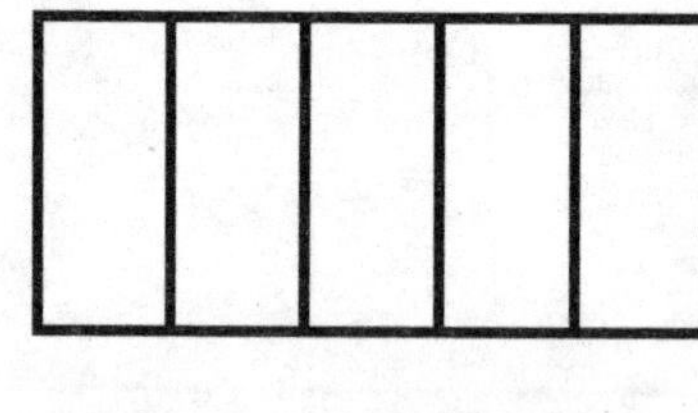

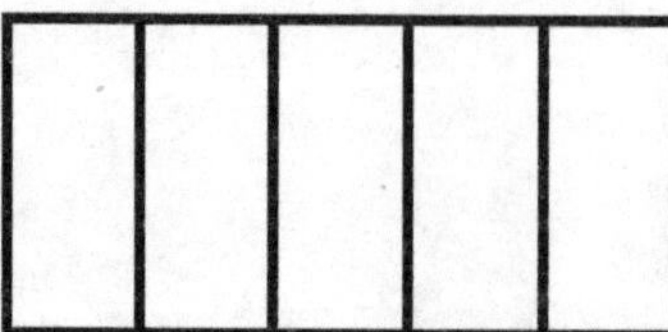

Instrucciones 7 y 8 Pida a los estudiantes que usen fichas para formar el número. Luego, pídales que dibujen cuadrados para representar el número. 9 **Razonamiento de orden superior** Pida a los estudiantes que cuenten los pájaros azules y amarillos, coloreen una casilla por cada pájaro y luego escriban los números que indican cuántos hay.

Nombre ________________________________

Lección 1-7
Identificar el número 0

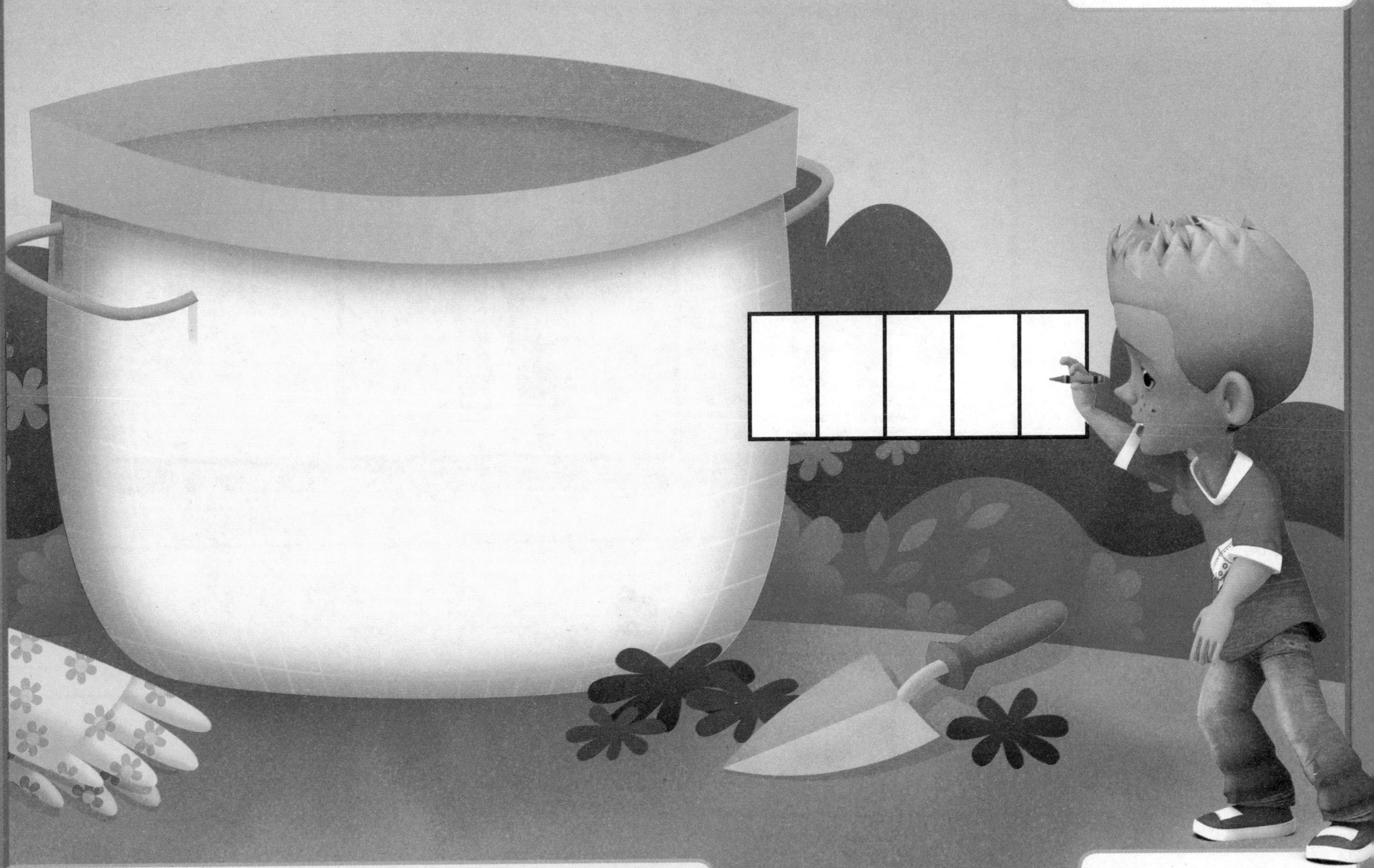

Instrucciones Diga: *Alex tiene un huerto. Lancen un cubo numérico para saber cuántas papas tiene en la canasta. Pongan fichas en la canasta para mostrar cuántas papas hay. ¿Qué significa si la cara del cubo numérico no tiene puntos? ¿Cómo puede usar Alex las casillas para mostrar que no hay papas en la canasta?*

Puedo...
usar el cero para indicar que no hay objetos.

También puedo representar con modelos matemáticos.

Práctica guiada

1

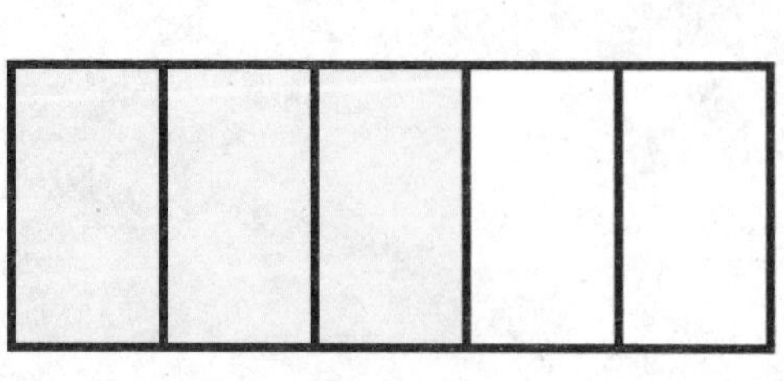

2

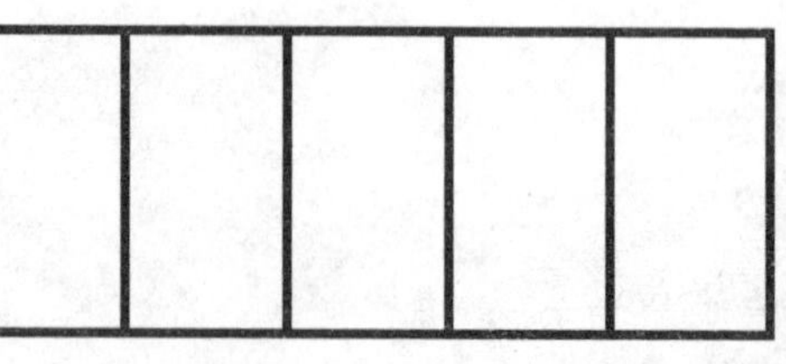

Instrucciones 1 y 2 Pida a los estudiantes que coloreen una casilla a medida que cuentan cada manzana para mostrar cuántas hay.

Nombre ______________________________

3

4

5

6

7

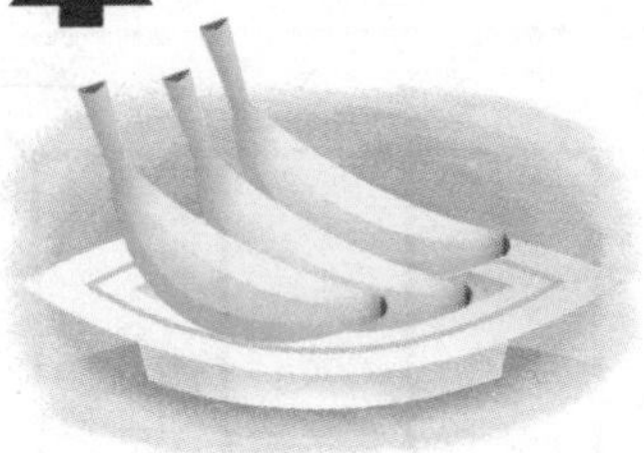

8

Instrucciones 3 a 8 Pida a los estudiantes que coloreen una casilla a medida que cuentan cada fruta para mostrar cuántas hay.

Práctica independiente

Herramientas Evaluación

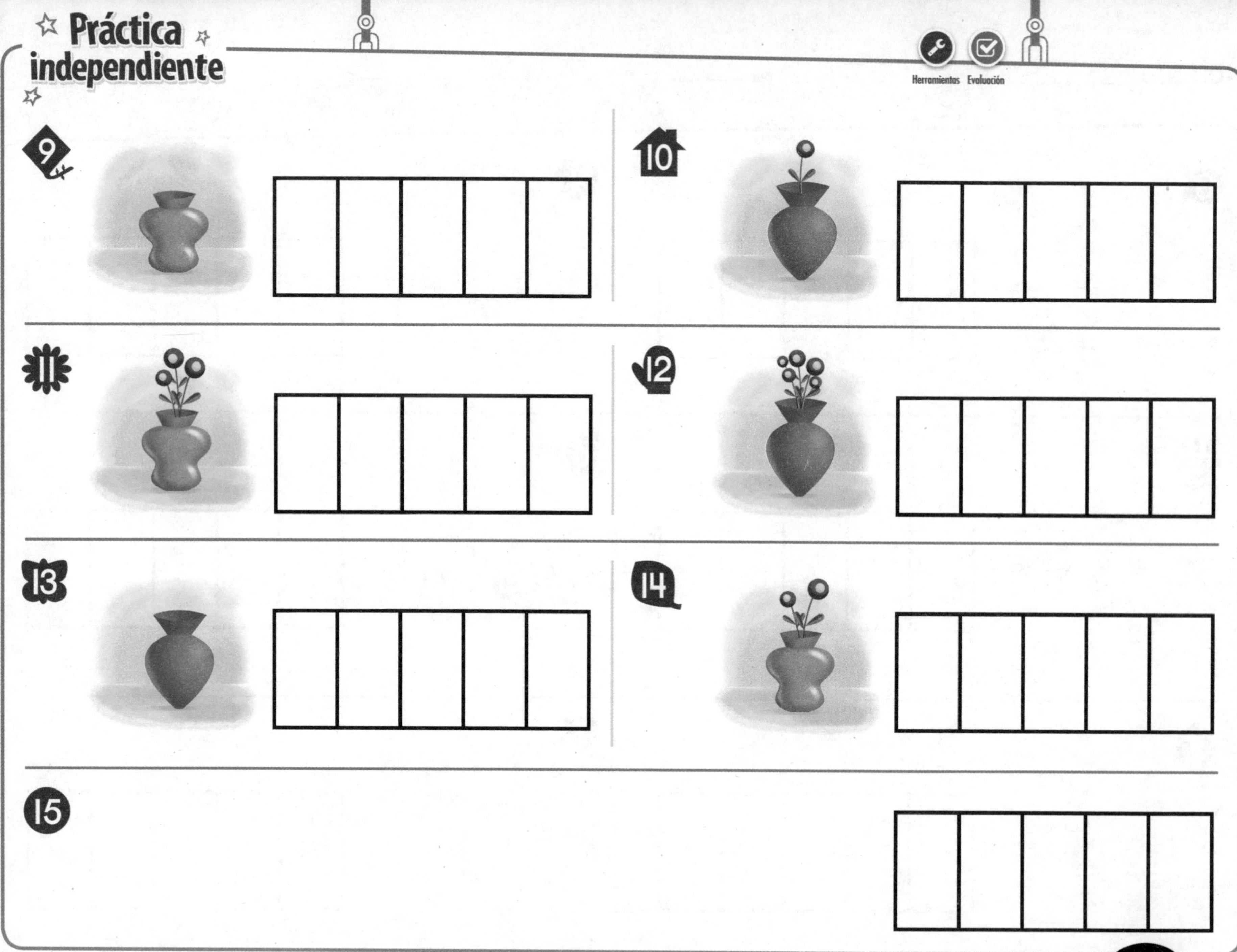

Instrucciones 9 a 14 Pida a los estudiantes que coloreen una casilla a medida que cuentan cada flor en el florero para mostrar cuántas hay. 15 **Razonamiento de orden superior** Pida a los estudiantes que escojan un número entre 0 y 5, dibujen esa cantidad de flores y luego coloreen las casillas para mostrar cuántas hay.

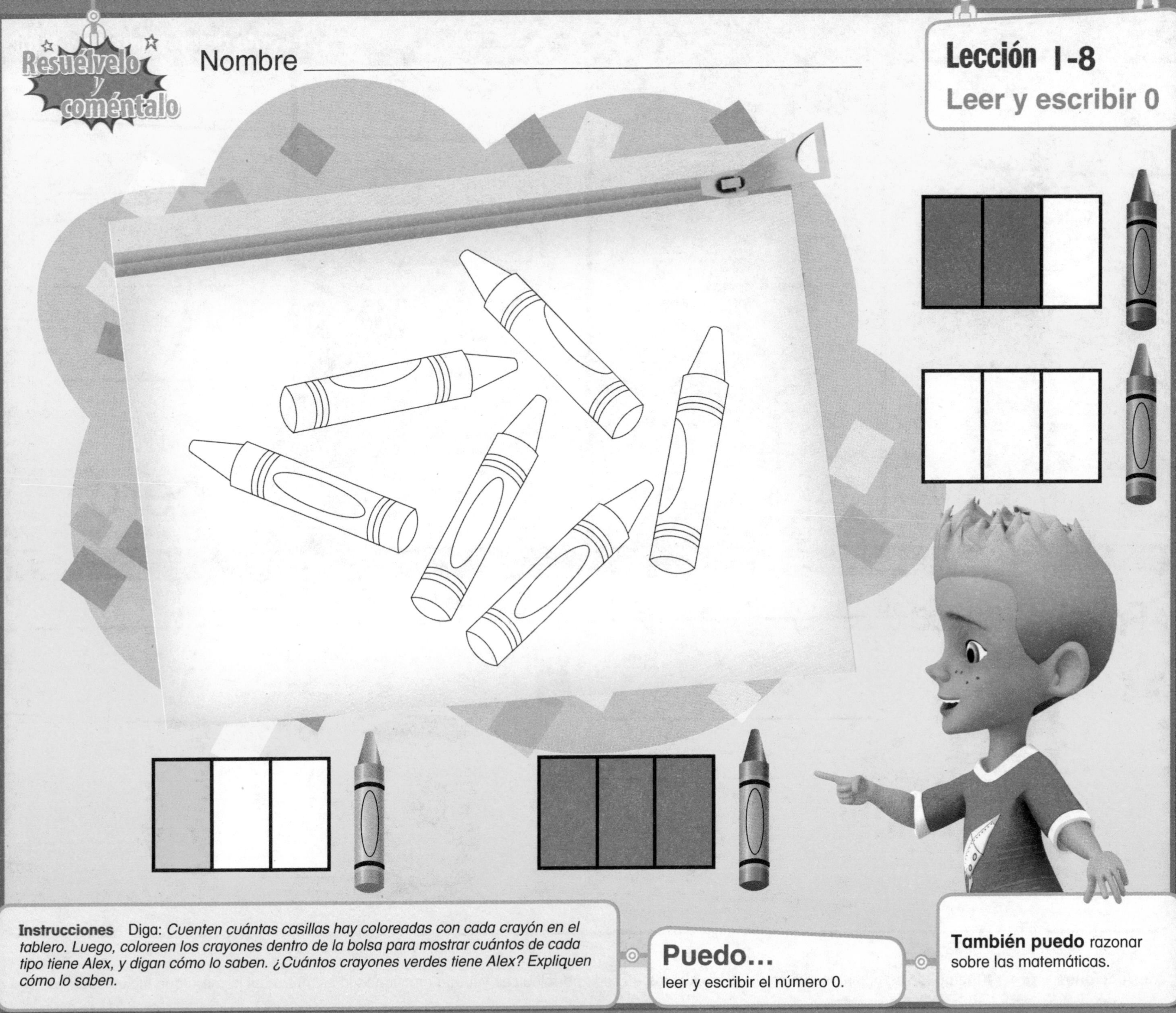

Instrucciones Diga: *Cuenten cuántas casillas hay coloreadas con cada crayón en el tablero. Luego, coloreen los crayones dentro de la bolsa para mostrar cuántos de cada tipo tiene Alex, y digan cómo lo saben. ¿Cuántos crayones verdes tiene Alex? Expliquen cómo lo saben.*

Puedo...
leer y escribir el número 0.

También puedo razonar sobre las matemáticas.

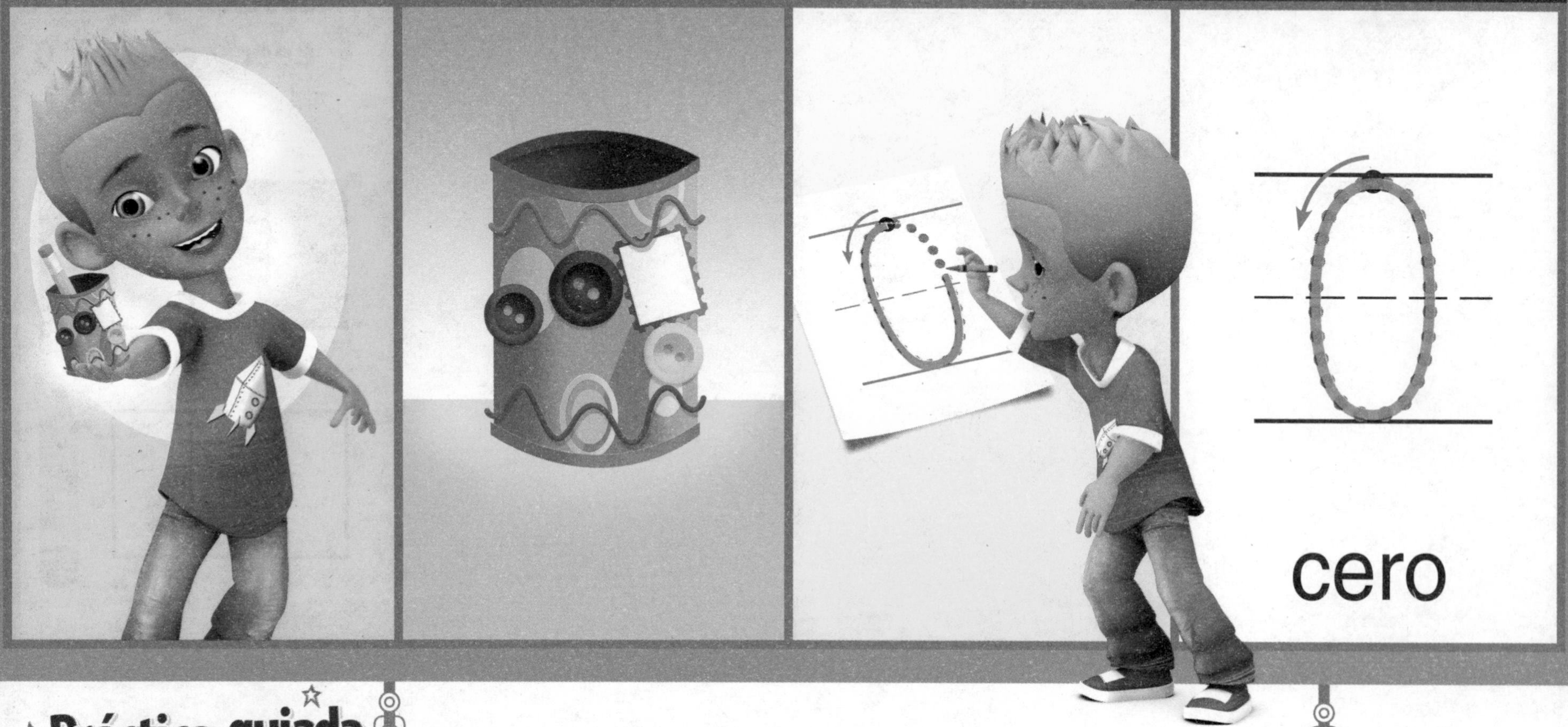

Práctica guiada

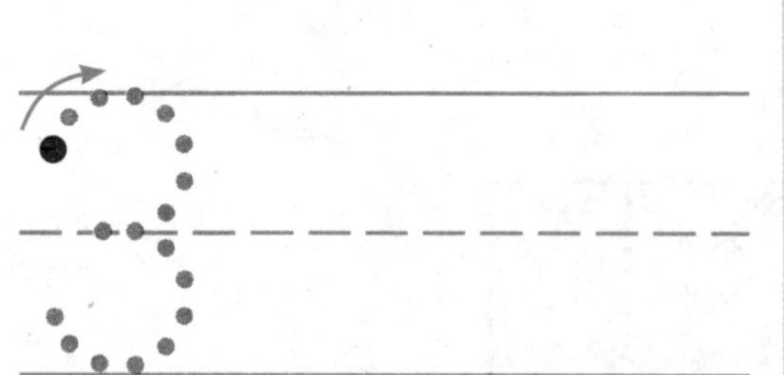

2

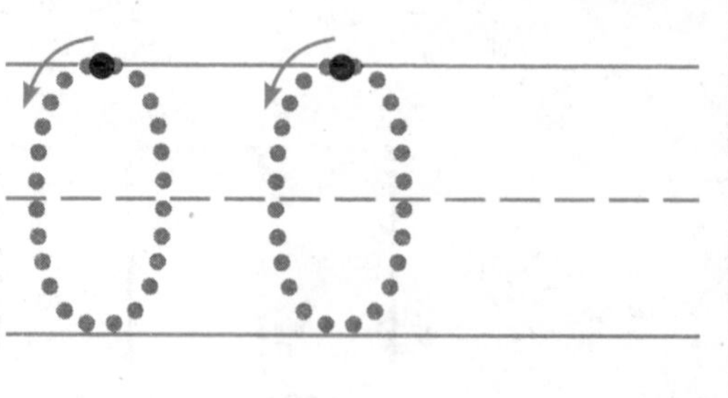

Instrucciones 1 y 2 Pida a los estudiantes que cuenten los lápices en cada portalápices y luego practiquen la escritura del número que indica cuántos hay.

Nombre ______________________

3

4

5

6

7

8

Instrucciones 3 a 8 Pida a los estudiantes que cuenten los lápices que hay en cada portalápices y luego practiquen la escritura de los números que indican cuántos hay.

Práctica independiente

Herramientas Evaluación

9

10

11

12

13

14

Instrucciones Pida a los estudiantes que: 9 a 12 cuenten las pelotas que hay en cada caja y luego practiquen la escritura del número que indica cuántas hay; 13 practiquen la escritura de los números del 0 al 5. 14 **Razonamiento de orden superior** Pida a los estudiantes que dibujen cero fichas y escriban el número que indica cuántas hay, y luego dibujen de 1 a 5 fichas y escriban el número que indica cuántas hay.

Nombre ______________________

Lección 1-9

Números hasta el 5

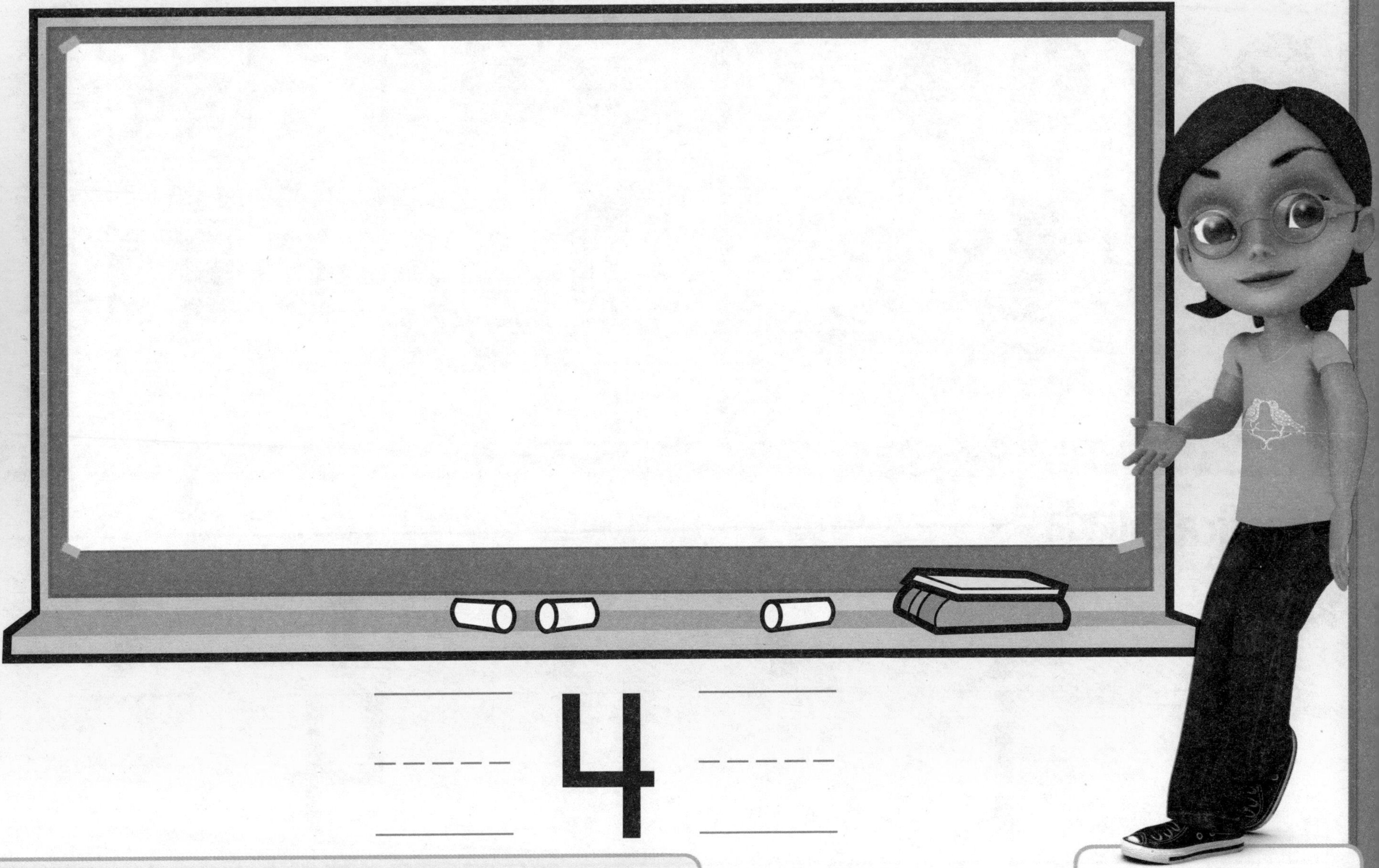

______ 4 ______

Instrucciones Diga: *Marta está pensando en dos números: uno es el número que va justo antes del 4 al contar y el otro es el número que va justo después del 4 al contar. Escriban los dos números en los que está pensando Marta. Muestren cómo saben que tienen razón.*

Puedo...
contar hasta el número 5.

También puedo buscar patrones.

Puente de aprendizaje visual

Práctica guiada

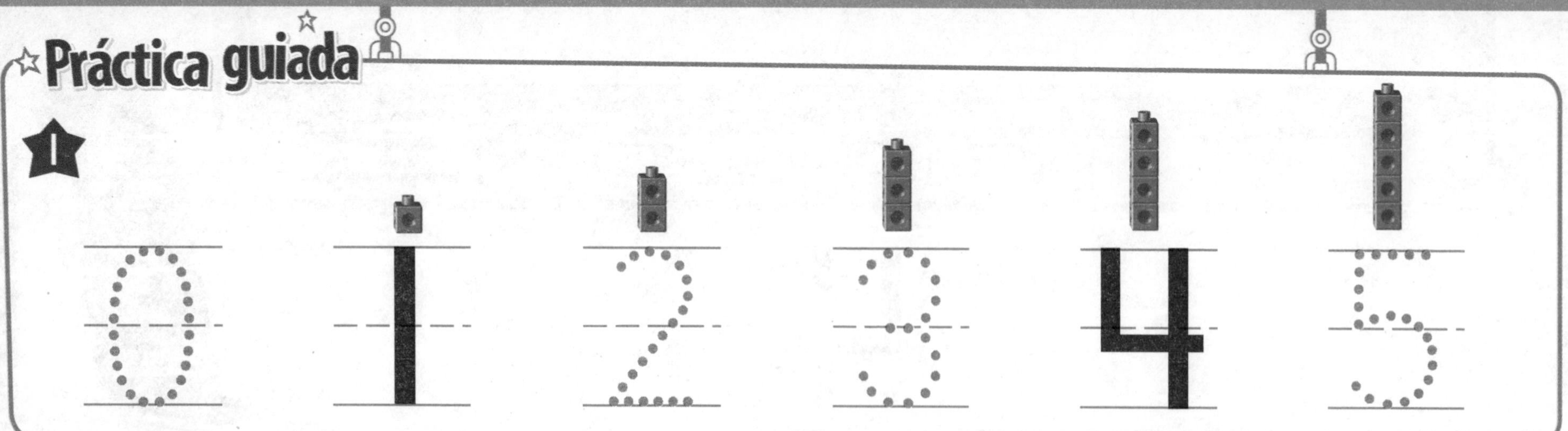

Instrucciones 1 Pida a los estudiantes que escriban el número que va justo antes del 1 y el número que va justo después del 1. Luego, pídales que escriban el número que va justo antes del 4 al contar, y el número que va justo después del 4 al contar. Pídales que digan los números del 0 al 5 en orden.

Nombre ______________________________

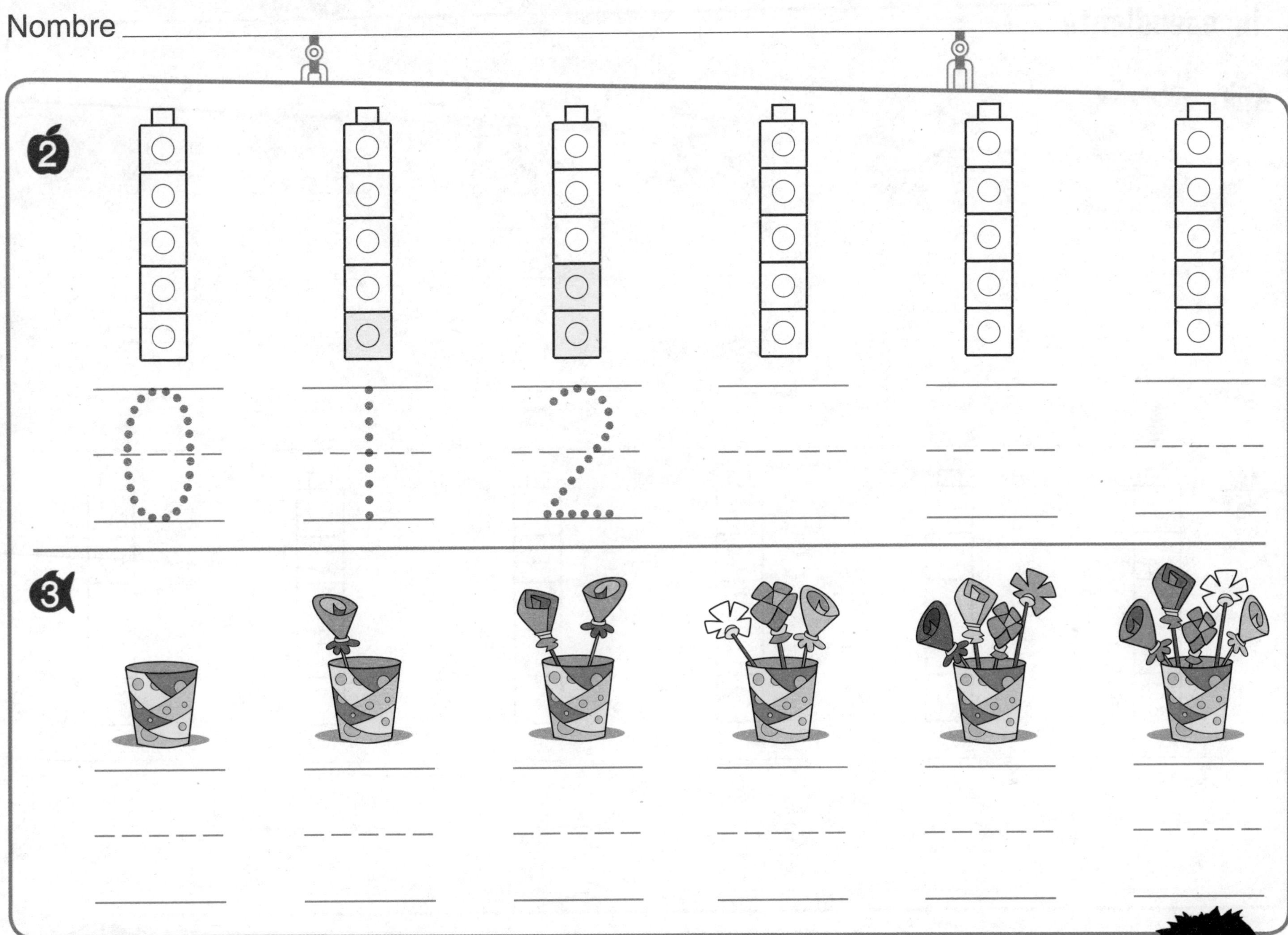

Instrucciones Pida a los estudiantes que: 2 coloreen los cubos para mostrar cada número, escriban los números en orden y luego encierren en un círculo el número que va justo después del 1 al contar; 3 cuenten las flores en cada florero, escriban los números y luego digan los números del 0 al 5 en orden.

Práctica independiente

Herramientas Evaluación

4

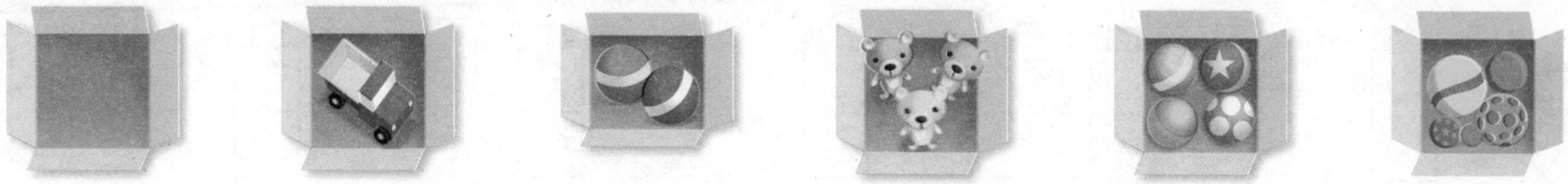

5

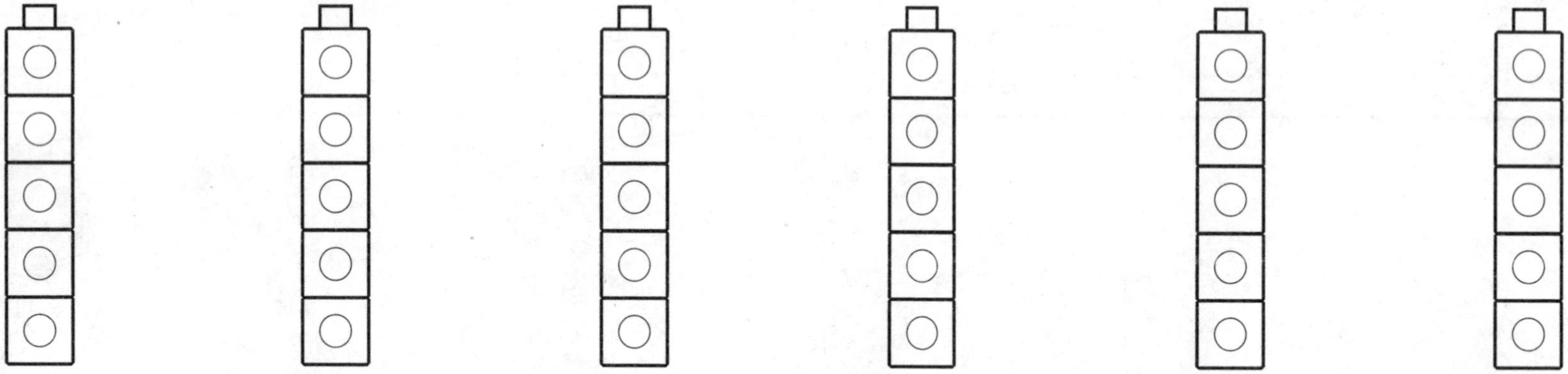

Instrucciones 4 Pida a los estudiantes que cuenten los juguetes en cada caja, escriban los números y luego encierren en un círculo el número que va justo después del 4 al contar cuántos hay. 5 **Razonamiento de orden superior** Pida a los estudiantes que coloreen 5 cubos y luego escriban el número. Pídales que coloreen los cubos para mostrar el número que va después cuando cuentan hacia atrás desde 5, y que luego escriban la cantidad de cubos que colorearon en la torre. Repita la actividad para el resto de las torres.

Nombre ____________________

Resolución de problemas

Lección 1-10

Construir argumentos

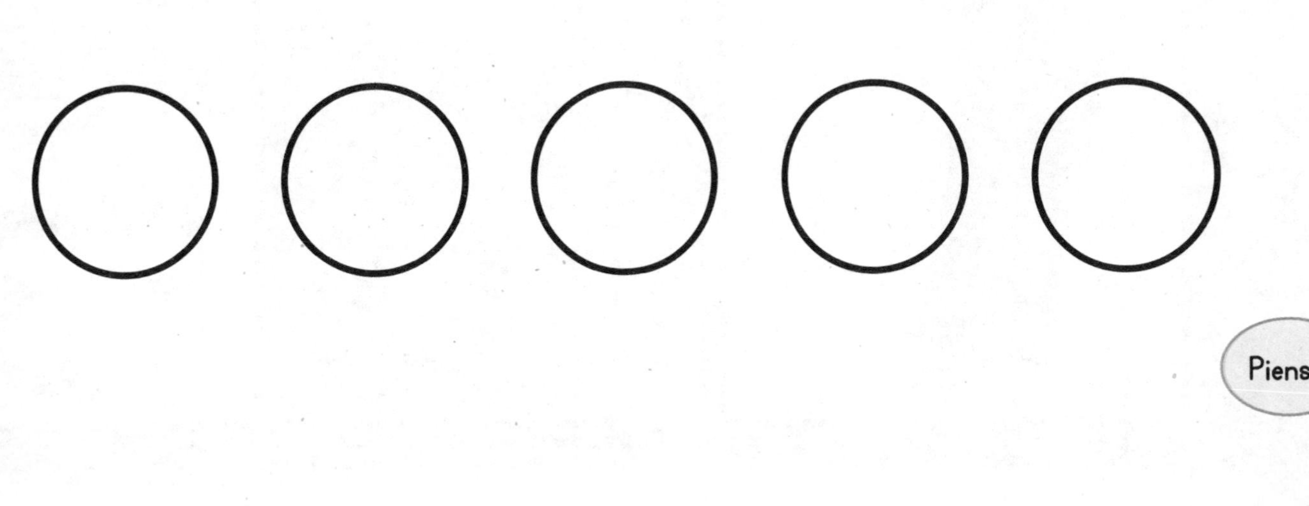

Piensa.

Instrucciones Diga: *Alex tiene que contar el grupo de figuras. ¿Cómo pueden contar estas figuras? Usen objetos o palabras como ayuda. Escriban el número que indica cuántas figuras hay. Digan por qué su número es correcto.*

Puedo...
usar las matemáticas para explicar lo que sé sobre contar.

También puedo contar hasta el 5.

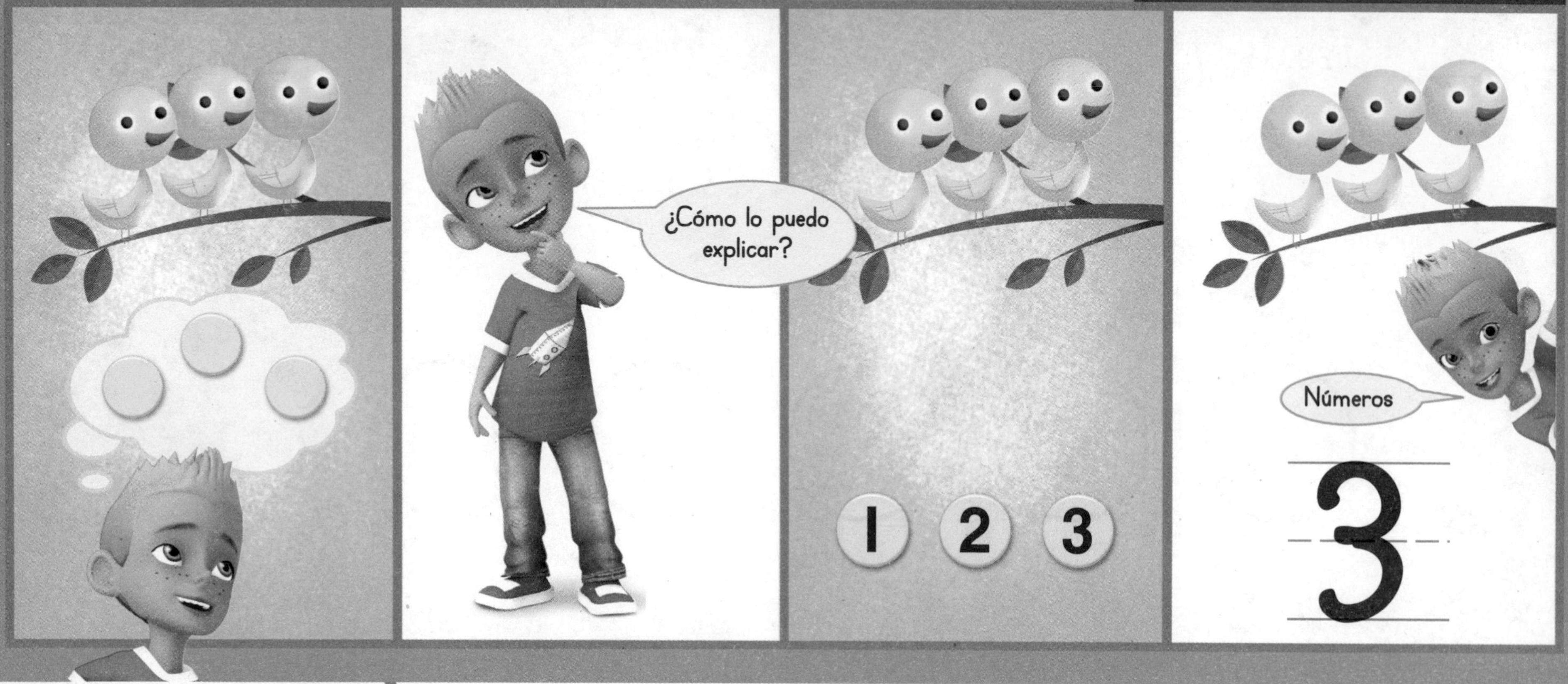

¿Cómo lo puedo explicar?

1 2 3

Números

3

Práctica guiada

Instrucciones 1 y 2 Pida a los estudiantes que creen un argumento matemático sobre cuántos pájaros hay en cada fila y luego escriban el número. Pídales que usen objetos, palabras u otro método que prefieran para explicar sus argumentos y decir por qué tienen razón.

Herramientas Evaluación

Nombre

Práctica independiente

3

4

5

6

Instrucciones 3 a 5 Pida a los estudiantes que creen un argumento matemático sobre cuántas hojas hay en cada fila y luego escriban el número. Pídales que usen objetos, palabras u otro método que prefieran para explicar sus argumentos y decir por qué tienen razón. 6 **enVision**® STEM Diga: *La clorofila hace que las hojas de las plantas sean verdes. Hay menos luz del sol durante el invierno, así que los árboles guardan su clorofila. Por eso, las hojas se vuelven cafés, anaranjadas, rojas y amarillas.* Pida a los estudiantes que creen un argumento matemático sobre cuántas hojas anaranjadas hay en la fila y luego escriban el número. Pídales que usen objetos, palabras u otro método que prefieran para explicar sus argumentos y decir por qué tienen razón.

Resolución de problemas

Tarea de rendimiento

Instrucciones Lea el problema a los estudiantes. Luego, pídales que usen diferentes métodos de resolución de problemas para resolverlo. Diga: *Briana ve algunos conejos. ¿Cuántos conejos ve?* **Razonar** *¿Cómo pueden hallar la cantidad de conejos que ve Briana?* **Usar herramientas** *¿Qué herramienta pueden usar para resolver el problema?* **Explicar** *¿Cómo pueden usar las matemáticas para explicar por qué su trabajo es correcto?*

Nombre ______________________

A-Z Glosario

1

A 2

2

3

2 4

4

Instrucciones **Comprender el vocabulario** Pida a los estudiantes que: 1 encierren en un círculo el **número**; 2 escriban el número que significa **ninguno;** 3 encierren en un círculo el número **cuatro**; 4 marquen con una X el **único** cubo rojo y encierren en un círculo los **cinco** cubos del grupo.

1 3

8

Instrucciones **Comprender el vocabulario** Pida a los estudiantes que: 5 encierren en un círculo el número **uno;** 6 escriban el número **tres**; 7 **cuenten** los cubos y luego escriban el número que indica cuántos hay; 8 escriban los números del 0 al 5 en **orden** y luego dibujen fichas para mostrar la cantidad de cada número.

Nombre ______________________

TEMA 1

Grupo A

Refuerzo

1

2

Grupo B

1

2

3

4

Instrucciones Pida a los estudiantes que: 1 y 2 coloreen una casillaa medida que cuentan cada pelota para mostrar cuántas hay; 3 y 4 cuenten las flores en el florero y luego practiquen la escritura del número que indica cuántas hay.

Grupo C

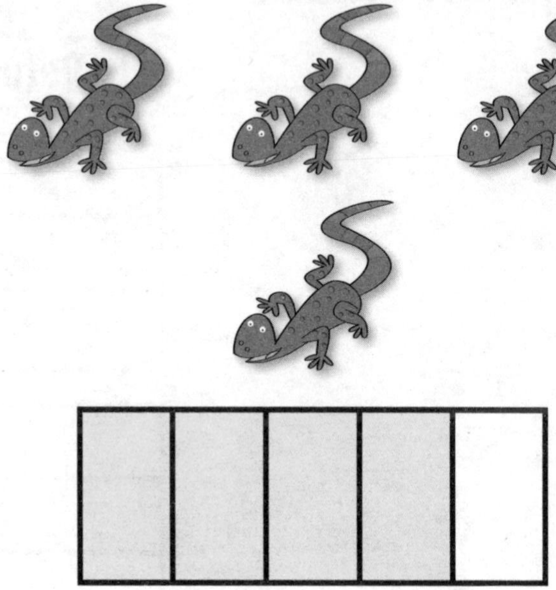

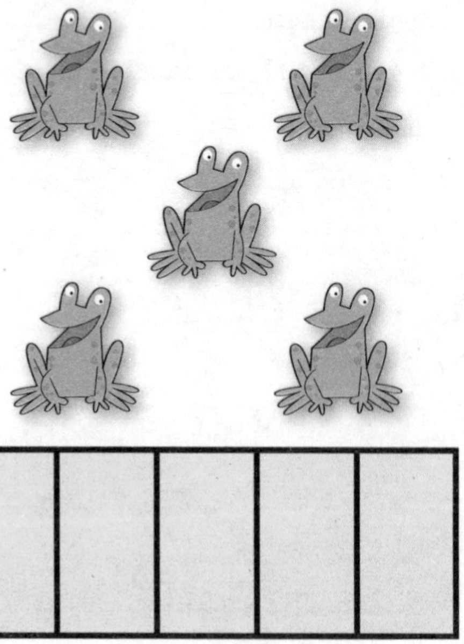

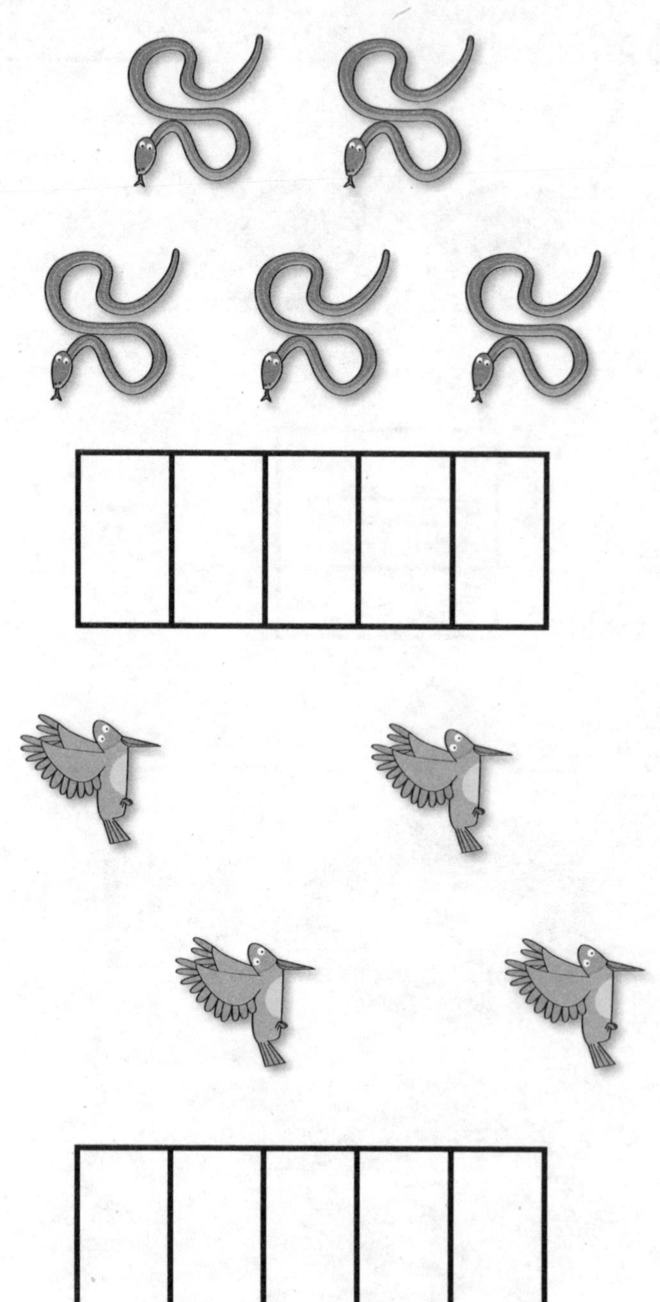

Instrucciones 5 y 6 Pida a los estudiantes que coloreen una casilla a medida que cuentan cada animal para mostrar cuántos hay.

Nombre ___________________________

Grupo D

3 4 5

7

___ 3 ___

Grupo E

0

8

9

Instrucciones Pida a los estudiantes que: 7 escriban los números que son 1 menos que 3 y 1 más que 3 al contar; 8 y 9 cuenten las flores en el florero y luego practiquen la escritura del número que indica cuántas hay.

Grupo F

4

3

5

Instrucciones y Pida a los estudiantes que cuenten los pulpos o lean el número y luego practiquen la escritura del número o dibujen círculos para indicar cuántos hay.

Nombre ______________________________

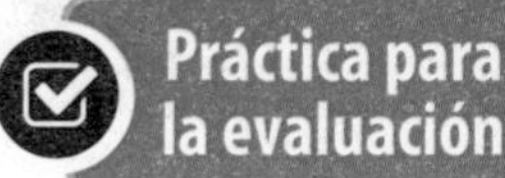

Ⓐ 

Ⓑ 

Ⓒ 

Ⓓ 

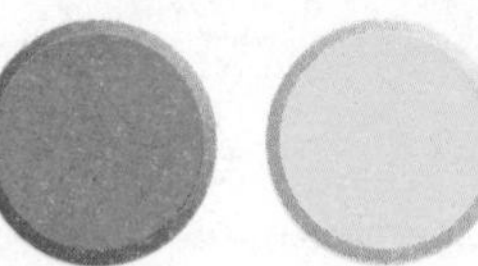    

Ⓐ 1

Ⓑ 2

Ⓒ 3

Ⓓ 4

3

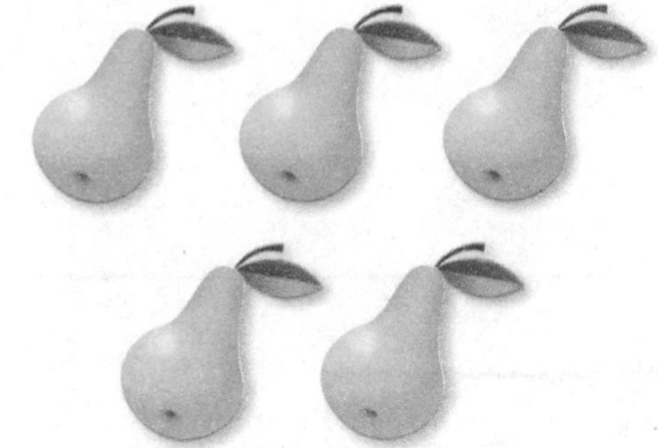

2	3	4	5
Ⓐ	Ⓑ	Ⓒ	Ⓓ

Ⓐ Ⓑ Ⓒ Ⓓ

Instrucciones Pida a los estudiantes que marquen la mejor respuesta. 1 ¿Qué dibujo muestra 3 flores? 2 ¿Cuántas fichas hay? 3 ¿Cuántas peras hay? 4 ¿Qué caja tiene 0 juguetes?

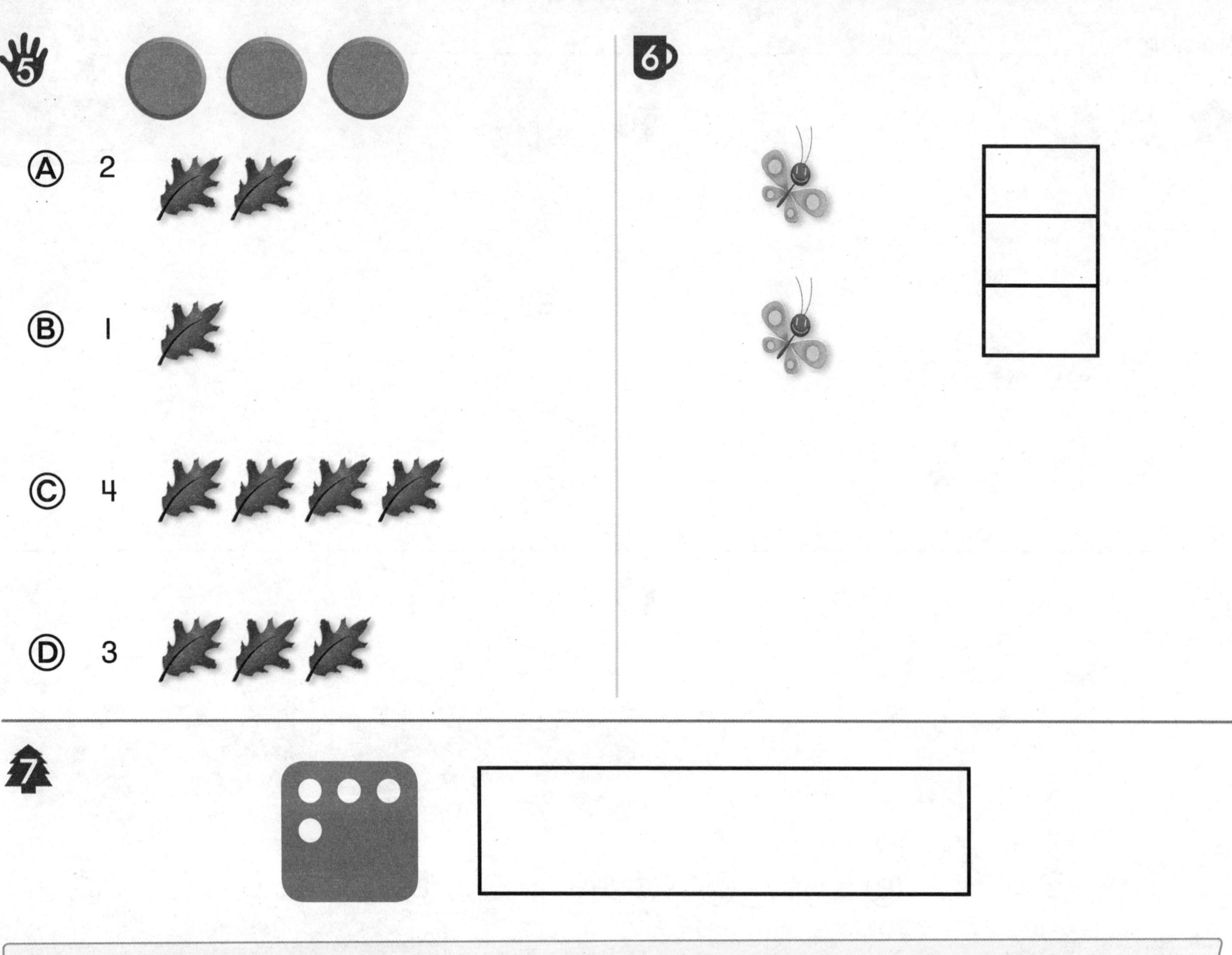

Instrucciones Pida a los estudiantes que: 5 escuchen la historia: *Tina cuenta hojas. Ella usa estas fichas para mostrar cuántas hojas contó hasta ahora. ¿Cuál de estas opciones muestra el siguiente número que ella contará?* 6 cuenten las mariposas y luego coloreen las casillas para mostrar cuántas hay; 7 cuenten los puntos y luego dibujen fichas en la casilla para mostrar la misma cantidad de puntos.

Nombre ____________________

8

9

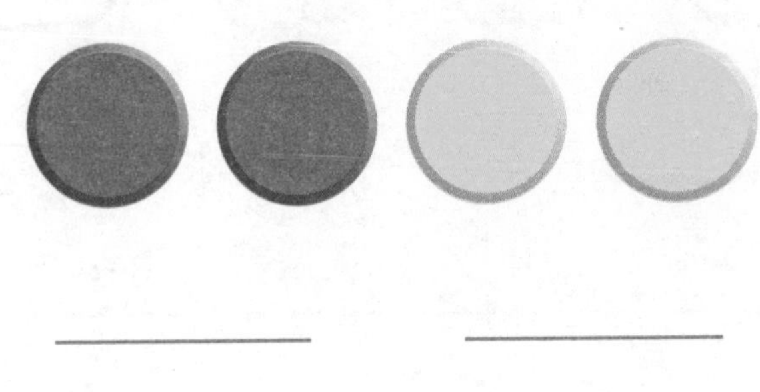

Instrucciones Pida a los estudiantes que: 8 cuenten los copos de nieve y luego escriban el número que indica cuántos hay; 9 escuchen la historia: *Jack tiene algunas fichas rojas y algunas amarillas. Él usa las fichas para mostrar una manera de formar 4. Escriban números para decir cuántas fichas de cada color usó.*

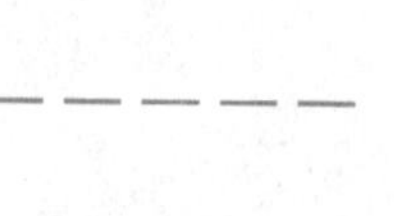

Instrucciones Pida a los estudiantes que: 10 cuenten los platos y luego escriban el número que indica cuántos hay; 11 cuenten cuántas manzanas hay en el plato y luego coloreen las manzanas para mostrar cuántas hay; 12 dibujen 5 canicas y luego escriban el número que indica cuántas hay.

Nombre ______________________

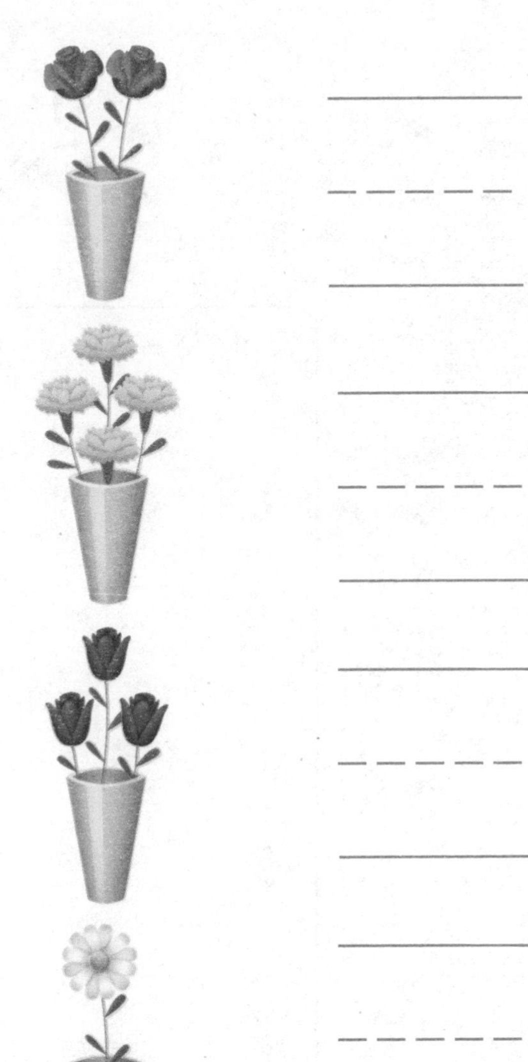

Instrucciones **Carreta de flores** Diga: *La familia de Miguel usa una carreta para vender flores.* Pida a los estudiantes que cuenten cuántas flores de cada tipo hay y luego escriban el número que indica cuántas hay.

2

3

4

Instrucciones 2 Diga: *¿Cómo puede Miguel mostrar cuántas flores hay en el florero verde?* Pida a los estudiantes que muestren dos maneras diferentes. 3 Pida a los estudiantes que miren las 4 flores y luego dibujen otra manera de mostrar 4. 4 Diga: *Miguel quiere darle a su mamá 5 flores de la carreta. ¿Qué tipos de flores le puede dar?* Pida a los estudiantes que muestren una manera de crear un arreglo floral de 5 flores y luego escriban el número que indica cuántas hay.

TEMA 2 Comparar números del 0 al 5

Pregunta esencial: ¿Cómo se pueden comparar y ordenar los números del 0 al 5?

Recursos digitales

Libro del estudiante · Aprendizaje visual · Práctica · Evaluación · Herramientas · Glosario

Nieve

Ten cuidado.

Proyecto de enVision STEM: Clima severo

Instrucciones Lea el diálogo a los estudiantes. **¡Investigar!** Pida a los estudiantes que investiguen diferentes tipos de climas severos que hay en todo el mundo. Diga: *El mismo tipo de condición climática severa no ocurre en todos los lugares. Hablen con sus amigos y familiares acerca de algún clima severo que haya ocurrido en el mundo durante el mes pasado. Pregúntenles si alguna vez han visto ese tipo de clima severo.* **Diario: Hacer un cartel** Pida a los estudiantes que hagan un cartel. Pídales que dibujen 5 cosas o menos que la gente podría necesitar para su seguridad durante una tormenta de nieve. Pídales que dibujen 5 cosas o menos que la gente podría necesitar para su seguridad durante una sequía. Pídales que escriban la cantidad de objetos que hay en cada grupo, los comparen y luego encierren en un círculo el número que es mayor que el otro.

Nombre ____________________

Repasa lo que sabes

0 2

2 3 1

3 4 5

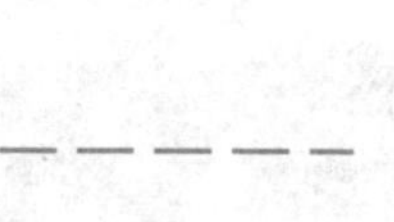

5

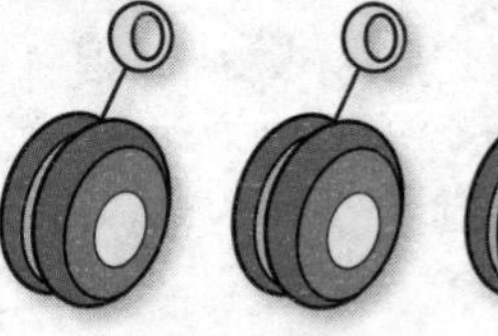

6

Instrucciones Pida a los estudiantes que: 1 encierren en un círculo el número cero; 2 encierren en un círculo el número uno; 3 encierren en un círculo el número cuatro; 4 a 6 cuenten los juguetes y escriban el número que indica cuántos hay.

Nombre ______________________________

Escoge un proyecto

Instrucciones Diga: *Escogerán uno de estos proyectos. Miren la foto* **A**. *Piensen en esta pregunta: ¿Qué saben sobre las arañas? Si escogen el Proyecto A, harán un cartel sobre las arañas. Miren la foto* **B**. *Piensen en esta pregunta: ¿Todas las flores son iguales? Si escogen el Proyecto B, harán un modelo de una flor.*

Instrucciones Diga: *Escogerán uno de estos proyectos. Miren la foto* **C**. *Piensen en esta pregunta: ¿Cuántos tiros se necesitan para que la bola de golf entre en el hoyo? Si escogen el Proyecto C, diseñarán un hoyo de minigolf. Miren la foto* **D**. *Piensen en esta pregunta: ¿Qué necesitan cuando van de pícnic? Si escogen el Proyecto D, harán una lista de objetos para un pícnic.*

Nombre ____________________

Lección 2-1
Grupos iguales

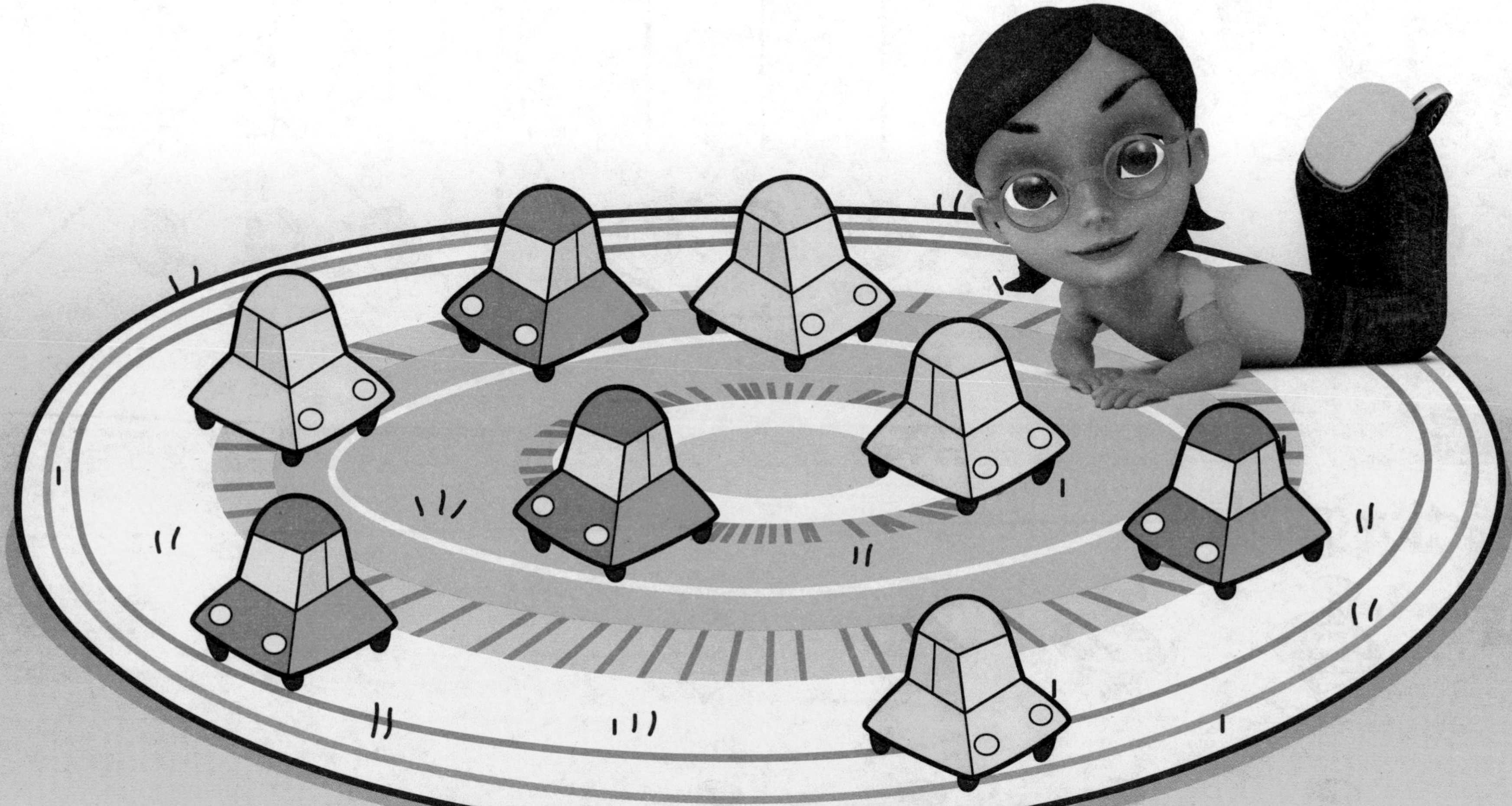

Instrucciones Diga: *Marta tiene algunos carros de juguete. ¿Hay la misma cantidad de carros rojos que de carros amarillos en la alfombra? ¿Cómo lo saben? Usen fichas para mostrar su trabajo.*

Puedo...
emparejar grupos para compararlos y ver si son iguales.

También puedo hacer mi trabajo con precisión.

Puente de aprendizaje visual

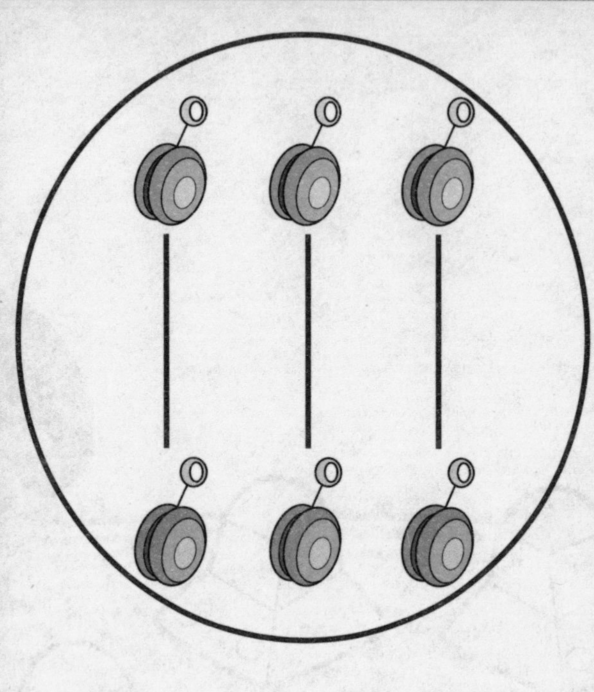

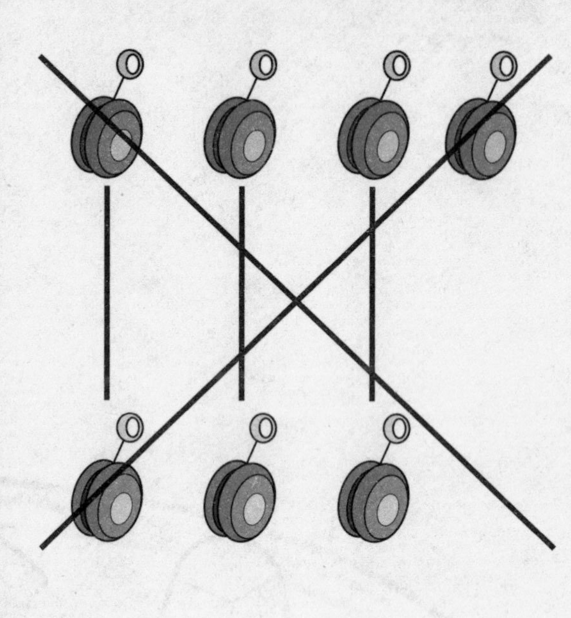

Práctica guiada

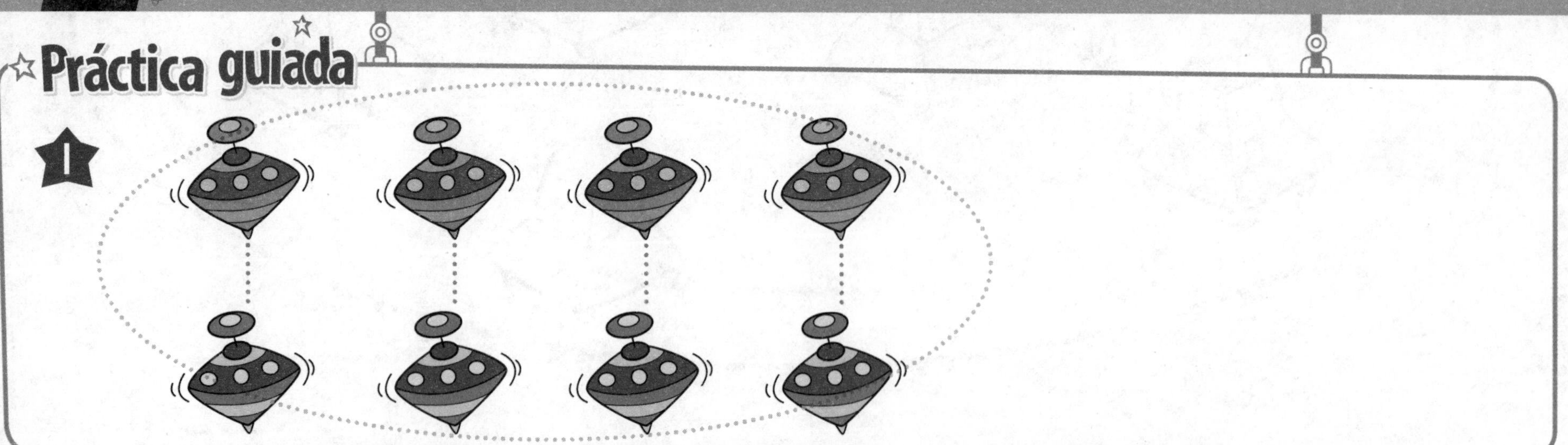

Instrucciones Pida a los estudiantes que tracen líneas desde los juguetes en el grupo de la primera fila hasta los juguetes en el grupo de la segunda fila. Luego, pídales que encierren en un círculo los grupos si son iguales en número o los marquen con una X si NO son iguales en número.

Nombre

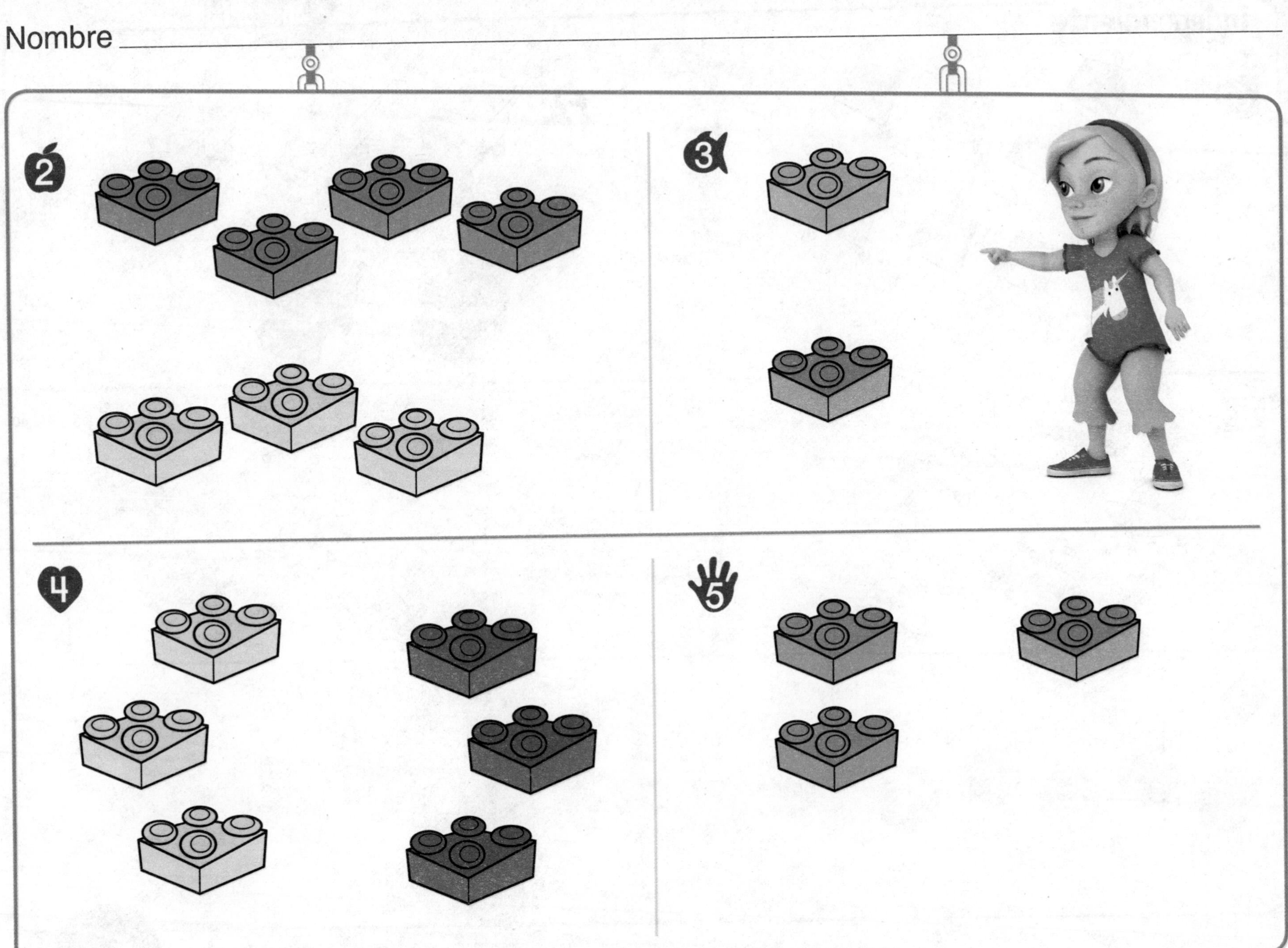

Instrucciones 2 a 5 Pida a los estudiantes que tracen líneas desde los bloques de un grupo hasta los bloques del otro grupo. Luego, pídales que encierren en un círculo los grupos si son iguales en número o los marquen con una X si NO son iguales en número.

Práctica independiente

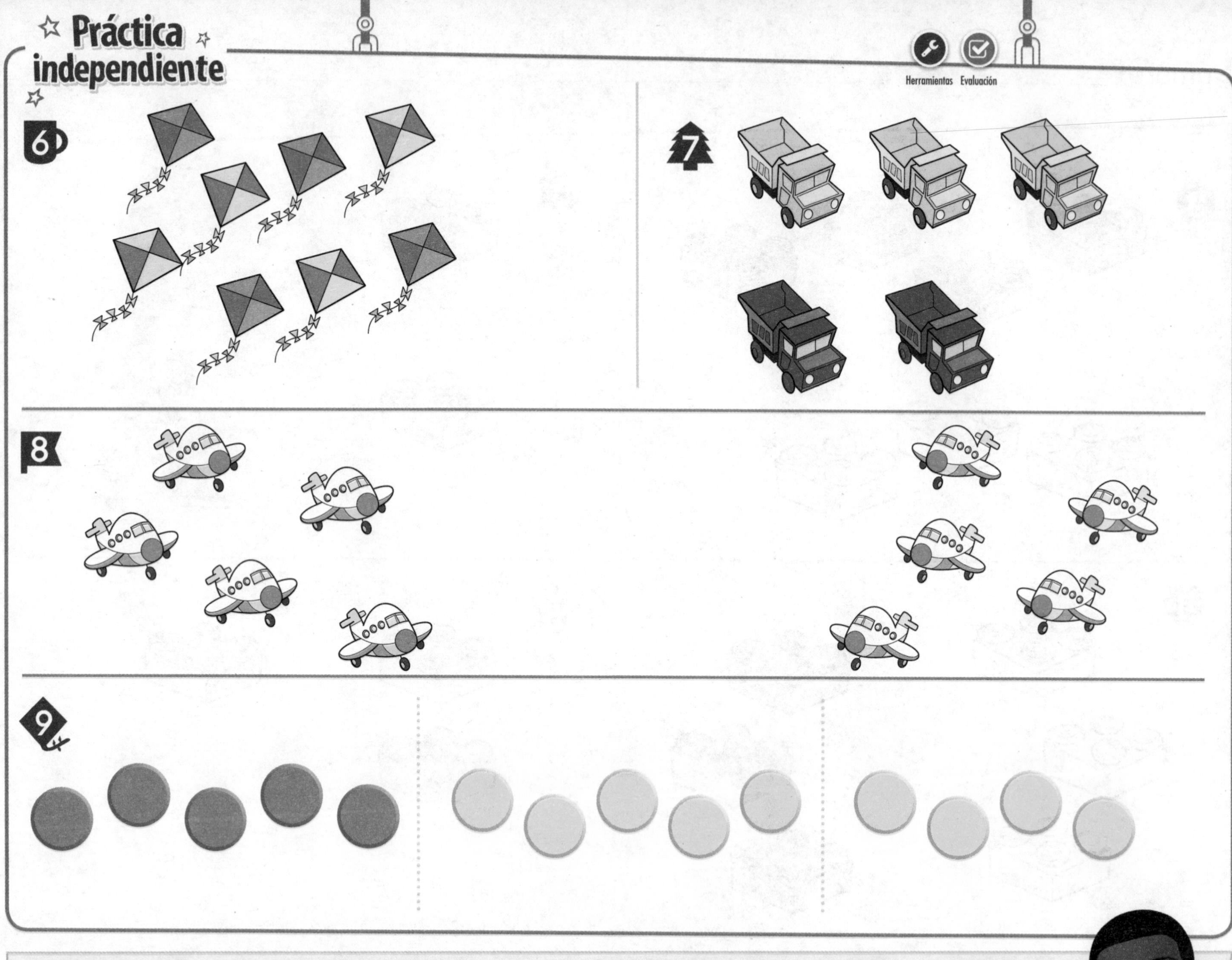

Instrucciones 6 a 8 Pida a los estudiantes que tracen líneas desde los juguetes de un grupo hasta los juguetes del otro grupo. Luego, pídales que encierren en un círculo los grupos si son iguales en número o los marquen con una X si NO son iguales en número. 9 **Razonamiento de orden superior** Pida a los estudiantes que encierren en un círculo el grupo de fichas amarillas que NO es igual en número al grupo de fichas rojas.

Nombre ______________________________

Lección 2-2
Mayor que

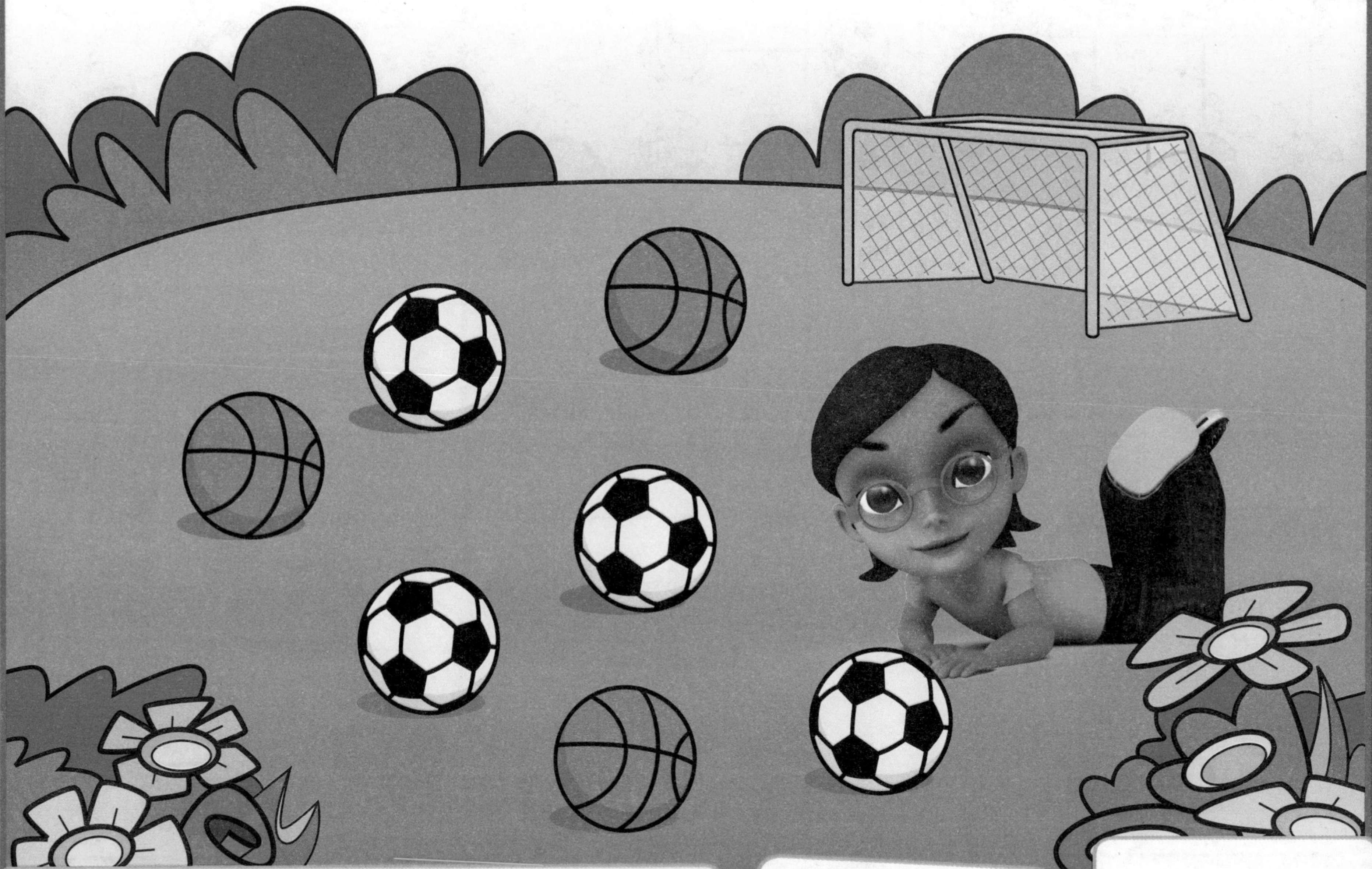

Instrucciones Diga: *La clase de Marta va al parque. El señor Lozano trae 4 pelotas de fútbol y 3 pelotas de básquetbol. ¿En qué grupo hay más pelotas? ¿Cómo lo saben? Usen fichas para mostrar su trabajo.*

Puedo...
determinar si un grupo es mayor en número que otro grupo.

También puedo construir argumentos matemáticos.

Puente de aprendizaje visual

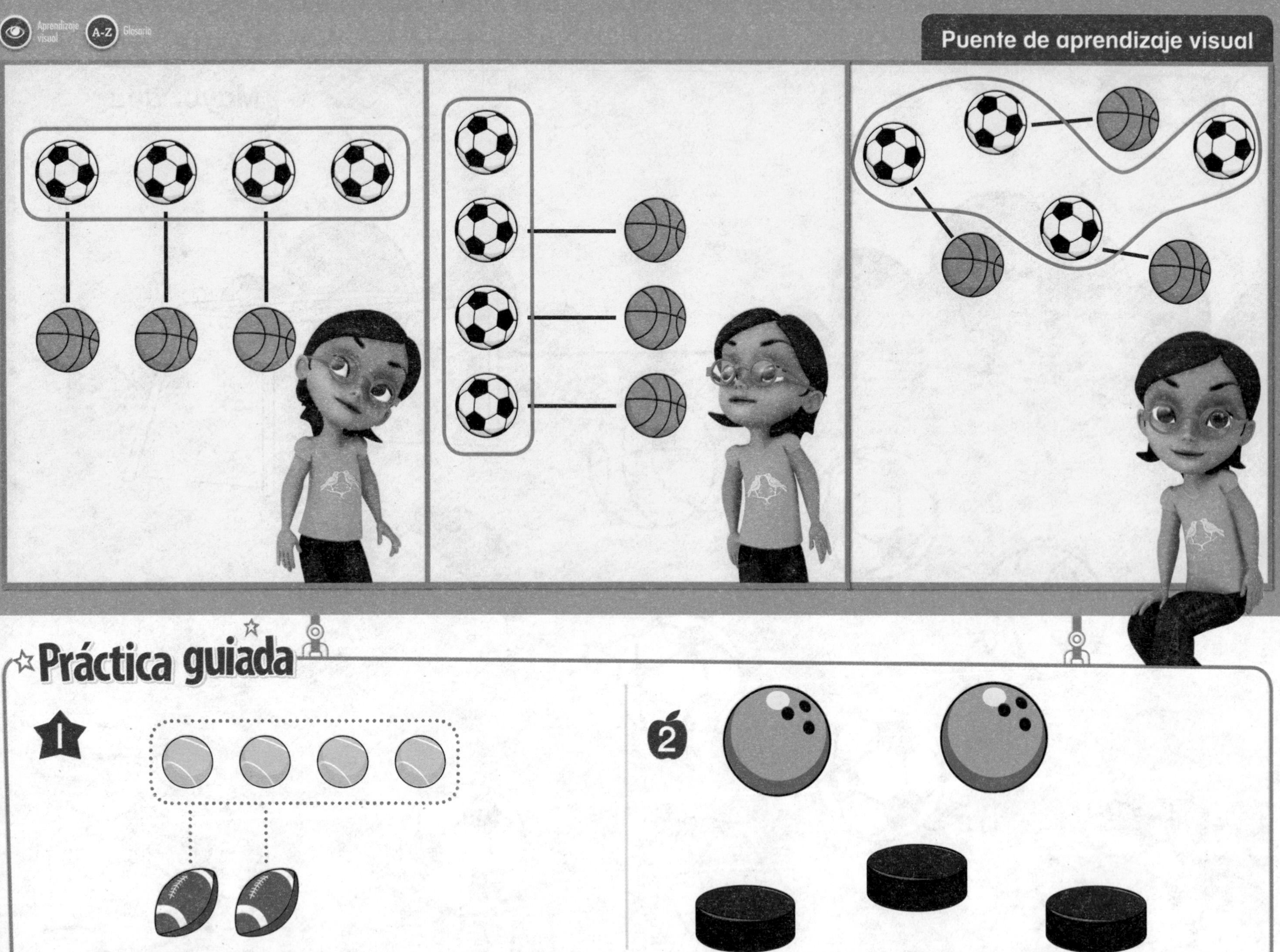

Práctica guiada

Instrucciones 1 y 2 Pida a los estudiantes que tracen líneas para emparejar los objetos de un grupo con los del otro grupo. Pídales que encierren en un círculo el grupo que es mayor en número que el otro grupo y luego expliquen por qué tienen razón.

Nombre ______________________________

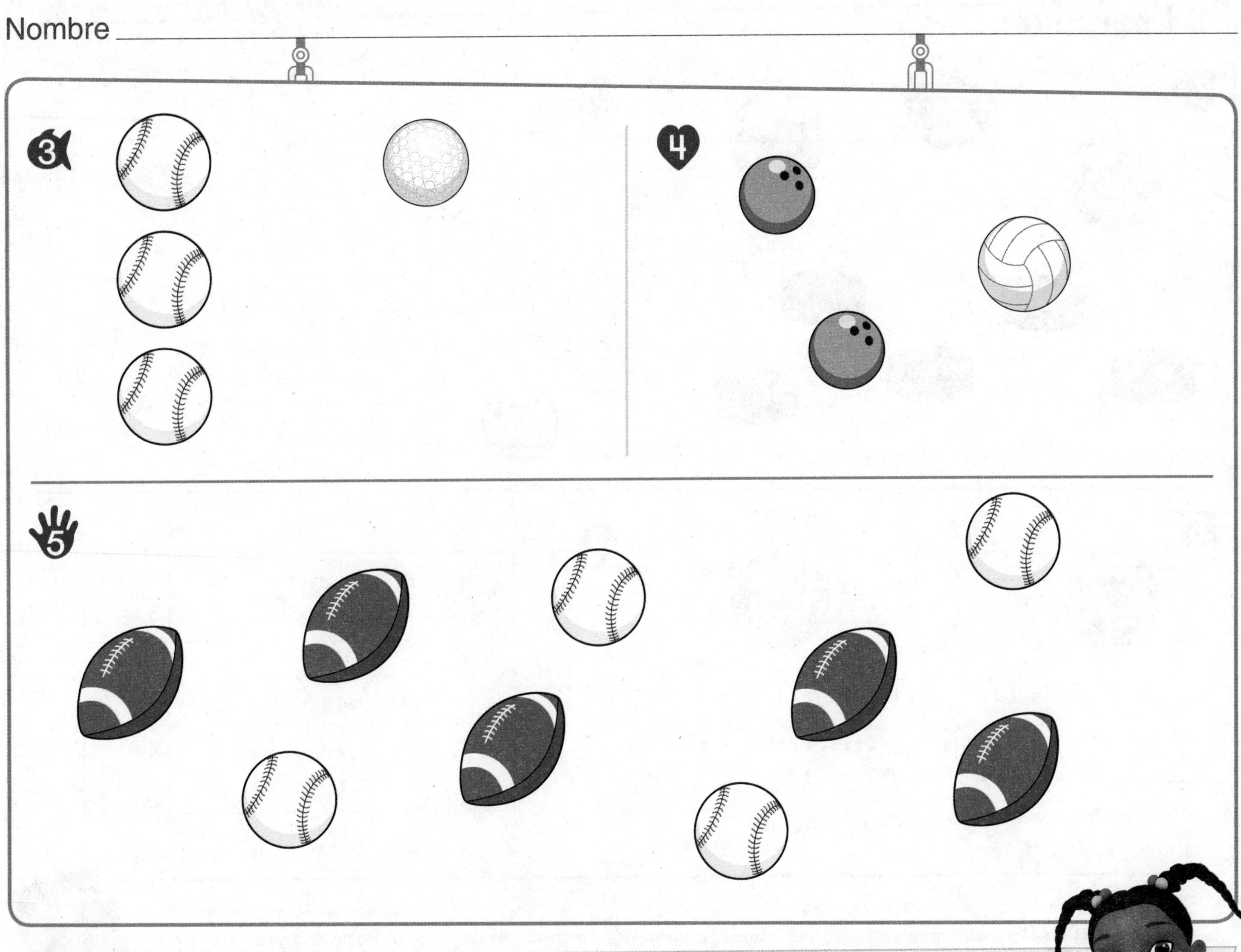

Instrucciones 3 a 5 Pida a los estudiantes que tracen líneas para emparejar los objetos de un grupo con los del otro grupo. Pídales que encierren en un círculo el grupo que es mayor en número que el otro grupo y luego expliquen por qué tienen razón.

Práctica independiente

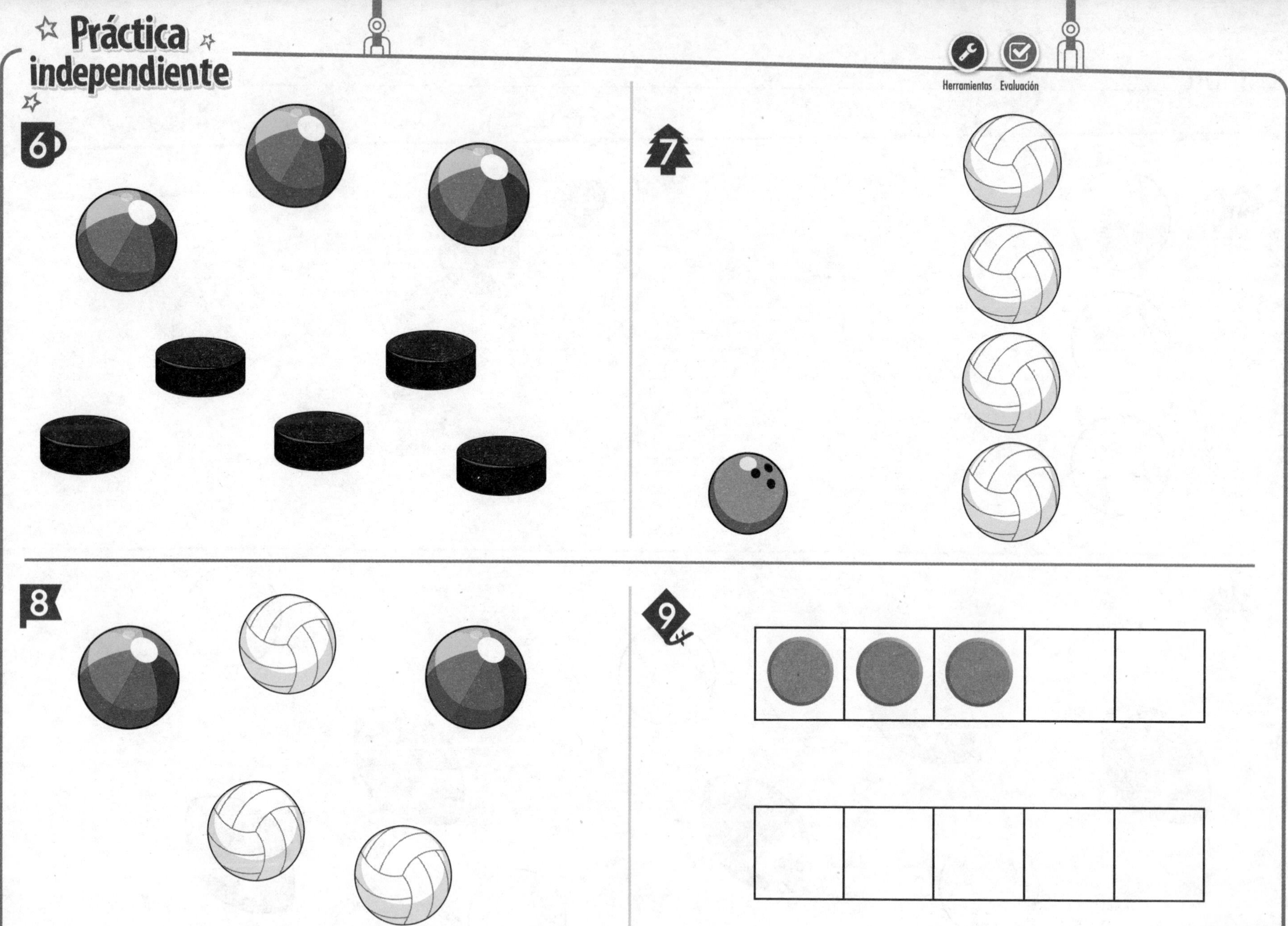

Instrucciones 6 a 8 Pida a los estudiantes que tracen líneas para emparejar los objetos de un grupo con los del otro grupo. Pídales que encierren en un círculo el grupo que es mayor en número que el otro grupo y luego expliquen por qué tienen razón. 9 **Razonamiento de orden superior** Pida a los estudiantes que dibujen en el marco de 5 de abajo un grupo de fichas que sea mayor en número que el grupo de fichas en el marco de 5 de arriba. Pídales que expliquen sus dibujos.

Nombre ______________________________

Lección 2-3
Menor que

Instrucciones Diga: *Marta pone 5 animales de peluche en un estante. Pone 3 osos de peluche en otro estante. ¿Qué grupo tiene menos juguetes de peluche? ¿Cómo lo saben? Usen fichas para mostrar su trabajo.*

Puedo...
indicar si la cantidad de objetos de un grupo es menor que la de otro grupo.

También puedo construir argumentos matemáticos.

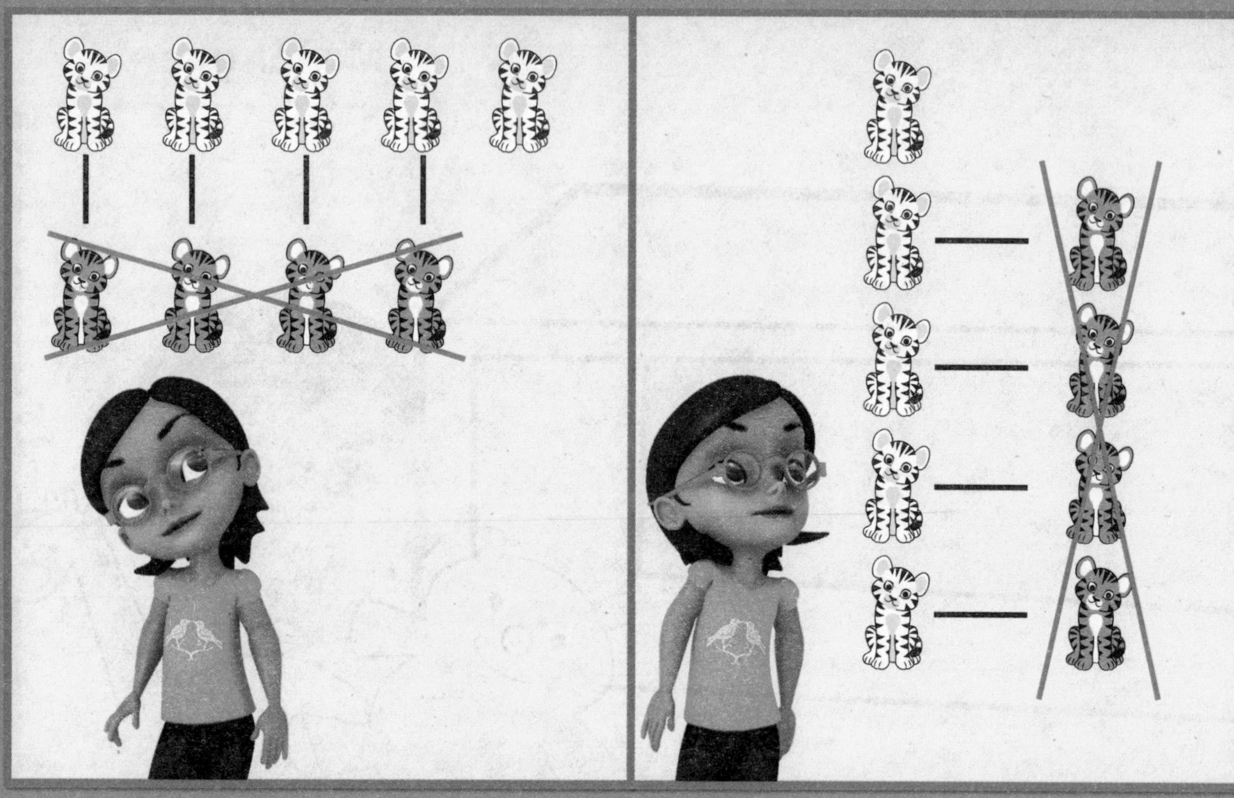

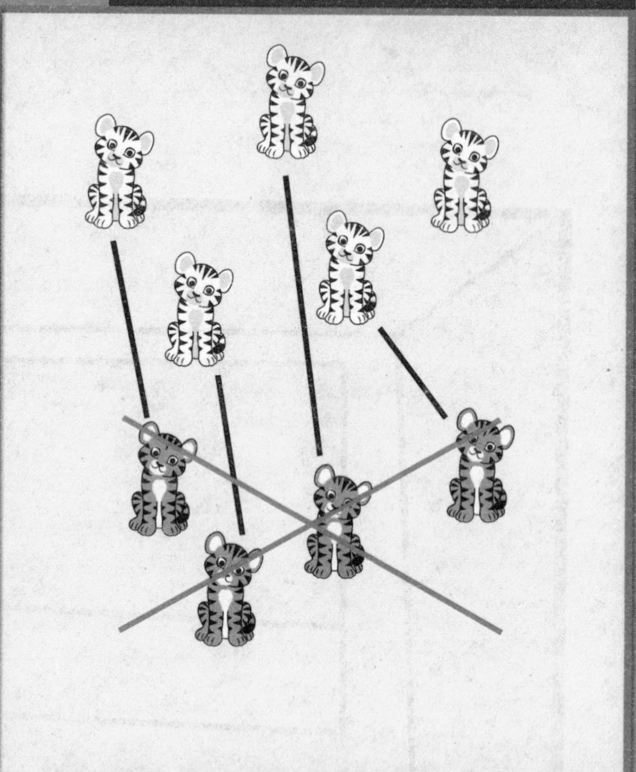

Práctica guiada

Instrucciones 1 y 2 Pida a los estudiantes que tracen líneas para emparejar los juguetes de un grupo con los del otro grupo. Pídales que marquen con una X el grupo que es menor en número que el otro grupo y luego expliquen por qué tienen razón.

Nombre ______________________________

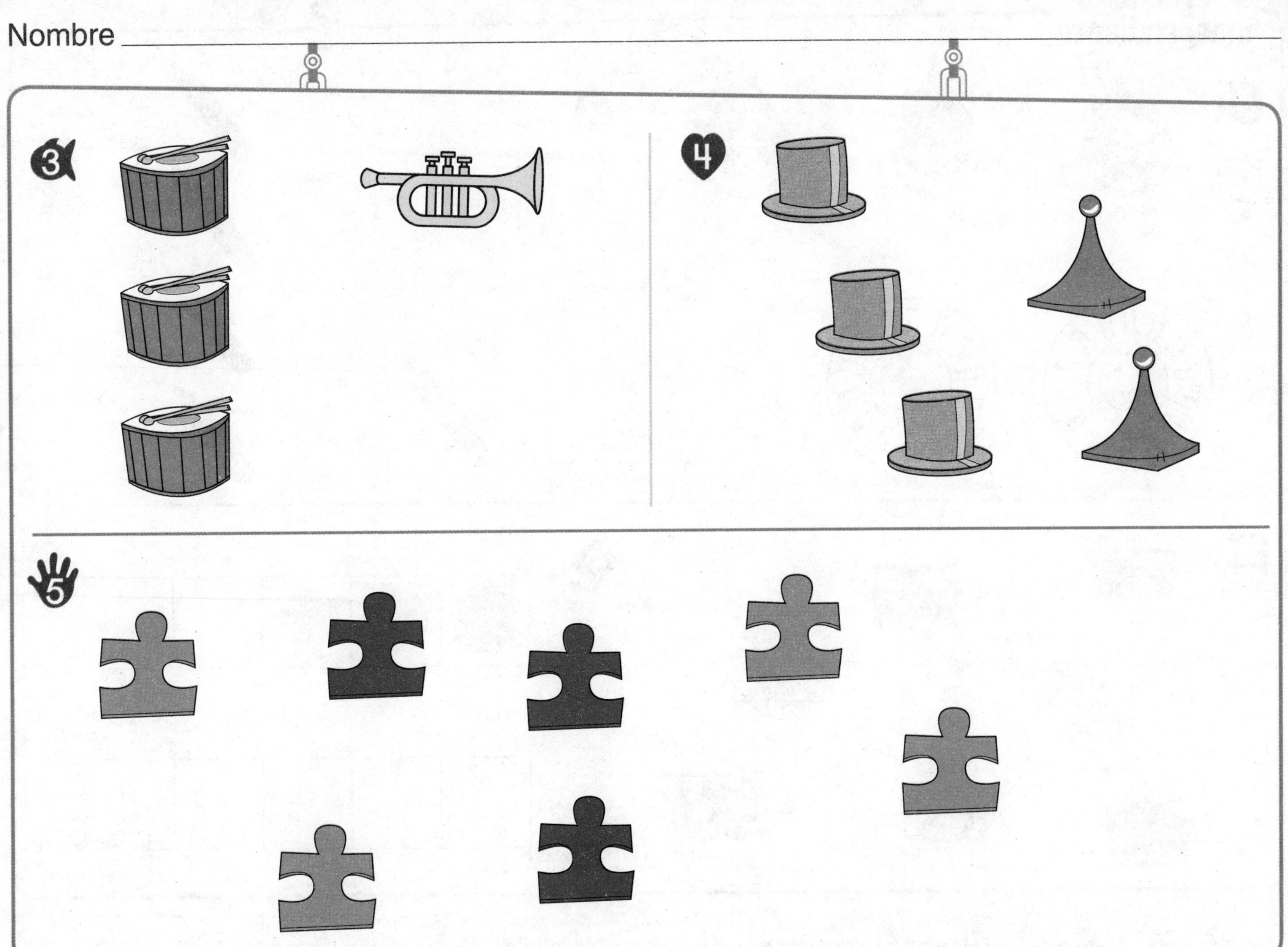

Instrucciones 3 a 5 Pida a los estudiantes que emparejen los juguetes de un grupo con los del otro grupo. Pídales que marquen con una X el grupo que es menor en número que el otro grupo y expliquen por qué tienen razón.

Instrucciones 6 **enVision® STEM** Pregunte a los estudiantes qué significa una gota de lluvia en un pronóstico del tiempo. Pídales que tracen líneas entre los grupos para emparejar las calcomanías de gotas de lluvia y las de soles. Pídales que marquen con una X el grupo que es menor en número que el otro grupo y luego expliquen por qué tienen razón. 7 y 8 Pida a los estudiantes que tracen líneas para emparejar los objetos de un grupo con los del otro grupo. Pídales que marquen con una X el grupo que es menor en número que el otro grupo y luego expliquen por qué tienen razón. 9 **Razonamiento de orden superior** Pida a los estudiantes que dibujen un grupo de fichas amarillas que sea menor en número que el grupo de fichas rojas.

Nombre ____________________

Lección 2-4

Comparar grupos de hasta el 5 al contar

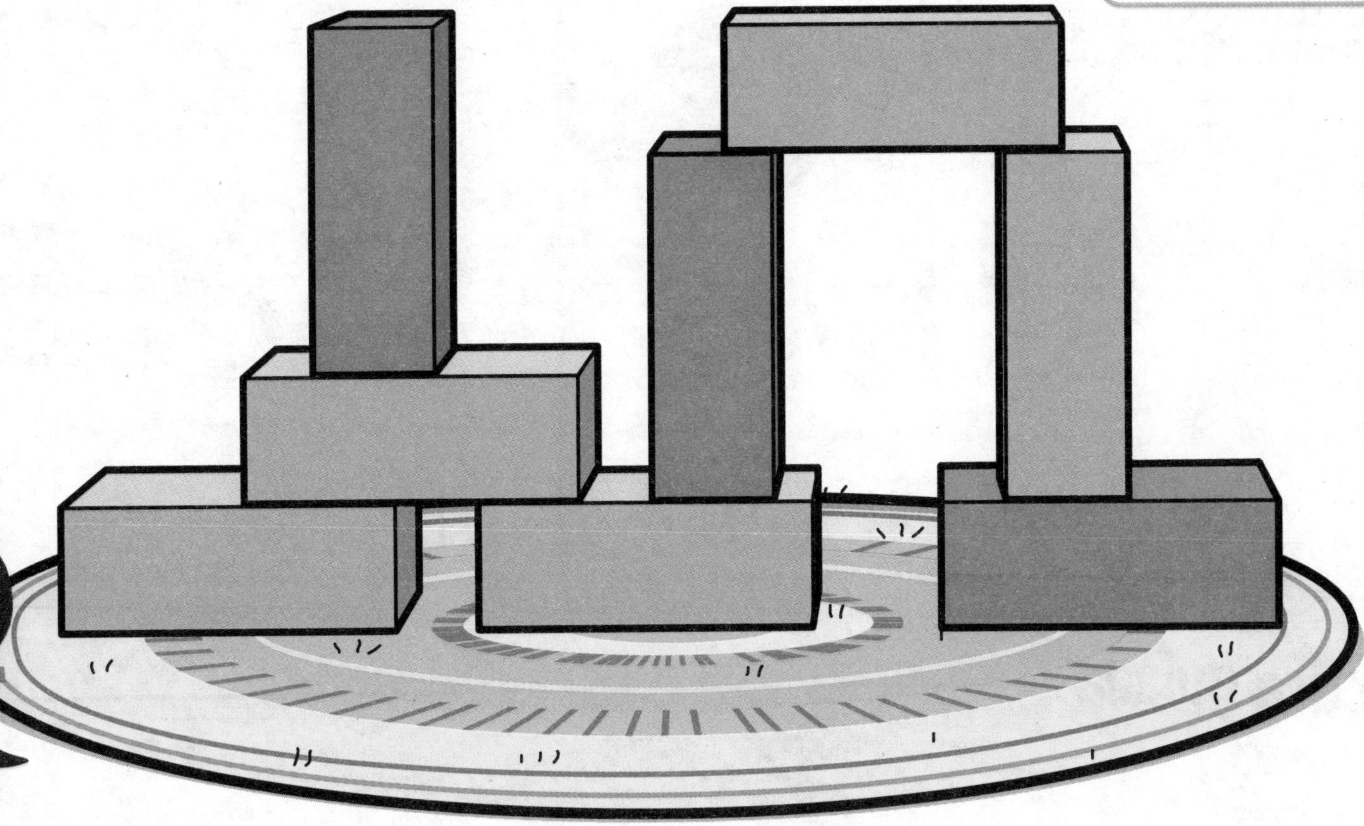

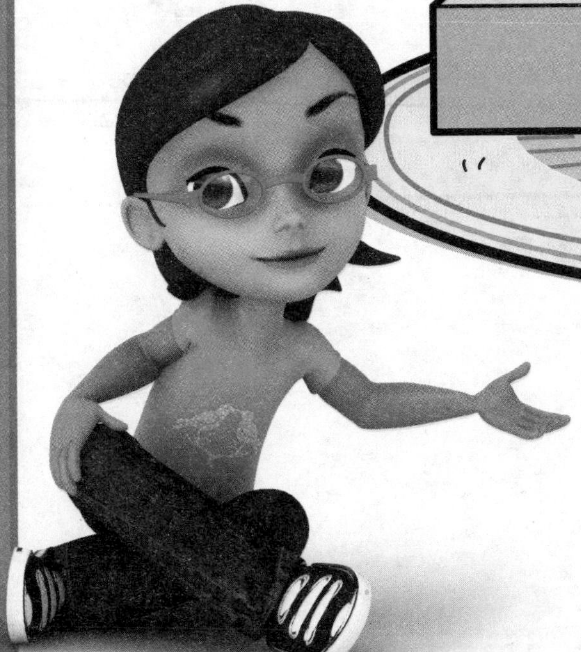

______ rojos ______ azules

Instrucciones Diga: *Marta construye una torre con bloques rojos y azules. Cuenten cuántos bloques rojos y cuántos bloques azules usa. Escriban el número que indica cuántos hay. Luego, encierren en un círculo el número que es menor que el otro.*

Puedo...
comparar números.

También puedo usar razonamientos repetidos.

Puente de aprendizaje visual

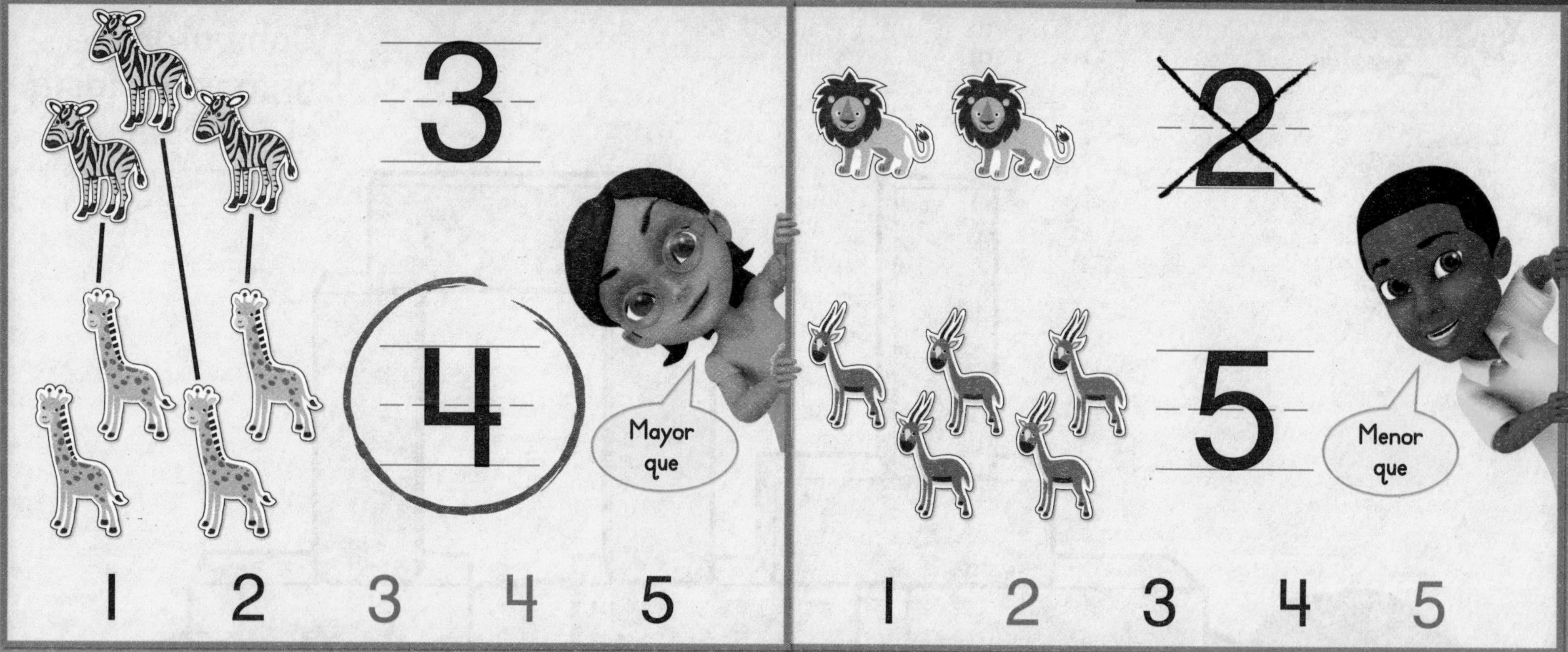

3

4

Mayor que

1 2 3 4 5

2

5

Menor que

1 2 3 4 5

Práctica guiada

Instrucciones 1 Pida a los estudiantes que cuenten las calcomanías de monos y plátanos y luego escriban los números que indican cuántas hay. Luego, pídales que encierren en un círculo el número que es mayor que el otro número y marquen con una X el número que es menor que el otro número.

Nombre ______

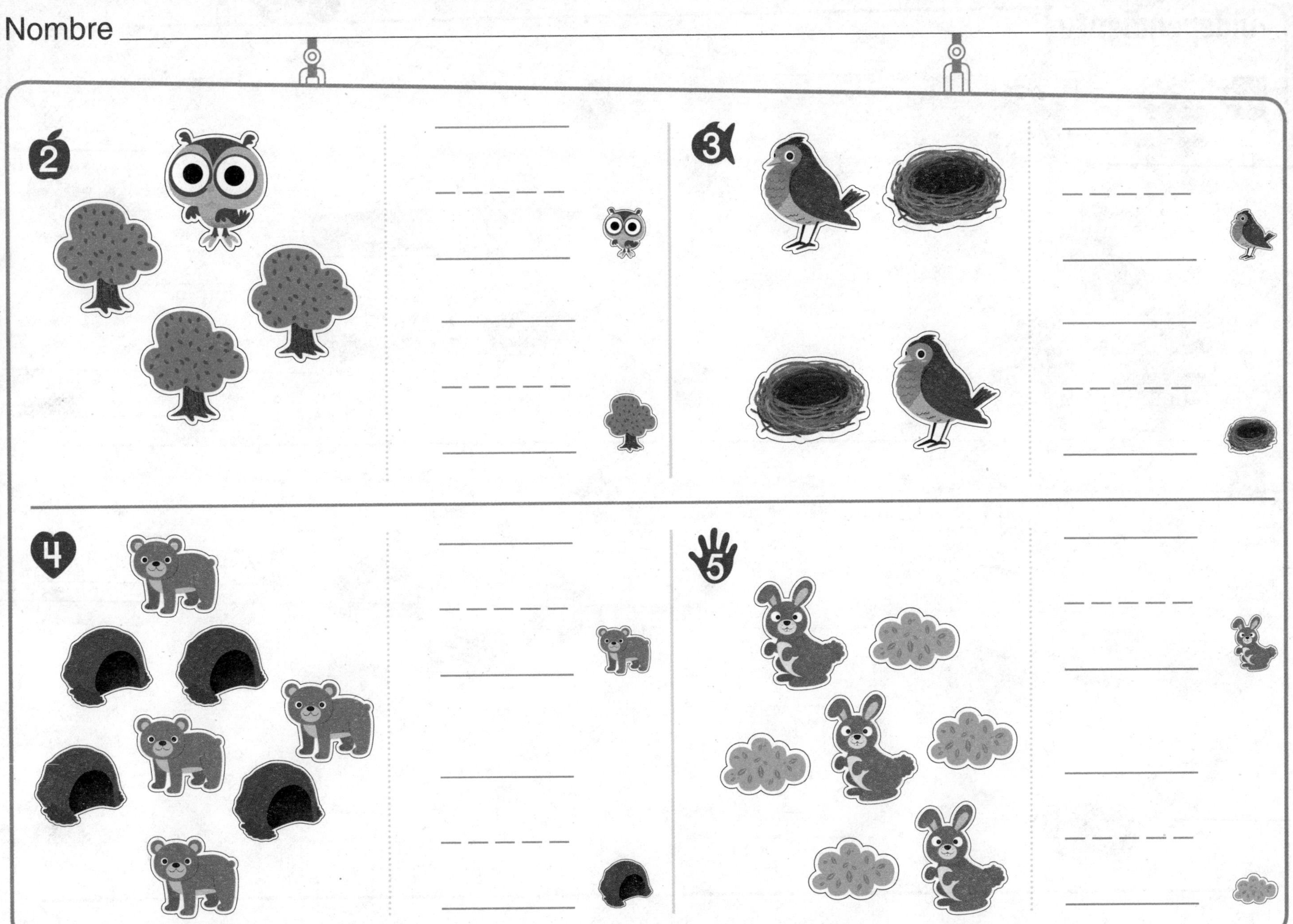

Instrucciones 2 a 5 Pida a los estudiantes que cuenten las calcomanías y escriban los números que indican cuántas hay. Luego, pídales que encierren en un círculo el número que es mayor que el otro número y marquen con una X el número que es menor que el otro número o encierren en un círculo ambos números si son iguales.

Práctica independiente

Herramientas Evaluación

6

7

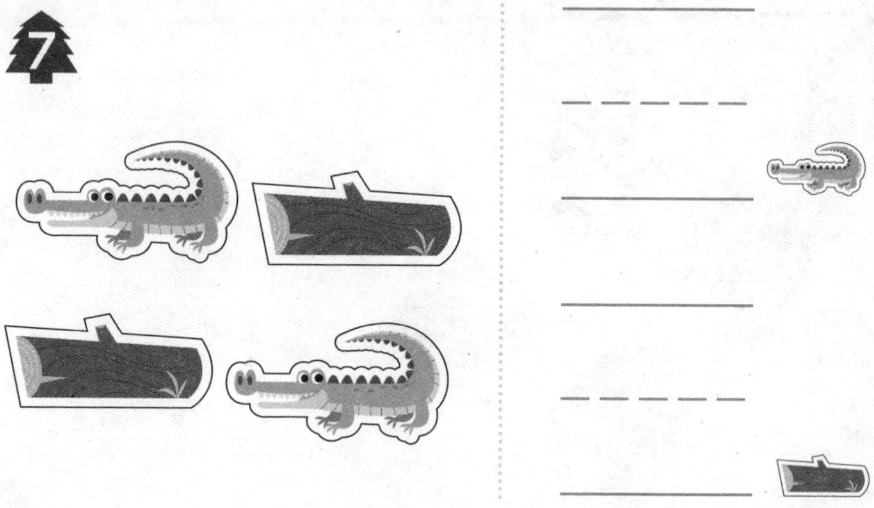

8

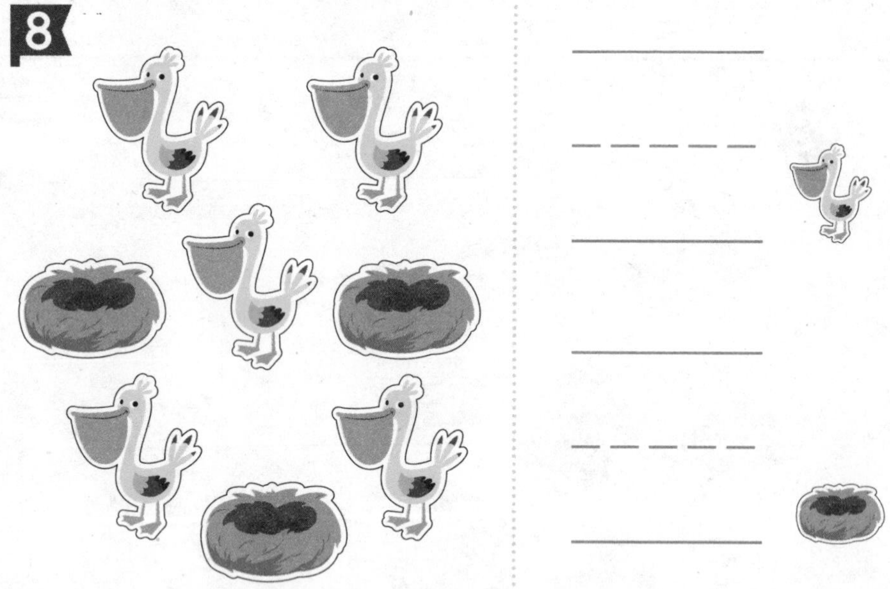

9

Instrucciones 6 a 8 Pida a los estudiantes que cuenten las calcomanías y escriban los números que indican cuántas hay. Luego, pídales que encierren en un círculo el número que es mayor que el otro número y marquen con una X el número que es menor que el otro número o encierren en un círculo ambos números si son iguales. 9 **Razonamiento de orden superior** Pida a los estudiantes que cuenten las calcomanías de peces, dibujen un grupo de calcomanías de peces que sea menor en número que el grupo que se muestra y luego escriban los números que indican cuántas hay.

Nombre ______________________

Resolución de problemas

Lección 2-5

Representar con modelos matemáticos

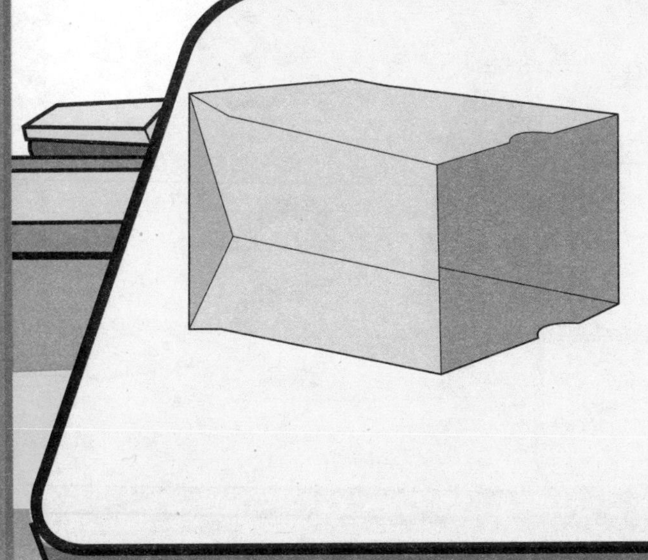

Piensa.

Instrucciones Diga: *Trabajen con un compañero y túrnense. Saquen un cubo de la bolsa por vez y pónganlo sobre el tablero. Sigan sacando cubos hasta que ya no quede ninguno. ¿Hay más cubos rojos o más cubos azules? ¿Cómo pueden mostrar sus respuestas? Expliquen y muestren su trabajo.*

Puedo...
usar objetos, dibujos y números para comparar números.

También puedo escribir números hasta el 5.

Aprendizaje visual A-Z Glosario

Puente de aprendizaje visual

¿Cómo puedo mostrarlo?

Con cubos

Con dibujos

Con números

Práctica guiada

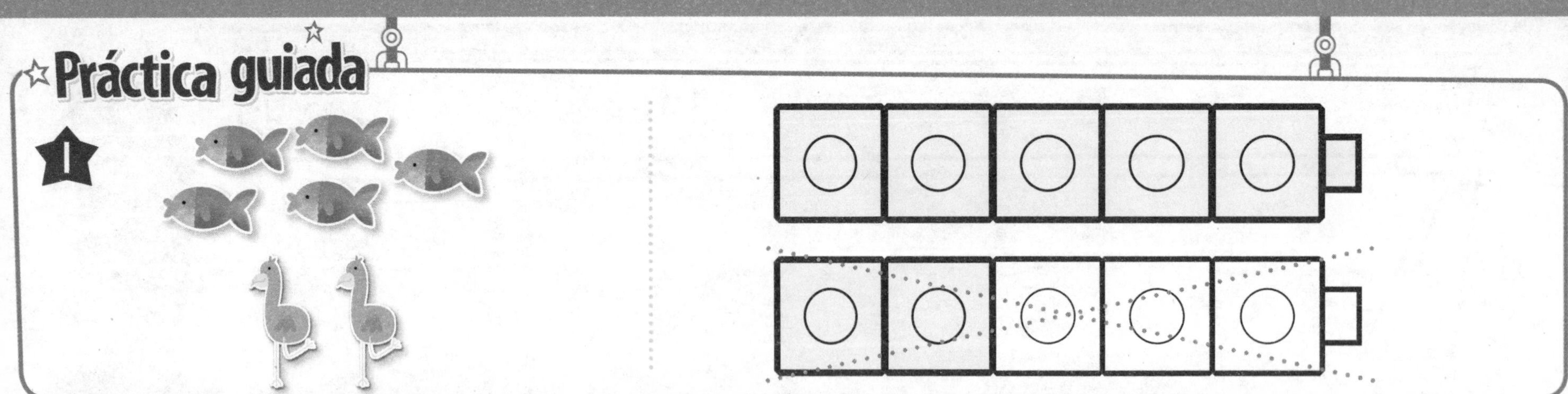

Instrucciones 1 Diga: *Marta tiene 5 calcomanías de peces y 2 calcomanías de flamencos. ¿Qué grupo de calcomanías es menor en número que el otro grupo? ¿Cómo pueden usar cubos para mostrar cómo hallar la respuesta?* Pida a los estudiantes que formen trenes de cubos para cada grupo, coloreen los cubos para mostrar cuántas calcomanías hay y marquen con una X el tren de cubos que muestra menos calcomanías que el otro tren de cubos. Pídales que expliquen sus trenes de cubos.

Nombre

Práctica independiente

2

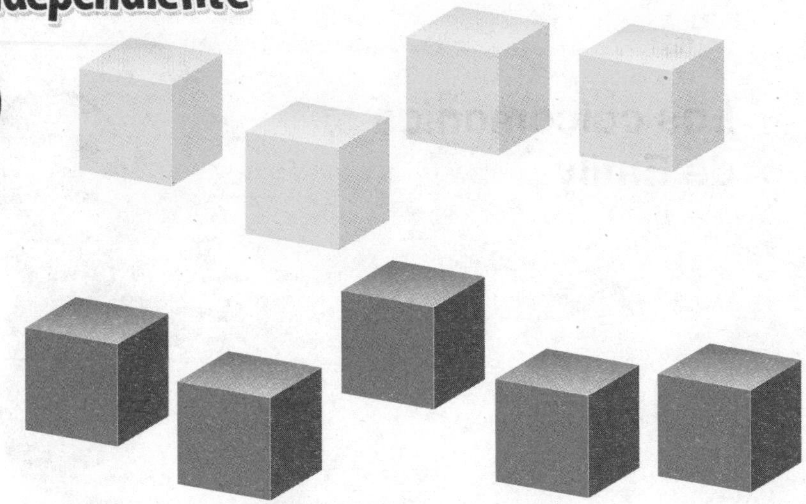

3

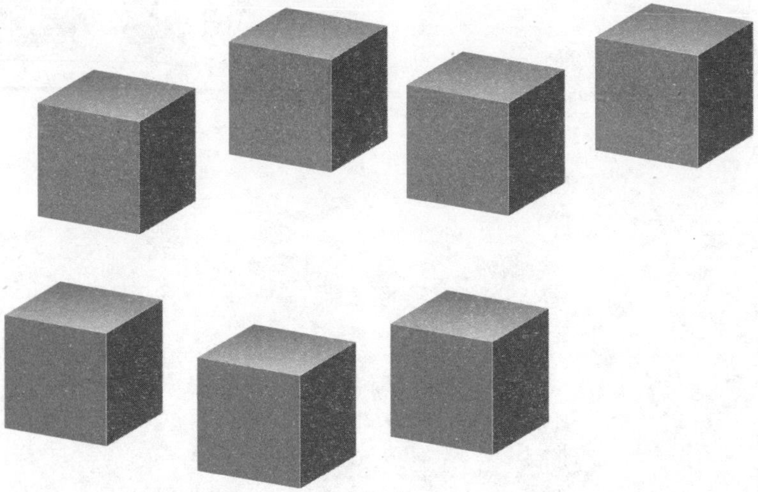

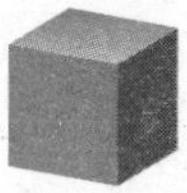

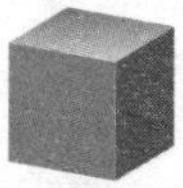

Instrucciones 2 Diga: *Carlos tiene 4 bloques amarillos y 5 bloques azules. ¿Qué grupo de bloques es mayor en número que el otro grupo? ¿Cómo pueden usar un dibujo para mostrar su respuesta?* Pida a los estudiantes que hagan un dibujo para mostrar y explicar su respuesta. 3 Diga: *Carlos tiene 4 bloques rojos y 3 bloques azules. ¿Qué grupo de bloques es menor en número que el otro grupo? ¿Cómo pueden usar números para mostrar su respuesta?* Pida a los estudiantes que usen números para mostrar y explicar su respuesta.

Resolución de problemas

Tarea de rendimiento

Las calcomanías de Marta

Las calcomanías de Emily

Instrucciones Lea el problema en voz alta. Luego, pida a los estudiantes que usen diferentes prácticas matemáticas para resolverlo. Diga: *Marta tiene 2 calcomanías. Emily tiene una mayor cantidad de calcomanías que Marta. ¿Cuántas calcomanías podría tener Emily?* **4 Entender** *¿Qué saben acerca del problema? ¿Es posible que Emily tenga 1 calcomanía? Explíquenle por qué a un compañero.* **5 Representar** *Usen cubos, hagan un dibujo o usen números para mostrar cuántas calcomanías tiene Marta y cuántas podría tener Emily.* **6 Explicar** *Díganle a un compañero por qué su trabajo sobre las calcomanías de Emily es correcto.*

Nombre ___________________________

A-Z Glosario

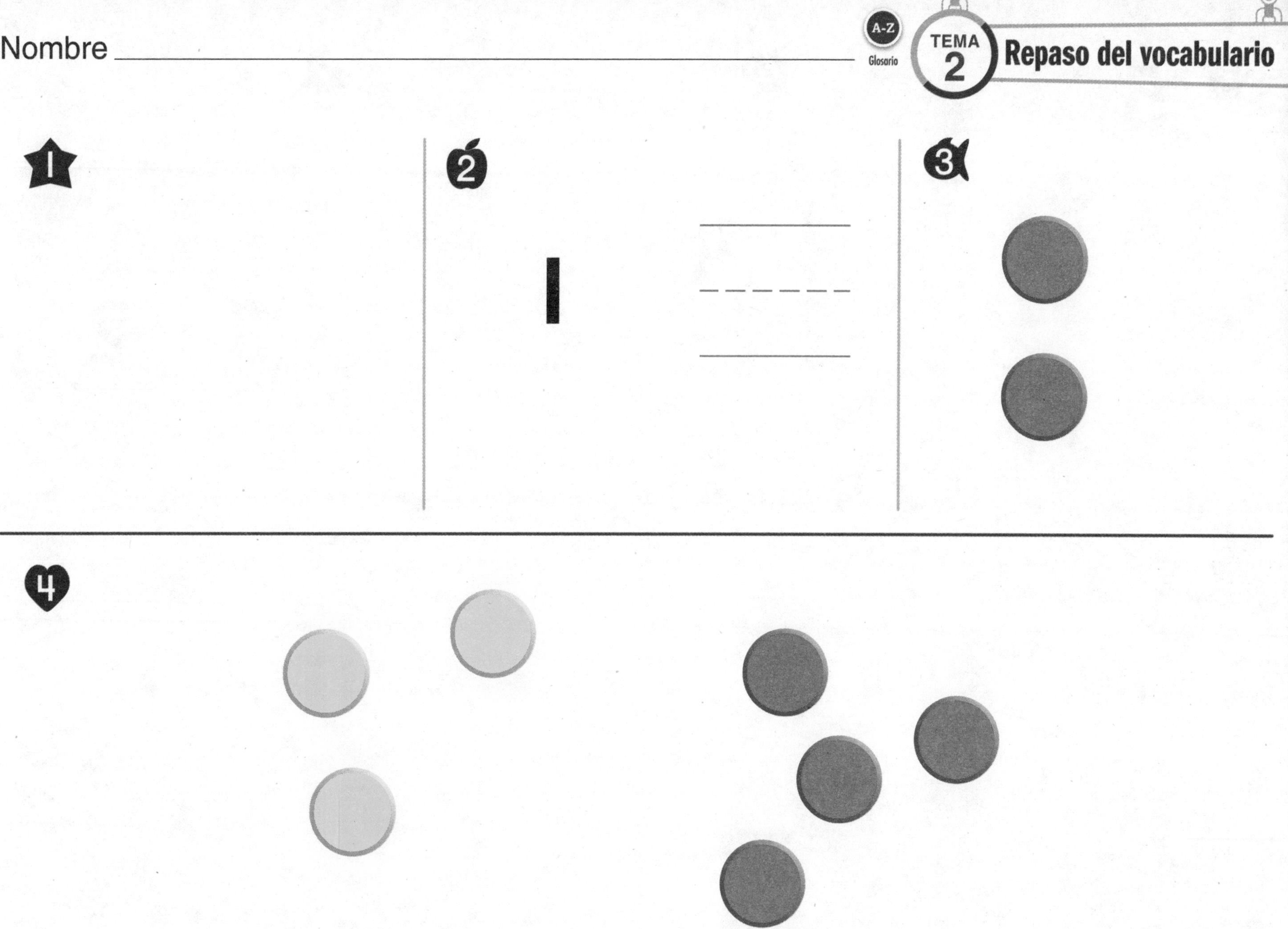

Instrucciones **Comprender el vocabulario** Pida a los estudiantes que: 1 dibujen 5 fichas en un **grupo**; 2 escriban el número que es **menor que** el número que se muestra; 3 dibujen un grupo de fichas que sea **igual** en número al grupo de fichas que se muestra; 4 **comparen** las fichas rojas y amarillas formando parejas para determinar qué grupo es menor en número que el otro y marquen con una X ese grupo.

5

8

Instrucciones **Comprender el vocabulario** Pida a los estudiantes que: 5 dibujen fichas para mostrar un **modelo** del número dado; 6 escriban un número que sea **mayor que** el número dado; 7 encierren en un círculo el número que indica **la misma cantidad** que la cantidad de fichas que se muestra; 8 dibujen dos maneras diferentes de mostrar un **grupo** de 7 fichas.

Nombre ______________________________

Refuerzo

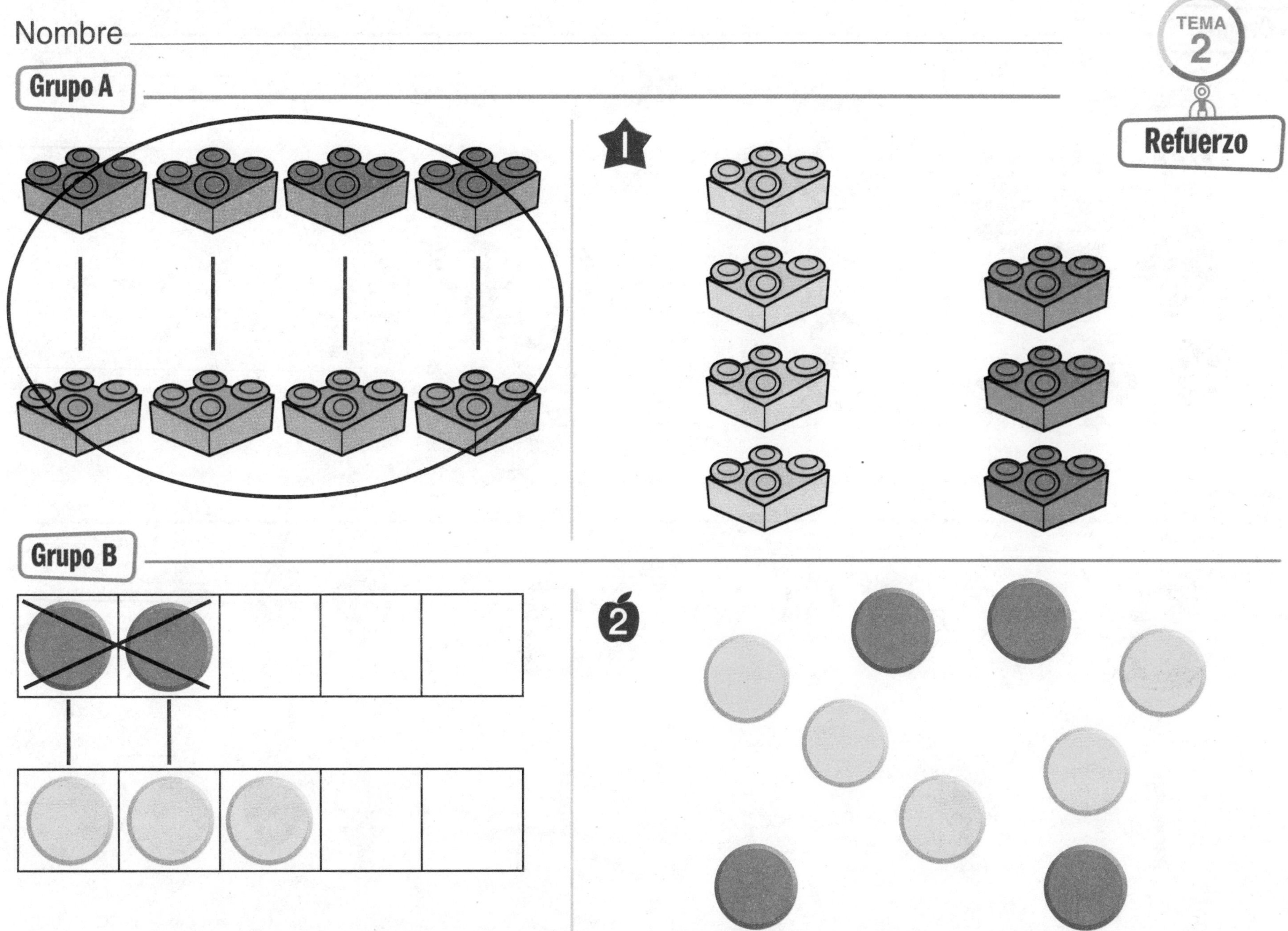

Instrucciones Pida a los estudiantes que: 1 tracen líneas entre las filas para emparejar los bloques de un grupo con los del otro grupo. Luego, pídales que encierren en un círculo los grupos si son iguales o marquen con una X los grupos si NO son iguales; 2 tracen líneas para emparejar los grupos de fichas rojas y amarillas. Pídales que encierren en un círculo el grupo que es mayor en número que el otro grupo y luego expliquen por qué tienen razón.

Grupo C

3

Grupo D

1

4

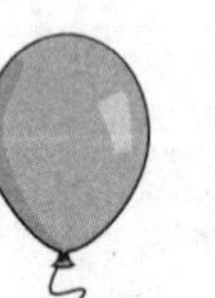

Instrucciones Pida a los estudiantes que: 3 cuenten las calcomanías y escriban números para indicar cuántas hay de cada tipo. Luego, pídales encierren en un círculo el número que es mayor que el otro número y marquen con una X el número que es menor que el otro número; 4 cuenten los globos y encierren en un círculo el número que es mayor que el otro número o encierren en un círculo los dos números si la cantidad de globos en los dos grupos es igual.

Nombre ______________________________

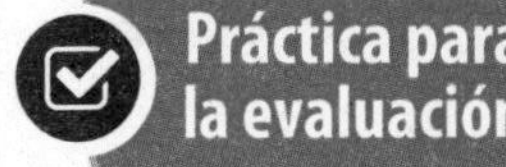

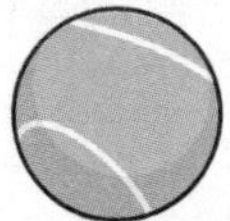

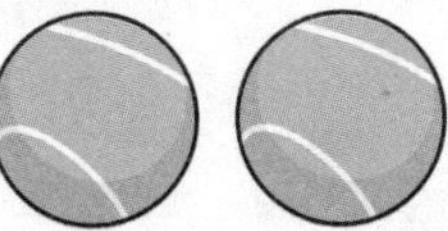

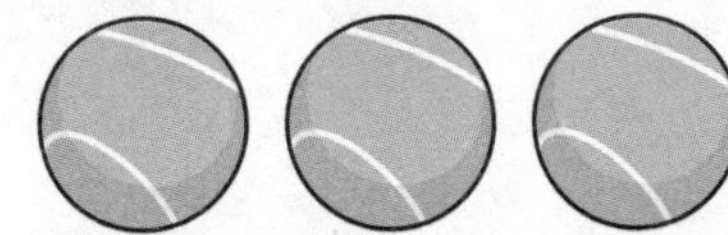

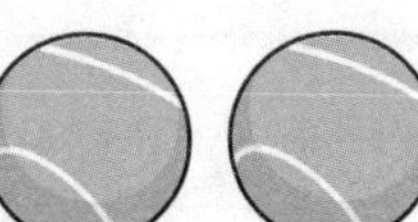
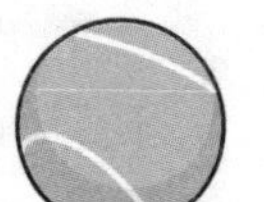

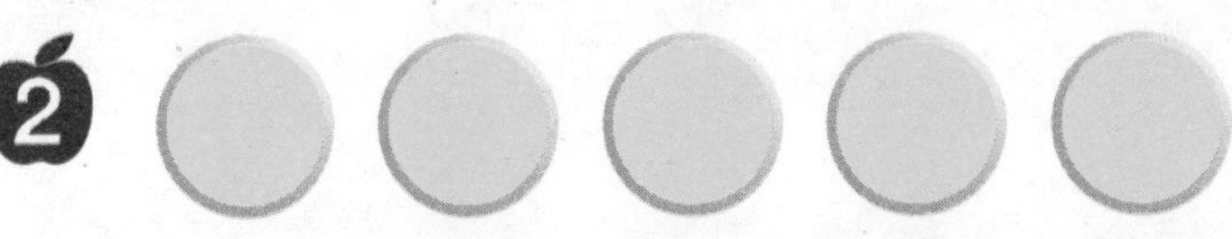

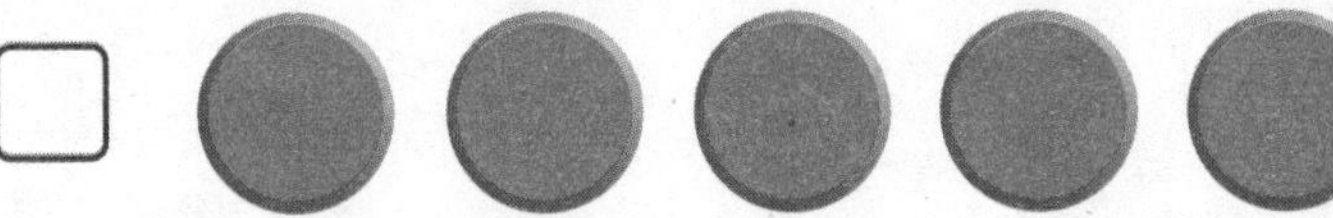

Instrucciones *Miren las pelotas de béisbol. ¿Qué grupo de pelotas de tenis es mayor que el grupo de pelotas de béisbol?* ❷ *Marquen todos los grupos de fichas rojas que NO son iguales en número al grupo de fichas amarillas.* ❸ Pida a los estudiantes que dibujen fichas para representar cada número. Luego, pídales que encierren en un círculo el número que es mayor que el otro número o encierren en un círculo ambos números si son iguales.

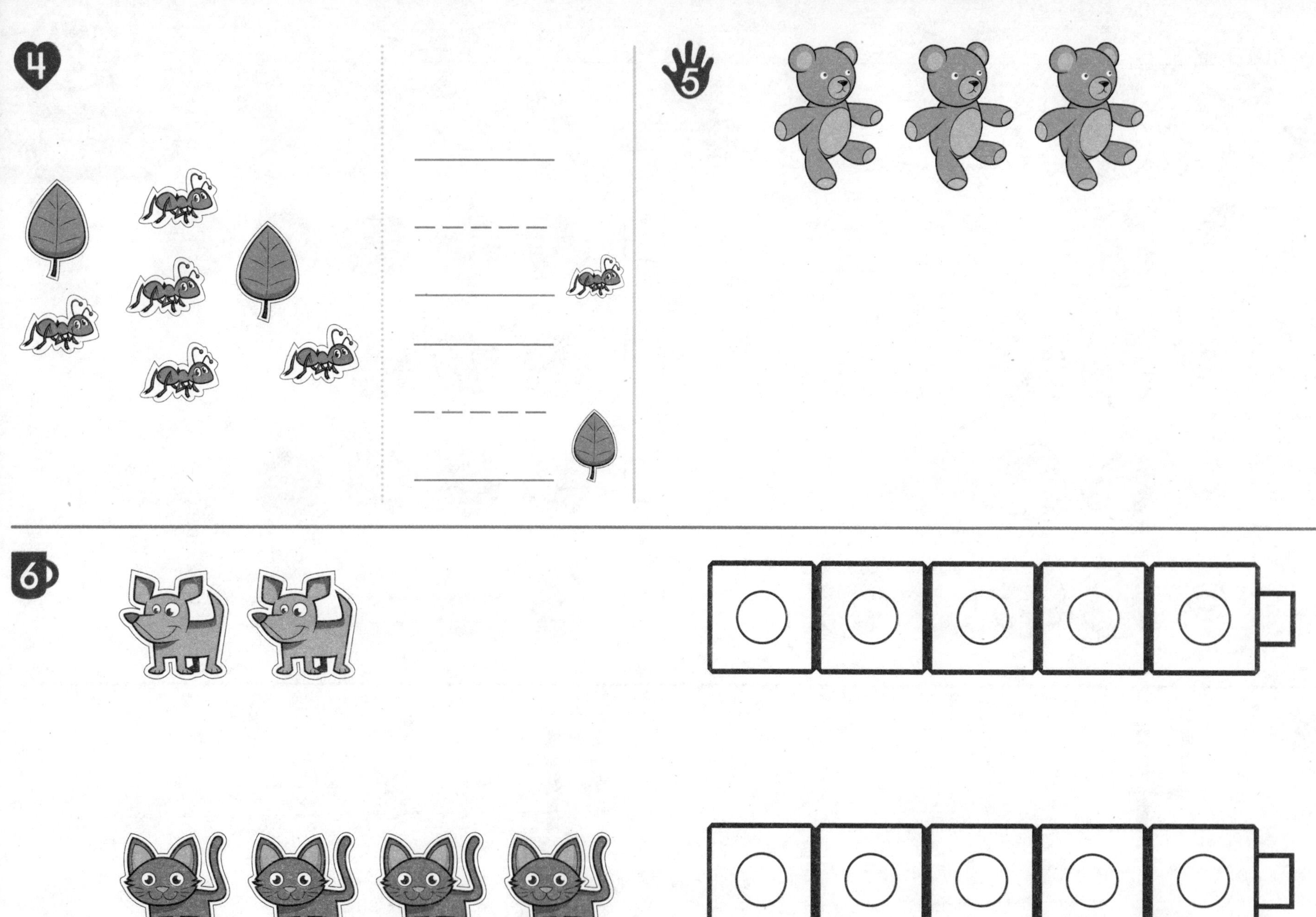

Instrucciones Pida a los estudiantes que: 4 cuenten las calcomanías, escriban los números que indican cuántas hay y luego marquen con una X el número que es menor que el otro número; 5 dibujen un grupo de juguetes que sea menor en número que el grupo de osos de peluche que se muestra. 6 Diga: *Eduardo tiene 2 calcomanías de perritos y 4 calcomanías de gatitos en su álbum de recortes. Coloreen los cubos para mostrar cuántas calcomanías hay de cada tipo y luego encierren en un círculo el tren de cubos que es mayor que el otro tren de cubos.*

Nombre ___

1

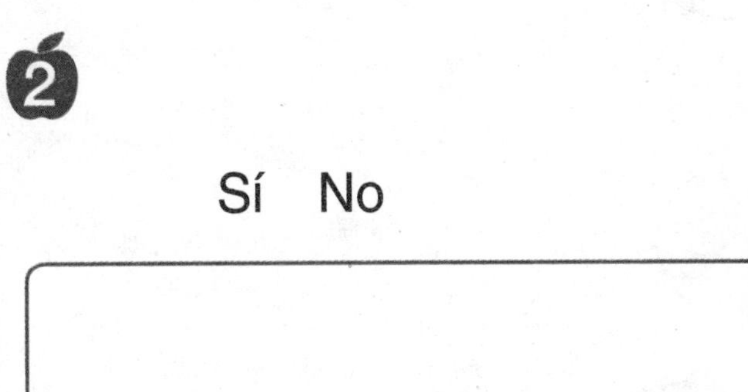

2

Sí No

Instrucciones **Caja de juguetes** Diga: *David guarda sus juguetes en una caja.* 1 Pida a los estudiantes que cuenten los rompecabezas y los carros que David puede ver en la caja de juguetes y luego escriban los números que indican cuántos hay de cada uno. Luego, pídales que encierren en un círculo el número que es mayor que el otro número y marquen con una X el número que es menor que el otro número. 2 Diga: *David dice que su grupo de carros de juguete es mayor que su grupo de bloques de letras. ¿Están de acuerdo?* Pida a los estudiantes que encierren en un círculo **Sí** o **No** y que hagan un dibujo para explicar su respuesta.

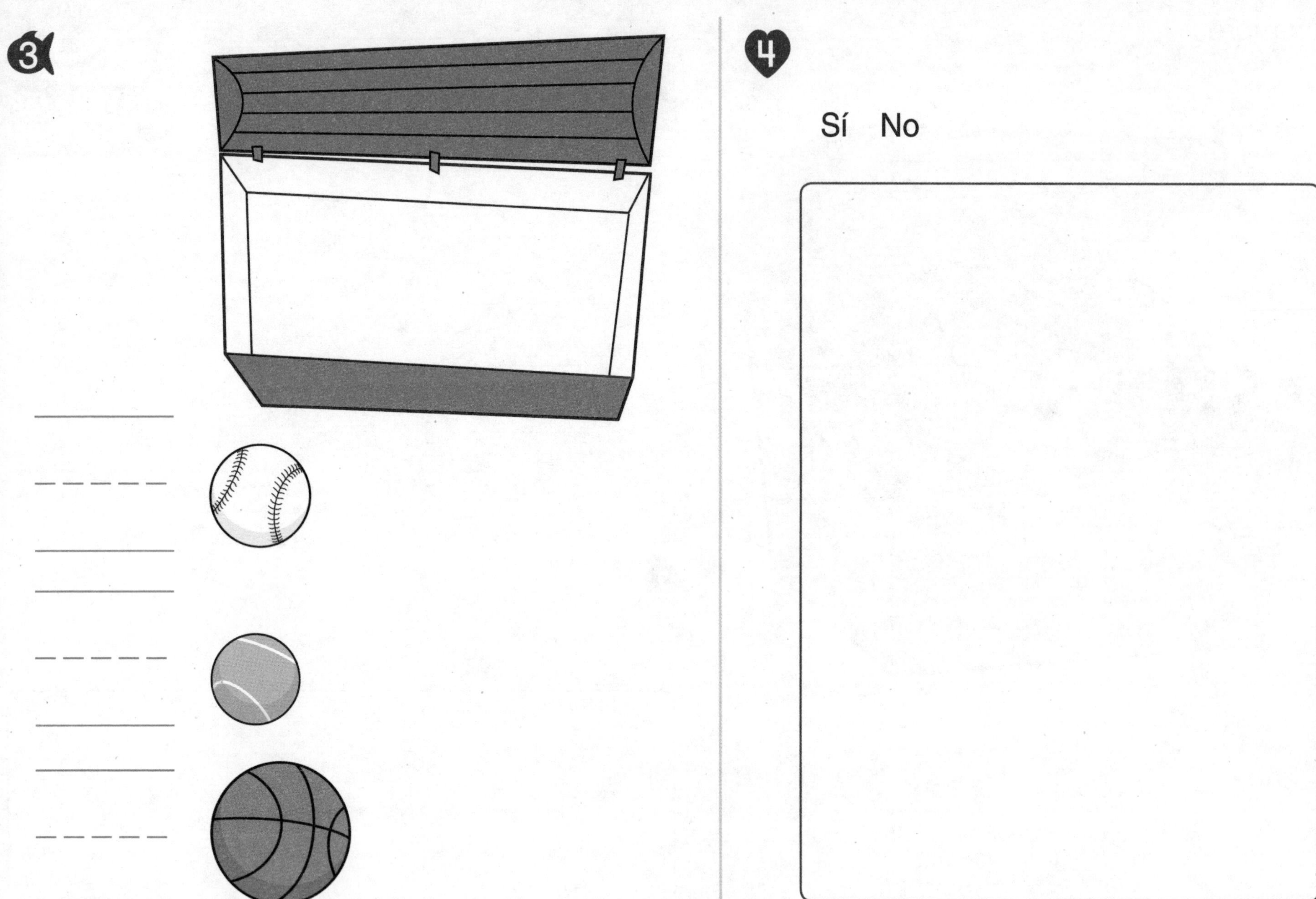

Instrucciones 3 Diga: *A Sara, la hermana de David, le gustan los deportes. Guarda pelotas para diferentes deportes en su caja de juguetes.* Luego, pida a los estudiantes que usen las siguientes pistas para dibujar cuántas pelotas de cada tipo podría tener Sara en su caja de juguetes y escriban los números que indican cuántas hay. *Sara tiene 3 pelotas de béisbol. Tiene un grupo de pelotas de tenis que es igual en número al grupo de pelotas de béisbol. Su grupo de pelotas de básquetbol es menor en número que su grupo de pelotas de tenis.* 4 Diga: *David dijo que Sara podría tener cero pelotas de básquetbol en su caja de juguetes. ¿Están de acuerdo? Encierren en un círculo* **Sí** o **No**. Luego, pida a los estudiantes que hagan un dibujo para explicar su respuesta.

TEMA 3

Números del 6 al 10

Pregunta esencial: ¿Cómo se cuentan, leen y escriben los números del 6 al 10?

Recursos digitales

Libro del estudiante

Aprendizaje visual

Práctica

Evaluación

Herramientas

Glosario

Aguaceros

El tiempo puede ser bueno y malo.

Proyecto de enVision STEM: Tipos de estados del tiempo

Instrucciones Lea el diálogo a los estudiantes. **¡Investigar!** Pida a los estudiantes que comenten los diferentes tipos de tiempo que han experimentado. Diga: *Hablen con sus amigos y familiares sobre el tiempo. Pregúntenles qué tipos de tiempo han visto.* **Diario: Hacer un cartel** Pida a los estudiantes que hagan un cartel. Pídales que hagan 10 dibujos para representar el tiempo bueno y malo que hayan experimentado. Pídales que agrupen sus dibujos en dos grupos que muestren los tipos de tiempo que les gustan y los que no les gustan. Pídales que cuenten cuántos hay en cada grupo y escriban los números.

Nombre ______________________________

Repasa lo que sabes

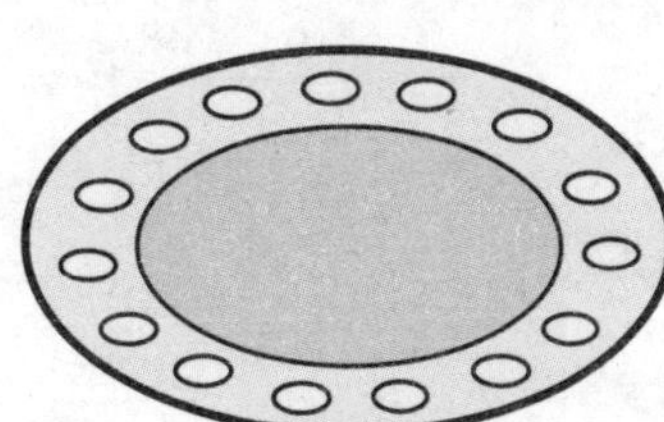

Instrucciones Pida a los estudiantes que: 1 encierren en un círculo el grupo que es mayor en número que el otro grupo; 2 marquen con una X el número que es menor que el otro número; 3 marquen con una X el grupo que es menor en número que el otro grupo; 4 cuenten los objetos, escriban el número que indica cuántos hay de cada uno y luego encierren en un círculo el número que es mayor que el otro número; 5 dibujen un grupo de fichas que sea igual en número al grupo de fichas que se muestra.

Nombre ______________________________

Instrucciones Diga: *Escogerán uno de los siguientes proyectos. Miren la foto* **A**. *Piensen en esta pregunta: ¿Qué frutas y verduras crecen localmente? Si escogen el Proyecto A, escribirán una canción. Miren la foto* **B**. *Piensen en esta pregunta: ¿Adónde irían si tuvieran un avión? Si escogen el Proyecto B, diseñarán un modelo de avión. Miren la foto* **C**. *Piensen en esta pregunta: ¿Cuántos animales viven en un arrecife de coral? Si escogen el Proyecto C, harán un cartel de un arrecife de coral.*

MATEMÁTICAS EN 3 ACTOS: VISTAZO

Representación matemática

A puñados

Video

¿Qué le dijo la uva verde a la uva morada? ¡Respira!

Instrucciones Lea a los estudiantes lo que dice el robot. **Generar interés** Pregunte a los estudiantes qué alimento les gustaría comer a puñados. Diga: *¿Pueden sostener más manzanas o más fresas en la mano? ¿Cuántas pelotas de tenis pueden sostener en la mano?* Deles tiempo para que levanten objetos y los cuenten.

Puedo...

representar con modelos matemáticos para contar grupos y comparar para resolver un problema.

Nombre ______________________________

Lección 3-1
Contar 6 y 7

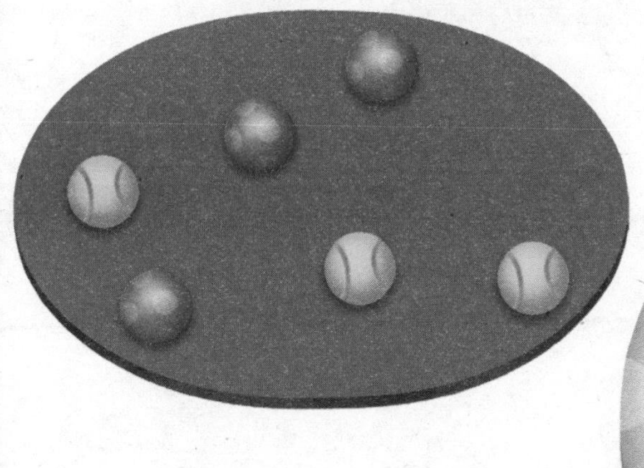

Instrucciones Diga: *Rex, el perro de Jackson, tiene algunas pelotas en el tapete rojo. Usen fichas y hagan un dibujo en la cama vacía del perro para mostrar cuántas pelotas tiene Rex. Digan cómo saben que tienen razón.*

Puedo...
contar los números 6 y 7.

También puedo representar con modelos matemáticos.

Aprendizaje visual   A-Z Glosario

Puente de aprendizaje visual

Práctica guiada

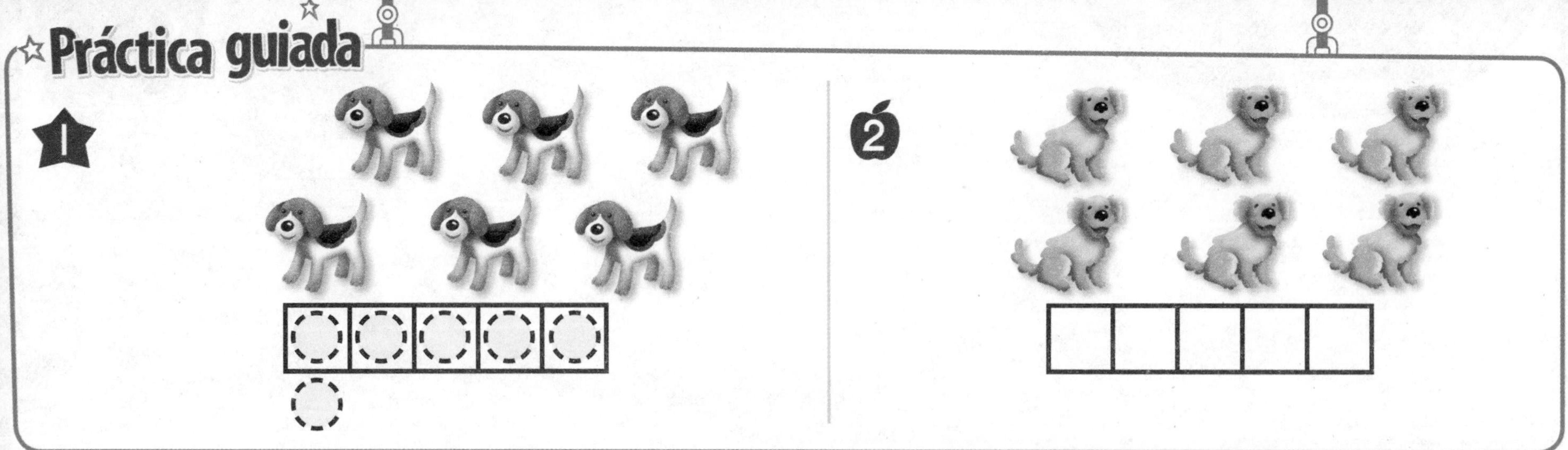

Instrucciones 1 y 2 Pida a los estudiantes que dibujen una ficha a medida que cuentan cada perro para mostrar cuántos hay.

Nombre ______________________________

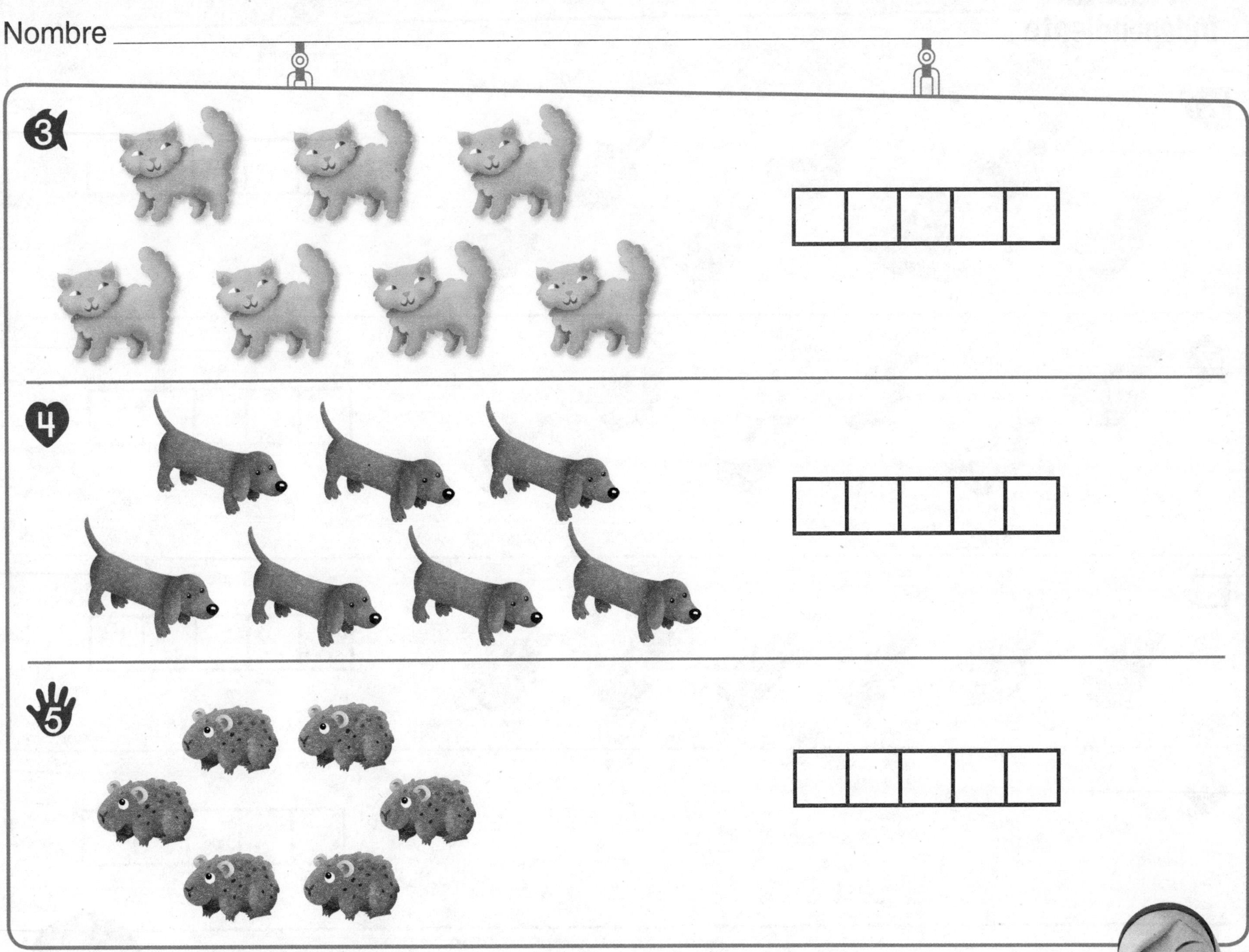

Instrucciones 3 a 5 Pida a los estudiantes que dibujen una ficha a medida que cuentan cada animal para mostrar cuántos hay.

Práctica independiente

Herramientas Evaluación

6

7

8

9

Instrucciones 6 a 8 Pida a los estudiantes que dibujen una ficha a medida que cuentan cada pájaro para mostrar cuántos hay. 9 **Razonamiento de orden superior** Pida a los estudiantes que dibujen 6 o 7 huevos y luego dibujen una ficha por cada huevo dibujado para mostrar cuántos hay.

Nombre ______________________________

Lección 3-2
Leer, formar y escribir 6 y 7

Instrucciones Diga: *Jackson ve algunas pelotas de playa. Escojan una tarjeta numérica para indicar cuántas hay. Usen cubos conectables para mostrar la cantidad de pelotas que hay en la lona. Cuenten los cubos y díganle a su compañero cuántos hay. Luego, usen cubos para mostrar otra manera de formar el número. Ahora miren la otra tarjeta numérica y repitan la actividad.*

Puedo...
leer y escribir los números 6 y 7.

También puedo hacer mi trabajo con precisión.

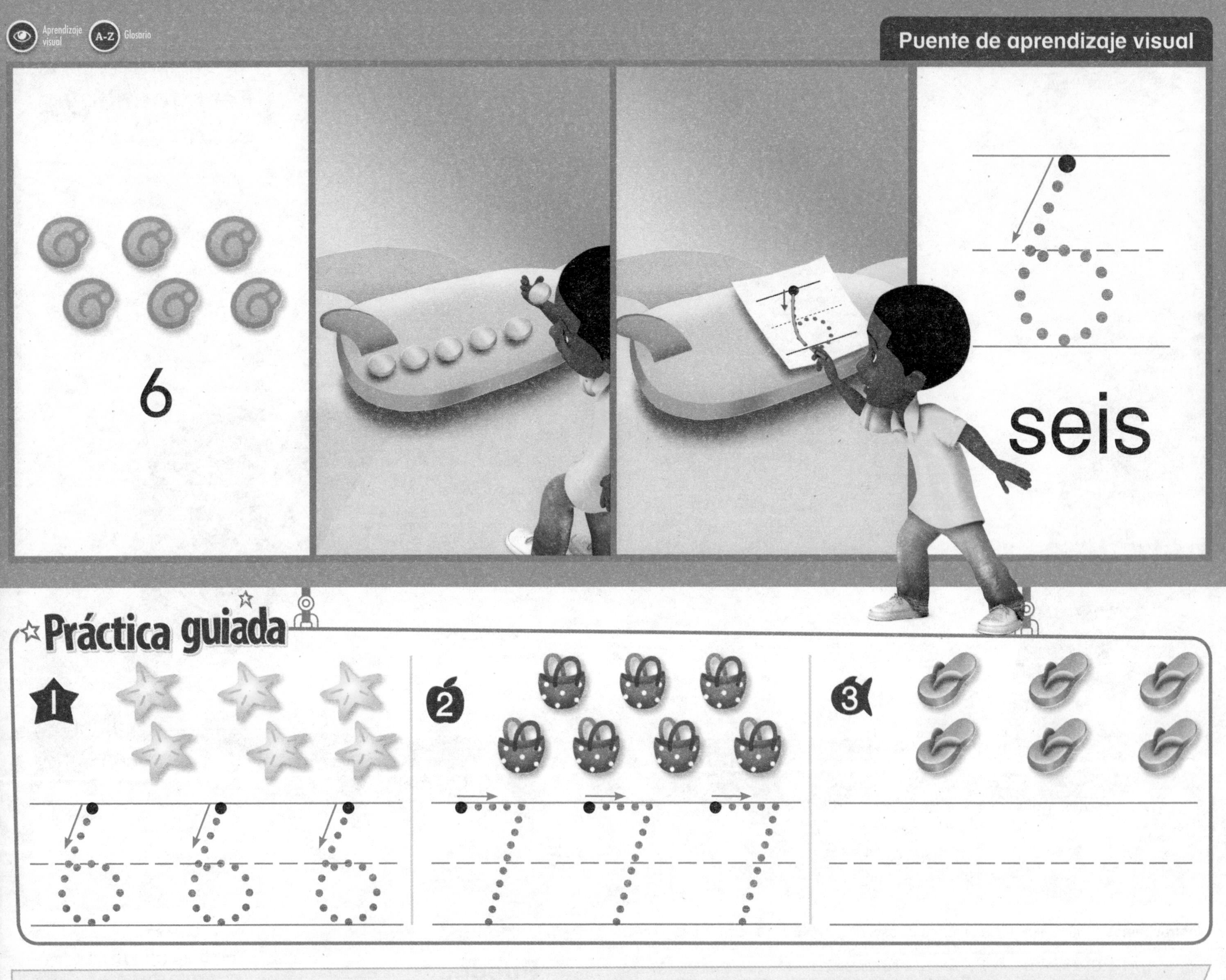

Práctica guiada

1

2

3

Instrucciones 1 a 3 Pida a los estudiantes que cuenten los objetos y luego practiquen la escritura del número que indica cuántos objetos hay.

Nombre

4

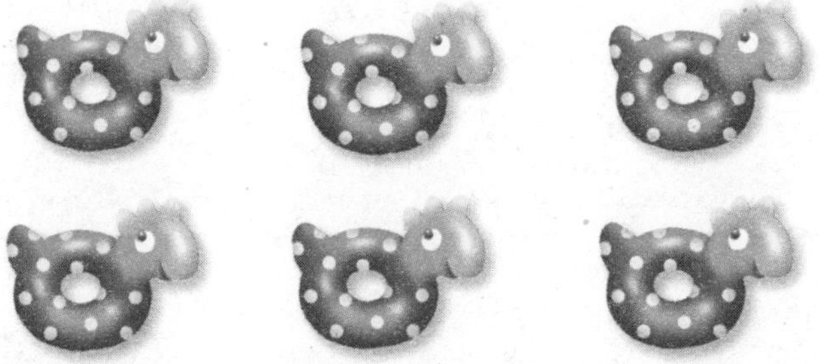

5

6

7

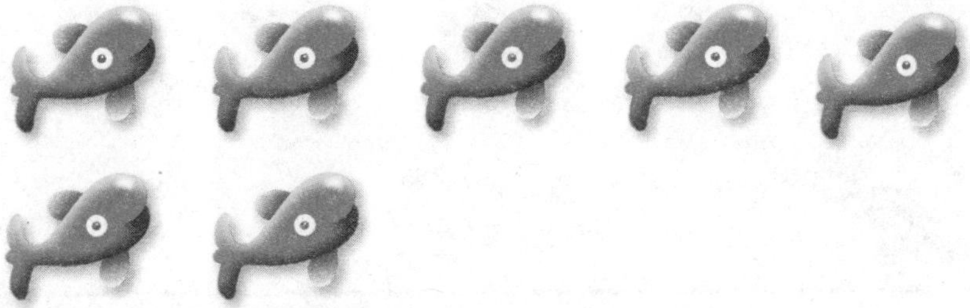

Instrucciones 4 a 7 Pida a los estudiantes que cuenten los objetos y luego practiquen la escritura del número que indica cuántos objetos hay.

Práctica independiente

Herramientas Evaluación

8 6

9 7

10

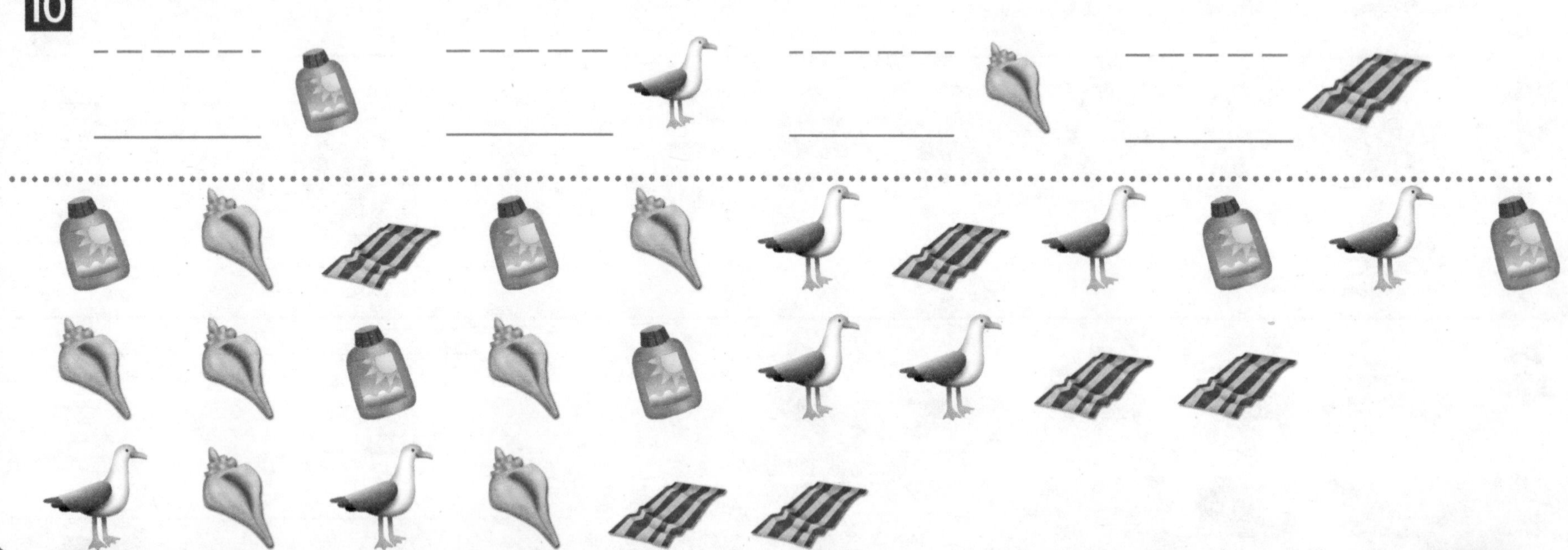

Instrucciones 8 y 9 Pida a los estudiantes que usen fichas para formar el número. Luego, pídales que dibujen círculos para representar el número. 10 **Razonamiento de orden superior** Pida a los estudiantes que cuenten los objetos de cada grupo y luego escriban los números que indican cuántos hay.

Nombre ______________________________

Lección 3-3
Contar 8 y 9

Instrucciones Diga: *Jackson preparó unos sándwiches para almorzar en la playa. Usen fichas y hagan un dibujo en el cartel blanco para mostrar cuántos sándwiches preparó Jackson. Digan cómo saben que tienen razón.*

Puedo...
contar los números 8 y 9.

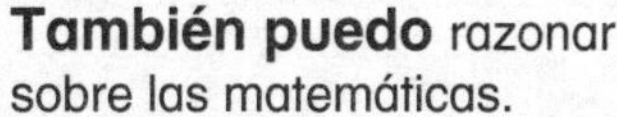

También puedo razonar sobre las matemáticas.

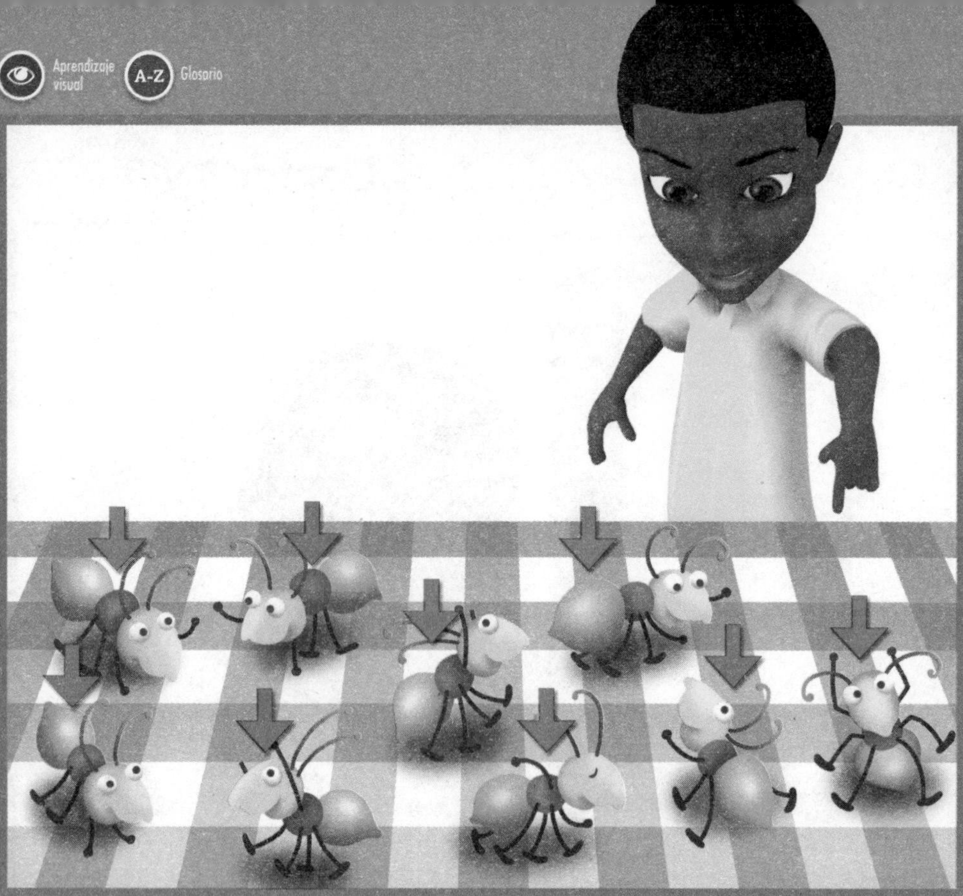

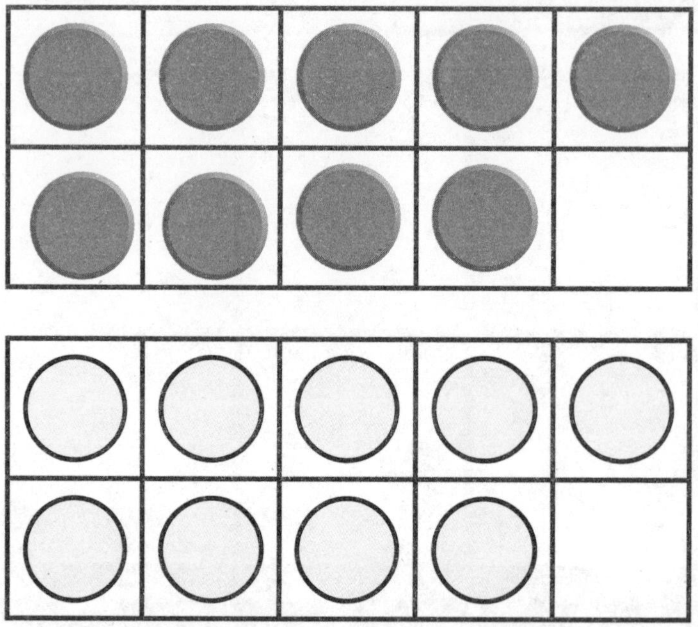

Práctica guiada

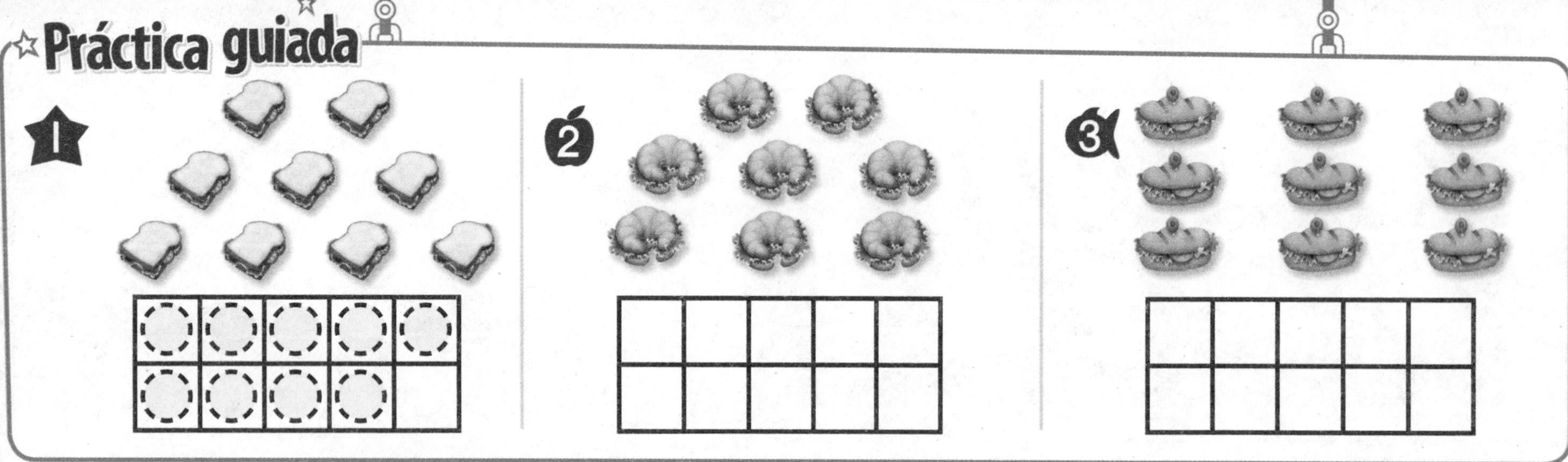

Instrucciones 1 a 3 Pida a los estudiantes que cuenten los sándwiches y luego dibujen fichas para mostrar cuántos hay.

Nombre ___

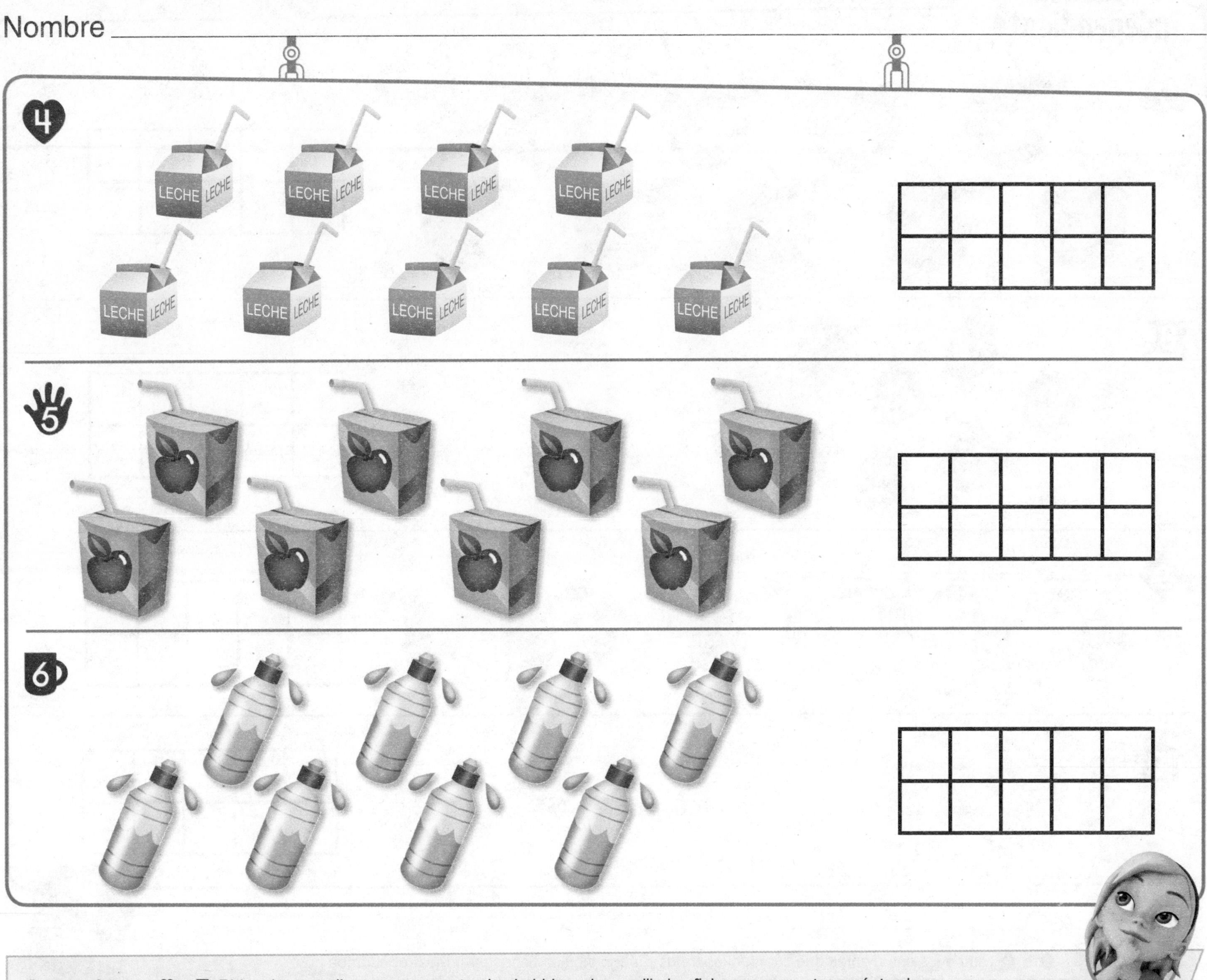

Instrucciones 4 a 6 Pida a los estudiantes que cuenten las bebidas y luego dibujen fichas para mostrar cuántas hay.

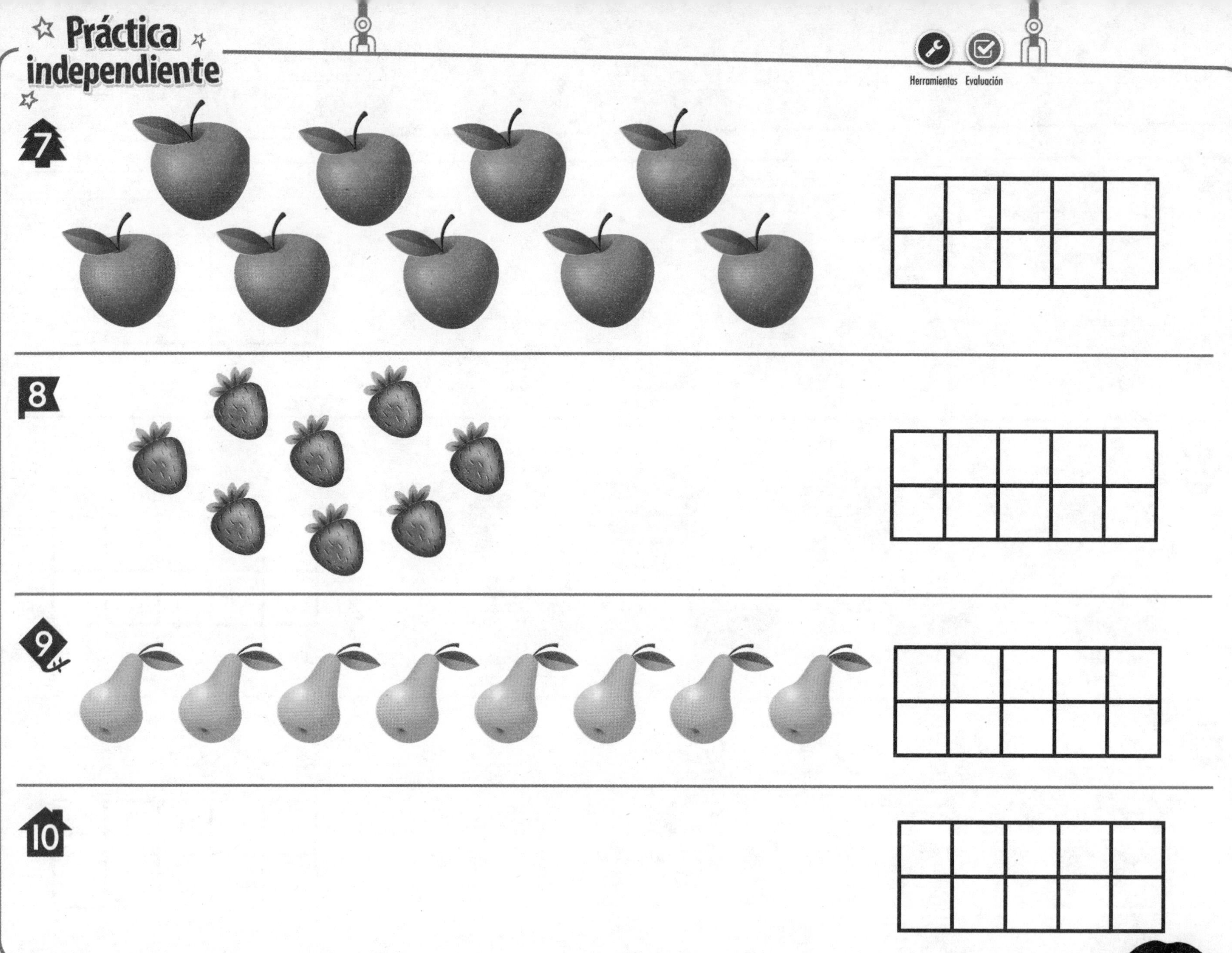

Instrucciones 7 a 9 Pida a los estudiantes que cuenten las frutas y luego dibujen fichas para mostrar cuántas hay.
10 **Razonamiento de orden superior** Pida a los estudiantes que dibujen 8 o 9 naranjas y luego dibujen fichas para mostrar cuántas hay.

Nombre ______________________________

Lección 3-4

Leer, formar y escribir 8 y 9

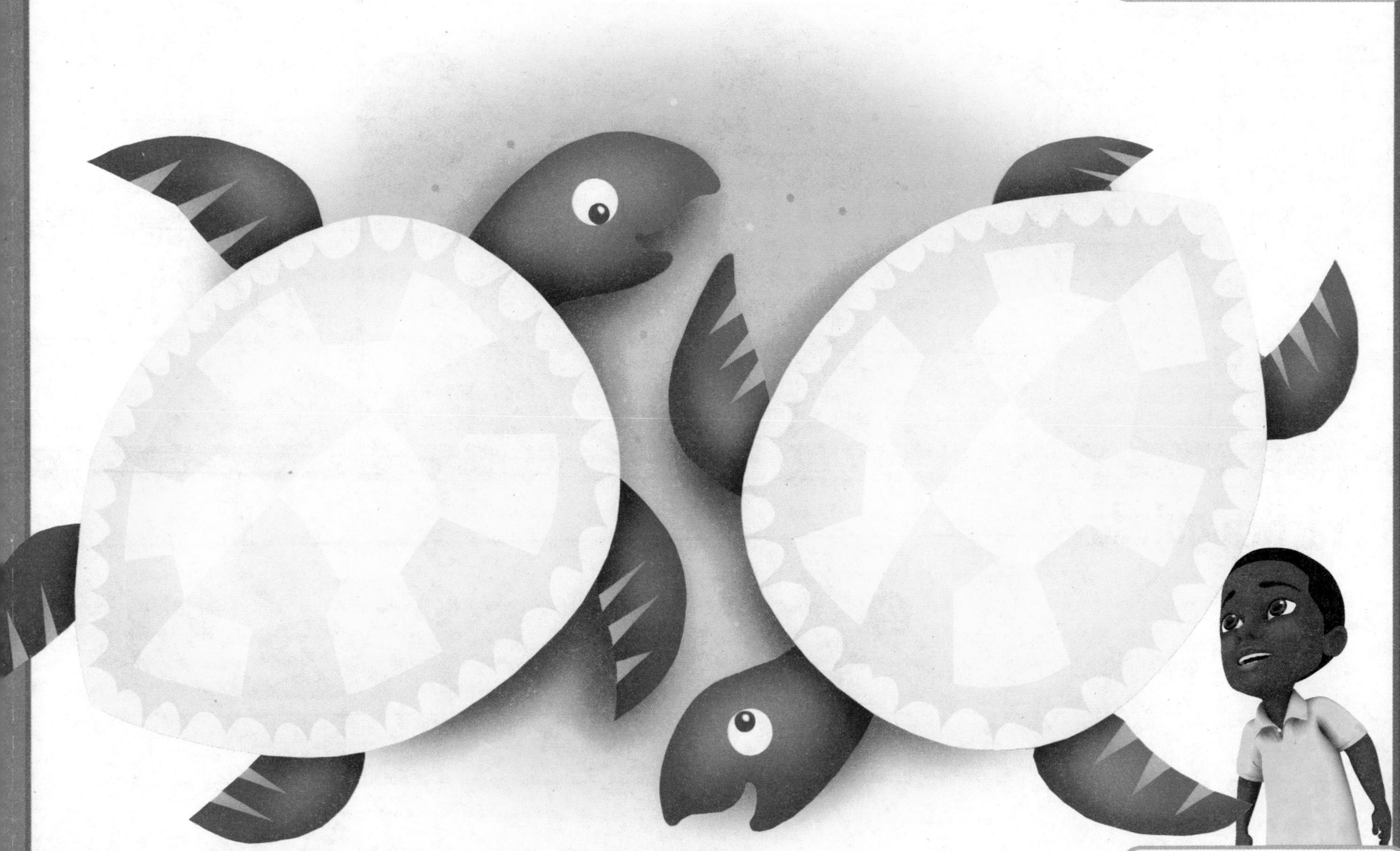

Instrucciones Diga: *Jackson ve algunos huevos de tortuga. Dibujen una tarjeta numérica para indicar cuántos huevos vio. Cuenten esa cantidad de fichas y colóquenlas sobre el tablero. ¿Cuáles son otras maneras distintas de formar el número? Dibujen dos maneras en los caparazones de las tortugas. ¿Hay distintas maneras de contar el número? Digan cómo lo saben.*

Puedo...
leer y escribir los números 8 y 9.

También puedo hacer mi trabajo con precisión.

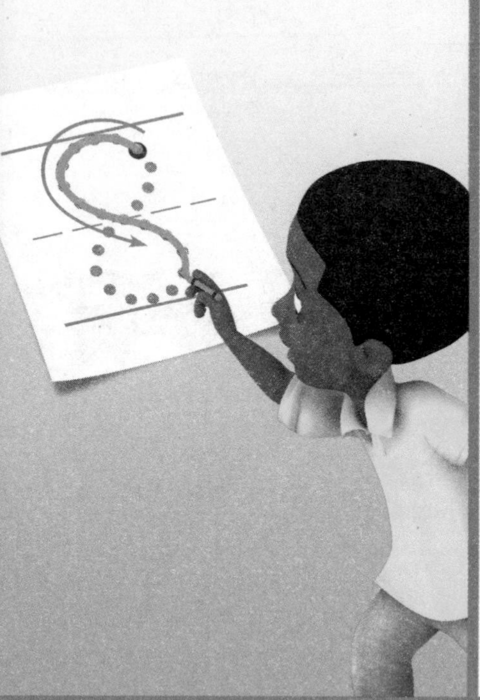

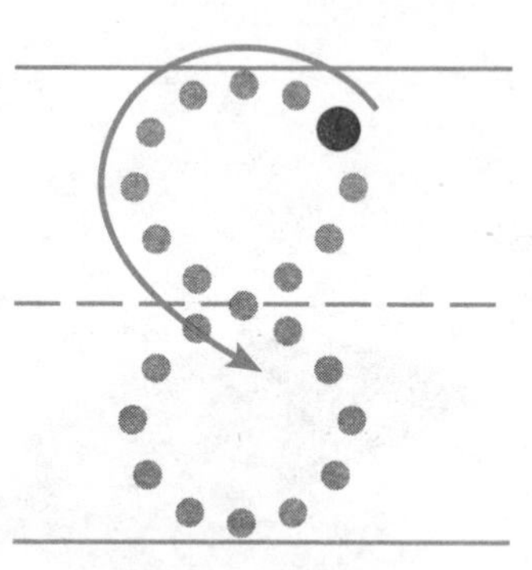

ocho

Práctica guiada

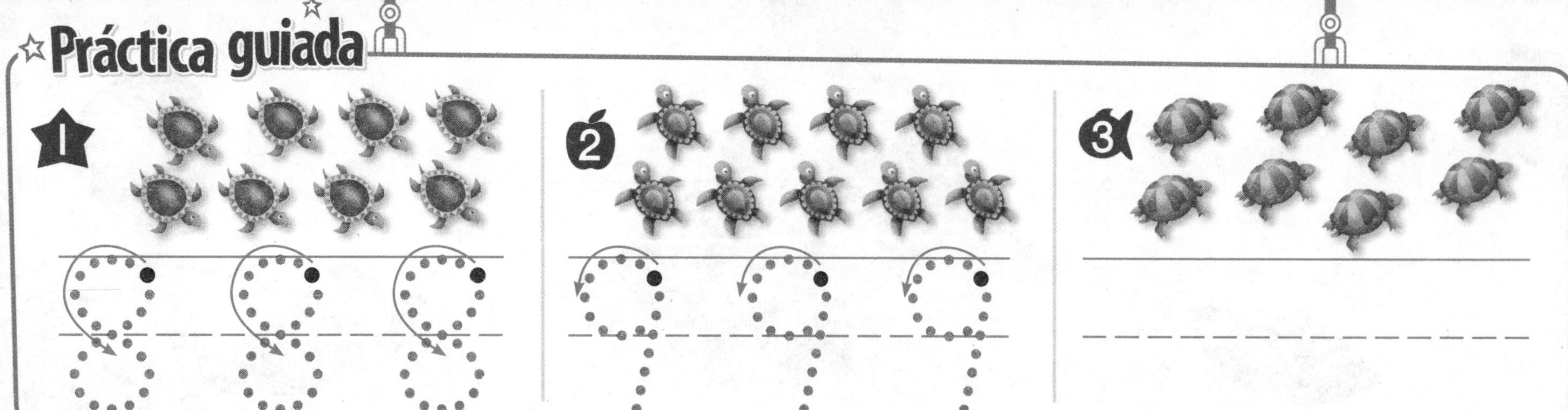

Instrucciones 1 a 3 Pida a los estudiantes que cuenten las tortugas y luego practiquen la escritura del número que indica cuántas hay.

Nombre ______________________

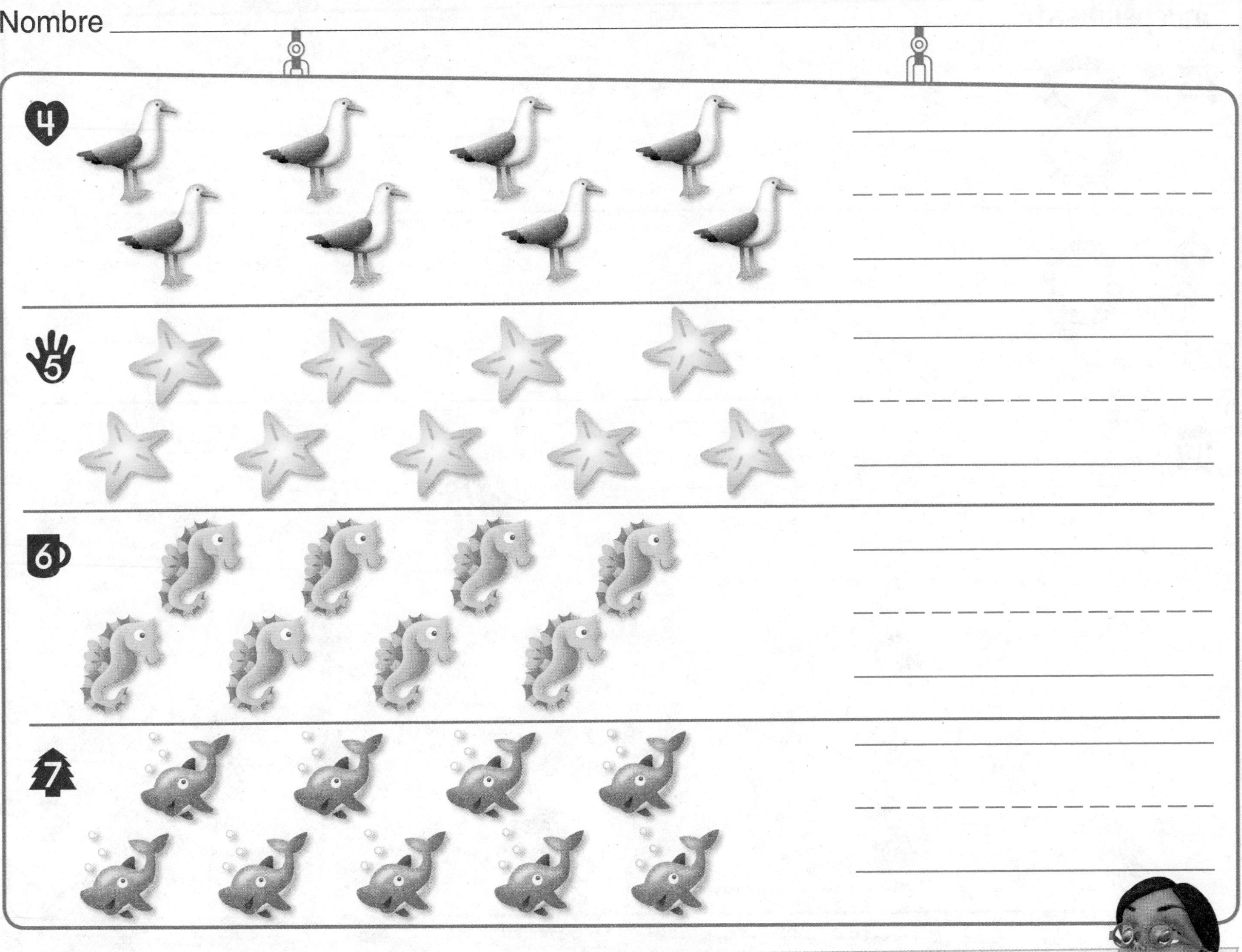

Instrucciones 4 a 7 Pida a los estudiantes que cuenten los animales y luego practiquen la escritura del número que indica cuántos hay.

8

9

10

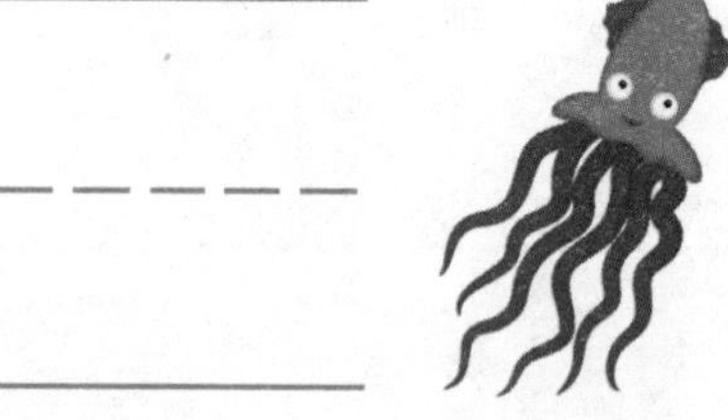

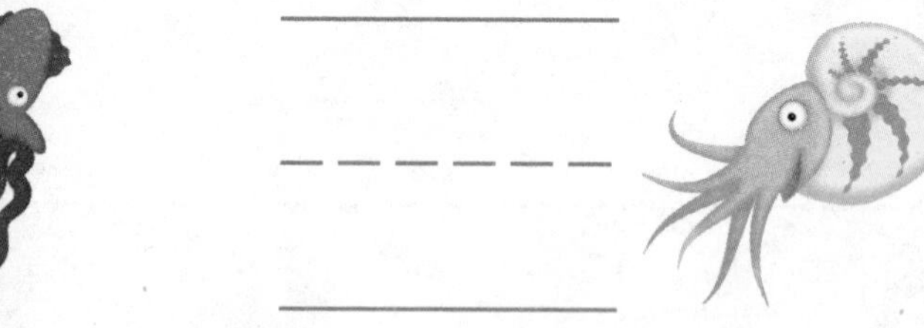

Instrucciones 8 y 9 Pida a los estudiantes que usen fichas para formar el número. Luego, pídales que dibujen círculos para representar cuántos hay. 10 **Razonamiento de orden superior** Pida a los estudiantes que cuenten los animales de cada grupo y luego escriban los números que indican cuántos hay.

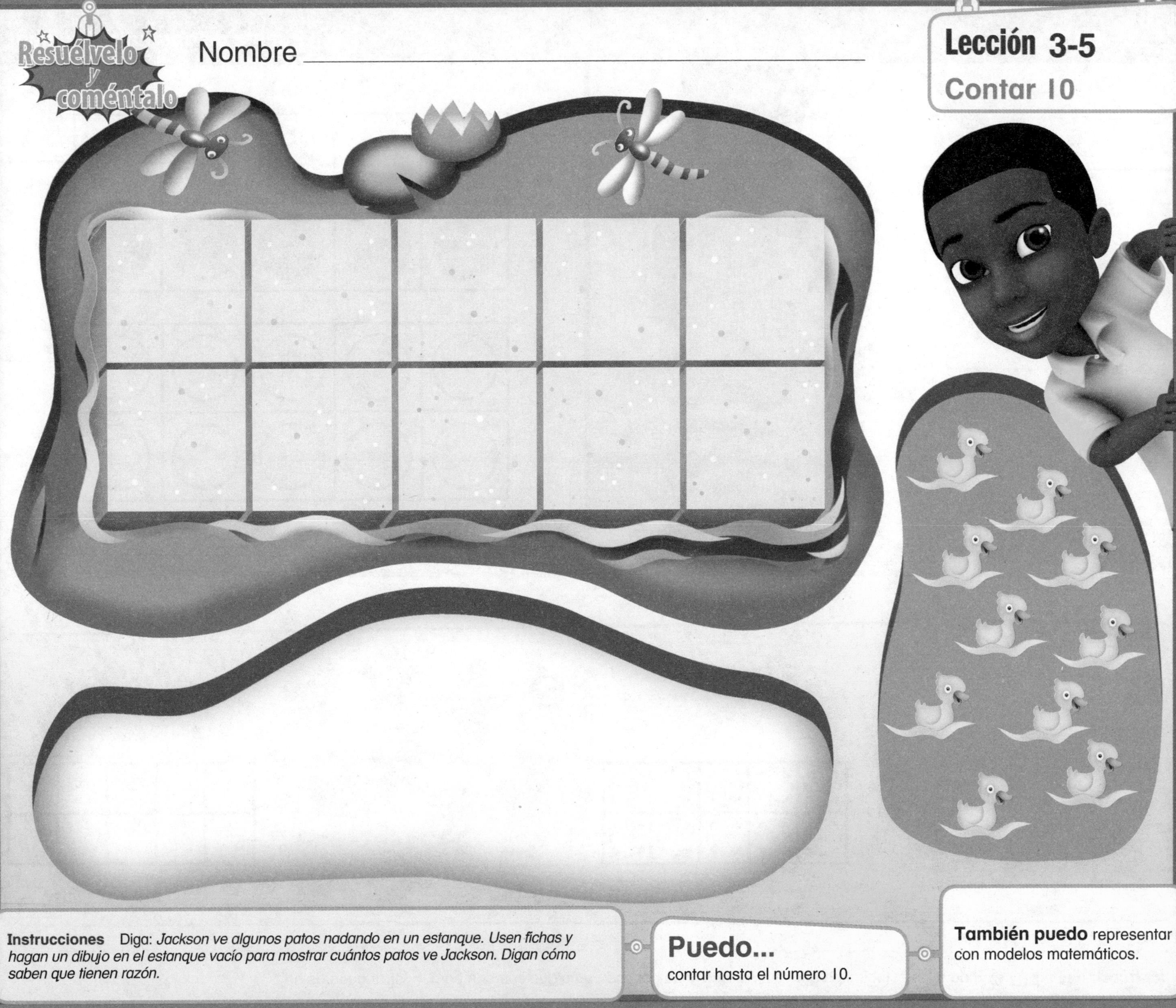

Nombre ______________________

Lección 3-5

Contar 10

Instrucciones Diga: *Jackson ve algunos patos nadando en un estanque. Usen fichas y hagan un dibujo en el estanque vacío para mostrar cuántos patos ve Jackson. Digan cómo saben que tienen razón.*

Puedo...
contar hasta el número 10.

También puedo representar con modelos matemáticos.

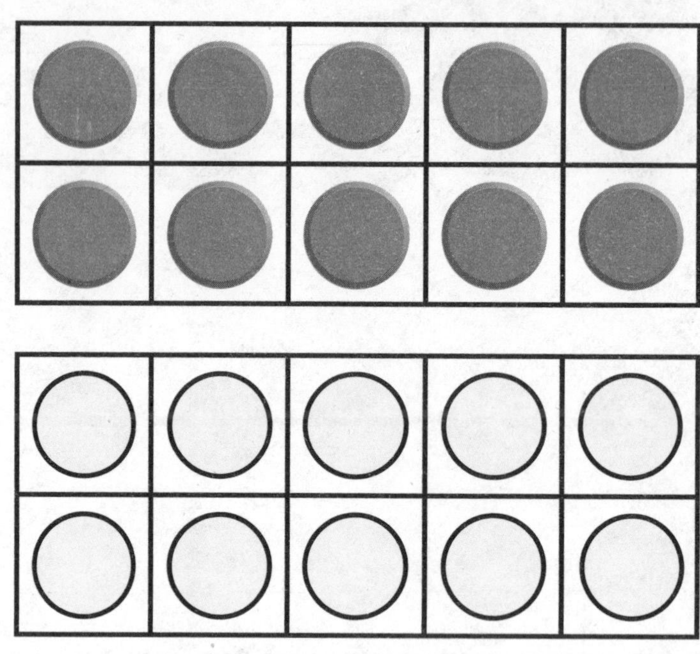

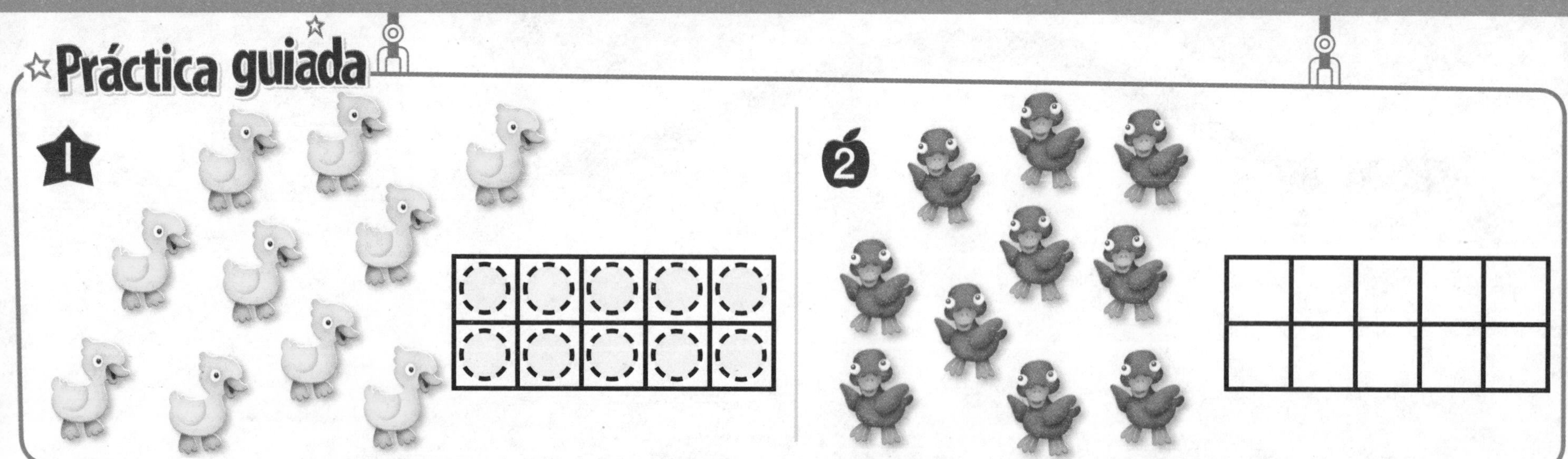

Instrucciones 1 y 2 Pida a los estudiantes que dibujen una ficha por cada pato que cuentan para mostrar cuántos hay.

Nombre

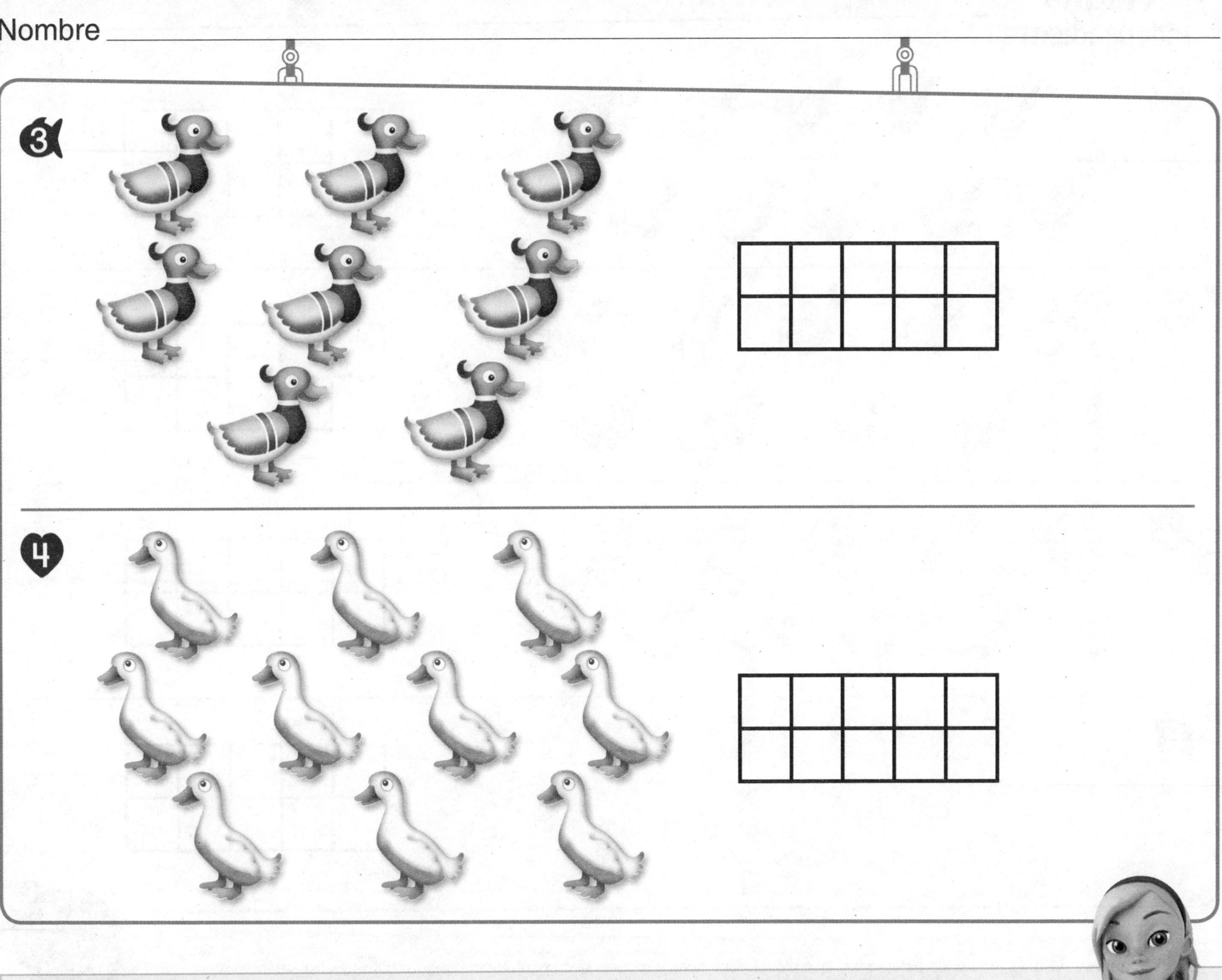

Instrucciones ③ y ④ Pida a los estudiantes que dibujen una ficha por cada pato que cuentan para mostrar cuántos hay.

Práctica independiente

Herramientas Evaluación

5

6

7

8

Instrucciones 5 a 7 Pida a los estudiantes que dibujen una ficha a medida que cuentan cada pájaro para mostrar cuántos hay. 8 **Razonamiento de orden superior** Pida a los estudiantes que dibujen 9 o 10 pájaros y luego dibujen una ficha por cada pájaro para mostrar cuántos hay.

Nombre ______________________________

Lección 3-6

Leer, formar y escribir 10

Instrucciones Diga: *Jackson ve algunos peces en el agua. Cuenten cuántos peces hay y usen cubos para mostrar esa cantidad en el barco. Quiten los cubos y usen crayones para dibujar 10 cuadrados en el barco. ¿Hay distintas maneras de mostrar el número? Digan cómo lo saben.*

Puedo...
leer y escribir el número 10.

También puedo buscar cosas que se repiten.

Puente de aprendizaje visual

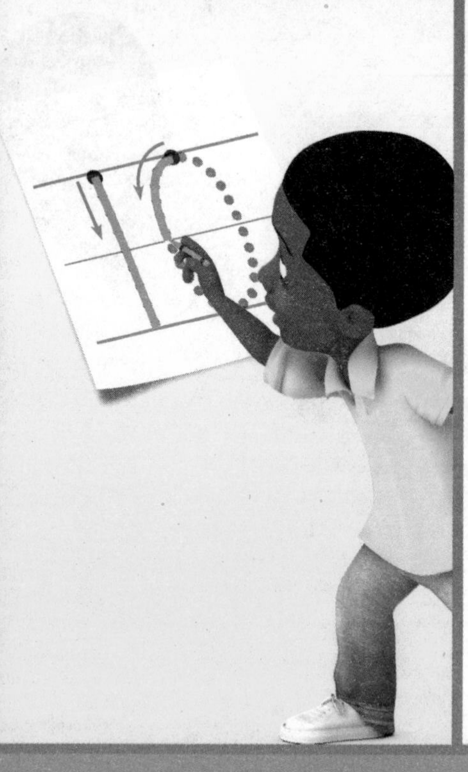

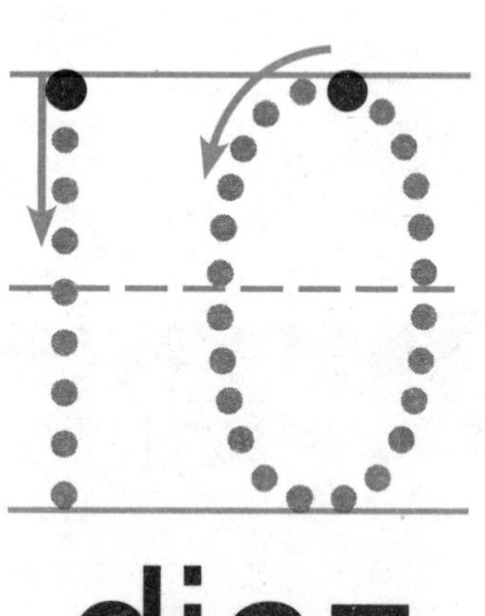

diez

Práctica guiada

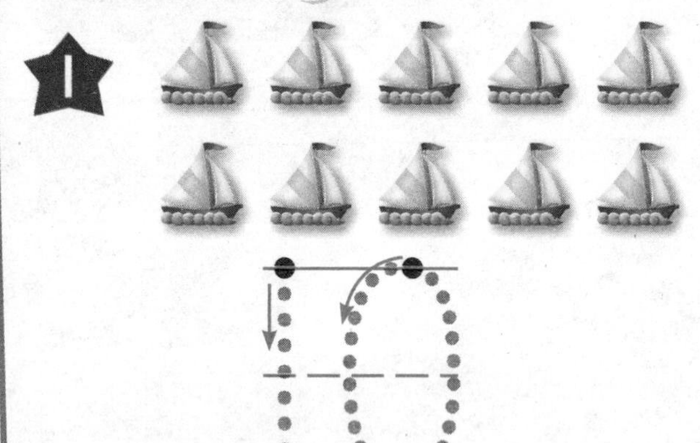

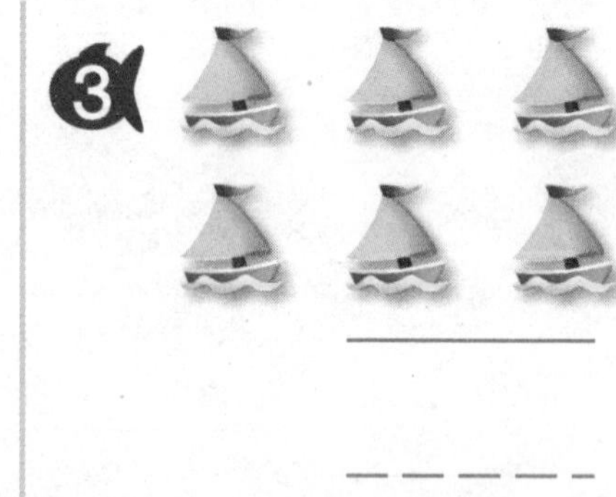

Instrucciones 1 a 3 Pida a los estudiantes que cuenten los barcos y luego escriban el número que indica cuántos hay.

Nombre ____________________

4

____

5

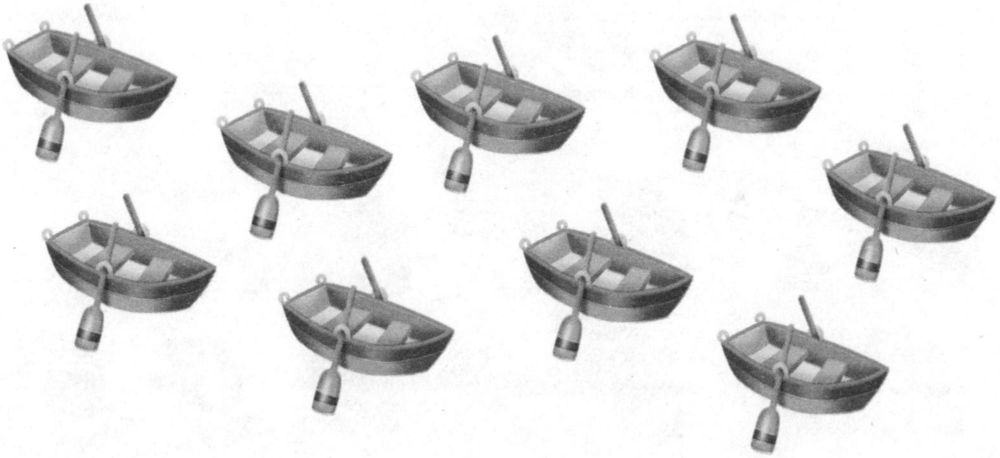

____

Instrucciones 4 y 5 Pida a los estudiantes que cuenten los barcos y luego escriban el número que indica cuántos hay.

Práctica independiente

Herramientas Evaluación

6

7

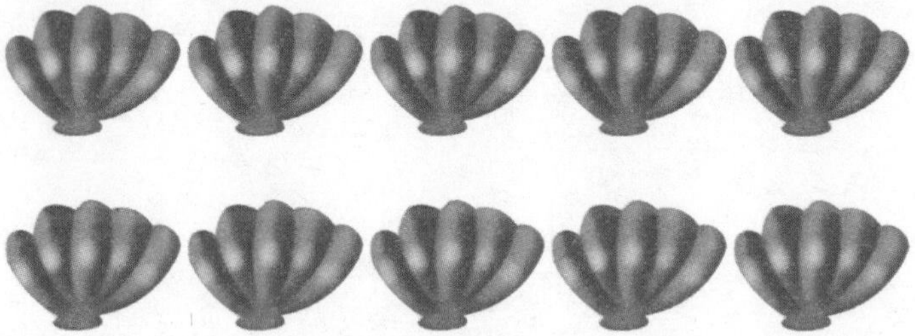

8

Instrucciones **Sentido numérico** 6 y 7 Pida a los estudiantes que cuenten las conchas marinas y luego escriban el número que indica cuántas hay. 8 **Razonamiento de orden superior** Pida a los estudiantes que cuenten los caballitos de mar de cada grupo y luego escriban los números que indican cuántos hay.

Nombre ______________________

Lección 3-7
Contar números hasta el 10

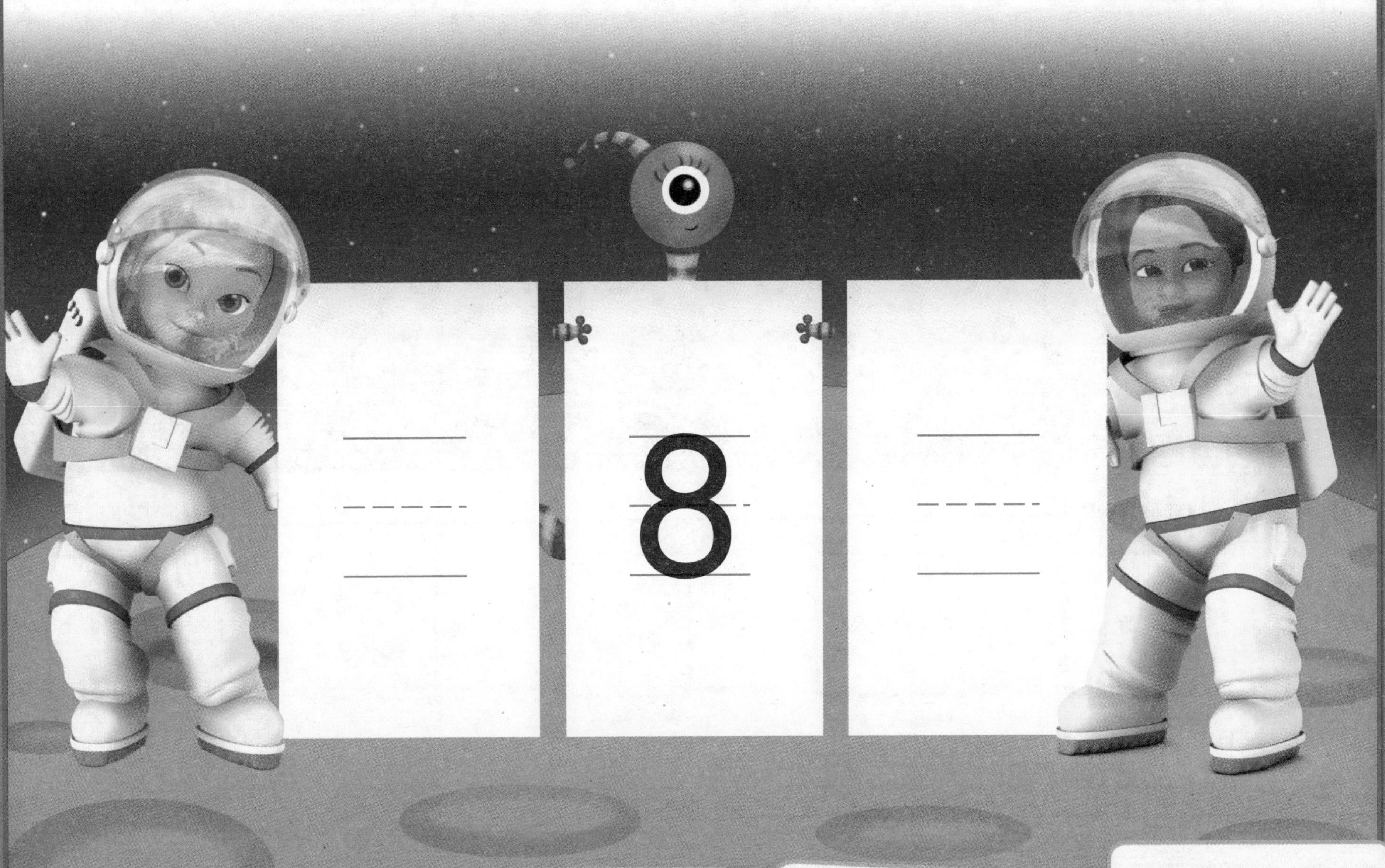

8

Instrucciones Diga: *Emily piensa en dos números: uno que es 1 menos que 8 y otro que es 1 más que 8. Escriban los dos números en los que está pensando Emily. Muestren cómo saben que tienen razón.*

Puedo...
contar grupos de números hasta el 10.

También puedo construir argumentos matemáticos.

Práctica guiada

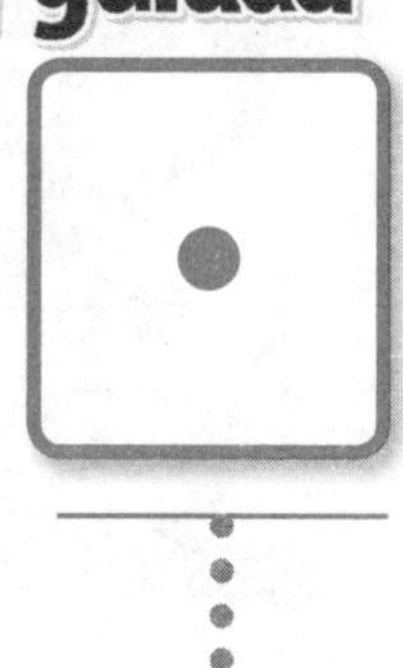

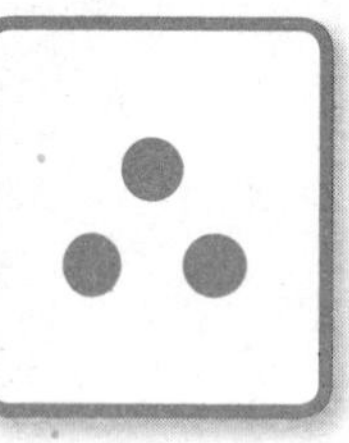

Instrucciones 1 Pida a los estudiantes que cuenten y luego escriban el número que es 1 más que el número anterior.

Nombre ______

2

______ 7 ______

3

6 9

8 7

4

3 6

5 4

Instrucciones 2 **Vocabulario** Pida a los estudiantes que cuenten para hallar el número que es 1 **menos que** y 1 **más que** el número dado y luego escriban los números. 3 y 4 Pida a los estudiantes que escriban el número más pequeño y luego cuenten hacia adelante y escriban el número que es 1 más que el número anterior.

Instrucciones Pida a los estudiantes que: 5 y 6 cuenten para hallar el número que es 1 menos que y 1 más que el número dado y luego escriban los números; 7 comparen las tarjetas numéricas, escriban el número más pequeño y luego cuenten hacia adelante y escriban el número que es 1 más que el número anterior. **8 Razonamiento de orden superior** Pida a los estudiantes que hallen el número que falta y luego cuenten hacia adelante para escribir el número que es 1 más que el número anterior.

Nombre ______________________________

Resolución de problemas

Lección 3-8

Buscar y usar la estructura

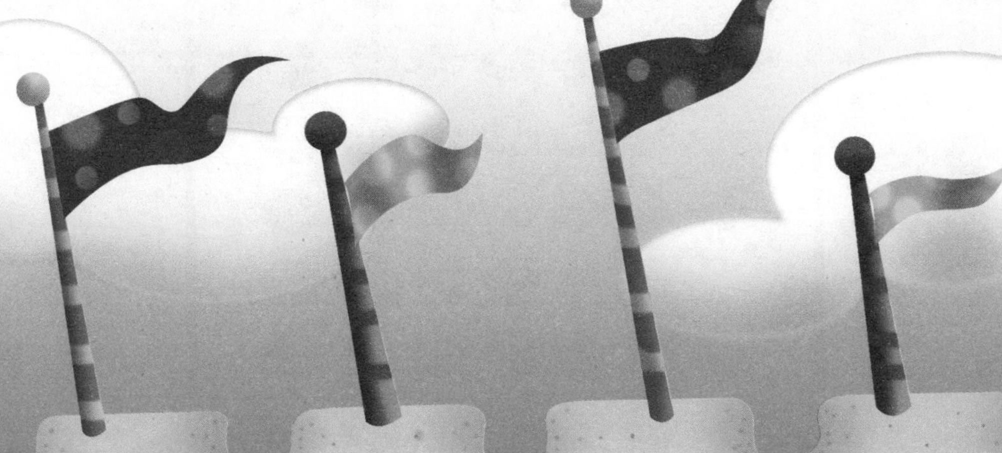

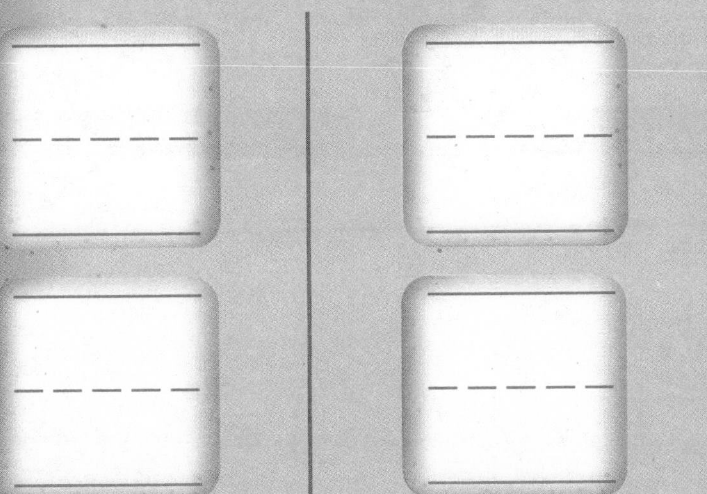

Instrucciones Diga: *Jackson decora su castillo de arena con 3 caracoles. Tiene caracoles de dos colores. ¿Cómo puede usar un patrón para mostrar algunas maneras de formar grupos de 3 caracoles? Usen fichas de dos colores para mostrar el patrón de caracoles y escriban el patrón numérico en el castillo de arena.*

Puedo...
usar patrones de conteo para resolver un problema.

También puedo contar hasta el 10.

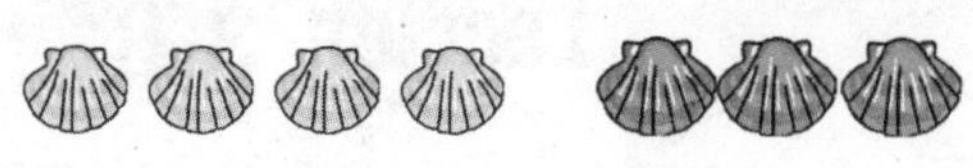

Práctica guiada

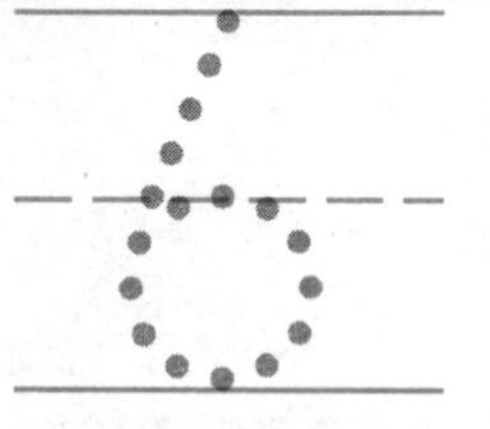

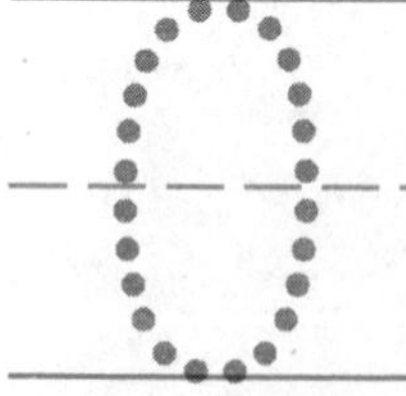

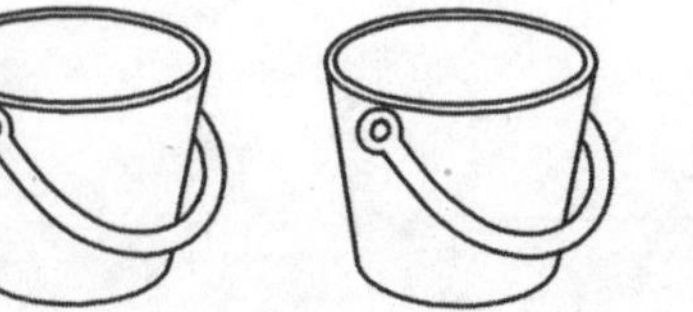

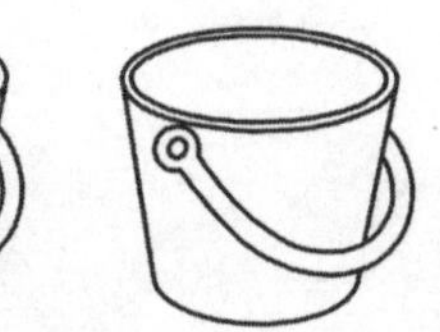

Instrucciones Diga: *¿Cómo pueden colorear las cubetas para mostrar diferentes maneras de formar grupos de 6?* ★1 Pida a los estudiantes que usen crayones rojos y amarillos para crear un patrón que muestre dos maneras de formar grupos de 6 y luego escriban la cantidad de cubetas rojas y amarillas de cada fila. Pídales que describan el patrón.

Nombre ___

Práctica independiente

2

Instrucciones Diga: *¿Cómo pueden colorear las cubetas para mostrar diferentes maneras de formar grupos de 6?* 2 Pida a los estudiantes que miren los Ejercicios 1 y 2 y luego usen crayones rojos y amarillos para completar el patrón que muestra dos maneras de formar grupos de 6. Luego, pídales que escriban la cantidad de cubetas rojas y amarillas de cada fila y describan el patrón.

Resolución de problemas

Tarea de rendimiento

Instrucciones Lea el problema a los estudiantes. Luego, pídales que usen diferentes prácticas matemáticas para resolverlo. Diga: *El señor Santos organiza un juego en la playa. Los premios son pelotas de playa rojas y azules. Las muestra en un patrón. ¿Cuál es la siguiente fila del patrón?* **Usar herramientas** *¿Qué herramienta pueden usar como ayuda para resolver el problema?* **Generalizar** *¿Cómo pueden usar las maneras que se muestran como ayuda para hallar la siguiente manera de formar un grupo de 9 pelotas?* **Buscar patrones** *¿Cuál es la siguiente manera en el patrón? Escriban la cantidad de pelotas azules y rojas para esa manera.*

2

8 9

3

5 ______ 7

4

Instrucciones **Comprender el vocabulario** Pida a los estudiantes que: 1 escriban el número **ocho;** 2 encierren en un círculo el número **nueve;** 3 escriban el número que falta y luego digan el número en voz alta; 4 escriban cuántos cubos rojos y cuántos cubos azules se usaron para formar el grupo de 10.

5

10 9

6

7

8

Instrucciones **Comprender el vocabulario** Pida a los estudiantes que: 5 encierren en un círculo el número **diez;** 6 escriban el número **siete;** 7 cuenten la cantidad de cubos y luego escriban el número para indicar cuántos hay; 8 escriban los números del 1 al 10 en orden.

Nombre ______

Grupo A

Refuerzo

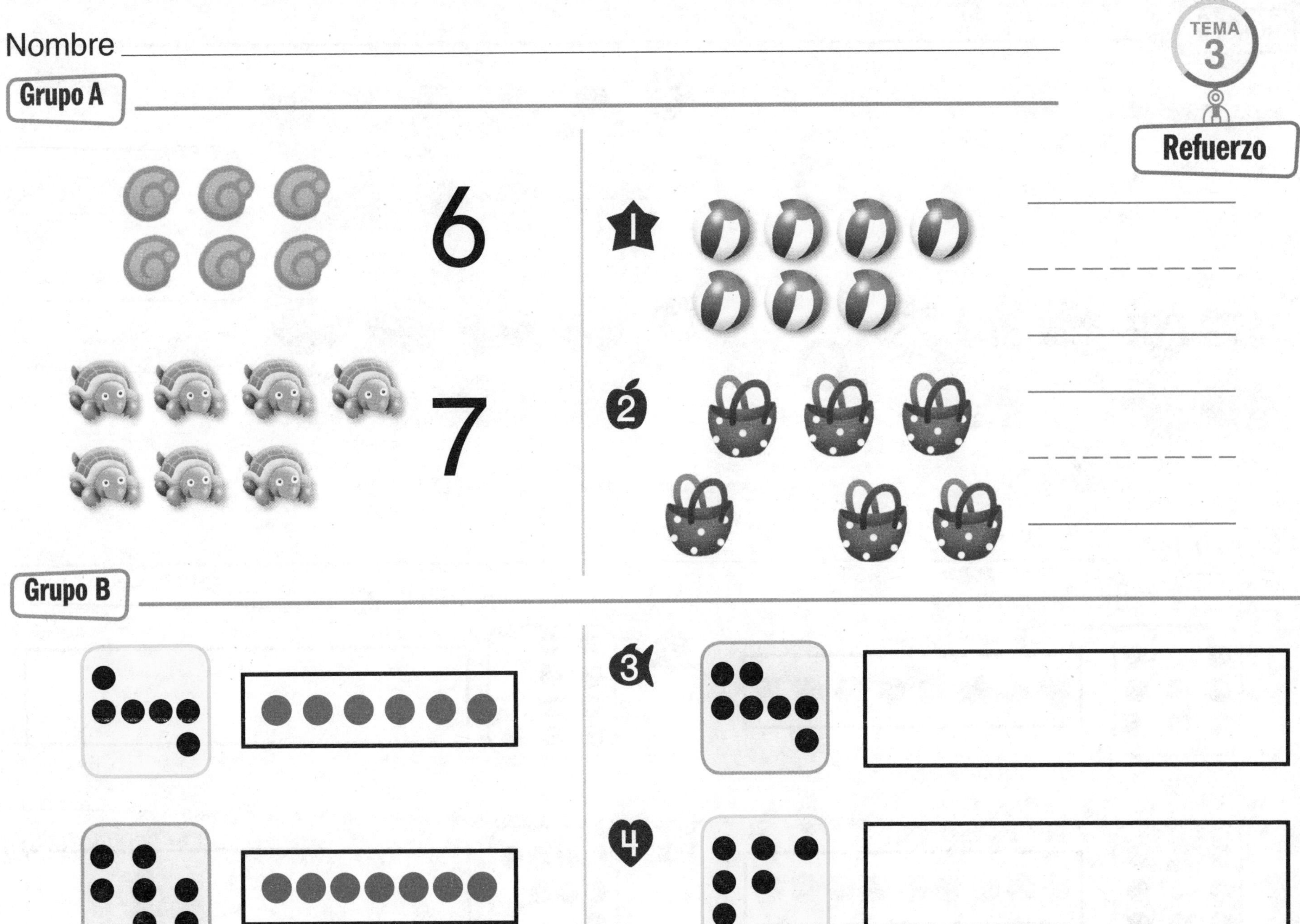

Instrucciones Pida a los estudiantes que: 1 y 2 cuenten los objetos y luego escriban los números que indican cuántos hay; 3 y 4 cuenten la cantidad de puntos, coloquen una ficha por cada punto que cuenten y luego dibujen fichas en el recuadro para mostrar la misma cantidad de fichas que de puntos de otra manera.

Grupo C

Grupo D

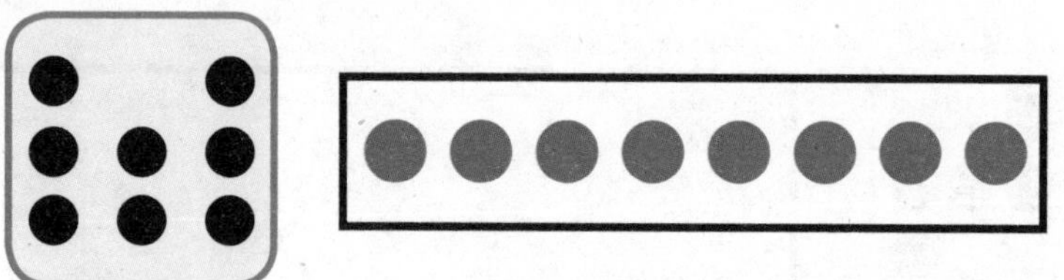

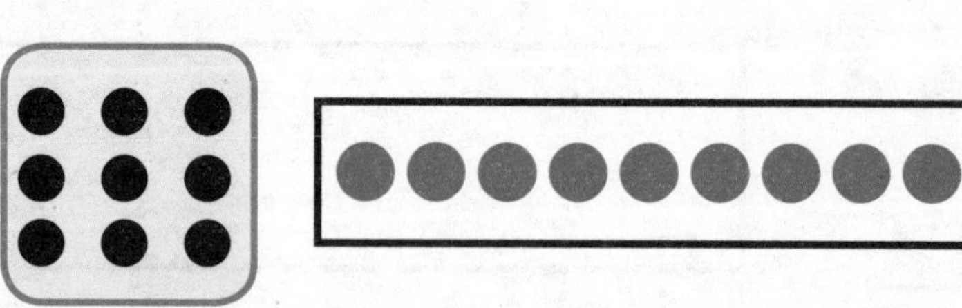

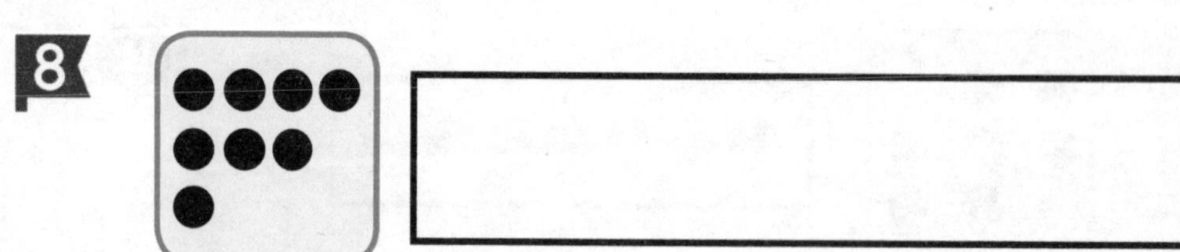

Instrucciones Pida a los estudiantes que: 5 y 6 cuenten los objetos y luego escriban el número que indica cuántos hay; 7 y 8 cuenten la cantidad de puntos, coloquen una ficha por cada punto que cuenten y luego dibujen fichas en el recuadro para mostrar la misma cantidad de fichas que de puntos de otra manera.

Nombre ______________________

Grupo E

9

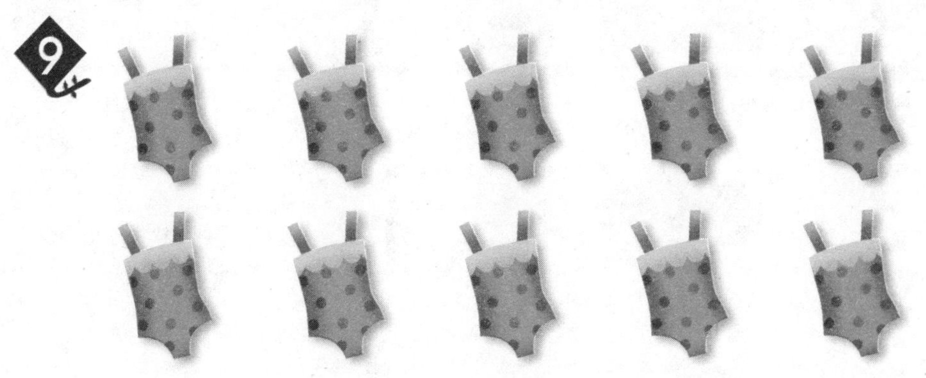

Grupo F

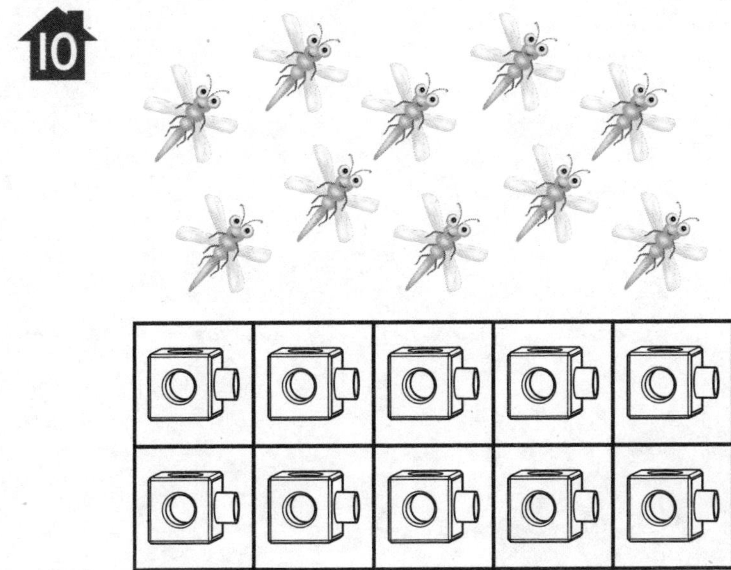

Instrucciones Pida a los estudiantes que: 9 cuenten los objetos y luego practiquen la escritura del número que indica cuántos hay; 10 cuenten los insectos, usen cubos conectables para mostrar esa cantidad y luego coloreen un cubo conectable por cada insecto que cuenten.

Grupo G

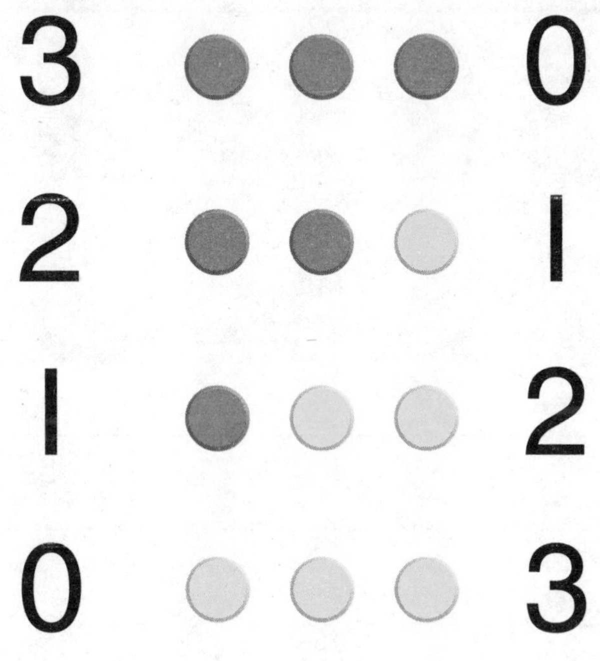

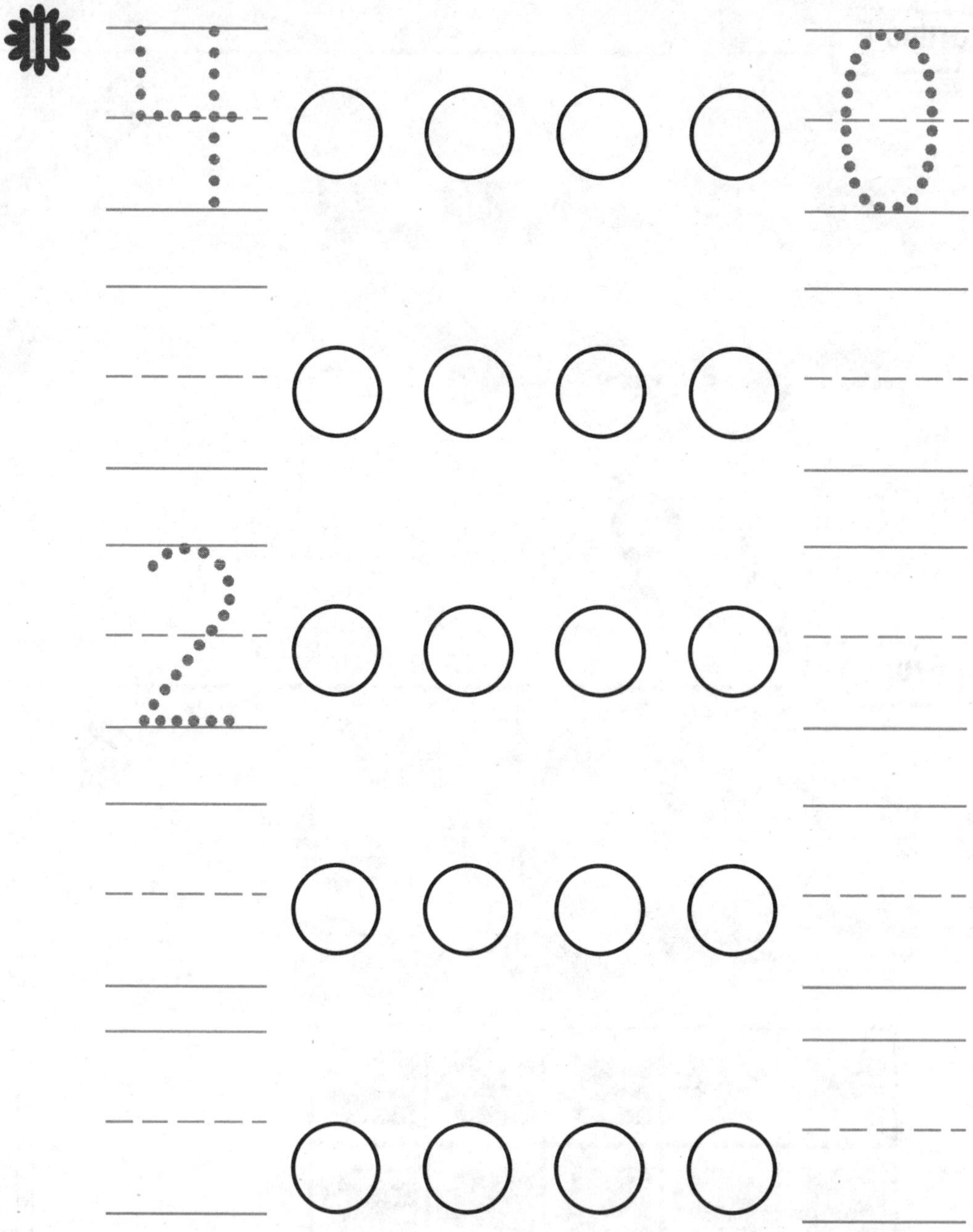

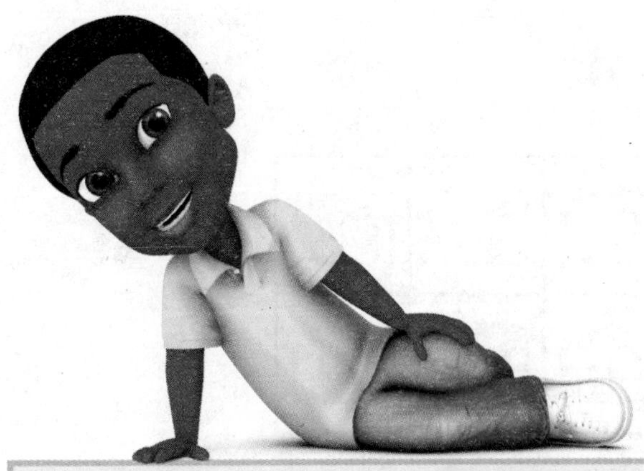

4 0

2

Instrucciones Pida a los estudiantes que usen dos crayones de diferente color para completar el patrón que muestra todas las maneras de formar 4 y luego escriban los números para describir el patrón.

Nombre ______________________________

Práctica para la evaluación

4 5 6 7

Ⓐ Ⓑ Ⓒ Ⓓ

2

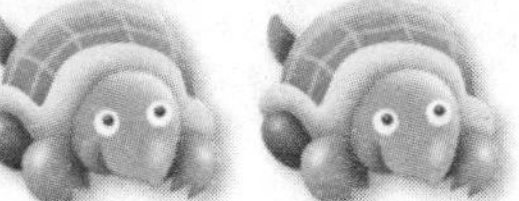

7 8 9 10

Ⓐ Ⓑ Ⓒ Ⓓ

3

Ⓐ 10 Ⓒ 8

Ⓑ 9 Ⓓ 7

4

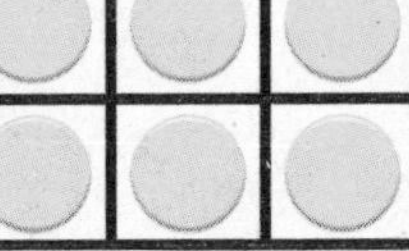

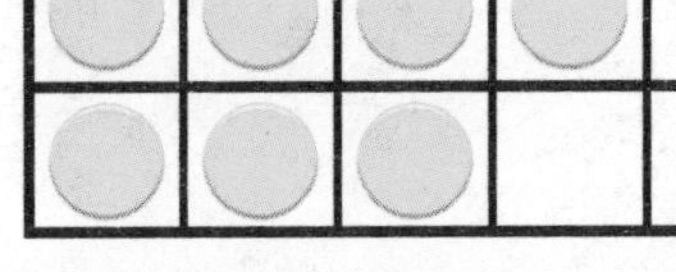

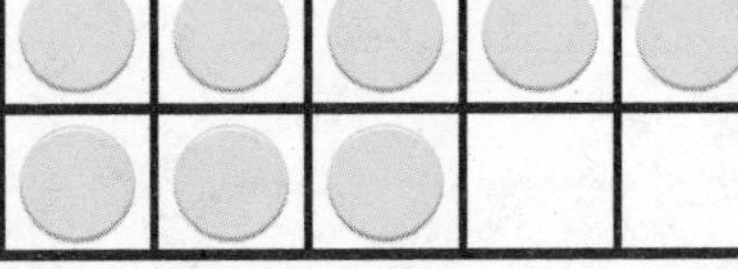

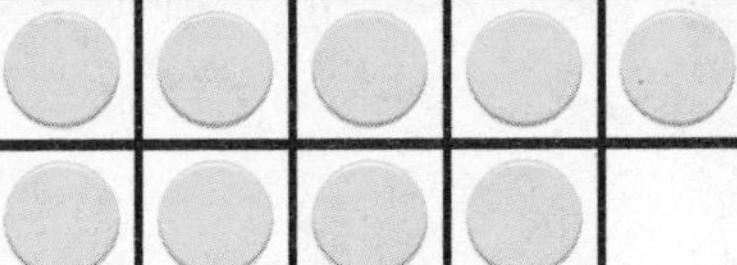

Instrucciones Pida a los estudiantes que marquen la mejor respuesta. 1 ¿Cuántos peces hay? 2 ¿Cuántas tortugas hay? 3 ¿Qué número indica cuántos trajes de baño hay? 4 Marquen todas las respuestas que NO muestran 9.

8

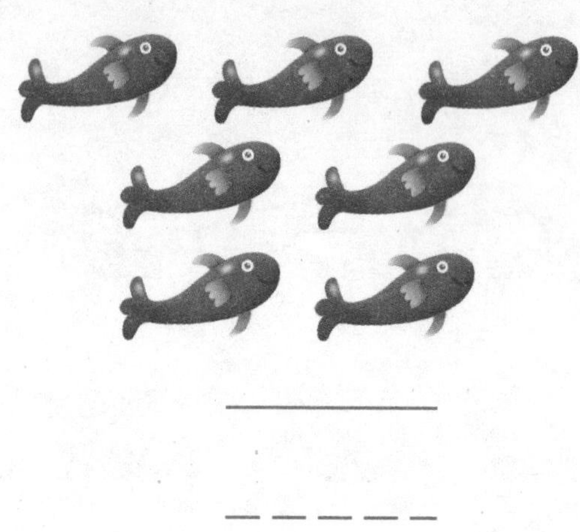

Instrucciones Pida a los estudiantes que: 5 lean el número y luego dibujen animales para mostrar cuántos hay; 6 cuenten los peces y luego escriban el número que indica cuántos hay; 7 dibujen diez caracoles y luego escriban el número que indica cuántos hay.

Nombre ______________________________

8

______ ______ ______

y

Instrucciones Pida a los estudiantes que: 8 coloreen las manzanas de rojo y amarillo para mostrar una manera de formar un grupo de 10; escriban los números que indican cuántas manzanas hay de cada color; y escriban el número que indica cuántas manzanas hay en total; 9 dibujen más tortugas para mostrar 10 y luego dibujen fichas para mostrar cuántas tortugas hay en total.

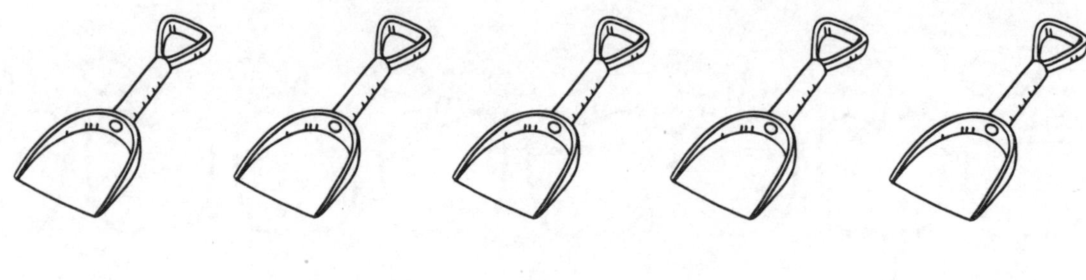

______

rojas ______

______

amarillas ______

______

total ______

Instrucciones Pida a los estudiantes que usen crayones rojos y amarillos para colorear las palas para mostrar una manera de formar un grupo de 5; escriban cuántas palas rojas y cuántas palas amarillas colorearon; y luego escriban el número que indica cuántas palas hay en total.

Nombre ________________

Instrucciones La playa Diga: *Lexi ve muchas cosas interesantes en la playa.* 1 Pida a los estudiantes que cuenten cuántos objetos de cada tipo hay y luego escriban el número que indica cuántos hay. 2 *Los peces que Lexi ve muestran una manera de formar 10. Coloreen los peces de rojo y amarillo para mostrar dos maneras de formar 10. Luego, escriban los números.*

Instrucciones Diga: *Las toallas de playa que Lexi ve muestran una manera de formar 7.* Pida a los estudiantes que coloreen las toallas de playa de azul y rojo para crear un patrón que muestre filas de 7 toallas y luego escriban los números para describir el patrón.

Comparar números del 0 al 10

Pregunta esencial: ¿Cómo se pueden comparar y ordenar los números del 0 al 10?

Recursos digitales

Libro del estudiante · Aprendizaje visual · Práctica · Evaluación · Herramientas · Glosario

Proyecto de enVision® STEM: Cambios en el tiempo

Instrucciones Lea el diálogo a los estudiantes. **¡Investigar!** Pida a los estudiantes que investiguen los cambios en el tiempo. Diga: *El tiempo cambia todos los días. Hablen con sus amigos y familiares acerca del tiempo. Pídales que les ayuden a anotar el número de días soleados y días lluviosos durante la semana.* **Diario: Hacer un cartel** Pida a los estudiantes que hagan un cartel. Pídales que dibujen hasta 10 relámpagos encima de una casa y hasta 10 relámpagos encima de otra casa. Pídales que escriban el número de relámpagos encima de cada casa y luego encierren en un círculo el número que es mayor o encierren en un círculo ambos números si son iguales.

Nombre ______________________________

Repasa lo que sabes

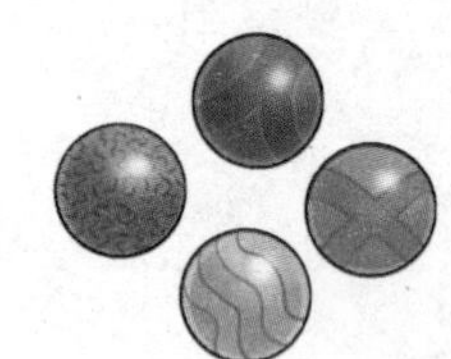

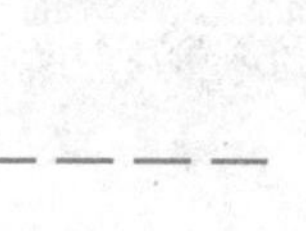

Instrucciones Pida a los estudiantes que: 1 encierren en un círculo el grupo de pájaros que es menor que el otro grupo; 2 encierren en un círculo el grupo de perros que es mayor que el otro grupo; 3 encierren en un círculo los dos grupos que tienen la misma cantidad de canicas; 4 a 6 cuenten los objetos y luego escriban el número que indica cuántos hay.

Nombre ____________________

Escoge un proyecto

Instrucciones Diga: *Escogerán uno de los siguientes proyectos. Miren la foto* **A**. *Piensen en esta pregunta: ¿Cómo pueden entrenarse para ir al espacio? Si escogen el Proyecto A, harán una demostración de entrenamiento. Miren la foto* **B**. *Piensen en esta pregunta: ¿Qué tipo de frutas pondrían en una ensalada de frutas? Si escogen el Proyecto B, crearán la receta para una ensalada de frutas.*

C

D

Instrucciones Diga: *Escogerán uno de los siguientes proyectos. Miren la foto* **C**. *Piensen en esta pregunta: ¿Cuál es el juego mecánico más divertido en un parque de diversiones? Si escogen el Proyecto C, diseñarán un juego mecánico. Miren la foto* **D**. *Piensen en esta pregunta: ¿Qué les gusta hacer en vacaciones? Si escogen el Proyecto D, harán una lista.*

Nombre ______________________________

Lección 4-1
Comparar grupos de hasta el 10 al emparejar

Instrucciones Diga: *Trabajen con un compañero. Túrnense para sacar un cubo de la bolsa y colocarlo sobre su hoja en el rectángulo del mismo color. Cuando la bolsa está vacía, ¿hay más cubos rojos o azules? ¿Cómo lo saben? Dibujen sus cubos en los rectángulos para mostrar de qué color hay más.*

Puedo...
comparar grupos de hasta 10 objetos.

También puedo representar con modelos matemáticos.

Práctica guiada

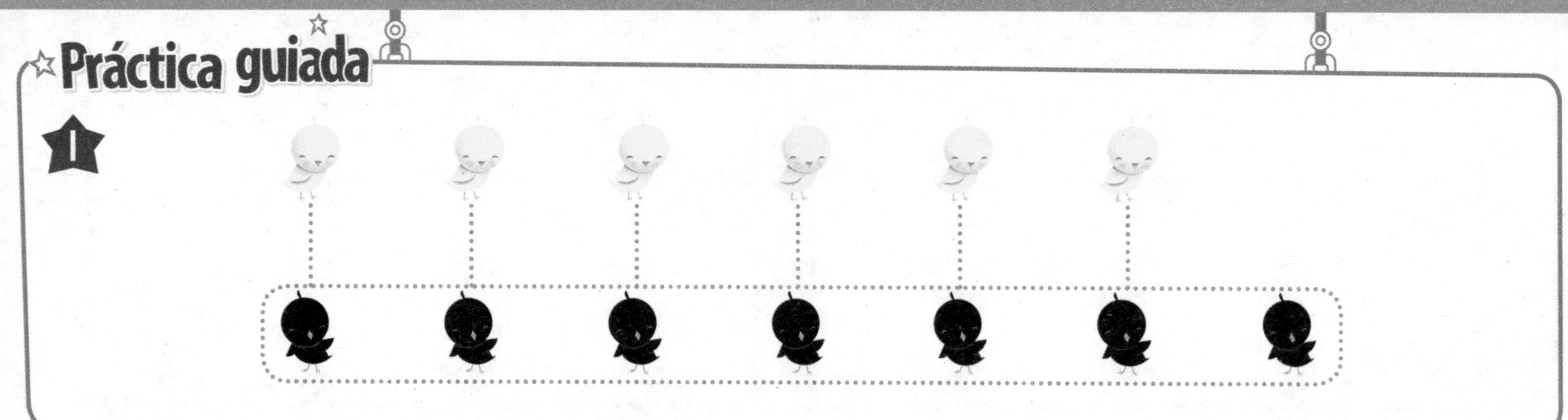

Instrucciones 1 Pida a los estudiantes que comparen los grupos, tracen un línea para emparejar cada pollito del grupo de la primera fila con un pollito del grupo de la segunda fila y luego encierren en un círculo el grupo que es mayor en número que el otro grupo.

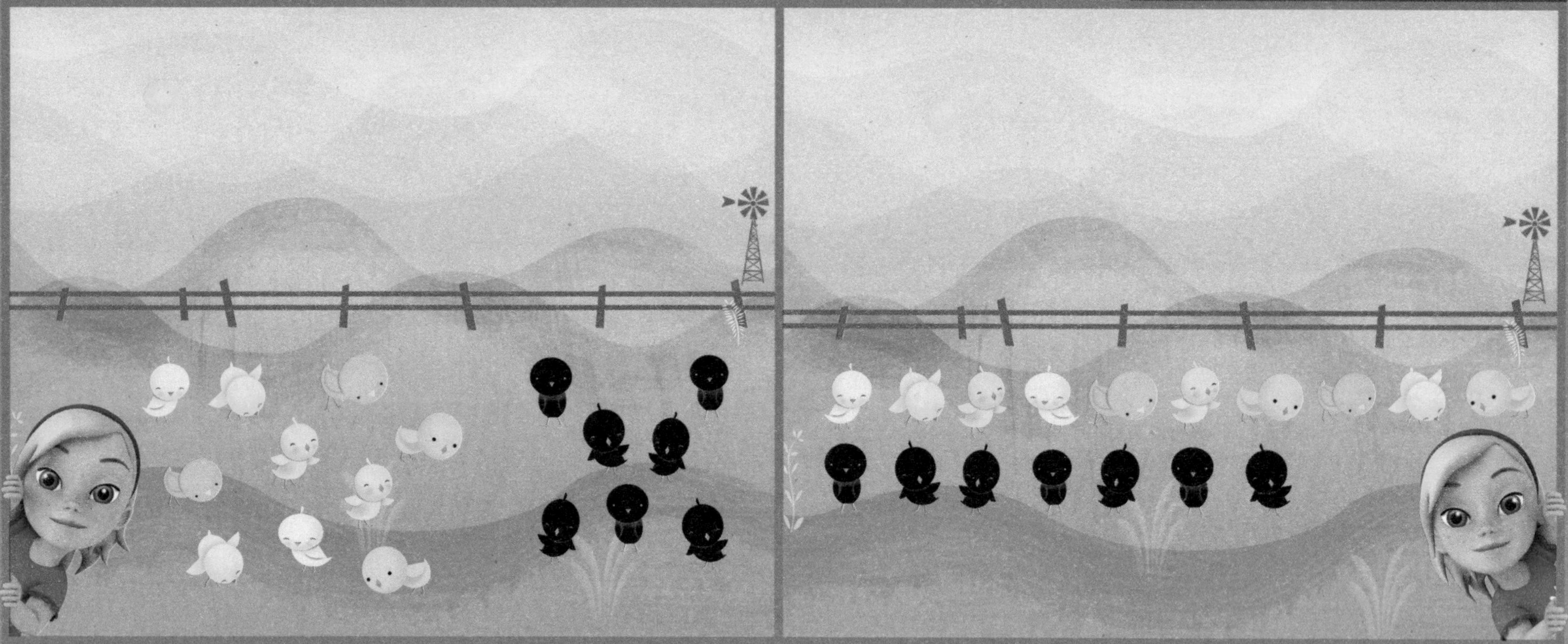

Nombre

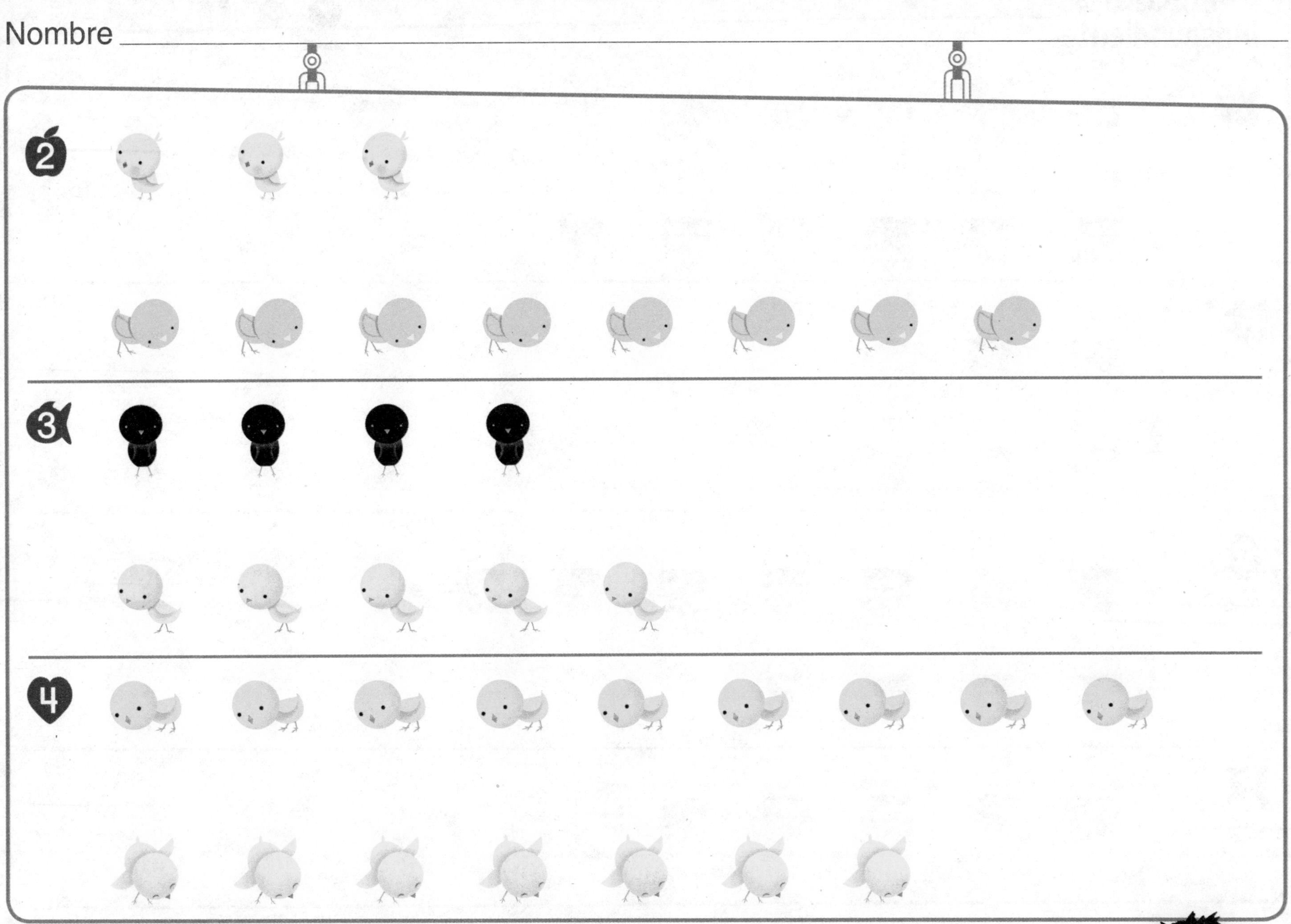

Instrucciones 2 **enVision**® STEM Diga: *Los pollitos viven en gallineros. Los gallineros protegen a los pollitos de los diferentes tipos de tiempo.* Pida a los estudiantes que comparen los grupos, tracen una línea para emparejar cada pollito del grupo de arriba con un pollito del grupo de abajo y luego encierren en un círculo el grupo que es mayor en número que el otro grupo. 3 y 4 Pida a los estudiantes que comparen los grupos, tracen una línea desde cada pollito en el grupo de arriba hasta un pollito en el grupo de abajo y luego encierren en un círculo el grupo que es menor en número que el otro grupo.

Práctica independiente

Herramientas Evaluación

5

6

7

8

Instrucciones Pida a los estudiantes que: 5 comparen los grupos, tracen una línea para emparejar cada cubeta del grupo de arriba con una cubeta del grupo de abajo y luego encierren en un círculo el grupo que es mayor en número que el otro grupo; 6 y 7 comparen los grupos, tracen una línea para emparejar cada cubeta del grupo de arriba con una cubeta del grupo de abajo y luego encierren en un círculo el grupo que es menor en número que el otro grupo. 8 **Razonamiento de orden superior** Pida a los estudiantes que dibujen un grupo de cubetas que sea mayor en número que el grupo que se muestra.

Resuélvelo y coméntalo

Nombre ____________________

Lección 4-2
Comparar números usando numerales hasta el 10

Instrucciones Diga: *Emily está sembrando plantas pequeñas. Ella siembra 5 plantas de pimientos rojos y 7 plantas de pimientos amarillos. Usen fichas para mostrar los grupos de plantas. Escriban los números y luego encierren en un círculo el número que indica qué grupo tiene más.*

Puedo...
comparar grupos de números usando numerales hasta el 10.

También puedo razonar sobre las matemáticas.

Puente de aprendizaje visual

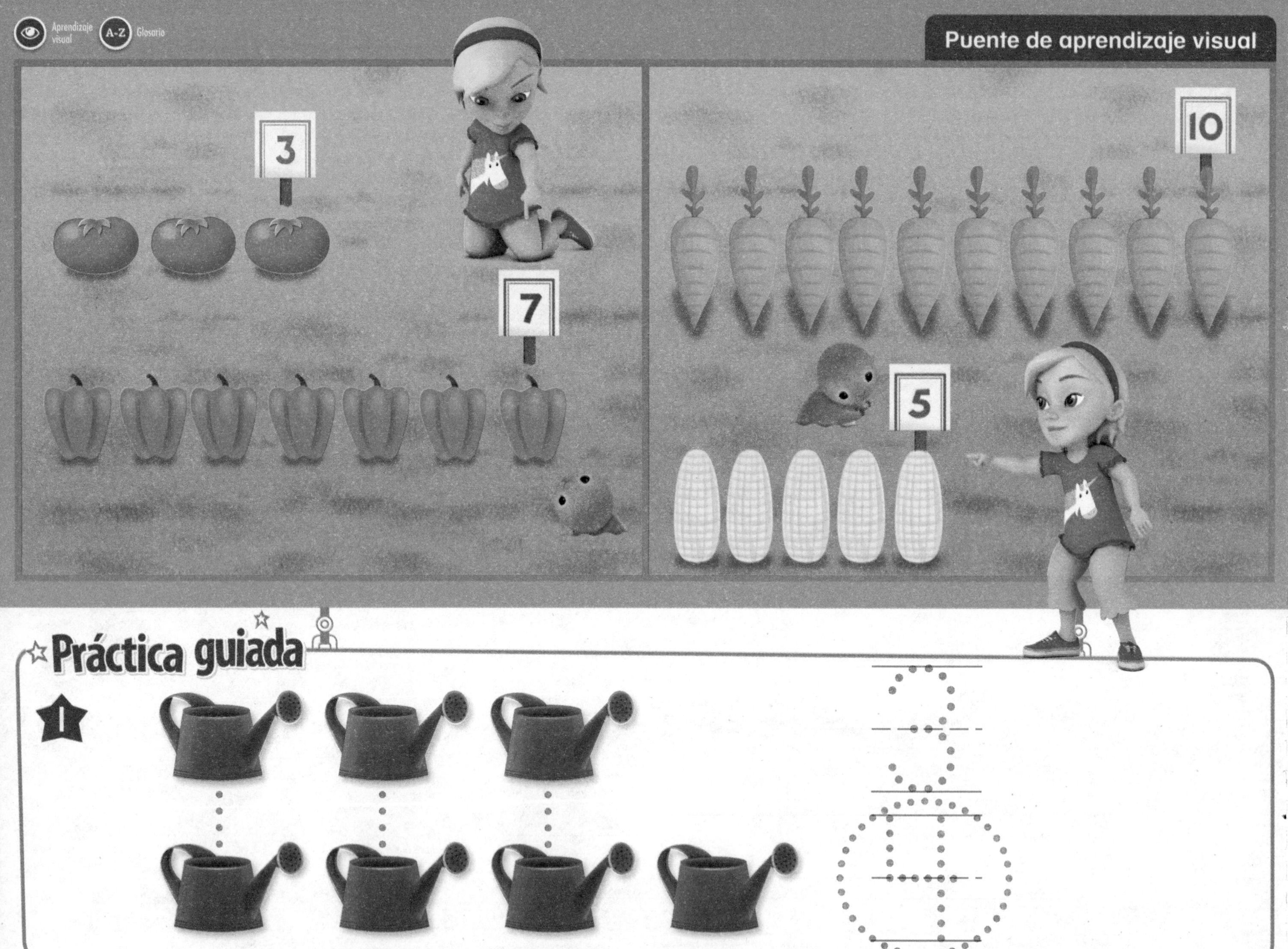

Práctica guiada

Instrucciones Pida a los estudiantes que cuenten las regaderas de cada grupo, escriban el número que indica cuántas hay y tracen una línea para emparejar cada regadera de la primera fila con una regadera de la segunda fila. Luego, pídales que encierren en un círculo el número que es mayor que el otro número.

Nombre ______________________________

2

3

Instrucciones 2 Pida a los estudiantes que cuenten las verduras de cada grupo, escriban el número que indica cuántas hay, tracen una línea para emparejar cada verdura de la fila de arriba con una verdura de la fila de abajo y luego marquen con una X el número que es menor que el otro número. 3 **Sentido numérico** Pida a los estudiantes que cuenten las verduras de cada grupo, dibujen más vainas para hacer que los grupos sean iguales, escriban los números que indican cuántas hay en cada grupo y luego tracen una línea desde cada verdura del grupo de arriba hasta una verdura del grupo de abajo para comparar los grupos.

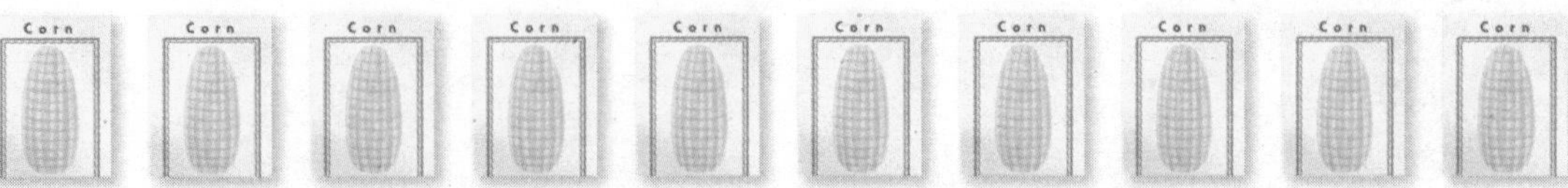

Instrucciones 4 Pida a los estudiantes que cuenten los paquetes de semillas de cada grupo, escriban el número que indica cuántos hay, tracen una línea para emparejar cada paquete del grupo de arriba con un paquete del grupo de abajo y luego marquen con una X el número que es menor que el otro número. 5 **Razonamiento de orden superior** Pida a los estudiantes que cuenten las flores del grupo, dibujen un grupo de flores que sea menor que el grupo que se muestra y luego escriban los números que indican cuántas hay.

Nombre ______________________

Lección 4-3
Comparar grupos de hasta el 10 al contar

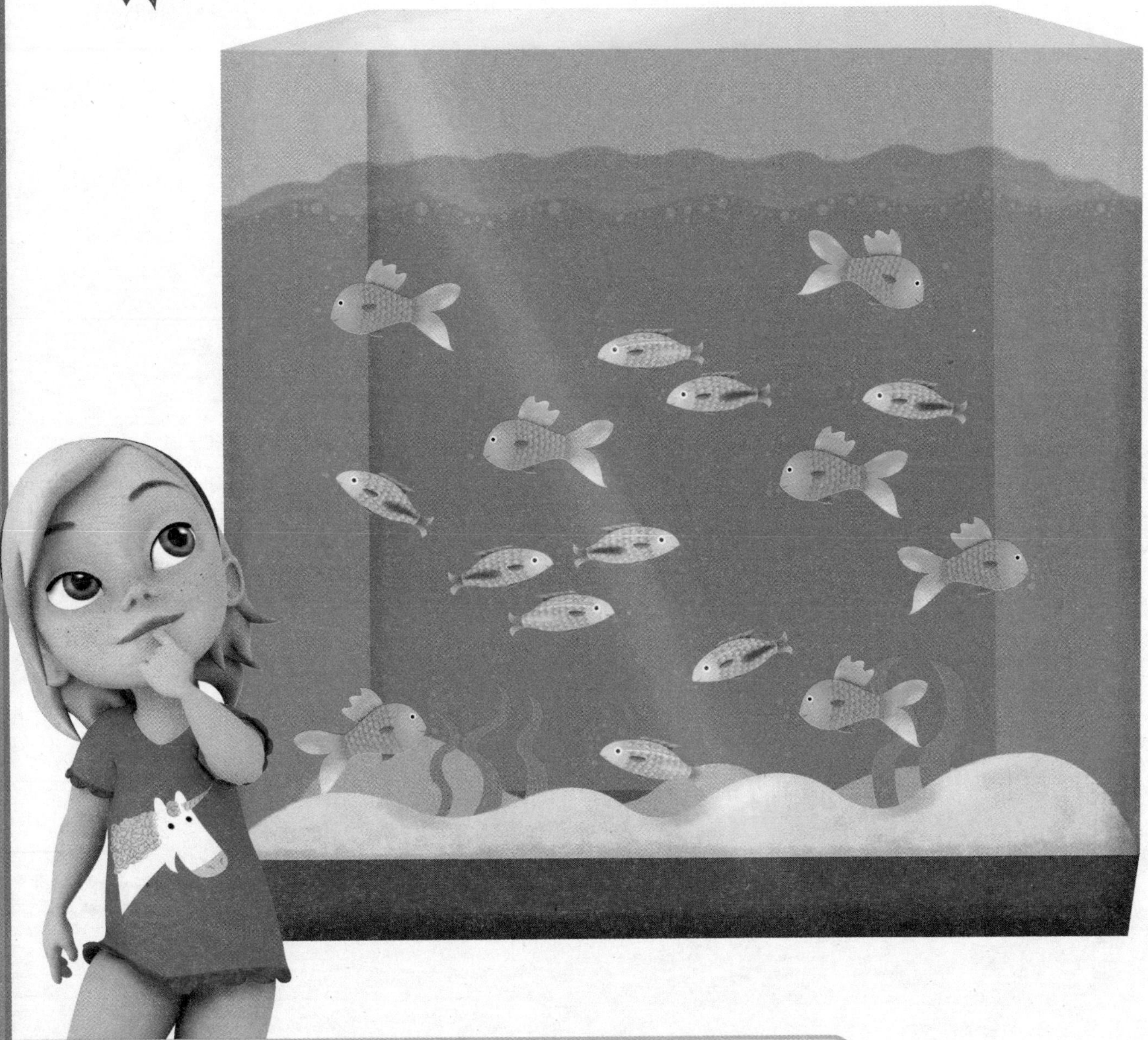

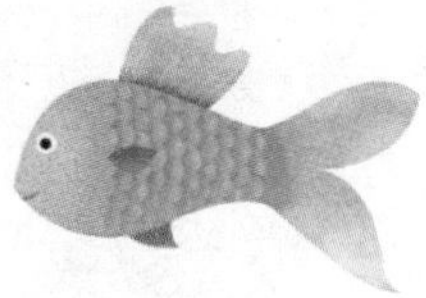

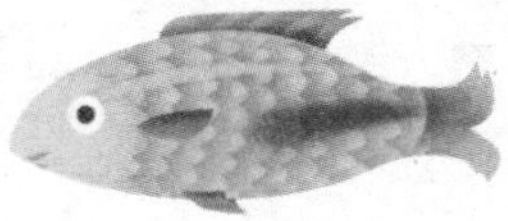

Instrucciones Diga: *La pecera de la clase tiene dos tipos de peces, peces dorados y tetras. Coloquen fichas sobre los peces a medida que cuentan cuántos hay de cada tipo. Escriban números para mostrar cuántos peces hay de cada tipo. Encierren en un círculo el tipo de pez que tiene una cantidad mayor que el otro. Muestren cómo saben que tienen razón.*

Puedo...
comparar grupos de números al contar.

También puedo usar herramientas matemáticas correctamente.

 Aprendizaje visual  Glosario

Práctica guiada

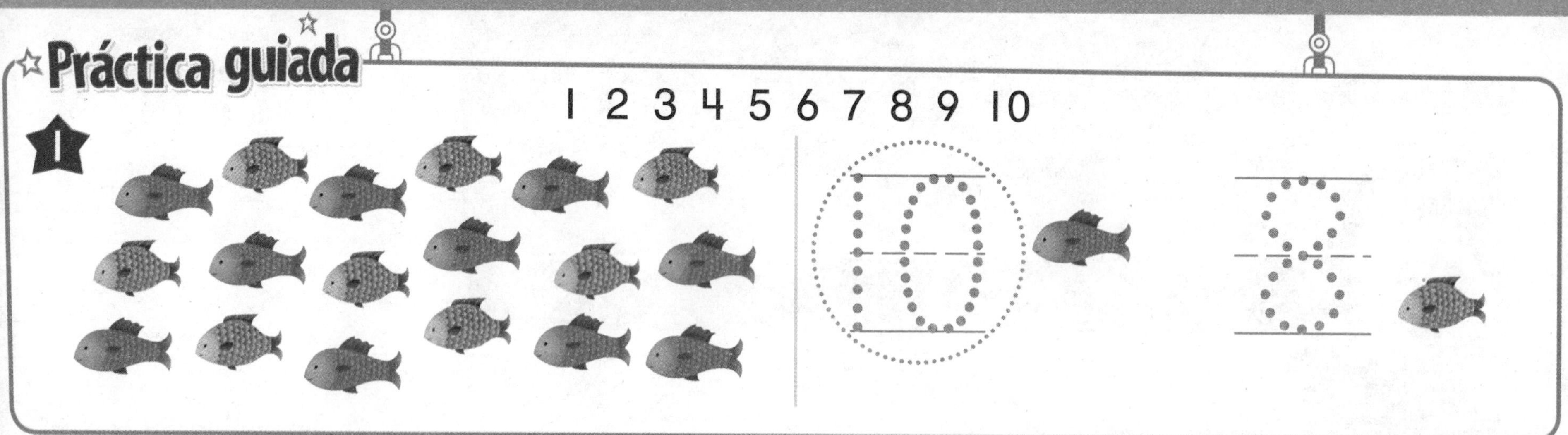

Instrucciones 1 Pida a los estudiantes que cuenten los peces de cada color, escriban los números que indican cuántos hay y luego encierren en un círculo el número que es mayor que el otro número. Pídales que usen la progresión numérica como ayuda para hallar la respuesta.

Nombre ____________________

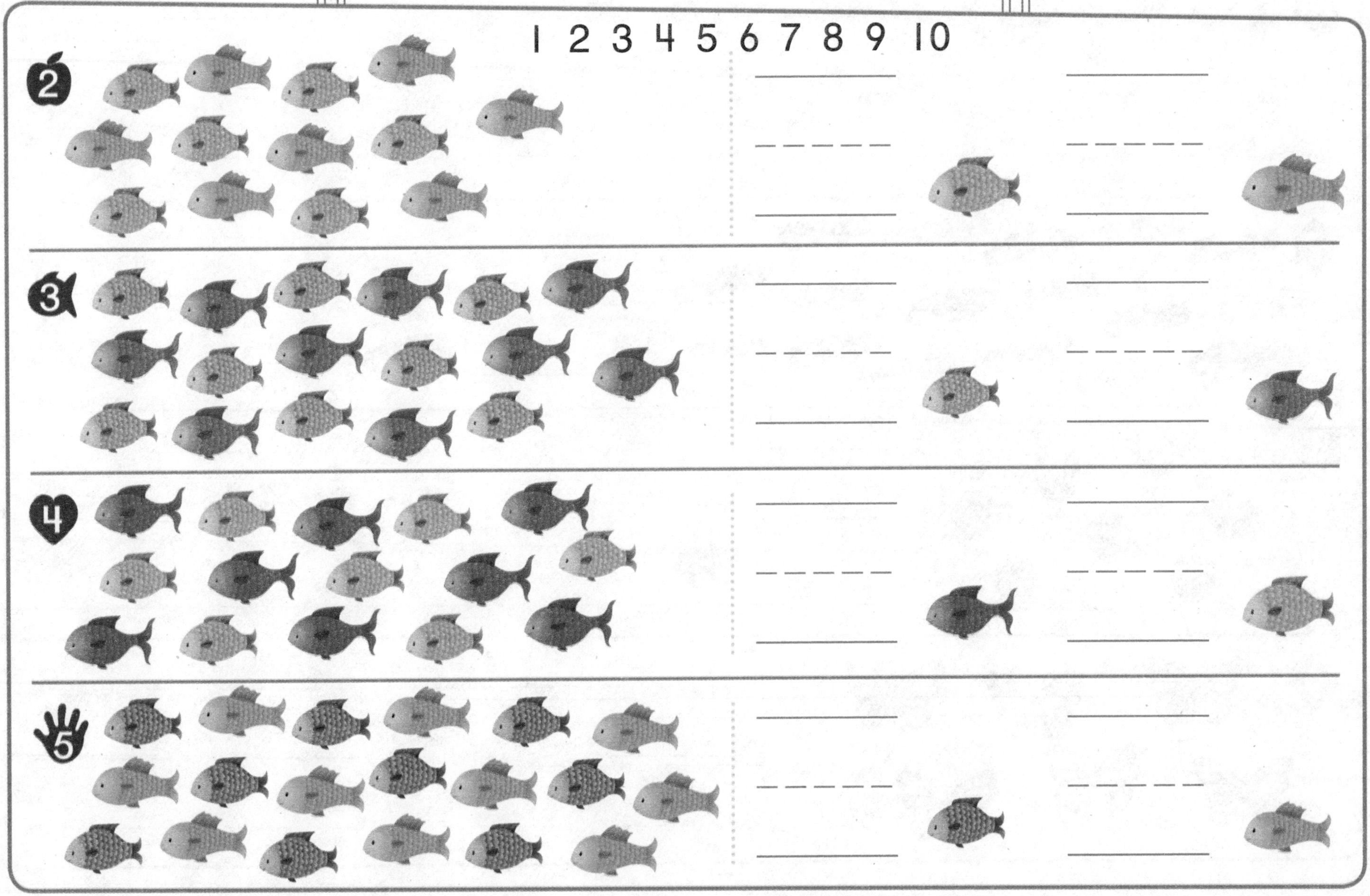

1 2 3 4 5 6 7 8 9 10

2

3

4

5

Instrucciones Pida a los estudiantes que cuenten los peces de cada color, escriban los números que indican cuántos hay y luego: 2 encierren en un círculo el número que es mayor que el otro número; 3 encierren en un círculo ambos números si son iguales o marquen con una X ambos números si NO son iguales; 4 y 5 marquen con una X el número que es menor. Pídales que usen la progresión numérica como ayuda para hallar la respuesta a cada problema.

Práctica independiente

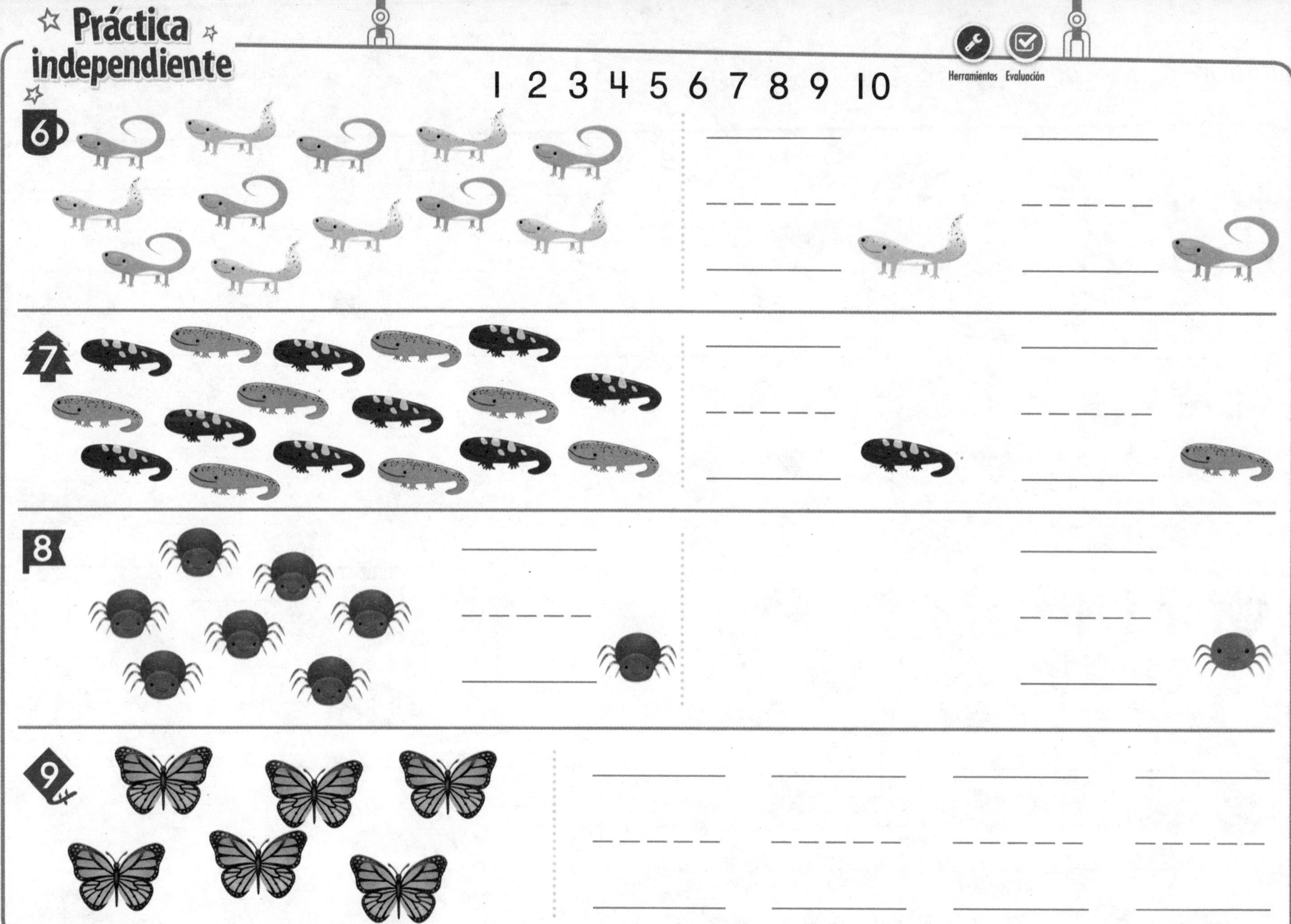

Instrucciones Pida a los estudiantes que cuenten los animalitos de cada tipo, escriban los números para indicar cuántos hay y luego: 6 encierren en un círculo ambos números si son iguales o marquen con una X ambos números si NO son iguales; 7 marquen con una X el número que es menor que el otro número; 8 dibujen un grupo de arañas que tenga dos más que la cantidad de arañas que se muestra y luego escriban el número que indica cuántas hay. 9 **Razonamiento de orden superior** Pida a los estudiantes que cuenten las mariposas y luego escriban todos los números hasta el 10 que sean mayores que la cantidad de mariposas que se muestra. Pídales que usen la progresión numérica como ayuda para hallar la respuesta a cada problema.

Nombre ____________________

Lección 4-4

Comparar números hasta el 10

1 2 3 4 5 6 7 8 9 10

Instrucciones Diga: *La mamá de Emily le pidió que quitara las toallas del tendedero para llevarlas adentro. En su canasta caben menos de 7 toallas. ¿Cuántas toallas puede llevar Emily a la casa? Pueden dar más de una respuesta. Muestren cómo saben que sus respuestas son correctas.*

Puedo…
comparar dos números.

También puedo representar con modelos matemáticos.

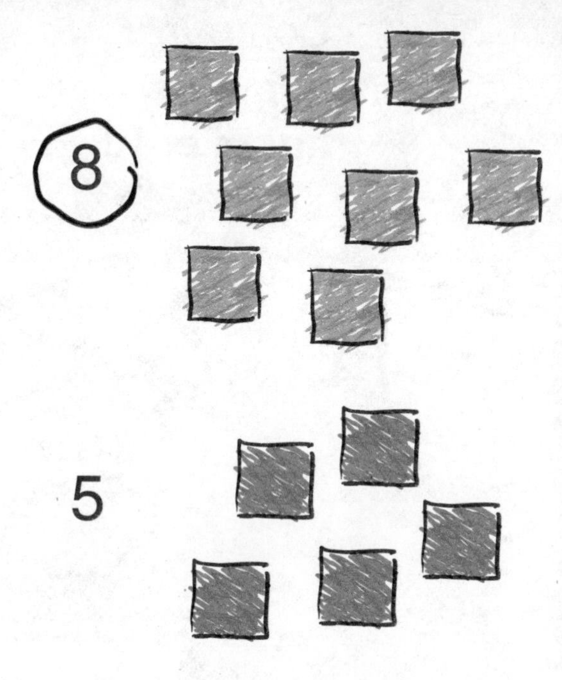

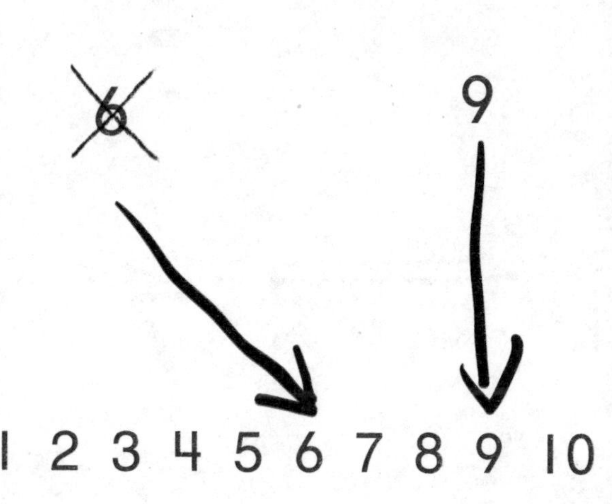

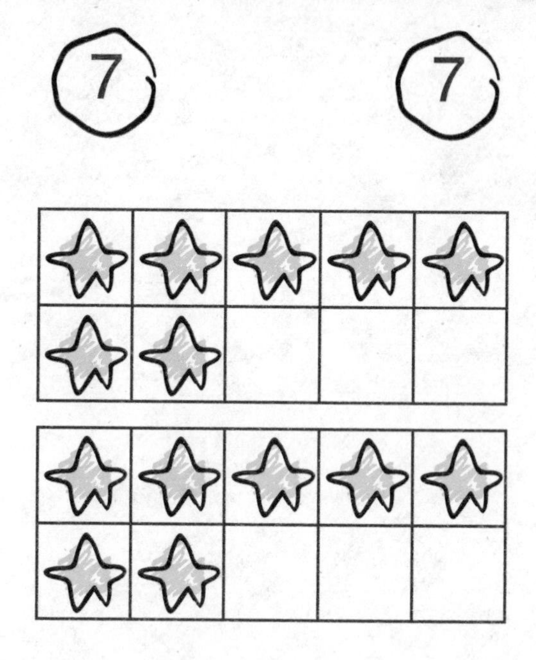

Práctica guiada

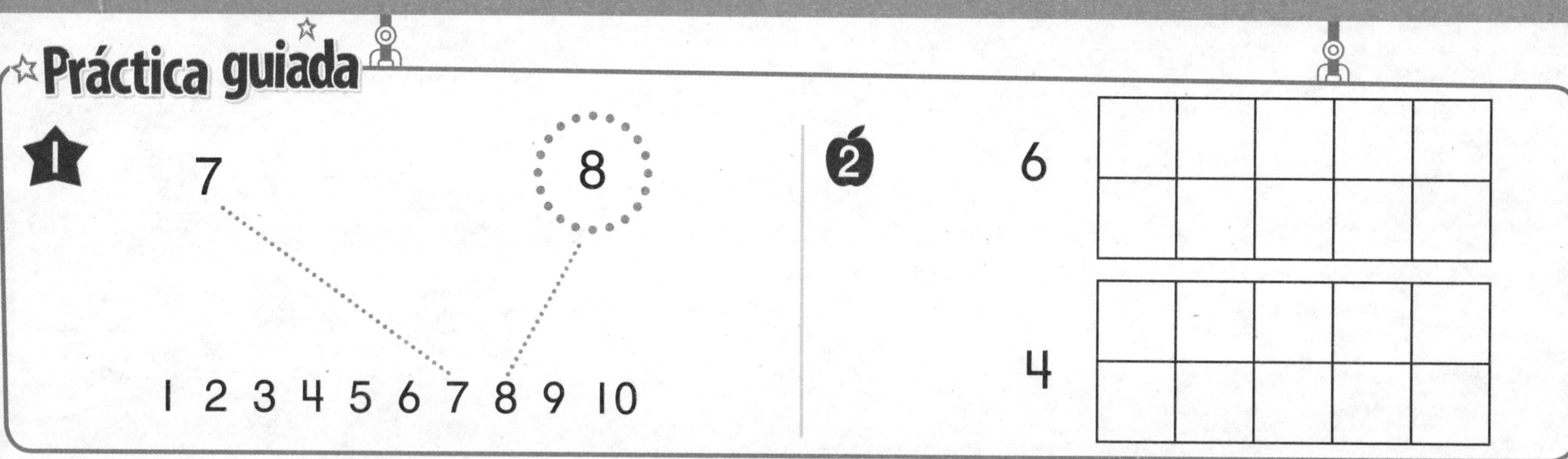

Instrucciones Pida a los estudiantes que: 1 cuenten los números del 1 al 10 y usen la progresión numérica para mostrar cómo saben qué número es mayor que el otro y luego encierren en un círculo el número que es mayor; 2 dibujen fichas en los marcos de 10 para mostrar cómo saben qué número es mayor que el otro y luego encierren en un círculo el número que es mayor.

Nombre ____________________

3

6

9

4

8

8

5

9 10

1 2 3 4 5 6 7 8 9 10

6

9

8

Instrucciones Pida a los estudiantes que: 3 hagan dibujos para mostrar cómo saben qué número es mayor que el otro y luego encierren en un círculo el número que es mayor; 4 dibujen fichas en los marcos de 10 para mostrar cómo saben si los números son iguales y luego encierren en un círculo ambos números si son iguales o marquen con una X ambos números si NO son iguales; 5 usen la progresión numérica para mostrar cómo saben qué número es menor que el otro número y luego marquen con una X el número que es menor; 6 hagan dibujos para mostrar cómo saben qué número es menor que el otro número y luego marquen con una X el número que es menor.

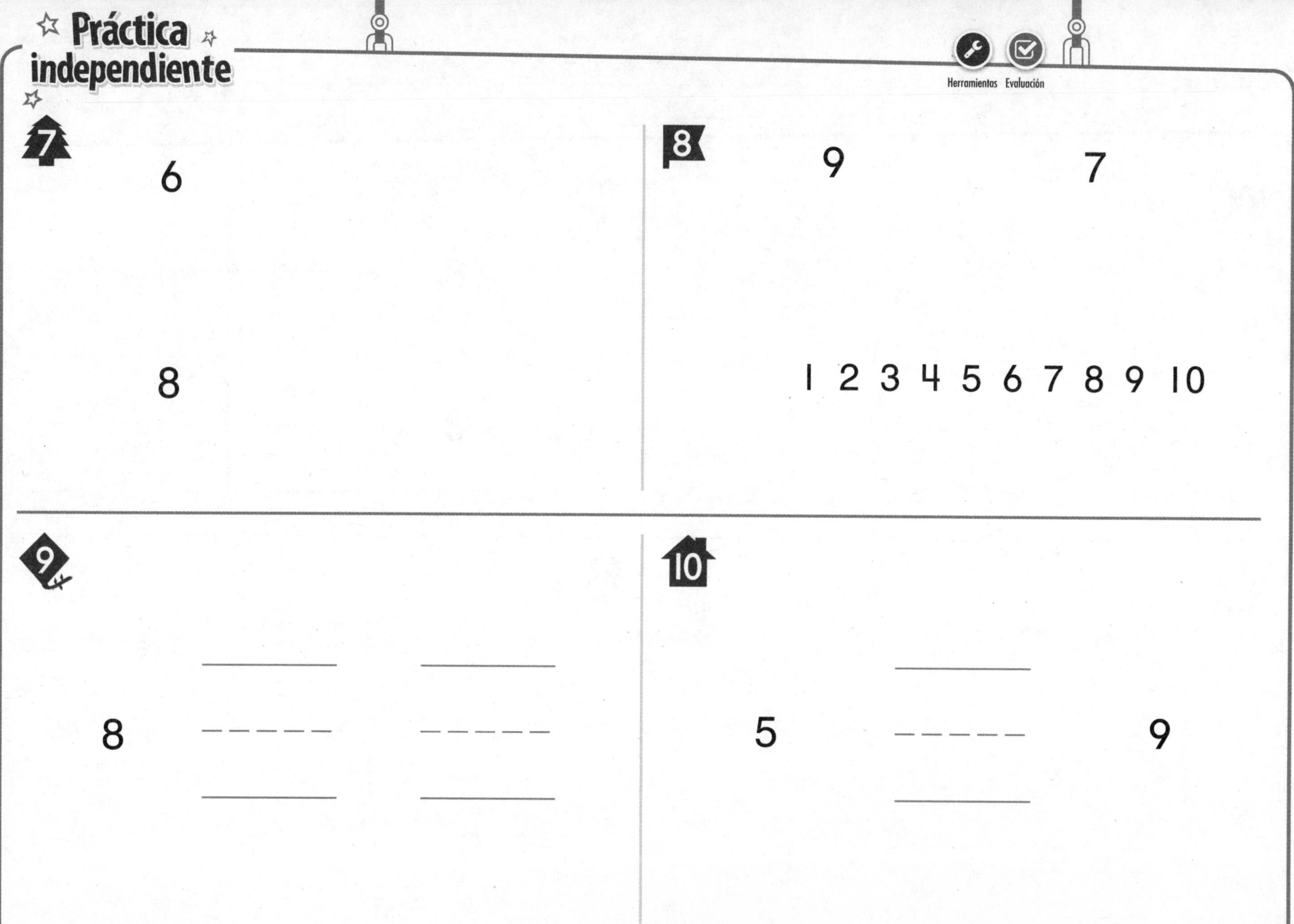

Instrucciones Pida a los estudiantes que: 7 hagan dibujos para mostrar cómo saben qué número es menor que el otro número y luego marquen con una X el número que es menor; 8 usen la progresión numérica para mostrar cómo saben qué número es menor que el otro número y luego marquen con una X el número que es menor. 9 **Razonamiento de orden superior** Pida a los estudiantes que escriban los siguientes dos números que son mayores que el número que se muestra y luego digan cómo lo saben. 10 **Razonamiento de orden superior** Pida a los estudiantes que escriban un número que sea mayor que el número de la izquierda pero menor que el número de la derecha.

Resuélvelo y coméntalo

Nombre ______________________________

Resolución de problemas

Lección 4-5
Razonamientos repetidos

Piensa.

Instrucciones Diga: *Hay 7 peces en una pecera. Emily pone 1 pez más en la pecera. ¿Cuántos peces hay ahora en la pecera? ¿Cómo pueden resolver este problema?*

Puedo...
repetir algo de un problema como ayuda para resolver otro problema.

También puedo comparar números hasta el 10.

Puente de aprendizaje visual

Práctica guiada

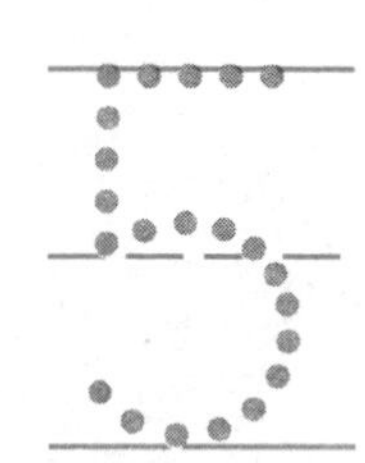

Instrucciones ★ Diga: *Carlos ve 4 ranas en el estanque. Luego, ve 1 más. ¿Cuántas ranas hay ahora?* Pida a los estudiantes que razonen para hallar el número que es 1 más que la cantidad de ranas que se muestran. Pídales que dibujen fichas para mostrar la respuesta y luego escriban el número. Pida a los estudiantes que expliquen su razonamiento.

Nombre

Práctica independiente

2

3

4

5

Instrucciones Diga: *Alex ve ranas en el estanque. Luego ve 1 más. ¿Cuántas ranas hay ahora?* 2 a 5 Pida a los estudiantes que razonen para hallar el número que es 1 más que la cantidad de ranas que se muestran. Pídales que dibujen fichas para mostrar la respuesta y luego escriban el número. Pida a los estudiantes que expliquen su razonamiento.

Resolución de problemas

Tarea de rendimiento

6 7 8

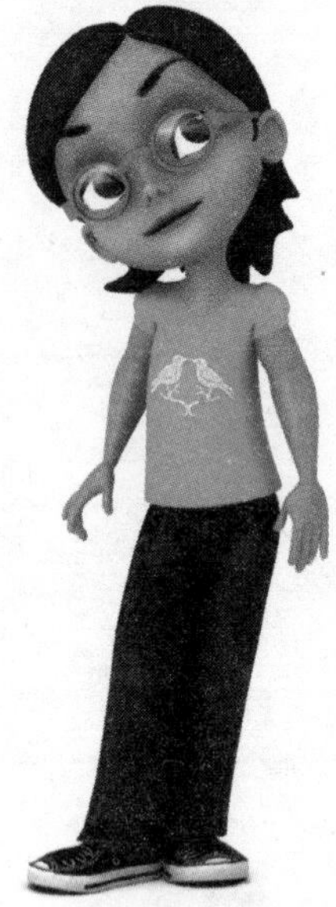

Las mascotas de la familia de Marta

Instrucciones Lea el problema en voz alta. Luego, pida a los estudiantes que usen varias prácticas matemáticas para resolver el problema. Diga: *La familia de Marta tiene 5 mascotas. Su familia recibe 1 más. ¿Cuántas mascotas tienen ahora?* 6 **Generalizar** *¿Se repite algo en el problema? ¿Cómo los ayuda eso?* 7 **Usar herramientas** *¿Qué herramienta pueden usar para resolver el problema? Usen la herramienta para hallar cuántas mascotas hay ahora en la familia de Marta.* 8 **Entender** *¿La respuesta debe ser mayor o menor que 5?*

Nombre ______________________

A-Z Glosario

6 9

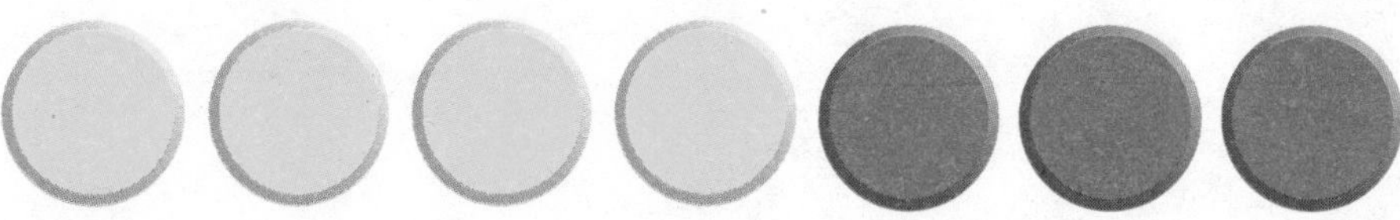

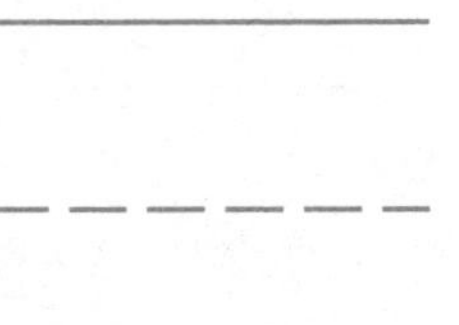

Instrucciones **Comprender el vocabulario** Pida a los estudiantes que: 1 encierren en un círculo el número que es **mayor que** 7; 2 **cuenten** las fichas y luego escriban el número que indica cuántas hay; 3 escriban el número que significa **ninguno**; 4 cuenten cuántos cubos hay de cada color, encierren en un círculo el grupo que tiene una cantidad de cubos **menor que** el otro grupo y luego escriban el número que indica cuántos hay en ese grupo.

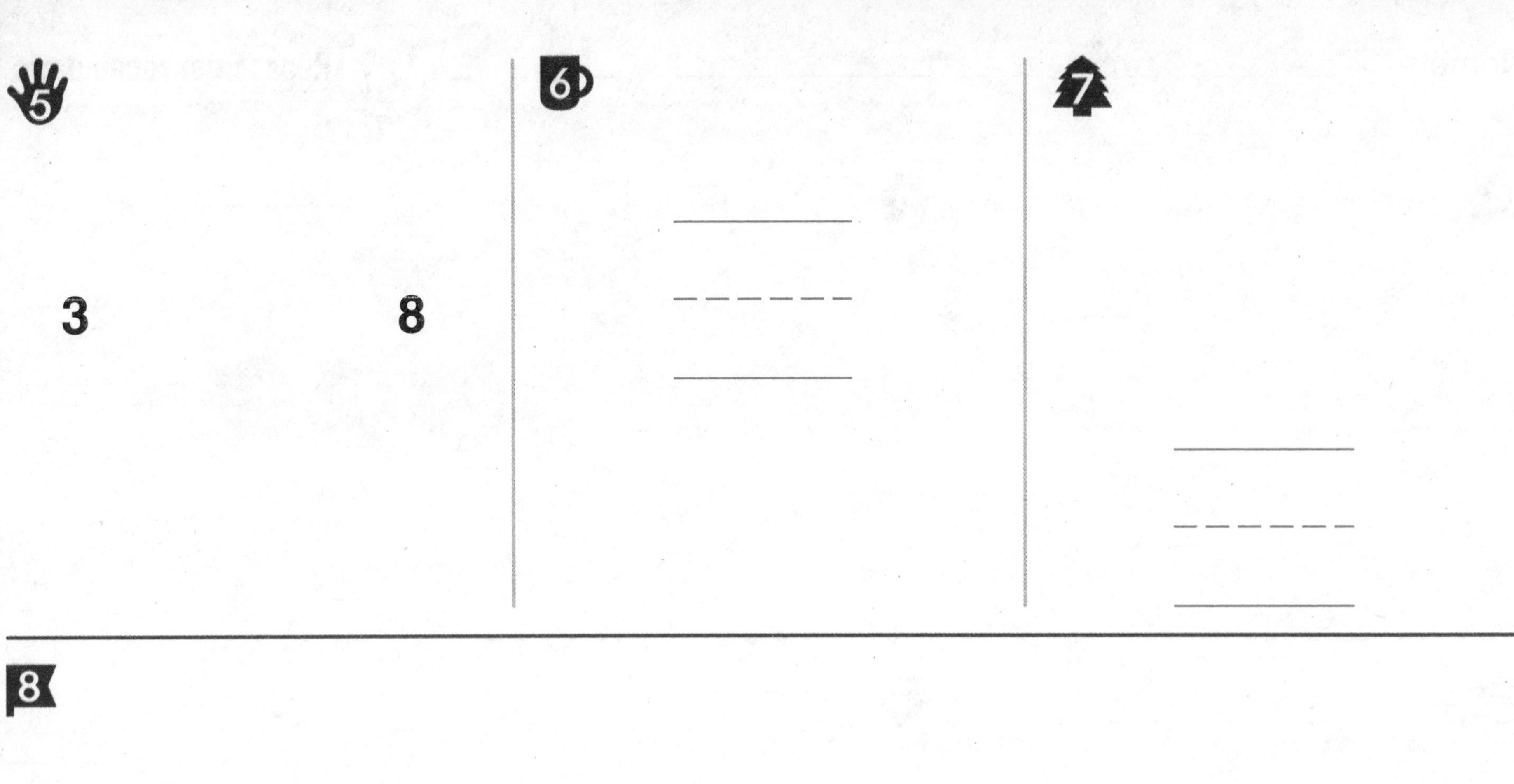

5 9

Instrucciones **Comprender el vocabulario** Pida a los estudiantes que: 5 **comparen** los números, encierren en un círculo el número que es mayor y luego marquen con una X el número que es menor; 6 escriban el número que es **mayor que** 3, pero **menor que** 5; 7 dibujen 5 fichas en **fila** y luego escriban el número que indica cuántas hay; 8 escriban los números que faltan en **orden**.

Nombre ______________________

Grupo A

Refuerzo

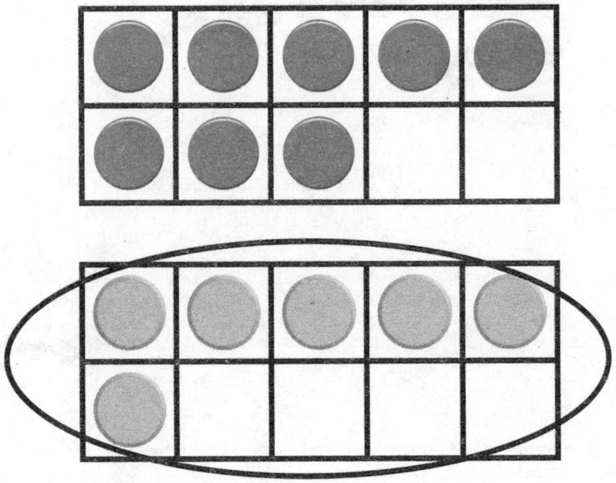

1

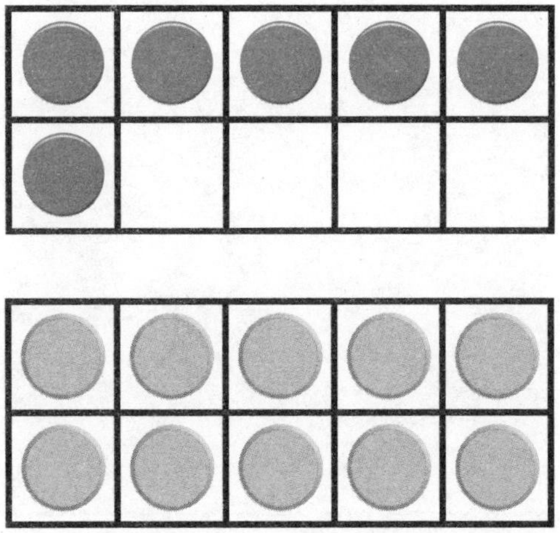

Grupo B

6

4

2

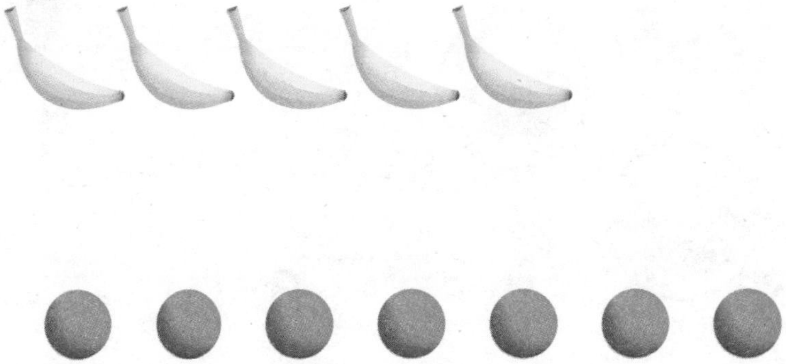

Instrucciones Pida a los estudiantes que: 1 comparen los grupos y encierren en un círculo el grupo que es menor en número que el otro grupo; 2 cuenten las frutas de cada grupo, escriban los números que indican cuántas hay, tracen una línea desde cada fruta en el grupo de arriba hasta una fruta en el grupo de abajo y luego encierren en un círculo el número que es mayor que el otro número.

Grupo C

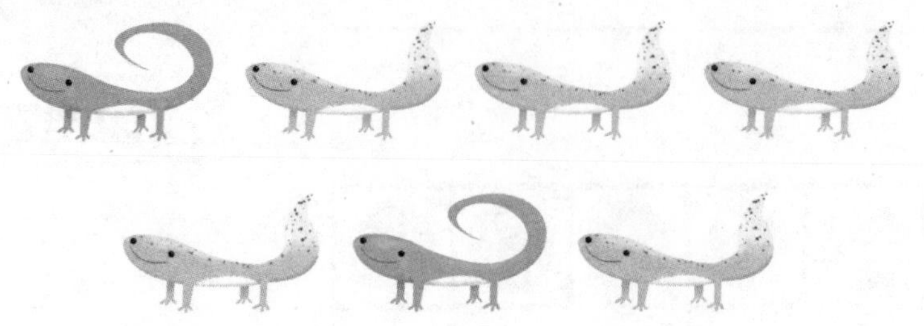

5 

~~2~~

3

Grupo D

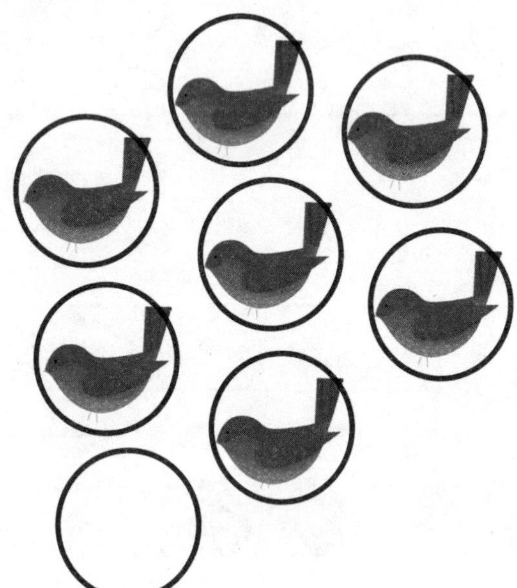

8

4

Instrucciones Pida a los estudiantes que: 3 cuenten los animalitos de cada tipo, escriban los números y luego marquen con una X el número que es menor que el otro número; 4 Diga: *Abril ve ranas en el estanque. Luego ve 1 más. ¿Cuántas ranas ve ahora?* Pida a los estudiantes que razonen para hallar el número que es 1 más que la cantidad de ranas que se muestran. Pídales que usen fichas para mostrar la respuesta y luego escriban el número.

Nombre ______________________________

TEMA 4

Práctica para la evaluación

1

Ⓐ

Ⓑ

Ⓒ

Ⓓ

2

7

1 2 3 4 5 6 7 8 9 10

☐ 9

☐ 6

☐ 5

☐ 3

3

______

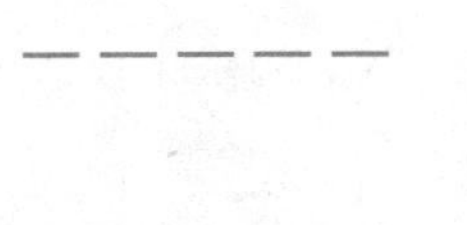

______

Instrucciones Pida a los estudiantes que marquen la mejor respuesta. 1 *¿Qué grupo de pájaros azules es mayor en número que el grupo de pájaros amarillos?* 2 *Miren la recta numérica. Luego, marquen todos los números que son menores que el número de la tarjeta.* 3 Pida a los estudiantes que cuenten los limones y las limas, escriban los números que indican cuántos hay de cada uno y luego encierren en un círculo el número que es mayor.

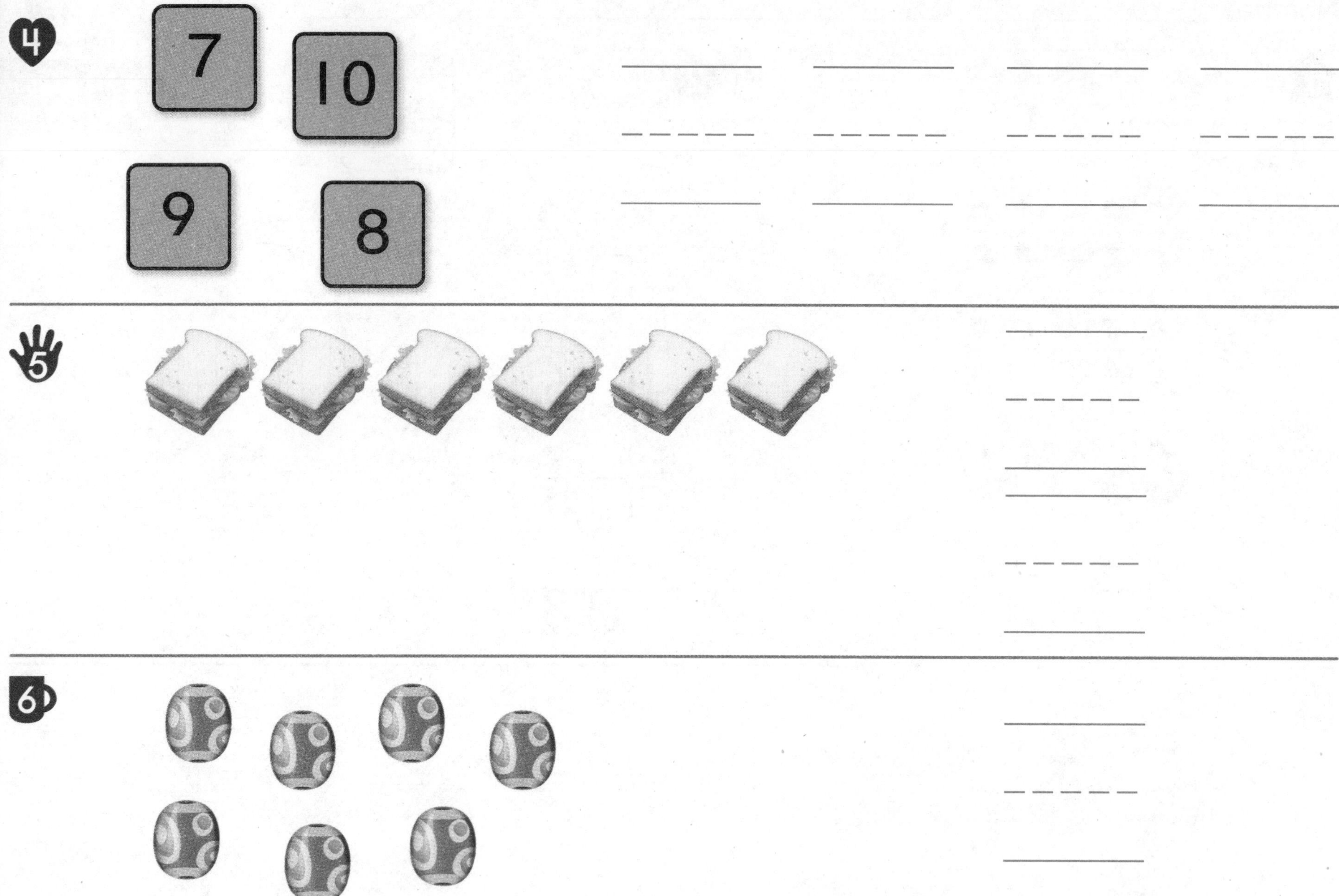

Instrucciones Pida a los estudiantes que: 4 escriban el número que se cuenta primero de entre las 4 tarjetas numéricas y luego cuenten hacia adelante y escriban el número que es 1 mayor que el número anterior; 5 cuenten los sándwiches, dibujen un grupo de envases de jugo que sea menor en número que el grupo de sándwiches que se muestra y luego escriban los números que indican cuántos hay. 6 Diga: *Kayla tiene 7 cuentas para hacer una pulsera. Luego compra 1 más. ¿Cuántas cuentas tiene ahora?* Pida a los estudiantes que razonen para hallar el número que es 1 más que la cantidad de cuentas que se muestran. Pídales que dibujen fichas para mostrar la respuesta y luego escriban el número que indica cuántas hay.

Nombre ____________________

1 2 3 4 5 6 7 8 9 10

Instrucciones **Animales del bosque** Diga: *En el bosque viven muchos animales. En esta parte del bosque viven diferentes animales.* ★1 Pida a los estudiantes que observen el dibujo. Diga: *¿Cuántos zorrillos viven en esta parte del bosque? ¿Cuántos mapaches viven en esta parte del bosque? Cuenten los animales de cada tipo y escriban los números.* Luego, pida a los estudiantes que encierren en un círculo el número que es mayor que el otro número y marquen con una X el número que es menor que el otro número. Pídales que usen la progresión numérica como ayuda para hallar las respuestas.

2

3

5

5

4

Instrucciones Pida a los estudiantes que miren el dibujo de la página anterior. 2 Diga: *¿Cuántos zorros viven en esta parte del bosque? Cuéntenlos y escriban el número.* Luego, pida a los estudiantes que escriban todos los números hasta 10 que sean mayores que la cantidad de zorros. 3 Diga: *5 ardillas y 5 ranas se van de esta parte del bosque. Encierren en un círculo ambos números si son iguales o marquen con una X ambos números si NO son iguales. Muestren cómo saben que tienen razón.* 4 Diga: *¿Cuántos pájaros viven en esta parte del bosque? Cuéntenlos y escriban el número. 1 pájaro más llega al bosque. ¿Cuántos pájaros hay en el bosque ahora?* Pida a los estudiantes que usen herramientas para resolver el problema y escriban el número. Luego, pídales que muestren cómo hallaron la respuesta.

TEMA 5

Clasificar y contar datos

Pregunta esencial: ¿Cómo puede ayudarnos la clasificación de datos a contestar preguntas?

Recursos digitales

Libro del estudiante | Aprendizaje visual | Práctica

Evaluación | Herramientas | Glosario

Algunas vacas son color café y otras son negras.

Las vacas pueden ser de diferentes colores.

Proyecto de enVision STEM: Agrupar animales

Instrucciones Lea el diálogo a los estudiantes. **¡Investigar!** Pida a los estudiantes que investiguen los animales que se pueden agrupar por color. Diga: *Hablen con sus amigos y familiares acerca de los animales. Hablen sobre cómo un animal puede ser de un color y otro animal del mismo tipo puede ser de otro color.* **Diario: Hacer un cartel** Pida a los estudiantes que hagan un cartel. Pídales que escojan uno de los animales sobre los que investigaron y dibujen un grupo de 6 a 10 animales. Pídales que coloreen los animales con dos colores y luego escriban los números que indican cuántos hay de cada color.

Nombre ______________________________

Repasa lo que sabes

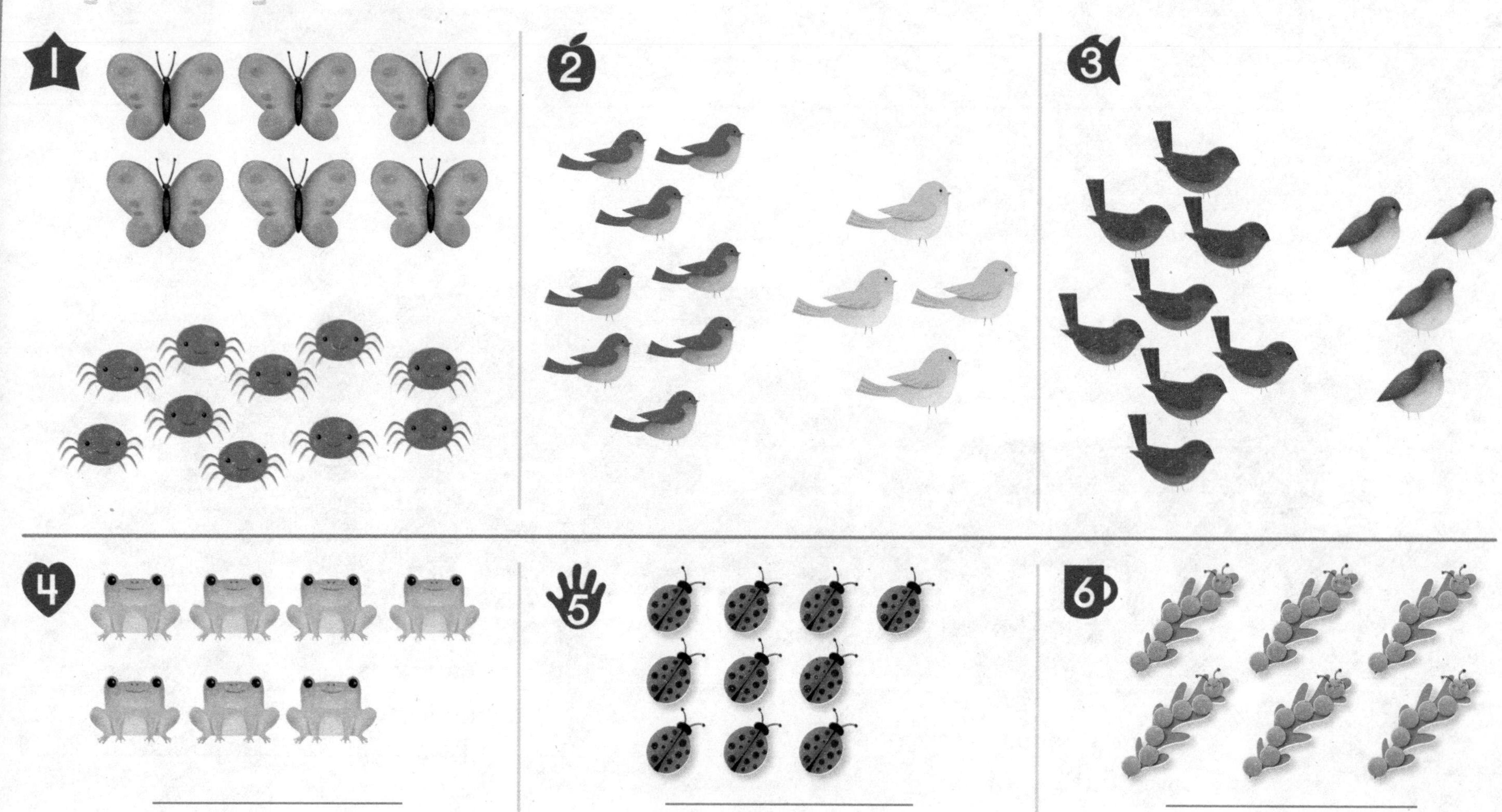

Instrucciones Pida a los estudiantes que: 1 encierren en un círculo el grupo que tiene 10 animales; 2 encierren en un círculo el grupo que tiene una cantidad de pájaros menor que 5; 3 encierren en un círculo el grupo que tiene una cantidad de pájaros mayor que 5; 4 a 6 cuenten las ranas o los insectos de cada grupo y luego escriban el número que indica cuántos hay.

Nombre ____________________

Escoge un proyecto

Instrucciones Diga: *Escogerán uno de los siguientes proyectos. Miren la foto* **A.** *Piensen en esta pregunta: ¿Cómo sería la bandera de nuestra clase? Si escogen el Proyecto A, diseñarán una bandera. Miren la foto* **B.** *Piensen en esta pregunta: ¿Cómo se trasladan? Si escogen el Proyecto B, harán un modelo. Miren la foto* **C.** *Piensen en esta pregunta: ¿Cómo produce música un instrumento? Si escogen el Proyecto C, representarán cómo tocar instrumentos y producir música.*

MATEMÁTICAS EN 3 ACTOS: VISTAZO

Representación matemática

Rayas y sólidos

Video

¡Siempre pensé que eran elefantes!

Instrucciones Lea a los estudiantes lo que dice el robot. **Generar interés** Pregunte a los estudiantes qué usan para colorear en casa. Diga: *¿Qué colores usarían para colorear un perro? ¿Qué colores no usarían nunca?* Pida a los estudiantes que dibujen sus propios perros y los coloreen de formas creativas o fuera de lo común.

Puedo...

representar con modelos matemáticos para formar grupos iguales para resolver un problema.

Resuélvelo y coméntalo

Nombre ______________________________

Resolución de problemas

Lección 5-4

Evaluar el razonamiento

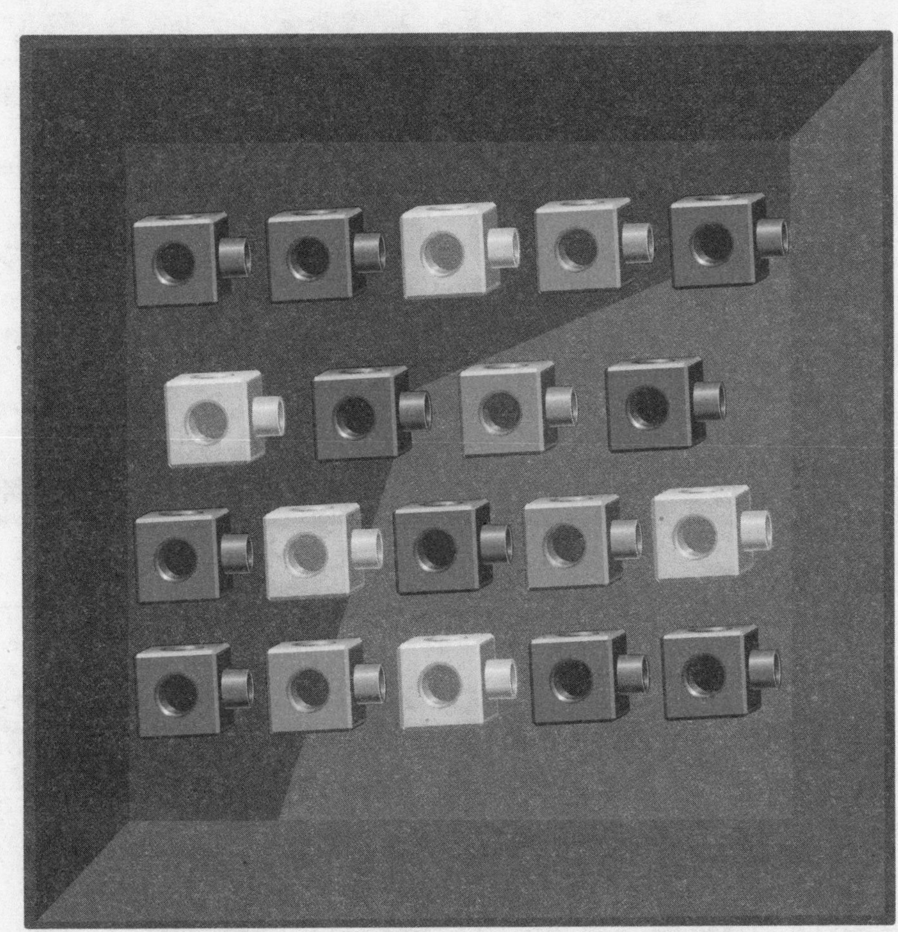

Puedo...
decir si la manera en que los objetos han sido agrupados, contados y comparados tiene sentido. Puedo explicar cómo lo sé.

También puedo comparar números.

Instrucciones Diga: *Carlos dice que la cantidad de cubos azules es igual a la cantidad de cubos que NO son azules. ¿Tiene sentido su respuesta? Usen números, dibujos o palabras para explicar su respuesta.*

Puente de aprendizaje visual

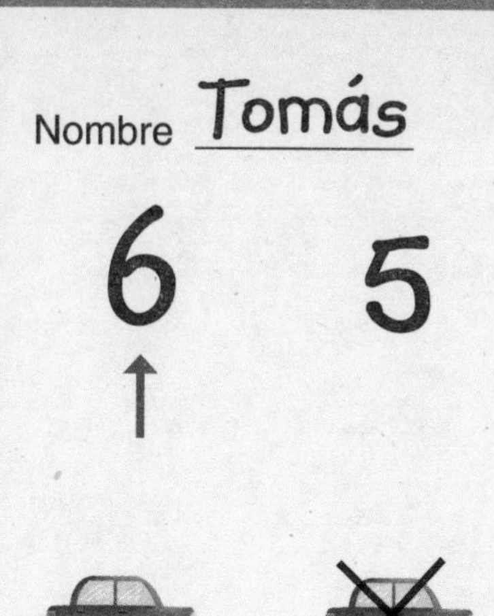

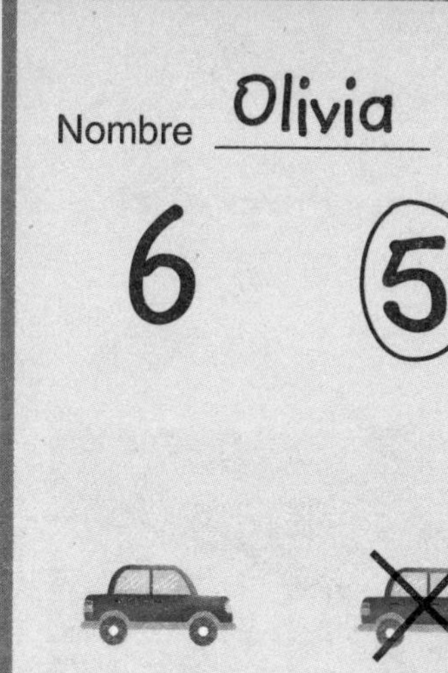

Práctica guiada

Instrucciones Diga: *Gabi dice que la categoría de aviones es mayor en número que la categoría que NO es de aviones. ¿Tiene sentido su respuesta?* Pida a los estudiantes que encierren en un círculo *Sí* o *No* y luego usen la agrupación y el conteo de cada categoría para explicar su razonamiento.

Nombre

Práctica independiente

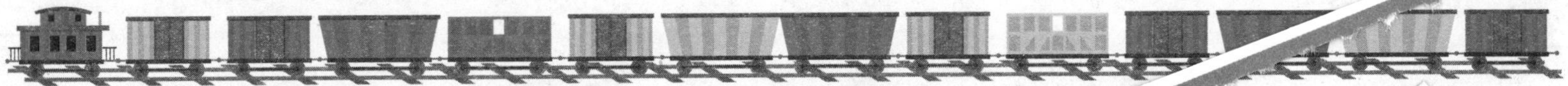

2 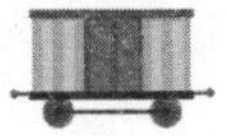 8 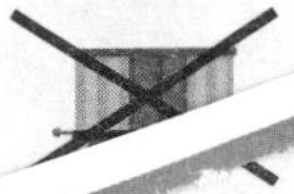 6 Sí No

3 6 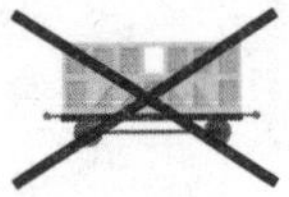 8 Sí No

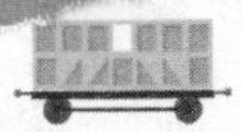

4 8 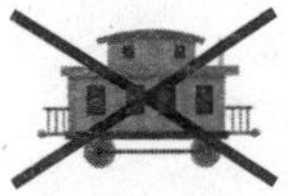 6 Sí No

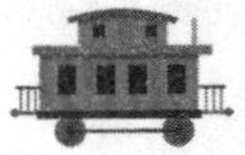

Instrucciones Pida a los estudiantes que escuchen el problema, encierren en un círculo *Sí* o *No* y luego usen la agrupación y el conteo de cada categoría para explicar su razonamiento. **2** *Damon dice que contó 8 vagones de tren amarillos y 6 vagones de tren que NO son amarillos. ¿Tiene sentido su respuesta?* **3** *Malinda dice que la categoría de vagones de tren amarillos es menor que la categoría de vagones de tren que NO son amarillos. ¿Tiene sentido su respuesta?* **4** *Aaron dice que la categoría de vagones de tren rojos es mayor que la categoría de vagones de tren que NO son rojos. ¿Tiene sentido su respuesta?*

Resolución de problemas

Tarea de rendimiento

Instrucciones Lea el problema en voz alta. Luego, pida a los estudiantes que usen varias prácticas matemáticas para resolver el problema. Diga: *Alex dice que si hubiera 1 pelota anaranjada menos, entonces la categoría de pelotas anaranjadas sería igual en número a la categoría de pelotas que NO son anaranjadas. ¿Tiene sentido su respuesta?* **Razonar** *Piénsenlo. ¿Cuántas pelotas anaranjadas habría si hubiera 1 pelota anaranjada menos? Usen números, herramientas o hagan un dibujo para mostrar cuántas pelotas anaranjadas habría.* **Hacerlo con precisión** *¿La cantidad de pelotas anaranjadas es igual a la cantidad de pelotas que NO son anaranjadas?* **Evaluar el razonamiento** *Usen la agrupación y el conteo de cada categoría para explicar su razonamiento.*

Nombre ____________________

A-Z Glosario

TEMA 5

Repaso del vocabulario

1

2

Instrucciones **Comprender el vocabulario** Pida a los estudiantes que: 1 dibujen un animal que se ajuste a cada **categoría** y luego digan cómo están organizados los grupos; 2 agrupen los libros en libros que están abiertos y libros que NO están abiertos. Pídales que dibujen **marcas de conteo** en la tabla a medida que cuentan y luego escriban el número en otra tabla.

Instrucciones **Comprender el vocabulario** Pida a los estudiantes que: 3 encierren en un círculo algunos perros y marquen otros con una X para **clasificarlos** y luego expliquen cómo los organizaron; 4 dibujen líneas en la **tabla** para mostrar cuántos hay en cada grupo y luego encierren en un círculo el grupo que es mayor en número que el otro grupo.

Nombre ______________________________

TEMA 5

Refuerzo

Instrucciones Pida a los estudiantes que: 1 encierren en un círculo los animales que caminan en 2 patas y marquen con una X los animales que NO caminan en 2 patas; 2 dibujen líneas en la tabla a medida que cuentan los juguetes que están en la alfombra y los juguetes que NO están en la alfombra. Luego, pídales que escriban en otra tabla los números que indican cuántos hay en cada grupo.

Grupo C

Grupo D

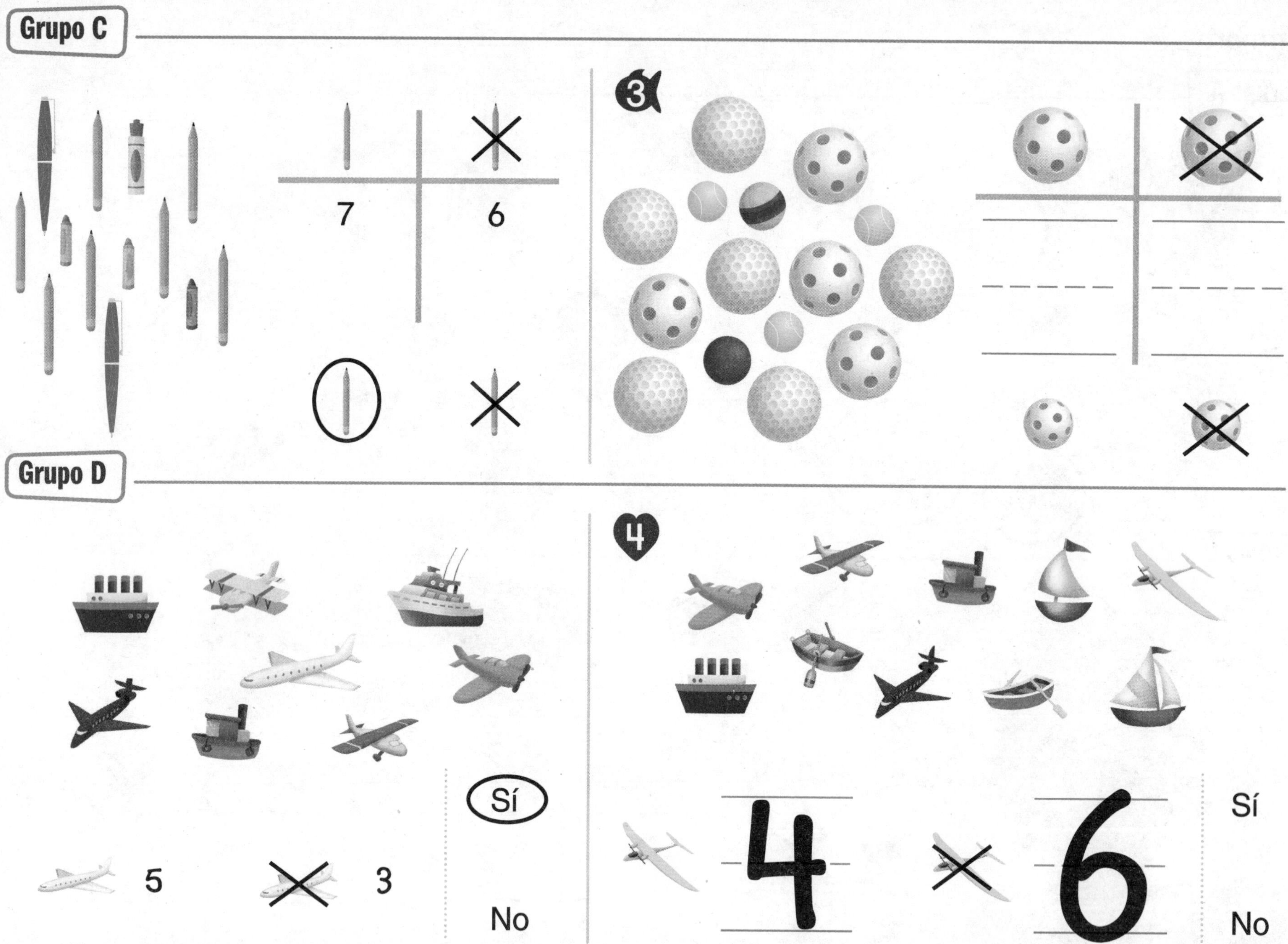

Instrucciones 3 Pida a los estudiantes que agrupen las pelotas en pelotas blancas y pelotas que NO son blancas, y luego escriban en la tabla los números que indican cuántas hay. Luego, pídales que encierren en un círculo el grupo que es mayor en número que el otro grupo y digan cómo lo saben. 4 Diga: *Malik dice que el grupo de aviones es mayor que el grupo que NO son aviones. ¿Tiene sentido su respuesta?* Pida a los estudiantes que encierren en un círculo *Sí* o *No* y luego usen la agrupación y el conteo de cada categoría para explicar su razonamiento.

Nombre ______________________

Práctica para la evaluación

1

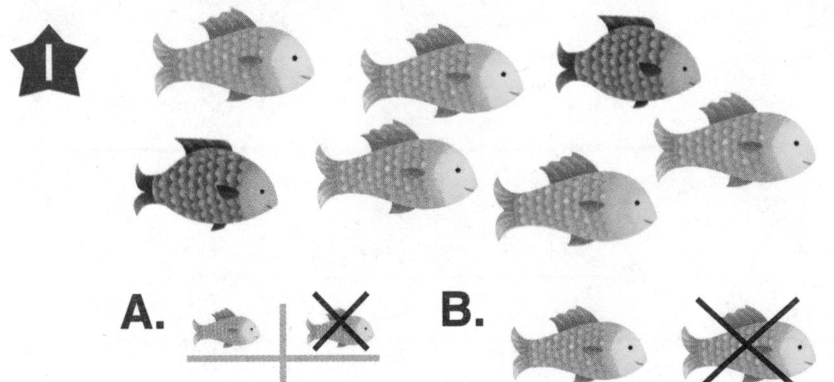

A.

B.

2

3

A.

B. Ⓐ La cantidad fuera del círculo es mayor que la cantidad adentro.

Ⓑ La cantidad dentro del círculo es menor que la cantidad afuera.

Ⓒ La cantidad dentro del círculo es igual a la cantidad afuera.

Ⓓ La cantidad de animalitos fuera del círculo es menor que la cantidad adentro.

Instrucciones Pida a los estudiantes que: 1 **A.** dibujen líneas en la tabla a medida que cuentan los peces amarillos y los peces que NO son amarillos; **B.** comparen la cantidad de peces que son amarillos con la cantidad de peces que **NO** son amarillos. Diga: *Encierren en un círculo la categoría que es menor en número.* 2 Encierren en un círculo los animales que vuelan y marquen con una X los animales que NO vuelan. 3 **A.** Diga: *Los animales se clasificaron en dos categorías. Marquen todos los animales que pertenecen a la categoría de animales que están dentro del círculo.* **B.** Pida a los estudiantes que comparen la cantidad de animales que están dentro del círculo con la cantidad de animales que están fuera del círculo. Diga: *¿Qué enunciado describe correctamente el dibujo?*

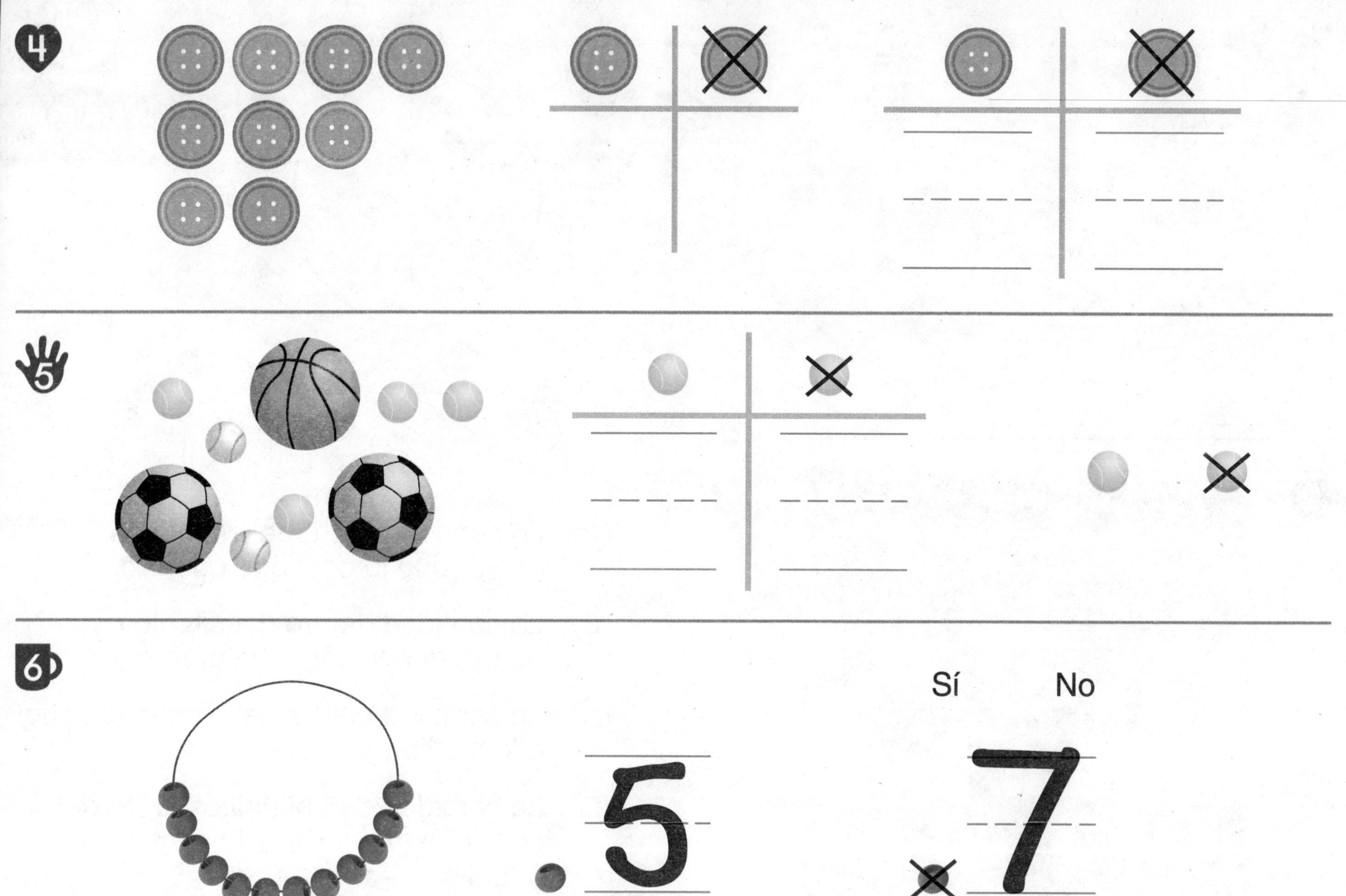

Instrucciones Pida a los estudiantes que: 4 dibujen líneas en la tabla a medida que cuentan los botones verdes y los botones que NO son verdes, y luego escriban en otra tabla los números que indican cuántos hay; 5 agrupen las pelotas en pelotas de tenis y pelotas que NO son de tenis, las cuenten y luego escriban en la tabla los números que indican cuántas hay. Luego, pídales que encierren en un círculo la categoría que es menor que la otra categoría; 6 escuchen el problema, encierren en un círculo *Sí* o *No* y luego usen números, dibujos o palabras para explicar cómo saben si su respuesta tiene sentido. Diga: *Dana dice que la categoría de cuentas azules es mayor que la categoría de cuentas que NO son azules. ¿Tiene sentido su respuesta?*

Nombre ____

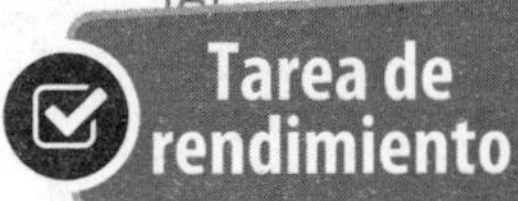

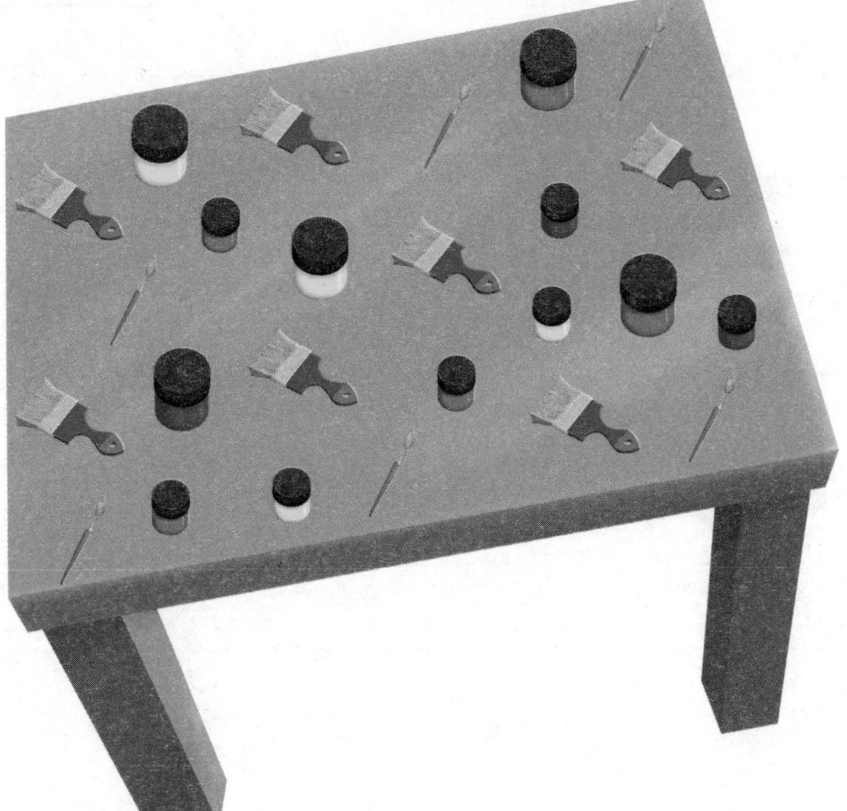

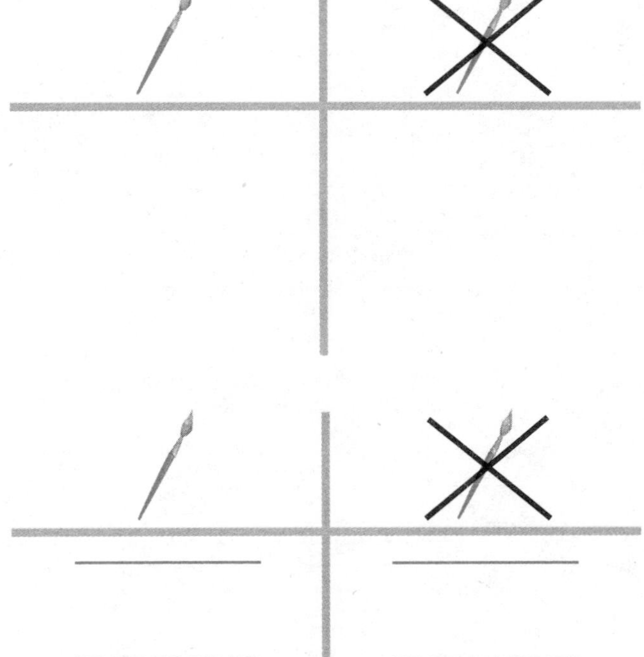

Instrucciones **Obras de arte** Diga: *Una clase de kínder usa pinceles y pintura para hacer dibujos.* Pida a los estudiantes que: 1 encierren en un círculo los pinceles pequeños y marquen con una X los pinceles que NO son pequeños; 2 dibujen líneas en la primera tabla a medida que cuentan los pinceles pequeños y los pinceles que NO son pequeños. Luego, pídales que escriban en la segunda tabla el número que indica cuántos hay en cada grupo y encierren en un círculo el número que es menor que el otro número.

3

4

Sí No

Instrucciones 3 Pida a los estudiantes que muestren una manera de organizar los frascos de pintura de la página anterior y luego expliquen cómo los agruparon. 4 Diga: *Tina dice que la cantidad de frascos de pintura pequeños es igual a la cantidad de frascos de pintura grandes. ¿Tiene sentido su respuesta?* Pida a los estudiantes que miren los frascos de pintura de la página anterior, encierren en un círculo *Sí* o *No* y luego usen la agrupación y el conteo de cada categoría para explicar su razonamiento.

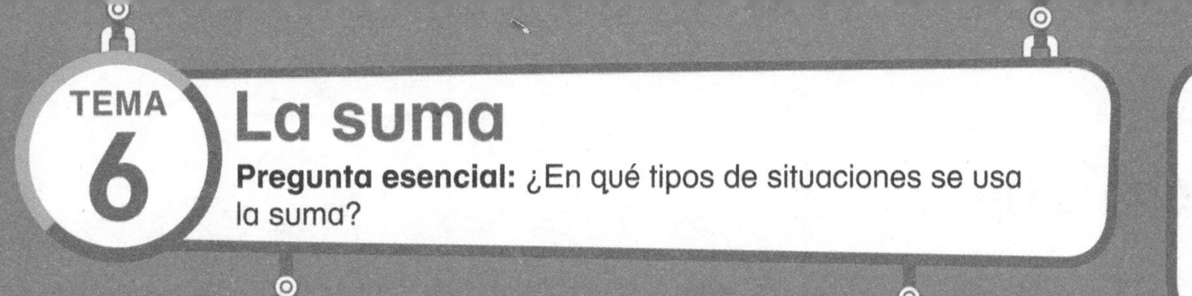

TEMA 6

La suma

Pregunta esencial: ¿En qué tipos de situaciones se usa la suma?

Recursos digitales

Libro del estudiante
Aprendizaje visual
Práctica
Evaluación
Herramientas
Glosario

Bebés

Los gatos pueden tener gatitos.

Proyecto de enVision® STEM: Crías de animales

Instrucciones Lea el diálogo a los estudiantes. **¡Investigar!** Pida a los estudiantes que exploren la diferencia entre los animales y los objetos inertes. Diga: *Los animales pueden tener bebés. Los objetos inertes no pueden tener bebés. Hablen con sus amigos y familiares sobre los diferentes animales y sus bebés.*

Diario: Hacer un cartel Pida a los estudiantes que hagan un cartel. Pídales que dibujen un gato con 5 gatitos, que encierren en un círculo a la mamá gata y a los gatitos para unirlos en un grupo y que cuenten un cuento sobre unir acerca de cuántos gatos hay en total.

Nombre ______________________

Repasa lo que sabes

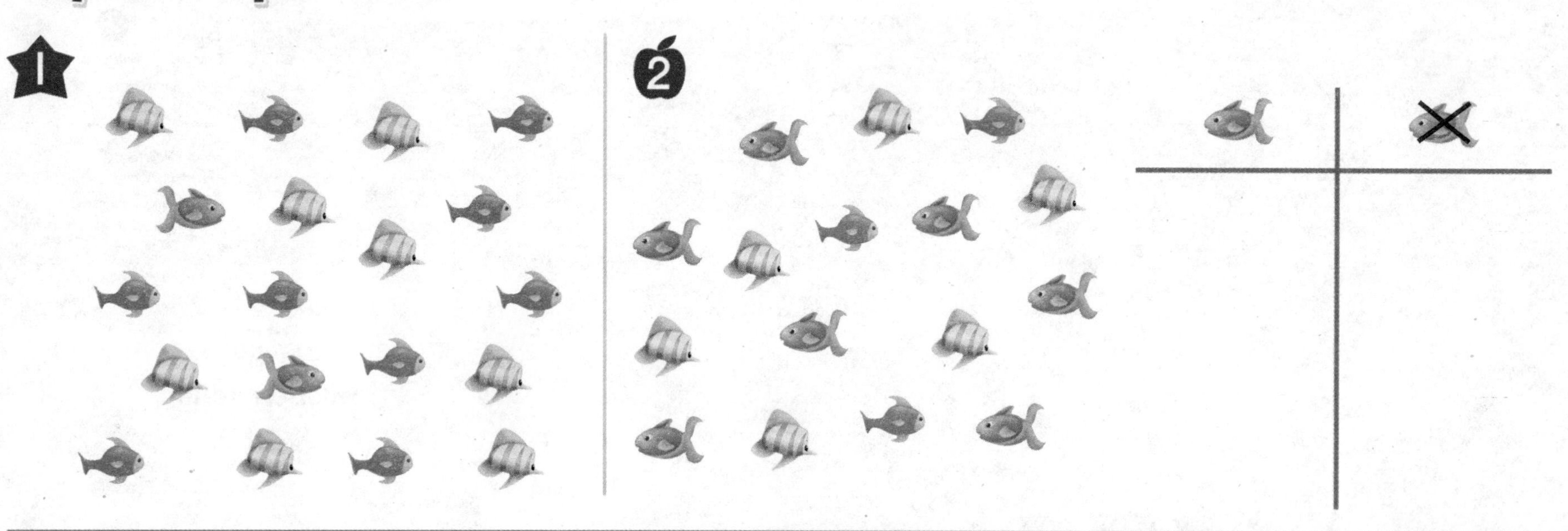

Instrucciones Pida a los estudiantes que: 1 encierren en un círculo los peces morados y marquen con una X los peces que NO son morados; 2 dibujen líneas en la tabla a medida que cuentan los peces azules y los peces que NO son azules. Luego, pídales que encierren en un círculo el dibujo en la parte de arriba de la tabla del grupo que es mayor en número que el otro; 3 cuenten las hojas y escriban el número que indica cuántas hay; 4 cuenten las hojas, escriban los números que indican cuántas hay y, luego, encierren en un círculo el número que es menor que el otro número.

Nombre ____________________

Escoge un proyecto

Instrucciones Diga: *Escogerán uno de los siguientes proyectos. Miren la foto* **A**. *Piensen en esta pregunta: ¿Les gustan los animales bebé? Si escogen el Proyecto A, harán un cuaderno sobre animales bebé. Miren la foto* **B**. *Piensen en esta pregunta: ¿Cómo viajan a la escuela? Si escogen el Proyecto B, usarán un plano de la ciudad para contar un cuento sobre cómo es viajar en autobús a la escuela.*

Instrucciones Diga: *Miren la foto* **C.** *Piensen en esta pregunta: ¿Qué cosas divertidas pueden hacer en el área de juego? Si escogen el Proyecto C, crearán un área de juego y jugarán un juego de escondidas. Miren la foto* **D.** *Piensen en esta pregunta: ¿Qué hacen en la escuela durante el día? Si escogen el proyecto D, harán una línea cronológica y la usarán para representar su día en la escuela.*

Resuélvelo y coméntalo

Nombre ______________________

Lección 6-5

Resolver problemas verbales de suma: Añadir

Instrucciones Diga: *4 ardillas almuerzan en un comedero para ardillas. Llegan 2 más. ¿Cuántas almuerzan en el comedero ahora? Muestren cómo lo saben de dos maneras y luego expliquen cómo lo saben.*

Puedo...
resolver problemas de suma.

También puedo entender problemas.

Puente de aprendizaje visual

$$6 + 3 = 9$$

Práctica guiada

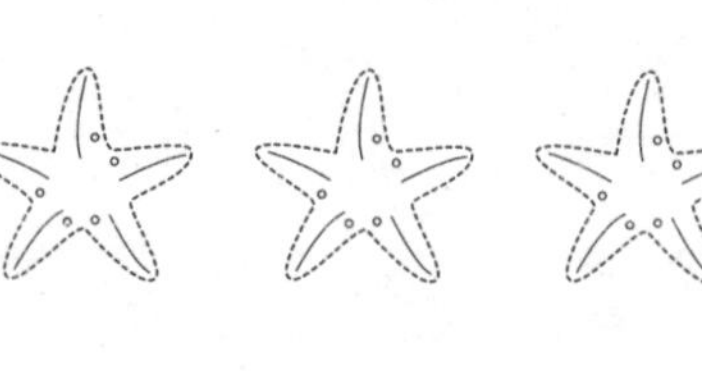

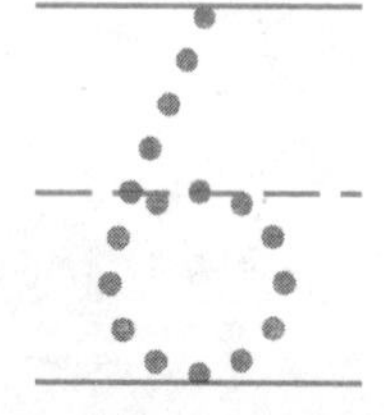

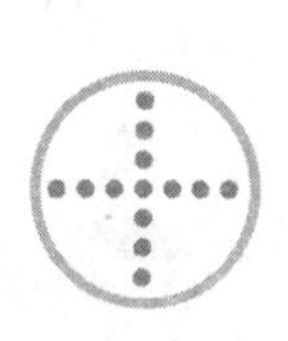

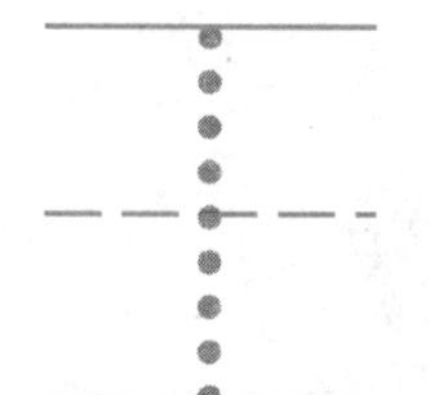

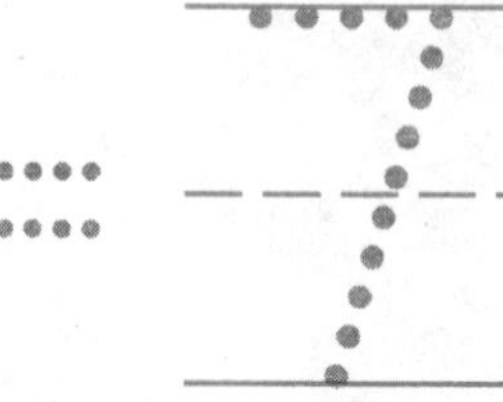

Instrucciones Pida a los estudiantes que escuchen el cuento, hagan un dibujo para mostrar lo que sucede y escriban la ecuación. Luego, pídales que expliquen su trabajo. **1** *Hay 6 estrellas de mar en la playa. Llega 1 más. ¿Cuántas estrellas de mar hay en total?*

Nombre ______

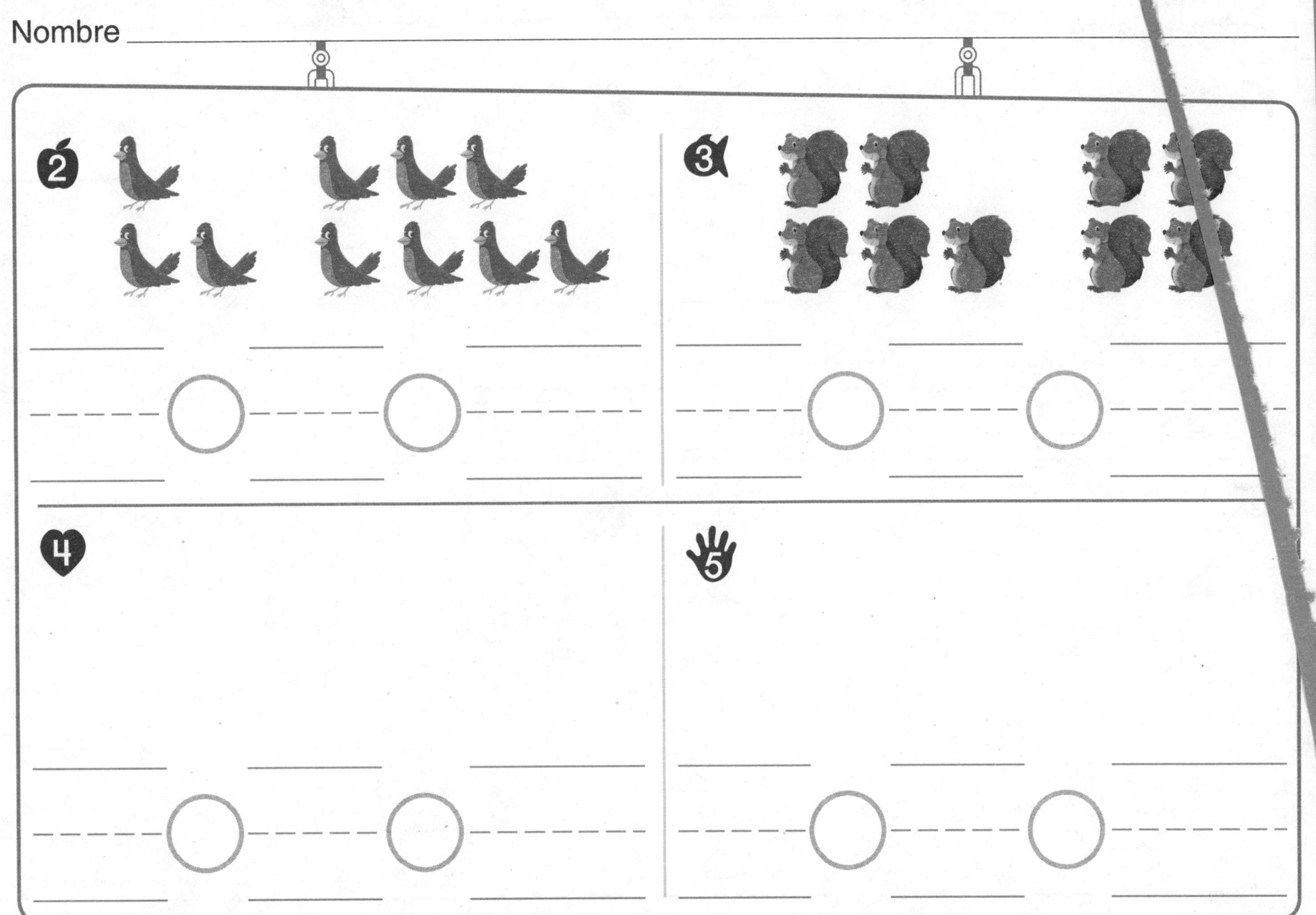

Instrucciones Pida a los estudiantes que escuchen el cuento, usen fichas para mostrar la suma, miren o hagan un dibujo y luego escriban una ecuación que indique cuántos hay en total. **2** *Hay 3 pájaros en un árbol. Llegan 7 más. ¿Cuántos pájaros hay en total?* **3** *5 ardillas buscan comida. Llegan 4 más. ¿Cuántas ardillas hay en total?* **4** *Hay 1 tortuga en la playa. Llegan 5 más. ¿Cuántas tortugas hay en total?* **5** *2 tortugas nadan en el agua. Llegan 6 más. ¿Cuántas tortugas hay nadando en total?*

Práctica independiente

Herramientas Evaluación

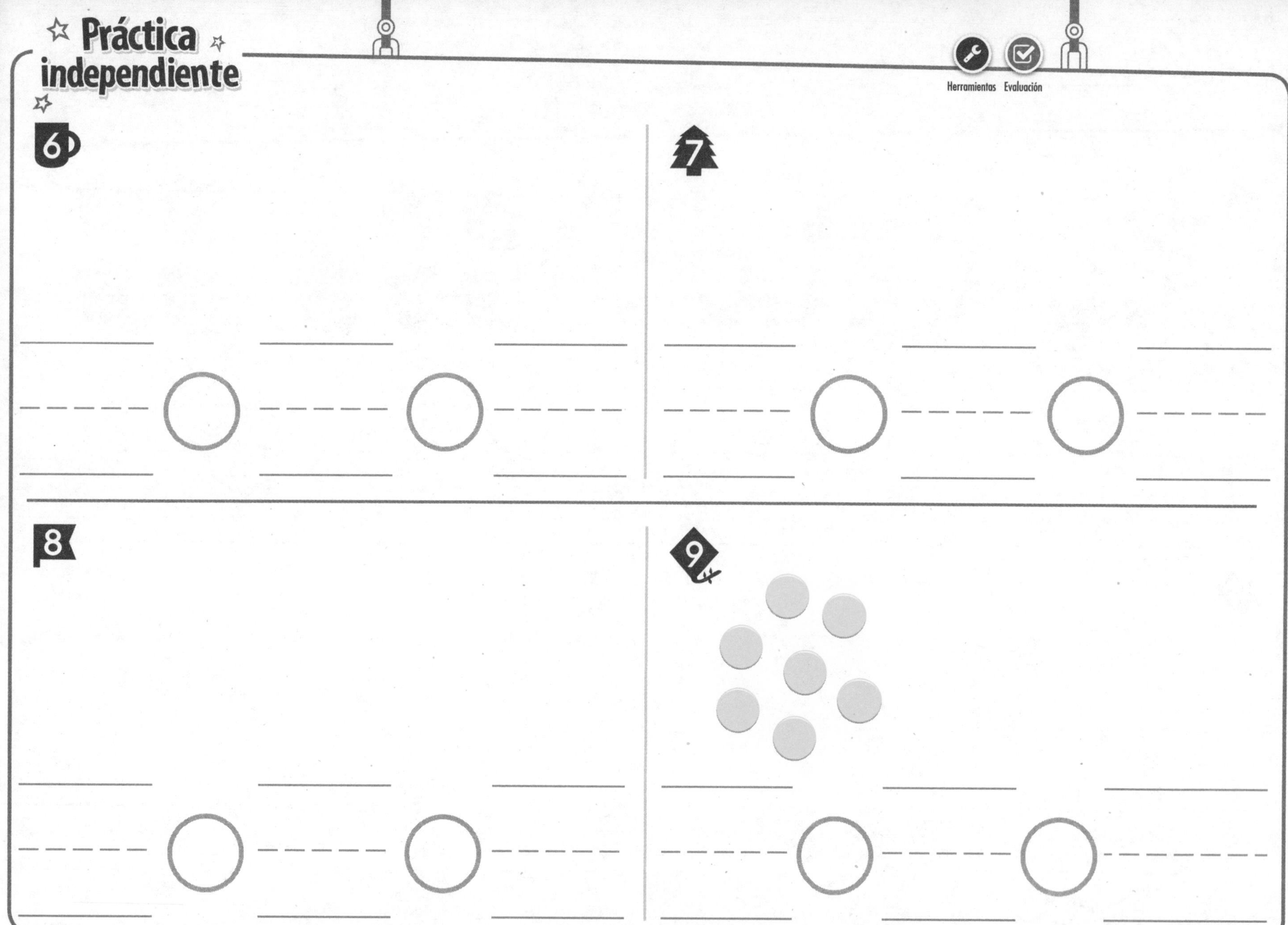

Instrucciones Pida a los estudiantes que escuchen el cuento, usen fichas para mostrar la suma, hagan un dibujo y luego escriban una ecuación que indique cuántos hay en total. **6** *4 niñas juegan en la playa. 4 niños se juntan al grupo. ¿Cuántos niños y niñas hay en total?* **7** *8 niños descansan en la arena. 1 niña se junta al grupo. ¿Cuántos niños y niñas hay en total?* **8** *2 niños juegan en el agua. 5 niñas se juntan al grupo. ¿Cuántos niños y niñas hay en total?* **9** **Razonamiento de orden superior** Pida a los estudiantes que escuchen el cuento, dibujen fichas para completar el dibujo y escriban una ecuación. *7 niños construyen un castillo de arena. Algunos más vienen para ayudar. Hay 10 niños construyendo el castillo en total. ¿Cuántos más vinieron para ayudar?*

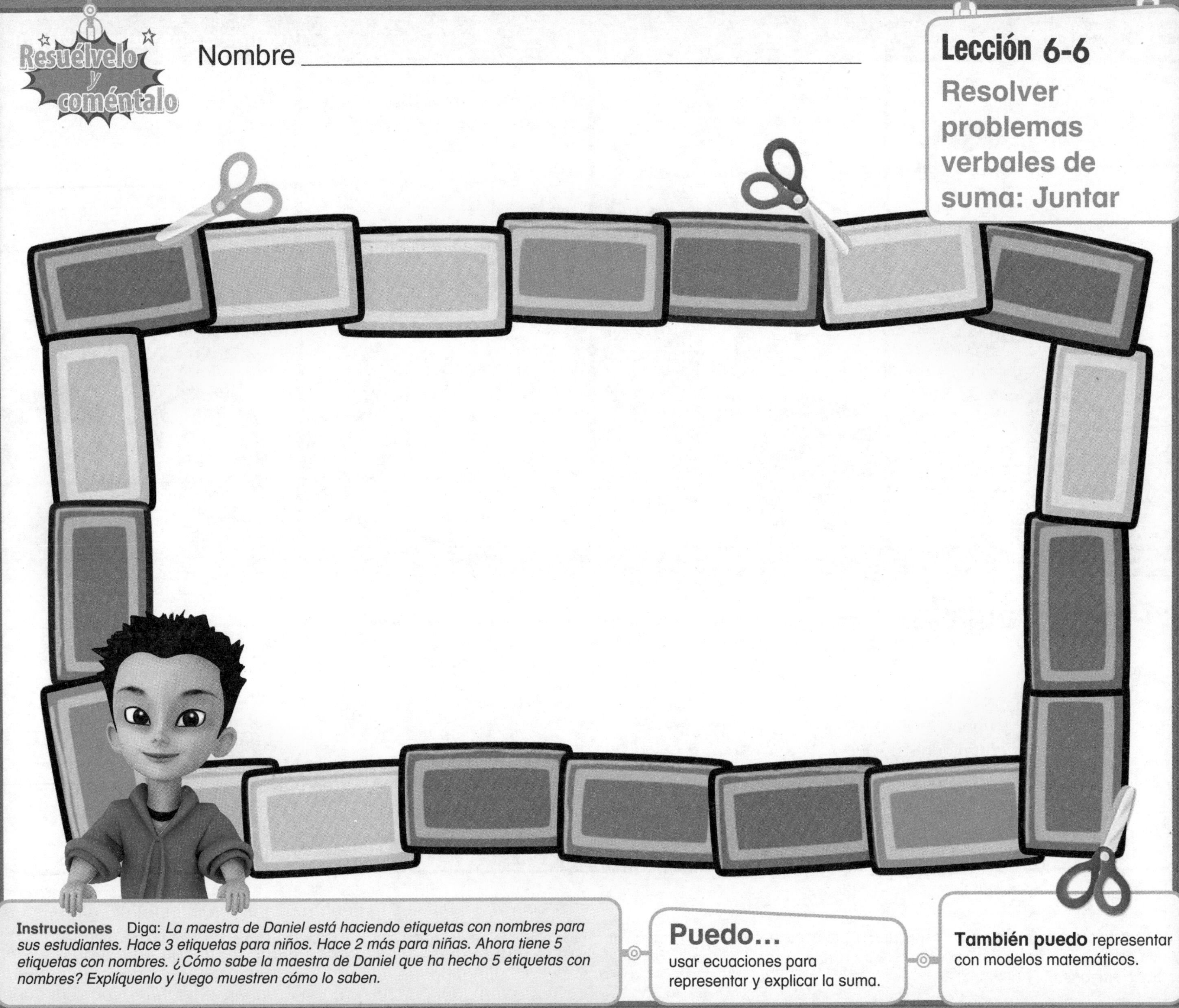

Nombre ______________________________

Lección 6-6

Resolver problemas verbales de suma: Juntar

Instrucciones Diga: *La maestra de Daniel está haciendo etiquetas con nombres para sus estudiantes. Hace 3 etiquetas para niños. Hace 2 más para niñas. Ahora tiene 5 etiquetas con nombres. ¿Cómo sabe la maestra de Daniel que ha hecho 5 etiquetas con nombres? Explíquenlo y luego muestren cómo lo saben.*

Puedo...
usar ecuaciones para representar y explicar la suma.

También puedo representar con modelos matemáticos.

Puente de aprendizaje visual

7 en total

4

3

4 ... 5 6 7

7 en total

$4 + 3 = 7$

Práctica guiada

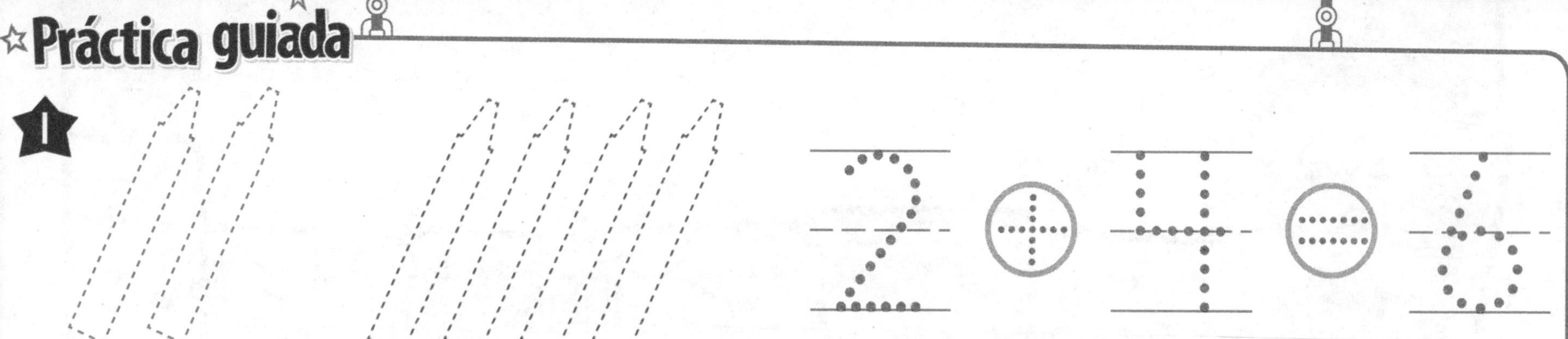

Instrucciones Pida a los estudiantes que escuchen el cuento, hagan un dibujo para mostrar lo que sucede y escriban una ecuación. Luego, pídales que expliquen su trabajo. *Daniel pone 2 crayones rojos y 4 crayones azules en la mesa. Ahora hay 6 crayones en total. ¿Cómo puede saber Daniel que hay 6 crayones?*

Nombre ____________________

2

3

4

5

Instrucciones Pida a los estudiantes que escuchen cada cuento, usen fichas para mostrar la suma, miren o hagan un dibujo y luego escriban una ecuación que indique cuántos hay en total. Luego, pídales que expliquen su trabajo. **2** *Jorge pone 4 frascos de pintura azul y 3 frascos de pintura roja en el salón de arte. ¿Cuántos frascos hay en total?* **3** *Maya tiene 3 lápices verdes y 2 lápices anaranjados. ¿Cuántos lápices hay en total?* **4** *Rex tiene 1 papel azul y 8 papeles amarillos. ¿Cuántos papeles tiene en total?* **5** *Rita tiene 4 bloques verdes y 4 bloques amarillos. ¿Cuántos bloques tiene en total?*

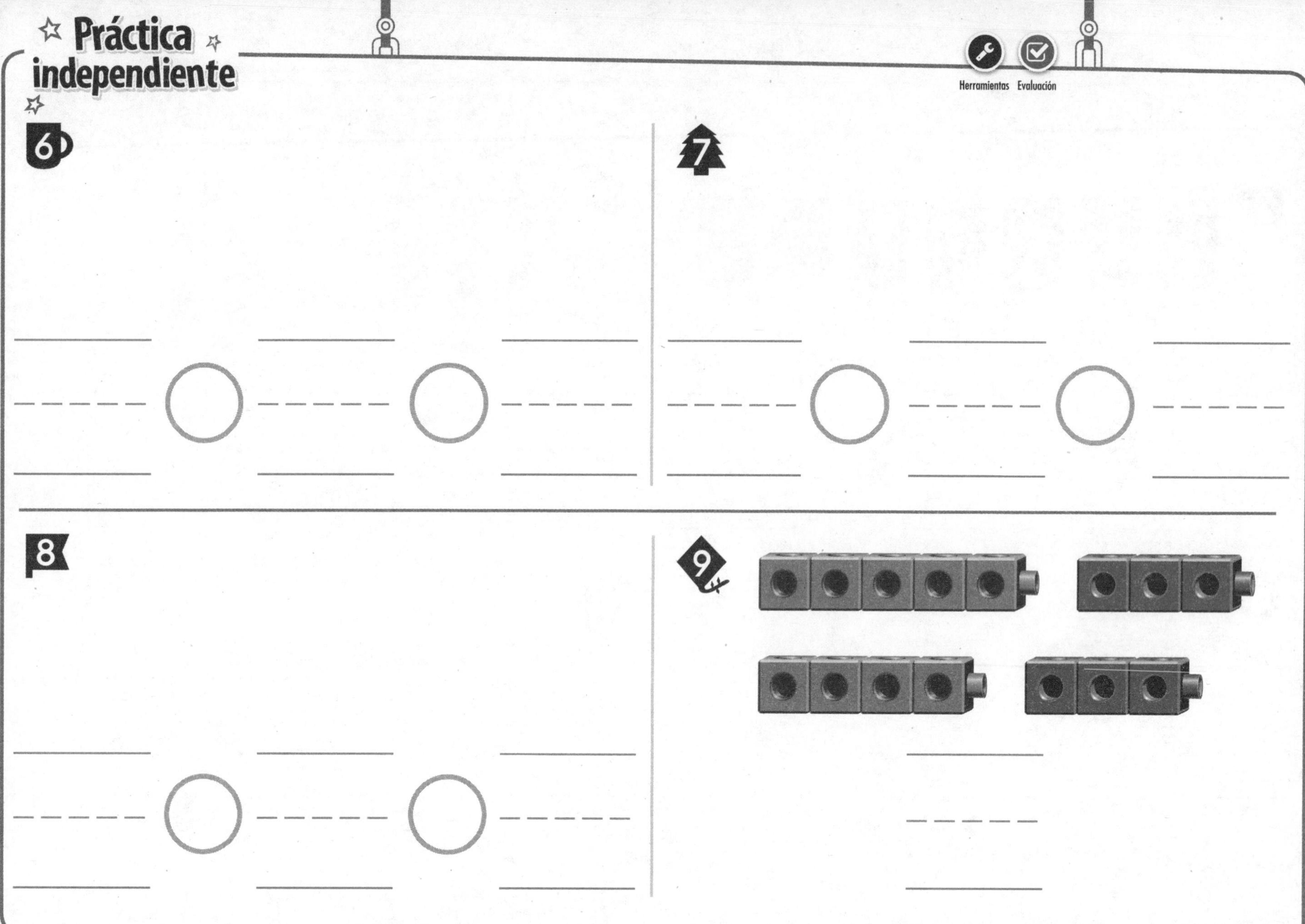

Instrucciones Pida a los estudiantes que escuchen cada cuento, hagan un dibujo para mostrar lo que sucede y luego escriban una ecuación. **6** *Benito pone 5 plátanos en un tazón y 4 plátanos en un plato. ¿Cuántos plátanos tiene en total?* **7** *Kris come 2 uvas en el almuerzo y 6 uvas en la merienda. ¿Cuántas uvas come en total?* **8** *Hay 4 niñas y 2 niños en un tren. ¿Cuántos niños y niñas viajan en el tren en total?* **9** **Razonamiento de orden superior** Pida a los estudiantes que escuchen el cuento, encierren en un círculo los cubos conectables que representan el cuento y digan por qué los otros cubos no representan el cuento. Luego, pídales que escriban el número que indica cuántos hay en total. Diga: *Jaime recolecta 5 frambuesas. Luego, recolecta 3 más. ¿Cuántas frambuesas tiene en total?*

Nombre ______________________________

Lección 6-7

Usar patrones para adquirir fluidez en la suma

Instrucciones Diga: *Usen cubos azules y rojos para formar pilas de 3 cubos. ¿De cuántas maneras pueden formar una pila de 3 cubos? Escriban ecuaciones que describan sus pilas. Usen un crayón azul para indicar cuántos cubos azules hay y un crayón rojo para indicar cuántos cubos rojos hay.*

Puedo...
usar patrones para sumar números.

También puedo buscar patrones.

$5 + 0 = 5$
$4 + 1 = 5$
$3 + 2 = 5$
$2 + 3 = 5$
$1 + 4 = 5$
$0 + 5 = 5$

$5 + 0 = 5$
$0 + 5 = 5$

$1 + 4 = 5$
$4 + 1 = 5$

$3 + 2 = 5$
$2 + 3 = 5$

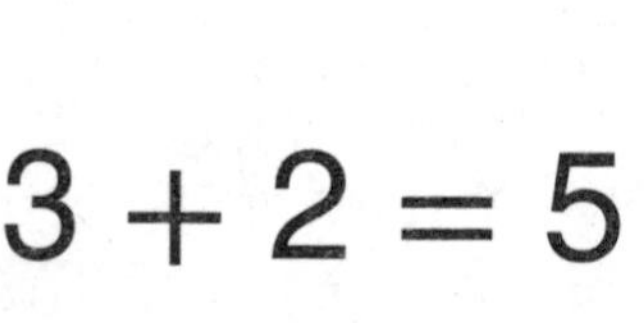

Práctica guiada

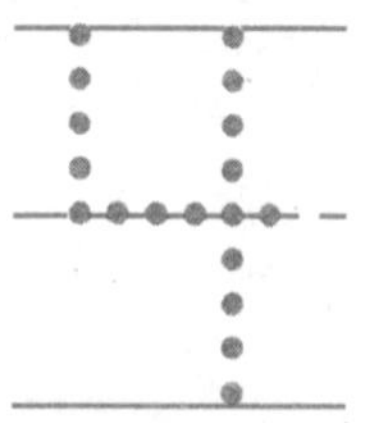

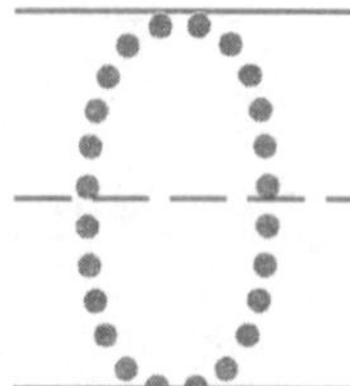

Instrucciones 1 Pida a los estudiantes que coloreen una manera de formar 4 y luego escriban una ecuación que se corresponda con los recuadros.

Nombre

2

3 2

4 3

5

Instrucciones 2 a 5 Pida a los estudiantes que coloreen los recuadros para completar el patrón que comenzaron en la página anterior sobre las maneras de formar 4, y luego escriban una ecuación que se corresponda con los recuadros.

6

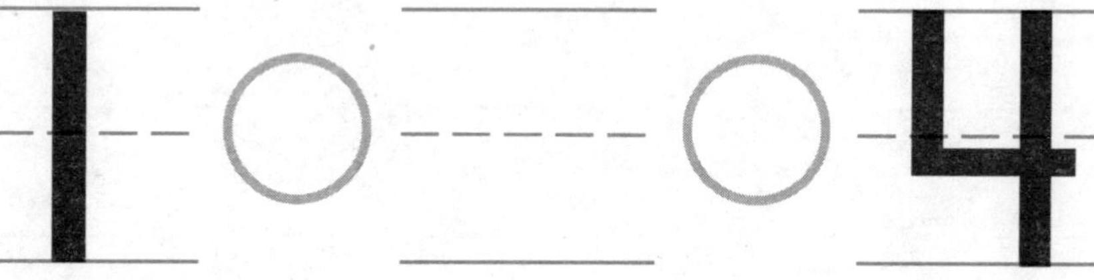
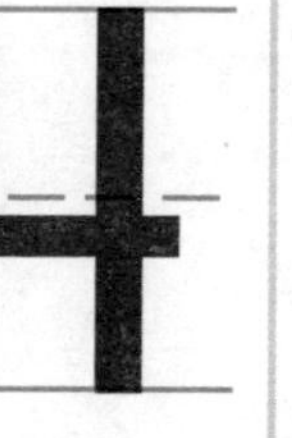

7

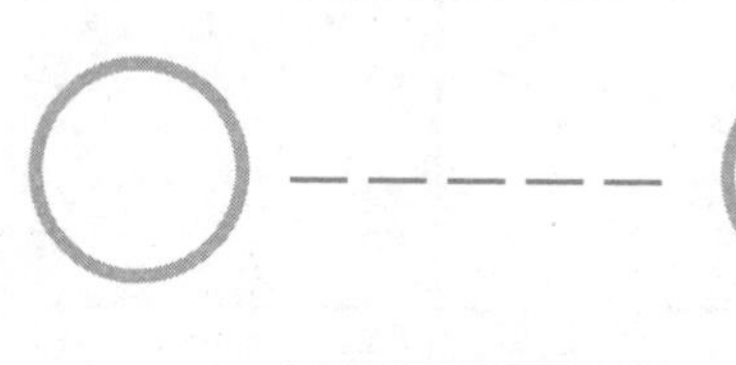

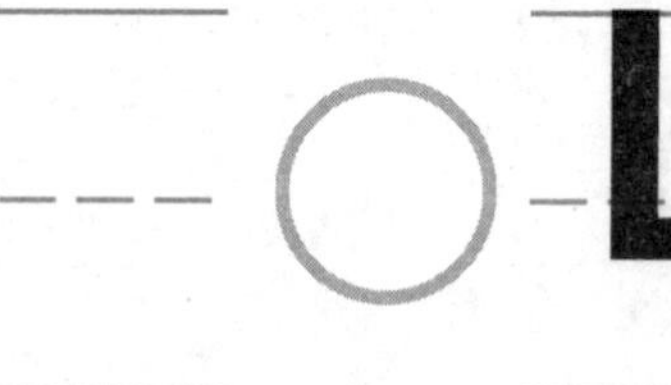

8

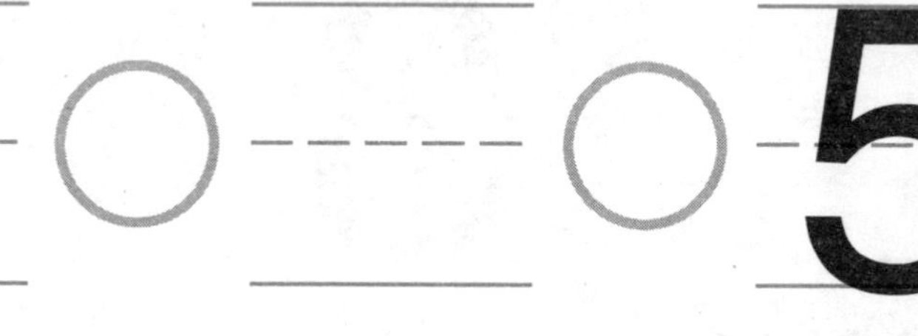

5

5

9

$1 + 2 = 3$

$10 + 20 = 30$

$100 + 200 = ?$

Instrucciones 6 y 7 Pida a los estudiantes que completen el par de ecuaciones para mostrar un patrón. 8 **Razonamiento de orden superior** Pida a los estudiantes que escriban un par de ecuaciones que sean igual a 5 y formen un patrón. 9 **Razonamiento de orden superior** Pida a los estudiantes que escuchen el cuento: *1 + 2 = 3 y 10 + 20 = 30. ¿A qué número es igual 100 + 200?* Pídales que escriban el número.

Nombre ______________________________

Resolución de problemas

Lección 6-8

Representar con modelos matemáticos

Piensa.

Instrucciones Diga: *Daniel ve un grupo de 3 nubes blancas y esponjosas. Marta ve una nube gris. ¿Cuántas nubes ven en total? Hagan un dibujo para mostrar lo que sucede y luego escriban la ecuación que indica cuántas nubes hay en total. Expliquen cómo lo saben.*

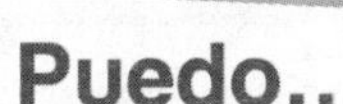

Puedo...
dibujar, contar o escribir ecuaciones para representar la suma de diferentes números.

También puedo hallar sumas correctas.

Puente de aprendizaje visual

¿Cómo lo puedo mostrar?

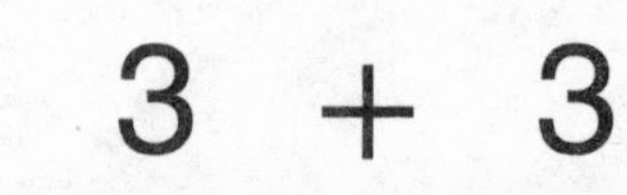

Práctica guiada

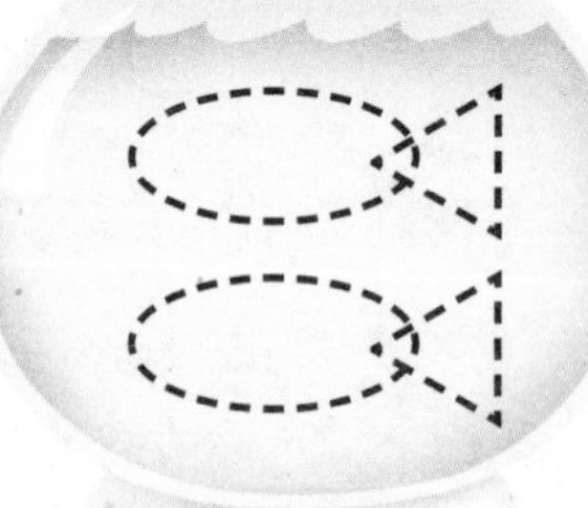
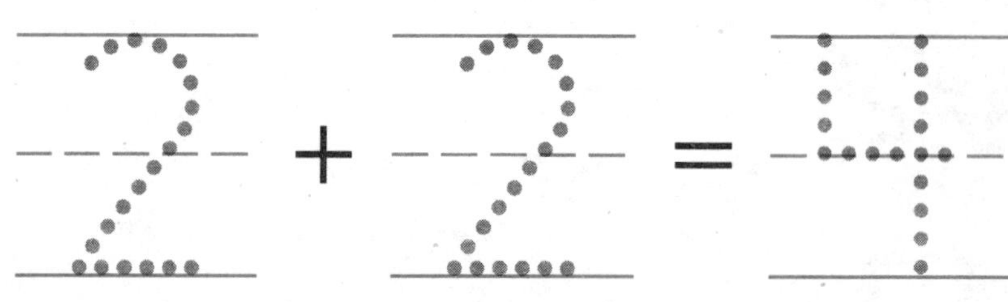

Instrucciones Pida a los estudiantes que escuchen el cuento y luego hagan un dibujo para mostrarlo. Luego, pídales que escriban una ecuación y expliquen su respuesta. *Daniel ve 2 peces en una pecera y 2 peces en otra pecera. ¿Cuántos peces ve en total?*

Nombre ______

Herramientas Evaluación

Práctica independiente

2

______ ______ ______

______ + ______ = ______

______ ______ ______

3

______ ______ ______

______ + ______ = ______

______ ______ ______

4

______ ______ ______

______ + ______ = ______

______ ______ ______

5

______ ______ ______

______ + ______ = ______

______ ______ ______

Instrucciones Pida a los estudiantes que escuchen cada cuento y luego hagan dibujos para representar lo que sucede. Luego, pídales que escriban una ecuación y expliquen su respuesta. 2 *Julia ve 5 piedras en una cubeta y 3 piedras en otra cubeta. ¿Cuántas piedras ve en total?* 3 *Una gallina puso 2 huevos un día y 3 huevos el día siguiente. ¿Cuántos huevos puso en total?* 4 *María lanzó la pelota de béisbol 5 veces en una entrada y 2 veces en la siguiente entrada. ¿Cuántas veces lanzó la pelota en total?* 5 *David anotó 2 goles durante un partido de fútbol y luego anotó 4 goles durante otro partido. ¿Cuántos goles anotó en total?*

Resolución de problemas

Tarea de rendimiento

2 + ___ = ___

2 + 1 = ___

___ + ___ = ___

Instrucciones Lea el problema en voz alta. Luego, pida a los estudiantes que usen varias prácticas matemáticas para resolverlo. Diga: *Hay 2 conejos en una madriguera. La misma cantidad de conejos se les une. ¿Cuántos conejos hay en total?* **6 Razonar** *¿Qué puedes responder? ¿Cuántos conejos se unen al grupo?* **7 Explicar** *Emily dice que la respuesta es 3 conejos. ¿Tiene razón? Expliquen cómo lo saben.* **8 Representar** *Usen cubos, hagan dibujos o usen números para mostrar cuántos conejos hay en total. Luego, escriban la ecuación.*

Nombre ______________________

2 ○ 7

4 + 3 ○ ______

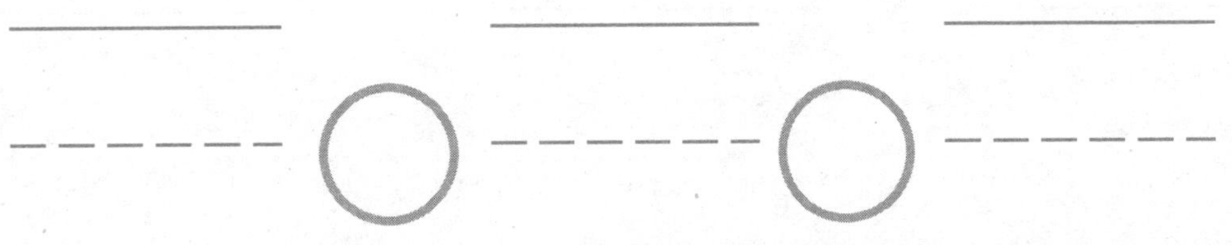

Instrucciones **Comprender el vocabulario** Pida a los estudiantes que: ★ escriban el **signo más** para mostrar la suma; ② escriban el **signo igual** y luego completen la ecuación; ③ escuchen el cuento, hagan un dibujo para mostrar lo que sucede y luego escriban una **ecuación** que se corresponda con el cuento. *Max tiene 5 tazas amarillas y 5 tazas anaranjadas. ¿Cuántas tazas tiene en total?*

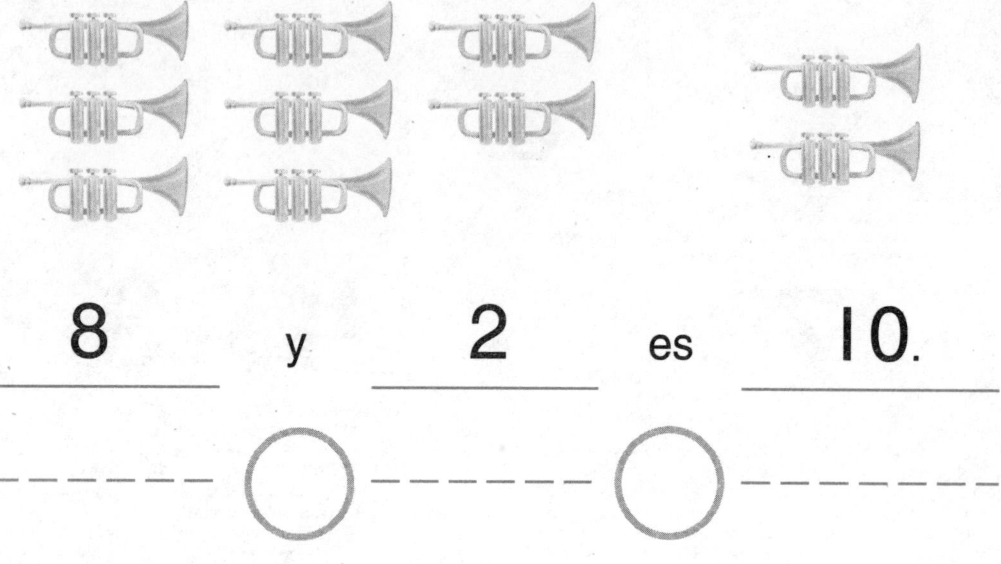

8 y 2 es 10.

Instrucciones **Comprender el vocabulario** Pida a los estudiantes que: 4 **sumen** los grupos para hallar el total y escriban una ecuación para mostrar la operación de suma; 5 escuchen el cuento, hagan un dibujo para mostrar lo que sucede y luego escriban una ecuación. Pídales que encierren en un círculo la **suma o total.** *Rita ve 3 manzanas en el árbol. Luego ve 5 más. ¿Cuántas manzanas ve en total?*

Nombre ______________________

Refuerzo

Grupo A

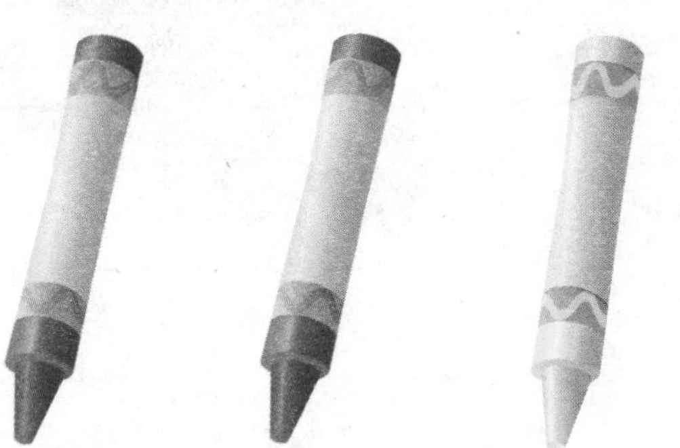

2 y 1 es 3 en total.

1

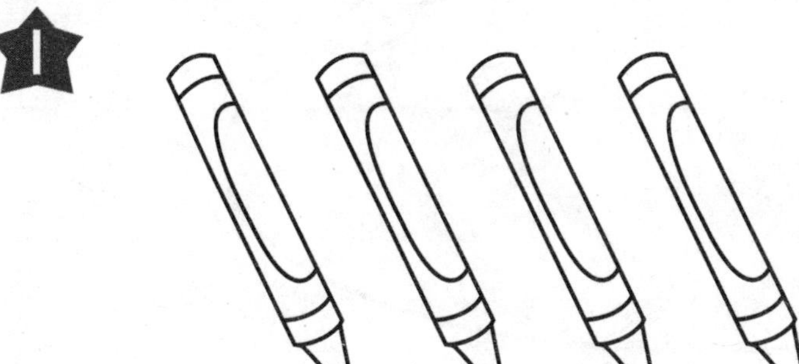

0 y 4 es ______ en total.

Grupo B

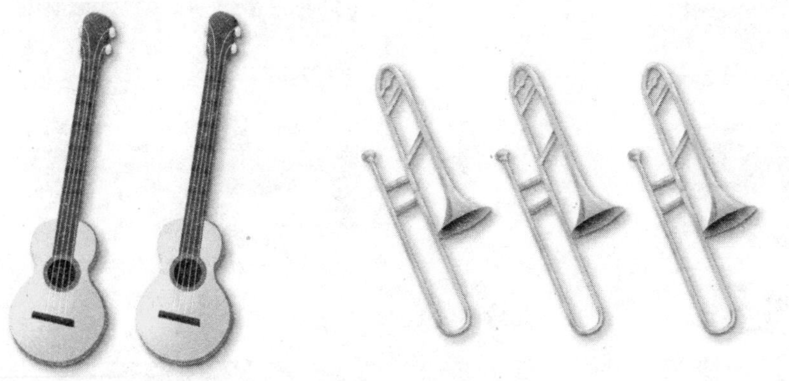

2 y 3 es 5.

2

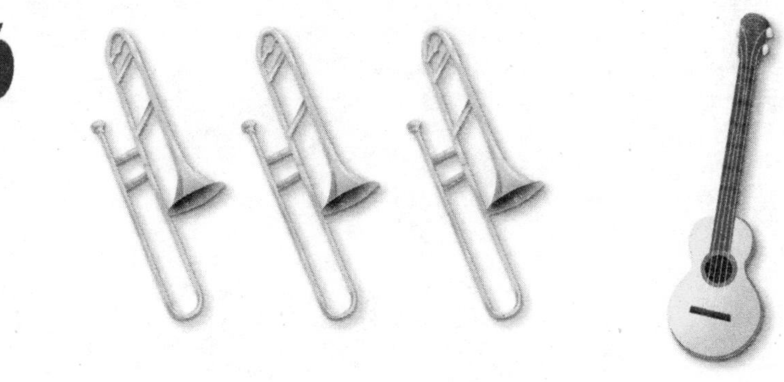

______ ______ ______

______ y ______ es ______.

Instrucciones Pida a los estudiantes que: 1 escuchen el cuento, coloreen la cantidad de cada parte y luego escriban el número que indica cuántos hay en total. *María tiene 0 crayones rojos. Tiene 4 crayones azules. ¿Cuántos crayones tiene en total?* 2 añadan al primer grupo de instrumentos y luego, escriban una operación de suma que indique cuántos hay en total.

Grupo C

2 y 3 es 5.

_____ y _____ es _____.

Grupo D

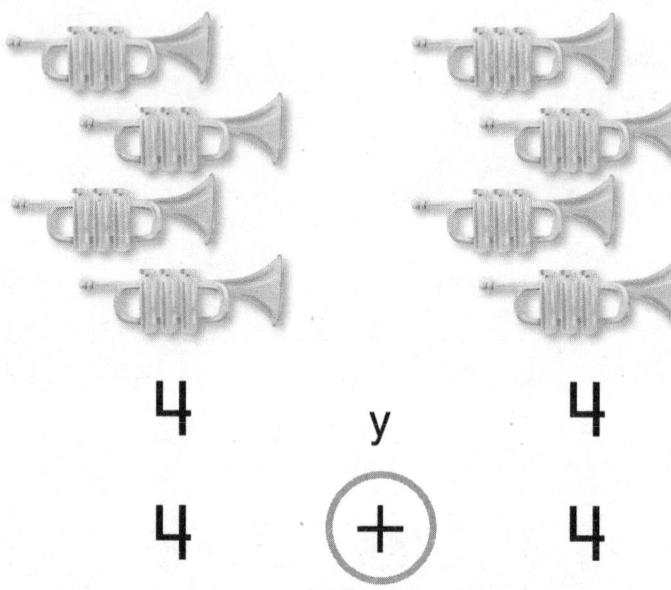

4 y 4

4 + 4

2 y 4

Instrucciones Pida a los estudiantes que: 3 encierren en un círculo los grupos para juntarlos y luego escriban una operación de suma que indique cuántas verduras hay en total; 4 cuenten los instrumentos en cada grupo y luego escriban los números y el signo más para sumar los grupos.

Nombre ______________________________

Grupo E

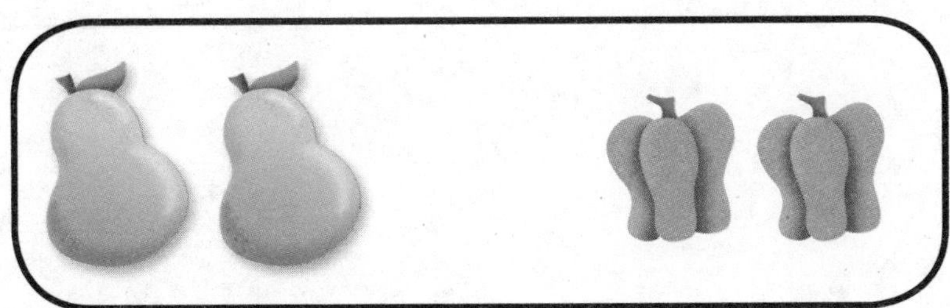

$2 + 2 = 4$

______ ◯ ______ ◯ ______

Grupo F

$4 + 3 = 7$

______ + ______ = ______

Instrucciones Pida a los estudiantes que: 5 escuchen el cuento, usen fichas para mostrar la suma, encierren en un círculo los grupos para juntarlos y luego escriban una ecuación que se corresponda con el cuento. *Marta recoge 3 verduras. Luego, recoge 3 verduras más. ¿Cuántas verduras tiene en total?* 6 escuchen el cuento, usen fichas para mostrar la operación de suma, hagan un dibujo y luego escriban una ecuación que indique cuántas hay en total. *Marco tiene 3 flores. Recoge 2 flores más. ¿Cuántas flores tiene en total?*

Grupo G

$6 + 3 = 9$

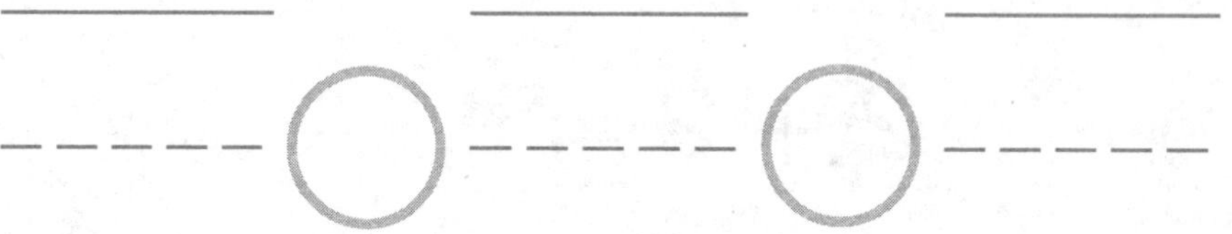

Grupo H

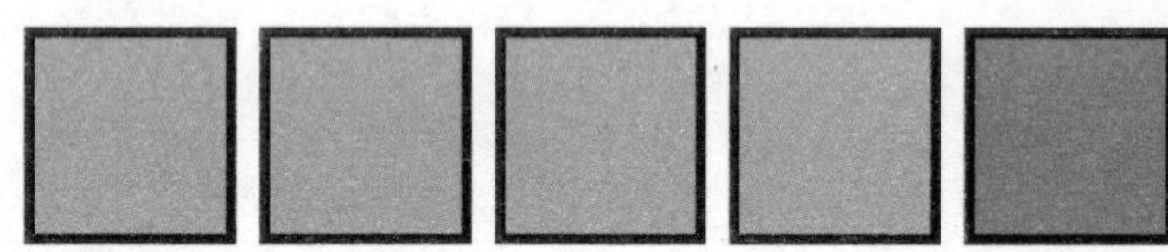

$4 + 1 = 5$

8

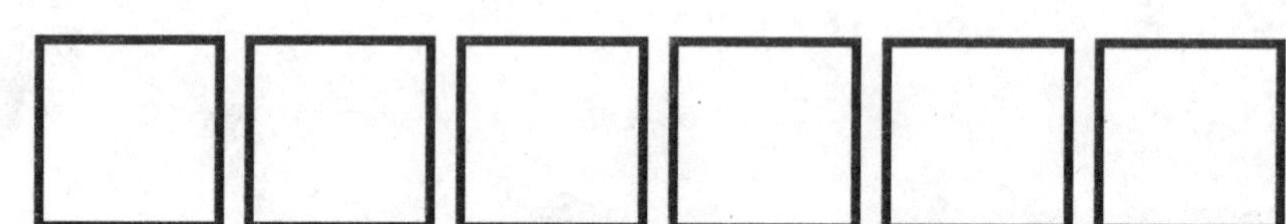

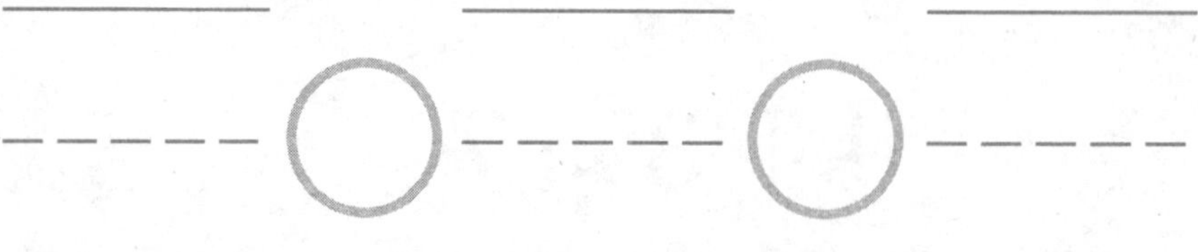

Instrucciones Pida a los estudiantes que: 7 escuchen el cuento, hagan un dibujo para mostrar lo que sucede y luego escriban una ecuación. *Karina pone 4 pelotas rojas y 4 pelotas moradas en la caja de juguetes. ¿Cuántas pelotas hay en total?* 8 coloreen una manera de formar 6 y luego escriban una ecuación que se correponda con los recuadros.

Nombre ___________________________________

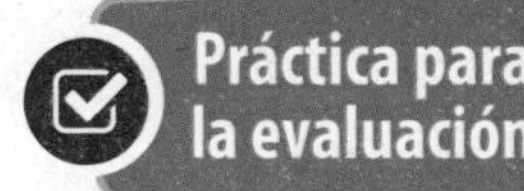

Ⓐ 1 en total;
$1 + 0 = 1$

Ⓑ 6 en total;
$4 + 2 = 6$

Ⓒ 4 en total;
$2 + 2 = 4$

Ⓓ 8 en total;
$4 + 4 = 8$

Ⓐ 1 y 4 es 5.
$1 + 4 = 5$

Ⓑ 1 y 5 es 6.
$1 + 5 = 6$

Ⓒ 1 y 6 es 7.
$1 + 6 = 7$

Ⓓ 1 y 3 es 4.
$1 + 3 = 4$

 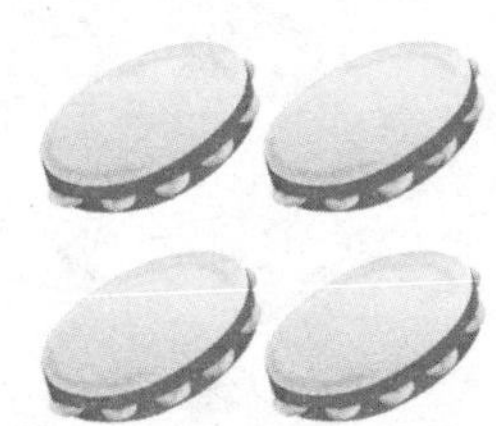

Ⓐ 2 y 2 es 4.

Ⓑ 2 y 6 es 8.

Ⓒ 2 y 4 es 6.

Ⓓ 2 y 5 es 7.

Ⓐ 3 + 4

Ⓑ 4 + 0

Ⓒ 3 + 1

Ⓓ 4 + 1

Instrucciones Pida a los estudiantes que marquen la mejor respuesta. **1** *Julia pone 2 osos de peluche en su cama. Luego pone 2 osos más en su cama. ¿Qué opción indica cuántos osos puso en su cama en total?* **2** *Gema ve un espantapájaros y luego ve 3 más. ¿Qué oración numérica indica cuántos espantapájaros ve Gema en total?* **3** Pida a los estudiantes que miren el dibujo y busquen la oración que expresa la suma del grupo de panderetas. Diga: *¿Cuántas panderetas se suman al primer grupo de panderetas para hallar cuántas hay en total?* **4** *¿Qué expresión de suma representa el dibujo?*

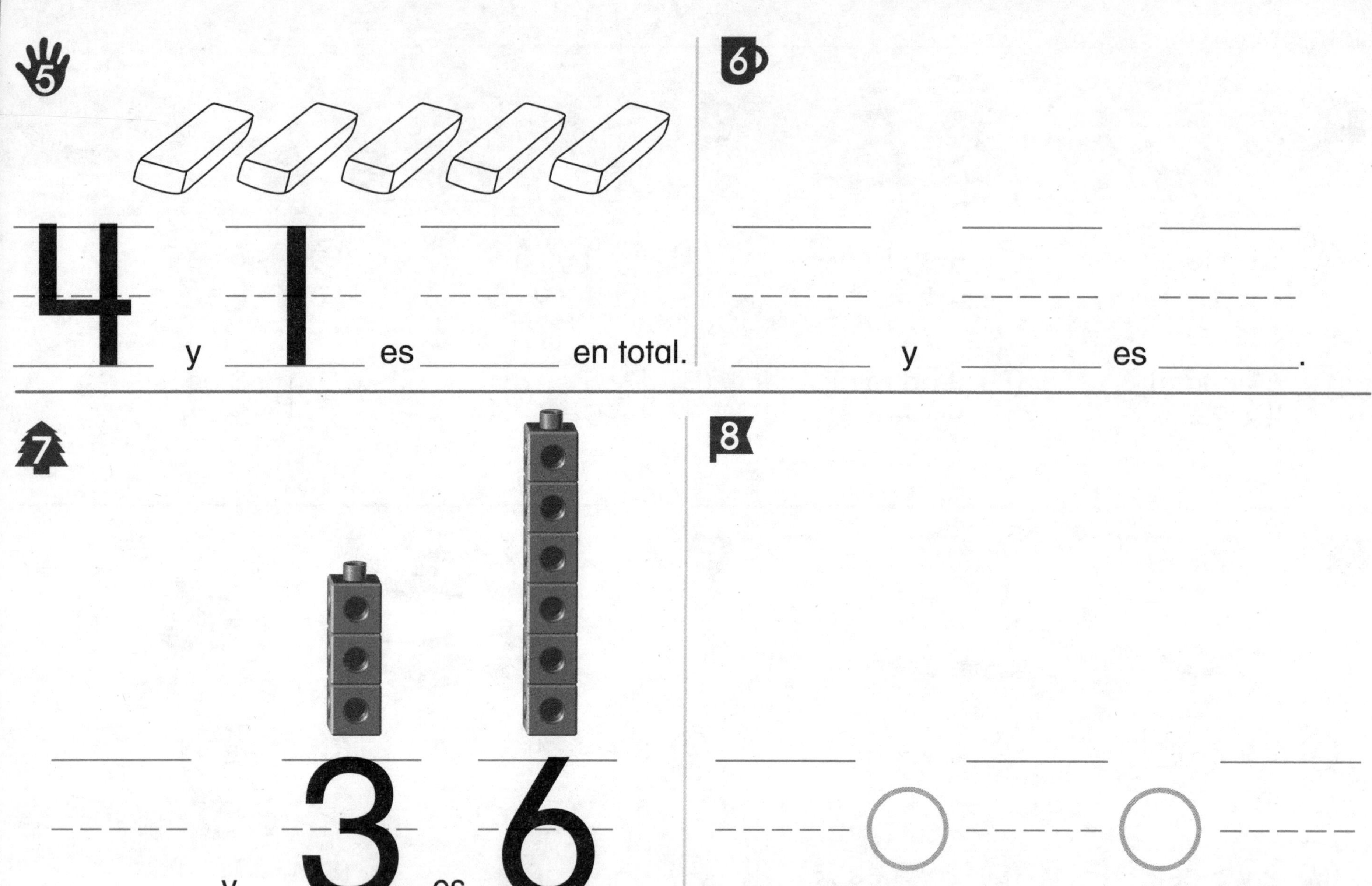

Instrucciones 5 Pida a los estudiantes que escuchen el cuento y luego hagan lo siguiente para mostrar cada parte y hallar cuántos hay en total: aplaudir y dar toques en la mesa, mostrar los dedos y dar una explicación de una imagen mental. Pídales que coloreen la cantidad de cada parte y luego escriban el número que indica cuántos hay en total. *Ming compra 4 borradores amarillos. Compra 1 borrador morado. ¿Cuántos borradores compra en total?* 6 Pida a los estudiantes que dibujen dos grupos de zanahorias para mostrar 8 en total y luego escriban una oración numérica que se corresponda con el dibujo. 7 Pida a los estudiantes que dibujen la cantidad de cubos necesarios para tener 6 cubos en total y luego completen la oración numérica. 8 Pida a los estudiantes que escuchen el cuento, usen fichas para representar cómo juntar los grupos, dibujen las fichas para mostrar lo que sucede y luego escriban una ecuación para el cuento. *Hay 6 conejos cafés y 3 conejos blancos en un jardín. ¿Cuántos conejos hay en total?*

Nombre ______________________________

8

$5 + 2 = 7$

$4 + 4 = 8$

$1 + 7 = 8$

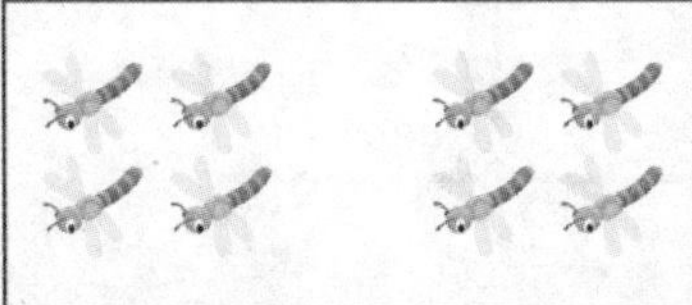

Instrucciones Pida a los estudiantes que: 9 miren la tarjeta de numérica y luego dibujen un círculo para juntar los grupos que indican cuántos hay en total; 10 emparejen los dibujos con la ecuación que muestra las partes correctas y cuántos hay en total.

Instrucciones Pida a los estudiantes que coloreen los recuadros para completar el patrón de maneras de formar 5 y luego escriban una ecuación que se corresponda con cada grupo de 5 recuadros.

Nombre ______________________________

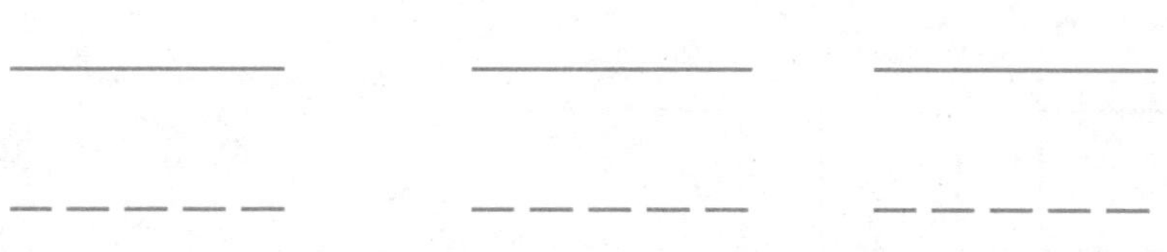

______ y ______ es ______.

2

______ + ______ = ______

Instrucciones **Hora de música** Diga: *Los estudiantes tocan muchos instrumentos diferentes en la clase de música.* 1 Diga: *¿Cuántas cornetas hay?* Pida a los estudiantes que cuenten hacia adelante para hallar cuántas cornetas hay y luego escriban una operación de suma que indique cuántas hay en total. 2 Pida a los estudiantes que añadan un grupo de cornetas al otro grupo de cornetas y luego escriban una ecuación para hallar la suma o total.

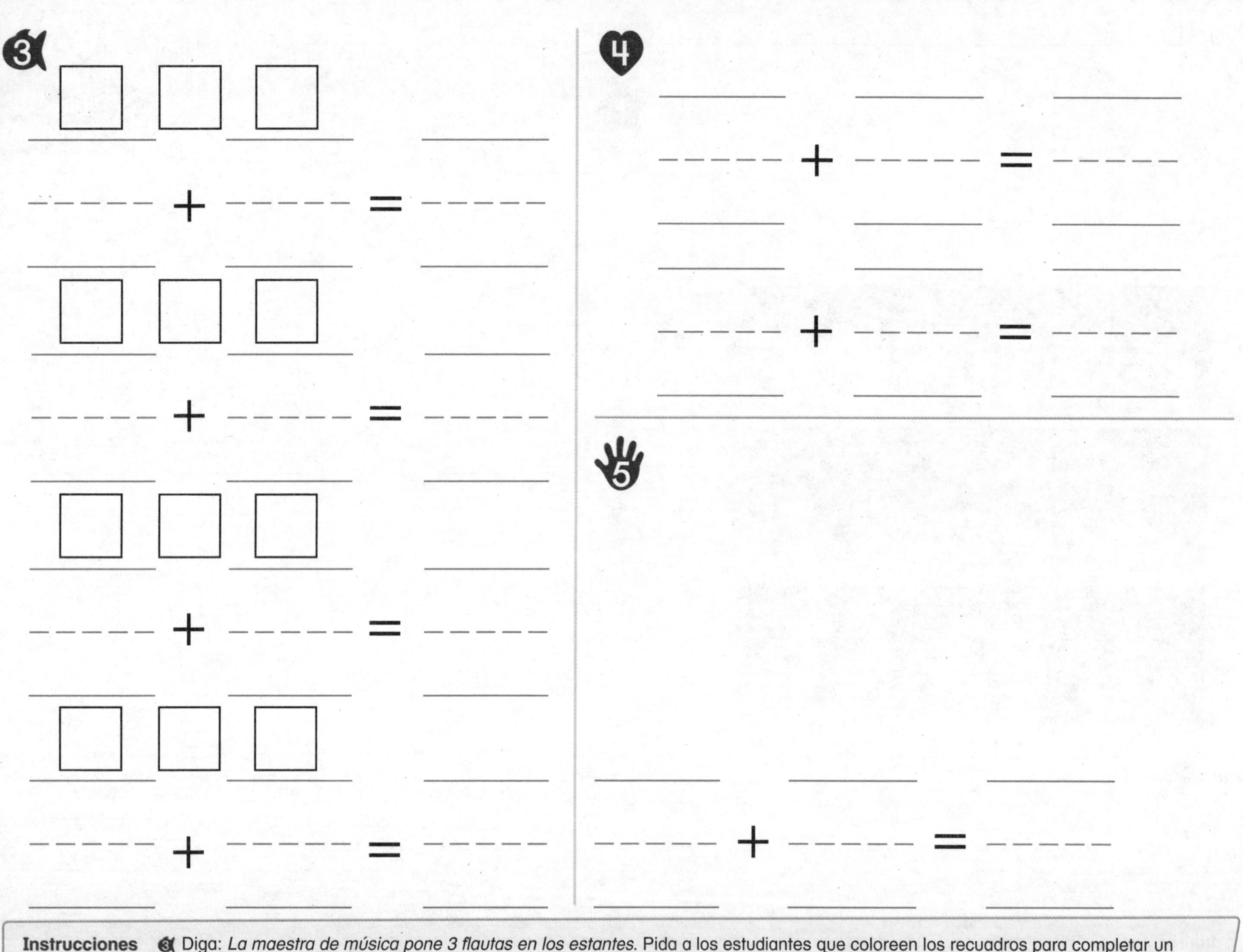

Instrucciones 3 Diga: *La maestra de música pone 3 flautas en los estantes.* Pida a los estudiantes que coloreen los recuadros para completar un patrón para mostrar las diferentes maneras en que podría arreglar las flautas en los estantes. 4 Diga: *Las campanas en los estantes muestran una manera de formar 4.* Pida a los estudiantes que escriban una ecuación para mostrar esa manera y luego usen los mismos números para formar 4 de otra manera. 5 Diga: *Hay 6 tambores en el estante. Luego, Luisa pone más tambores en el estante. Ahora hay 8 tambores en el estante. ¿Cuántos tambores puso Luisa en el estante?* Pida a los estudiantes que dibujen fichas para mostrar lo que sucede y luego completen la ecuación.

TEMA 7 La resta

Pregunta esencial: ¿Cómo te puede ayudar la representación de diferentes maneras de separar y quitar a aprender sobre la resta?

Recursos digitales

Libro del estudiante

Aprendizaje visual

Práctica

Evaluación

Herramientas

Glosario

Comida

Los animales necesitan comida y agua.

Proyecto de enVision® STEM: Necesidades de los animales

Instrucciones Lea el diálogo a los estudiantes. **¡Investigar!** Pida a los estudiantes que investiguen cómo las plantas, los animales y los seres humanos usan su entorno para satisfacer sus necesidades básicas, como comida, agua, nutrientes, luz del sol, espacio y refugio. Diga: *Diferentes organismos necesitan diferentes cosas. Hablen con sus amigos y familiares sobre las diferentes necesidades de las plantas, los animales y los seres humanos, y cómo los diferentes organismos satisfacen esas necesidades.* **Diario: Hacer un cartel** Pida a los estudiantes que hagan un cartel. Pídales que hagan hasta 5 dibujos de las necesidades de los seres humanos y hasta 5 dibujos de las necesidades de los animales. Pídales que tachen las necesidades que son las mismas para los humanos y los animales y luego escriban cuántas quedan.

Nombre ______________________________

Repasa lo que sabes

$3 + 6 = 9$

$4 + 1 = 5$

$2 + 5 = 7$

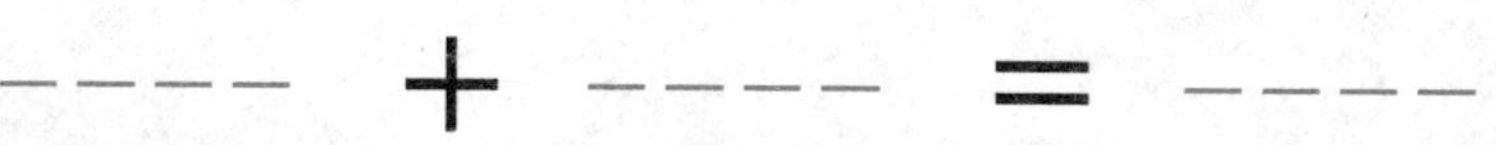

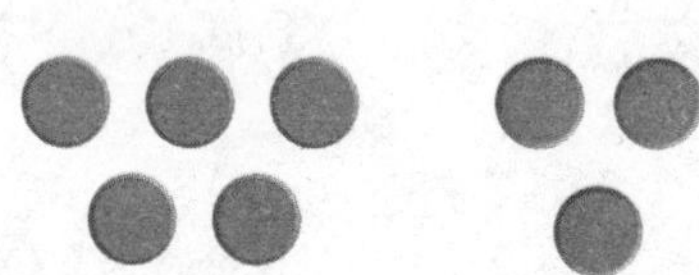

____ + ____ = ____

____ + ____ = ____

Instrucciones Pida a los estudiantes que: 1 encierren en un círculo el signo más; 2 encierren en un círculo el signo igual; 3 encierren en un círculo la suma o total; 4 a 6 cuenten los objetos en cada grupo y luego escriban la ecuación para indicar cuántos hay en total.

Nombre ______________________________

Escoge un proyecto

Instrucciones Diga: *Escogerán uno de los siguientes proyectos. Miren la foto* **A**. *Piensen en esta pregunta: ¿Qué trabajos pueden realizar? Si escogen el Proyecto A, harán una tabla de trabajos. Miren la foto* **B**. *Piensen en esta pregunta: Si tuvieran un jardín, ¿cuántas flores plantarían? Si escogen el Proyecto B, cantarán una canción sobre las flores. Miren la foto* **C**. *Piensen en esta pregunta: ¿Las estrellas tienen distintos colores? Si escogen el Proyecto C, dibujarán estrellas de diferentes colores y contarán un cuento numérico.*

MATEMÁTICAS EN 3 ACTOS: VISTAZO

Representación matemática

Ensalada de frutas

Video

¡Tomaré una de cada una!

Instrucciones Lea a los estudiantes lo que dice el robot. **Generar interés** Pregunte a los estudiantes qué frutas les gustan más. Diga: *¿Cuál es su fruta favorita? ¿Qué fruta les gusta menos?* Pida a la clase que haga una tabla de conteo y luego, decidan cuál sería la ensalada de frutas perfecta para la clase.

Puedo...
representar con modelos matemáticos para sumar y restar para resolver un problema.

Resuélvelo y coméntalo

Nombre ____________________

Lección 7-1

Explorar la resta

Instrucciones Diga: *Marta ve 5 peces dorados en el estanque. 1 se va nadando. ¿Cuántos peces quedan? Piensen en el problema. Luego, representen el cuento con los dedos. Usen fichas para mostrar cuántos quedan. Escriban números para explicarlo.*

Puedo...
mostrar números de distintas maneras.

También puedo representar con modelos matemáticos.

Puente de aprendizaje visual

6 en total

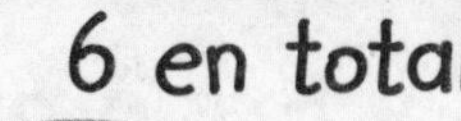

6 en total

Quedan 5.

6 en total

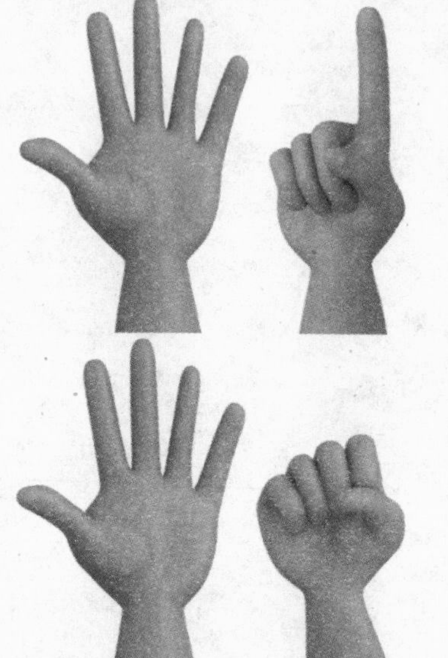

Quedan 5.

6 en total

Quedan 5.

Práctica guiada

1. 8 en total

Quedan 6.

2. 5 en total

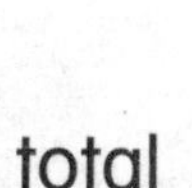

Quedan ______.

Instrucciones Pida a los estudiantes que escuchen el cuento y luego hagan lo siguiente para hallar cuántos quedan: dar una explicación de una imagen mental, usar objetos para representarlo y mostrar los dedos. Pídales que marquen con una X los pájaros que se van volando y luego escriban el número que indica cuántos quedan. 1 *8 águilas se posan en una rama. 2 se van. ¿Cuántas quedan?* 2 *5 urracas azules dan saltos. 1 se va volando. ¿Cuántas quedan?*

Nombre ______________________________

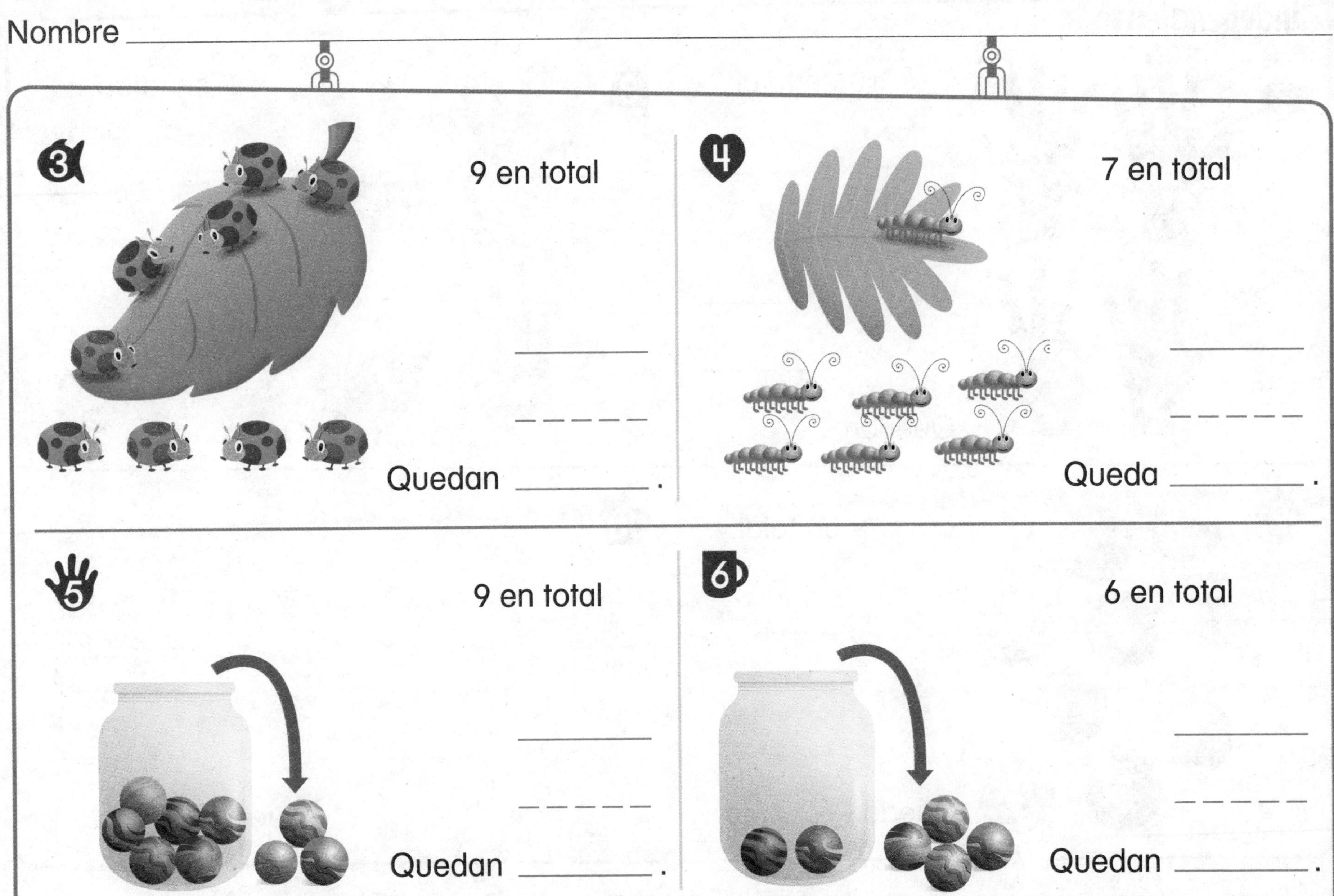

Instrucciones Pida a los estudiantes que escuchen el cuento y luego hagan lo siguiente para hallar cuántos quedan: dar una explicación de una imagen mental, usar objetos para representarlo y mostrar los dedos. Pídales que marquen con una X los que se van o se sacan y luego escriban el número que indica cuántos quedan. 3 *Hay 9 mariquitas en una hoja. 4 se van caminando. ¿Cuántas mariquitas quedan?* 4 *Hay 7 orugas en una hoja. 6 se van caminando. ¿Cuántas orugas quedan?* 5 *Hay 9 canicas en un frasco. Se sacan 3. ¿Cuántas canicas quedan?* 6 *Hay 6 canicas en un frasco. Se sacan 4. ¿Cuántas canicas quedan?*

Práctica independiente

Herramientas Evaluación

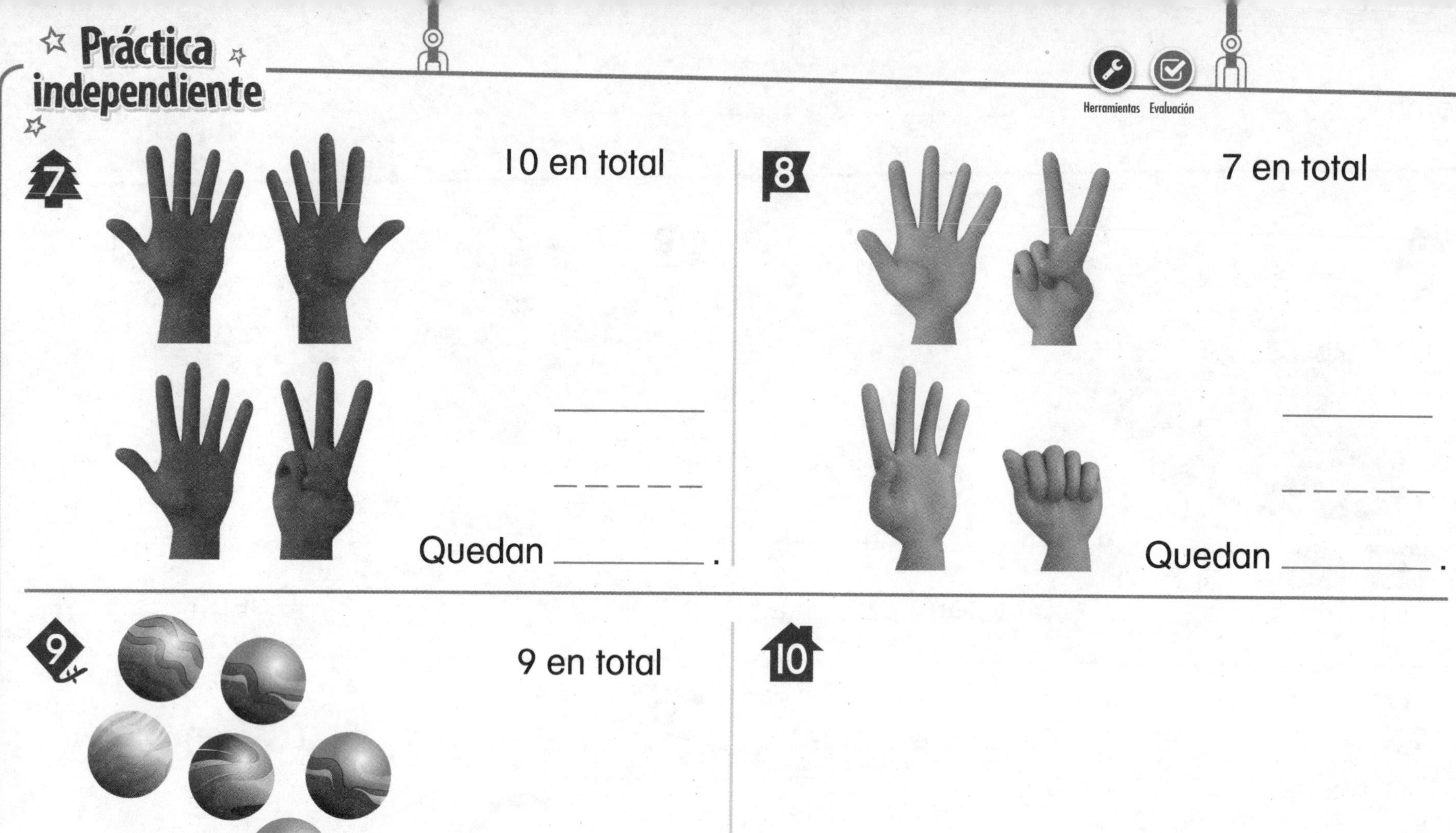

Instrucciones Pida a los estudiantes que escuchen el cuento y luego hagan lo siguiente para hallar cuántos quedan: dar una explicación de una imagen mental, usar objetos para representarlo y mostrar los dedos. Pídales que escriban el número que indica cuántos quedan. **7** *Hay 10 dedos levantados. Se bajan 2 dedos. ¿Cuántos dedos quedan levantados?* **8** *Hay 7 dedos levantados. Se bajan 3 dedos. ¿Cuántos dedos quedan levantados?* **9** Pida a los estudiantes que escuchen el cuento y luego hagan lo siguiente para hallar cuántos quedan: dar una explicación de una imagen mental, usar objetos para representarlo y marcar con una X los que se quitan. Pídales que escriban el número que indica cuántos quedan. *Hay 9 canicas. Se quitan 6. ¿Cuántas quedan?* **10** **Razonamiento de orden superior** Pida a los estudiantes que dibujen 10 canicas. Pídales que marquen algunas con una X y luego escriban el número que indica cuántas canicas quedan.

Nombre ______________________________

Lección 7-2
Representar la resta como separar

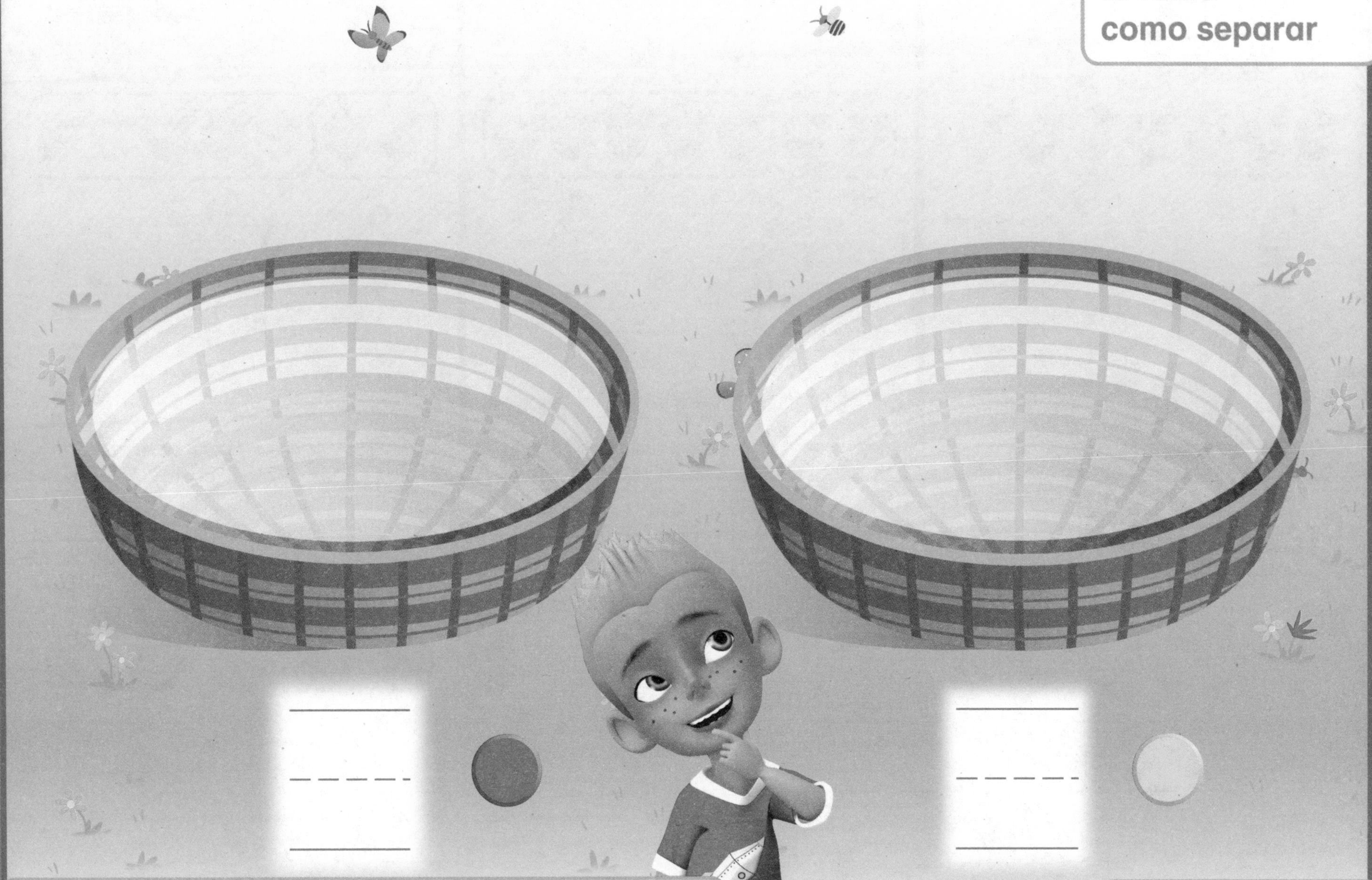

Instrucciones Diga: *Alex recoge 7 manzanas. Algunas manzanas son rojas y algunas son amarillas. Alex quiere poner las manzanas rojas en una cesta y las amarillas en la otra. ¿Cuántas manzanas rojas y cuántas manzanas amarillas puede haber? Usen fichas para mostrar las manzanas rojas y las manzanas amarillas, y luego escriban los números que indican cuántas hay de cada una. Hagan dibujos para mostrar su respuesta.*

Puedo...
separar un número e indicar las partes.

También puedo razonar sobre las matemáticas.

Separa 7.

Separa 7.

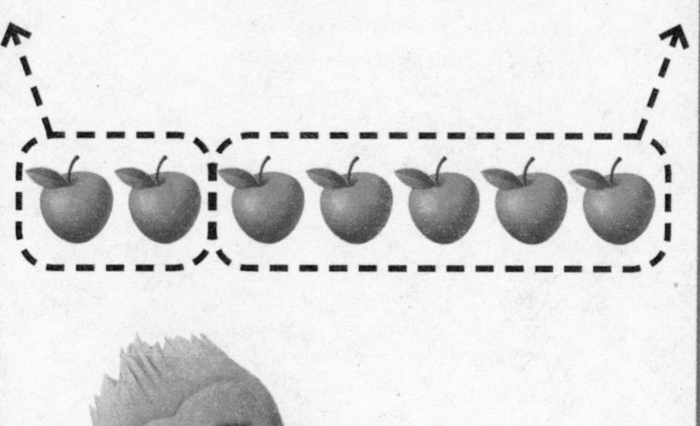

Separa 7.

Separa 5.

____ ____

____ y ____

2 Separa 6.

____ ____

____ y ____

Instrucciones Pida a los estudiantes que: 1 separen el grupo de peras. Luego, pídales que encierren en un círculo las partes que formaron y escriban los números que indican las partes; 2 separen el grupo de duraznos. Luego, pídales que encierren en un círculo las partes que formaron y escriban los números que indican las partes.

Nombre ______________________

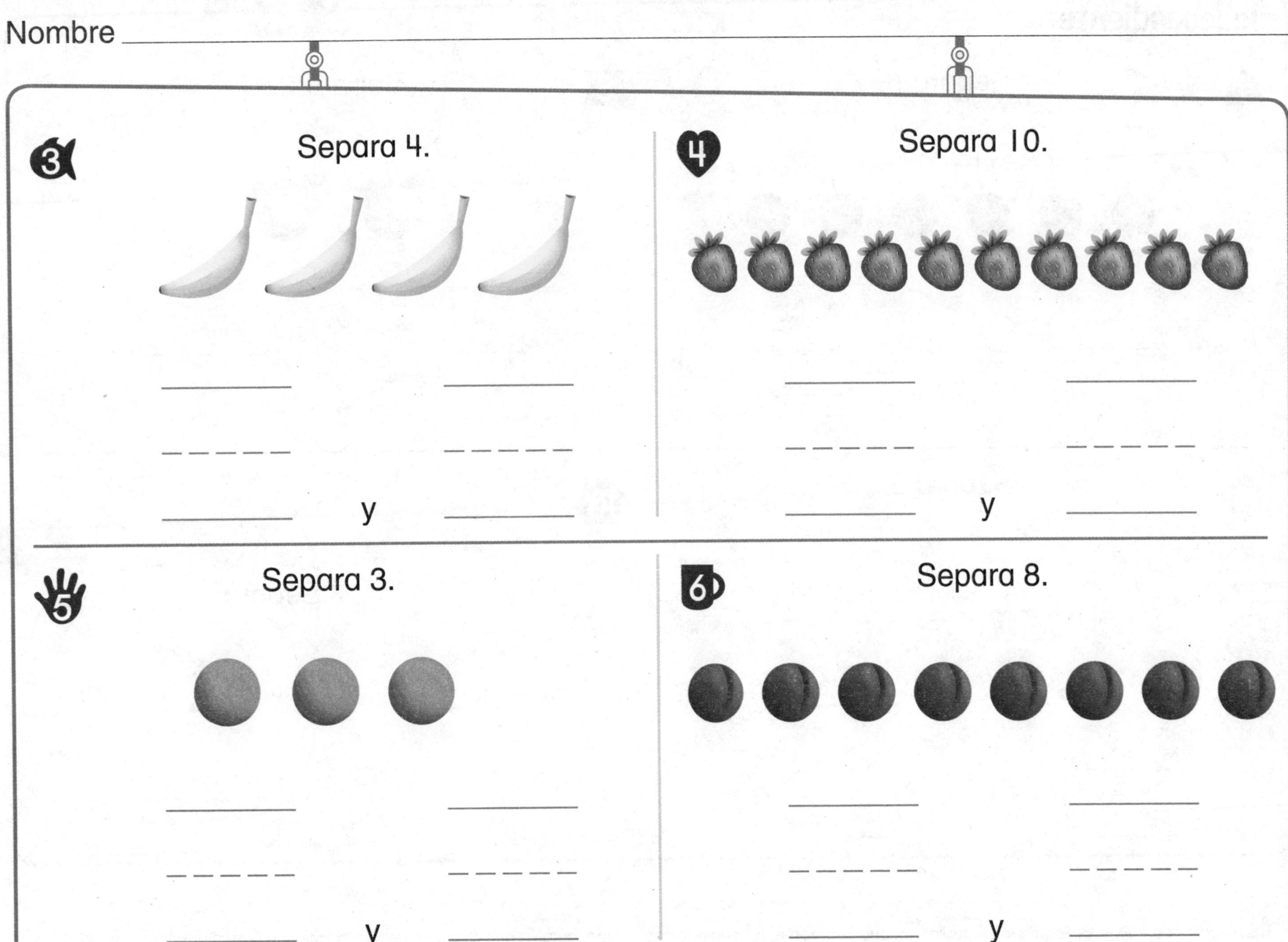

Instrucciones 3 a 6 Pida a los estudiantes que separen el grupo de frutas. Luego, pídales que encierren en un círculo las partes que formaron y escriban los números que indican las partes.

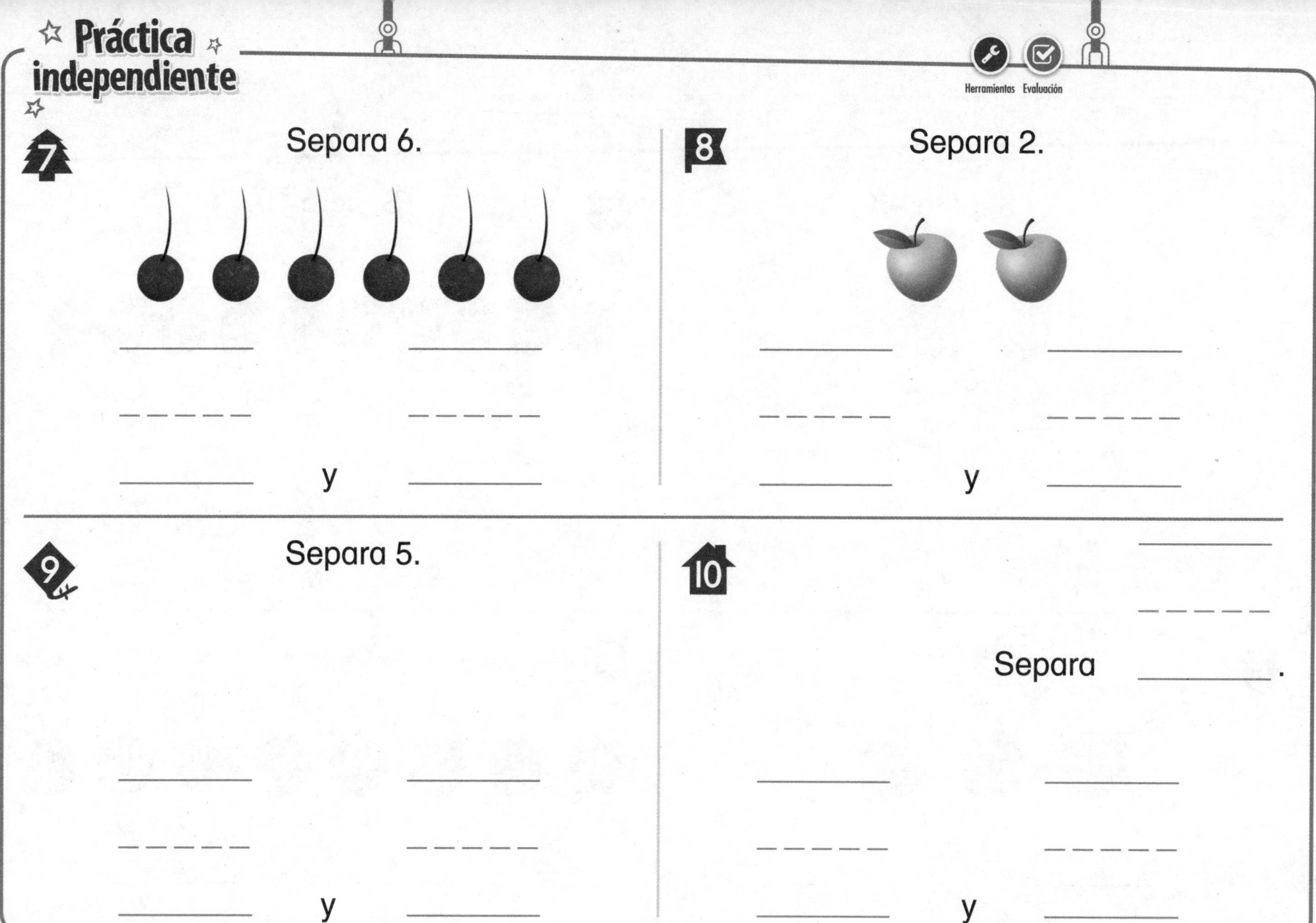

Instrucciones 7 y 8 Pida a los estudiantes que separen el grupo de frutas. Luego, pídales que encierren en un círculo las partes que formaron y escriban los números que indican las partes. 9 **Razonamiento de orden superior** Pida a los estudiantes que dibujen fichas para mostrar un grupo de 5. Luego, pídales que separen el grupo de fichas, encierren en un círculo las partes que formaron y escriban los números que indican las partes. 10 **Razonamiento de orden superior** Pida a los estudiantes que escojan cualquier número entre 2 y 10, escriban ese número en la primera línea y luego, dibujen un grupo de fichas para mostrar ese número. Pídales que separen el grupo de fichas, encierren en un círculo las partes que formaron y luego escriban los números que indican las partes.

Nombre ______________________

Lección 7-3
Representar la resta como quitar

Instrucciones Diga: *Marta está mirando unos insectos. Ve 4 mariquitas. Luego, algunas se van. Miren la imagen y fíjense cuántas quedaron. Usen fichas para mostrar qué creen que pasa en el cuento. Luego, escriban números que indiquen cuántas mariquitas quedaron en el grupo.*

Puedo...
representar la resta como quitarle a un todo.

También puedo razonar sobre las matemáticas.

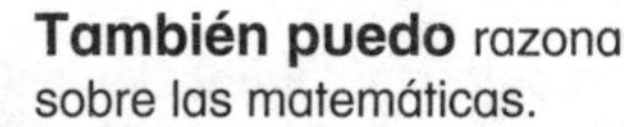

Práctica guiada

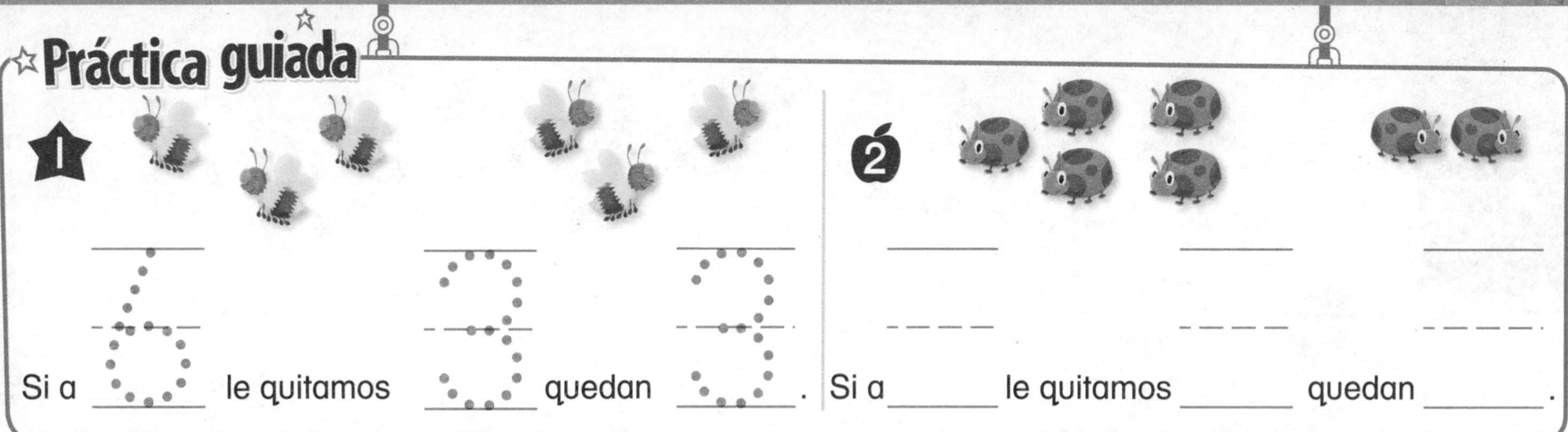

1. Si a 6 le quitamos 3 quedan 3.

2. Si a ______ le quitamos ______ quedan ______.

Instrucciones Pida a los estudiantes que escuchen cada cuento y luego completen la oración para indicar cuántos insectos quedan. **1** *Marta ve 6 abejorros. 3 abejorros se van. ¿Cuántos abejorros quedan?* **2** *Marta ve 7 mariquitas. 2 mariquitas se van. ¿Cuántas mariquitas quedan?*

Nombre ____________________

3

______ ______ ______

Si a ______ le quitamos ______ quedan ______.

4

______ ______ ______

Si a ______ le quitamos ______ quedan ______.

5

______ ______ ______

Si a ______ le quitamos ______ quedan ______.

6

______ ______ ______

Si a ______ le quitamos ______ quedan ______.

Instrucciones Pida a los estudiantes que escuchen el cuento y luego completen la oración para indicar cuántos insectos quedan. 3 *Emily ve 6 saltamontes en la mesa. 2 se van saltando. ¿Cuántos saltamontes quedan?* 4 *Emily ve 7 libélulas en la mesa. 3 se van volando. ¿Cuántas libélulas quedan?* 5 *Emily ve 8 orugas descansando en una rama. 4 se van. ¿Cuántas orugas quedan?* 6 **enVision®** STEM Diga: *Las hormigas pueden mover objetos mucho más grandes que ellas mismas. Emily ve 10 hormigas en un mantel de picnic. 4 se van. ¿Cuántas hormigas quedan?*

Práctica independiente

Herramientas Evaluación

7

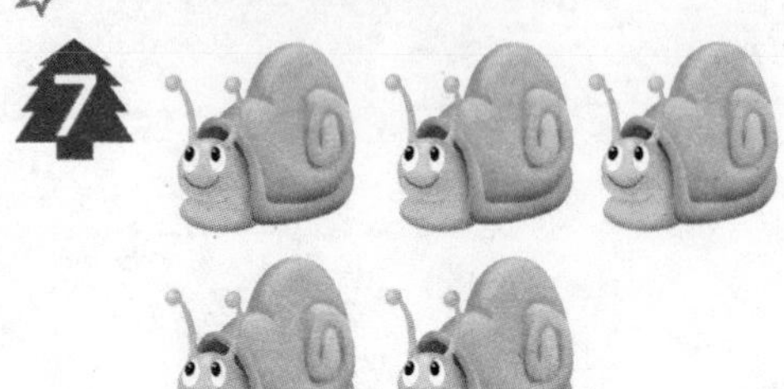

Si a _______ le quitamos _______ quedan _______.

8

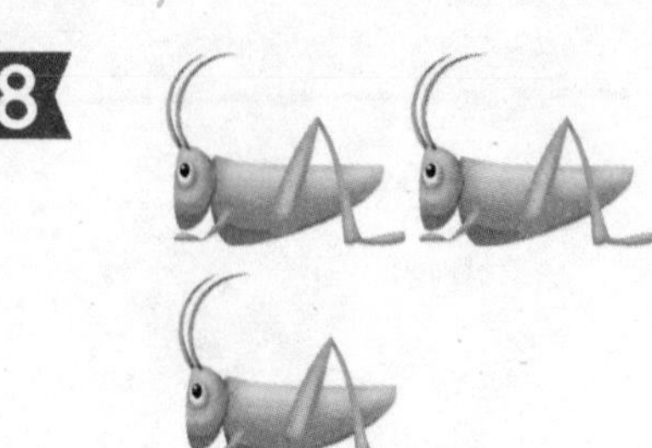

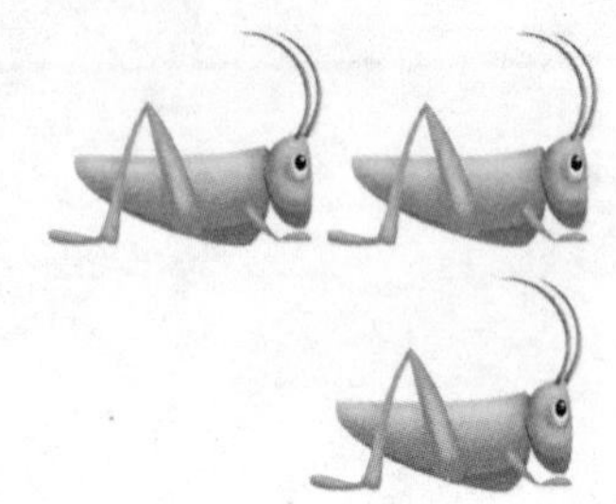

Si a _______ le quitamos _______ quedan _______.

9

Si a _______ le quitamos _______ quedan _______.

10

Si a _______ le quitamos _______ quedan _______.

Instrucciones. Pida a los estudiantes que escuchen cada cuento y luego completen la oración para indicar cuántos quedan. 7 *Jairo ve 8 caracoles sobre la acera. 3 se van. ¿Cuántos caracoles quedan?* 8 *Jairo ve 6 saltamontes en el pasto. 3 se van saltando. ¿Cuántos saltamontes quedan?* 9 *Jairo ve 9 mariposas en el jardín. 4 se van. ¿Cuántas mariposas quedan?* 10 **Razonamiento de orden superior** Pida a los estudiantes que escuchen el cuento, hagan un dibujo que muestre el cuento y luego completen la oración para indicar cuántas quedan. *Jairo ve 7 lombrices en un árbol. 4 se van. ¿Cuántas lombrices quedan?*

Nombre ____________________

Lección 7-4

Representar y explicar la resta con ecuaciones

Instrucciones Pida a los estudiantes que escuchen el cuento y usen fichas para mostrar lo que sucede. Diga: *Hay 6 cascos de bomberos. Los bomberos se llevan 3. ¿Qué número restaron para hallar cuántos cascos quedan? ¿Cómo pueden mostrar la resta?*

Puedo...
escribir una ecuación para mostrar la resta.

También puedo hacer mi trabajo con precisión.

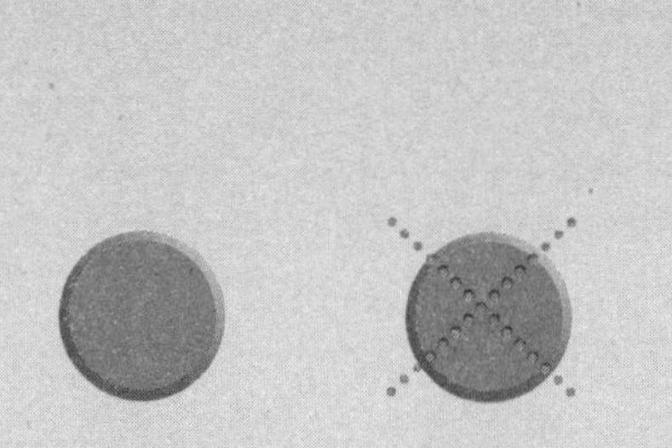

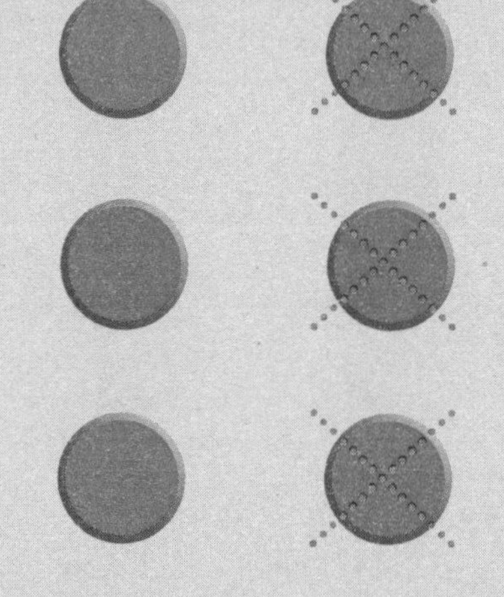

Si a 6 le quitamos 3 quedan 3.

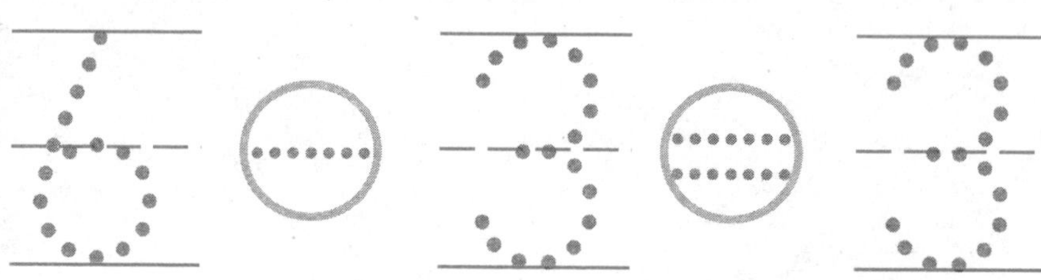

Práctica guiada

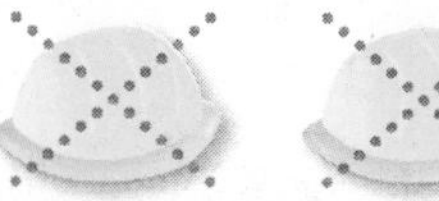
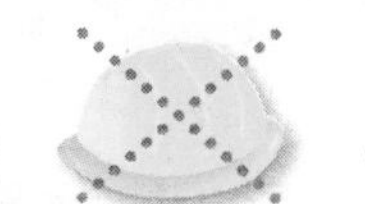

Si a 5 le quitamos 4 queda 1.

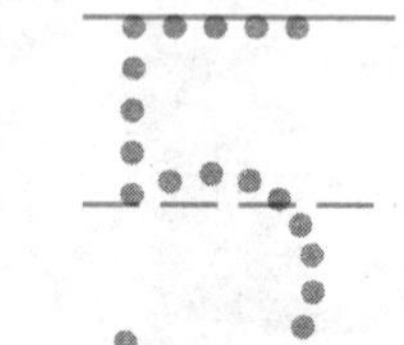
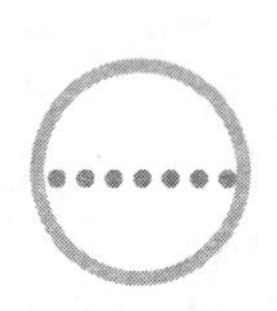

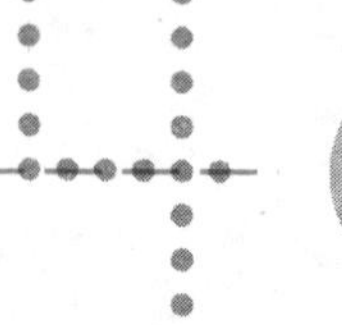
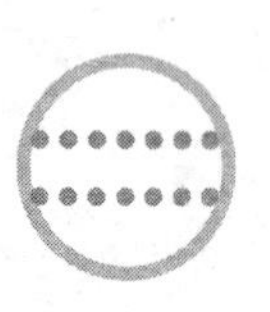
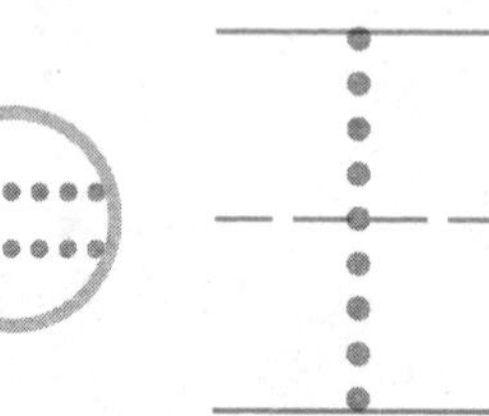

Si a 7 le quitamos 5 quedan 2.

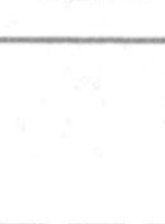

Instrucciones 1 y 2 Pida a los estudiantes que usen fichas para representar el problema, marquen con una X para restar y luego escriban una ecuación de resta para hallar la diferencia.

Nombre ____________________

3

Si a 8 le quitamos 2 quedan 6.

____ ○ ____ ○ ____

4

Si a 6 le quitamos 5 queda 1.

____ ○ ____ ○ ____

5

Si a 9 le quitamos 5 quedan 4.

____ ○ ____ ○ ____

6

Si a 7 le quitamos 2 quedan 5.

____ ○ ____ ○ ____

Instrucciones 3 a 6 Pida a los estudiantes que usen fichas para representar el problema, marquen con una X para restar y luego escriban una ecuación de resta para hallar la diferencia.

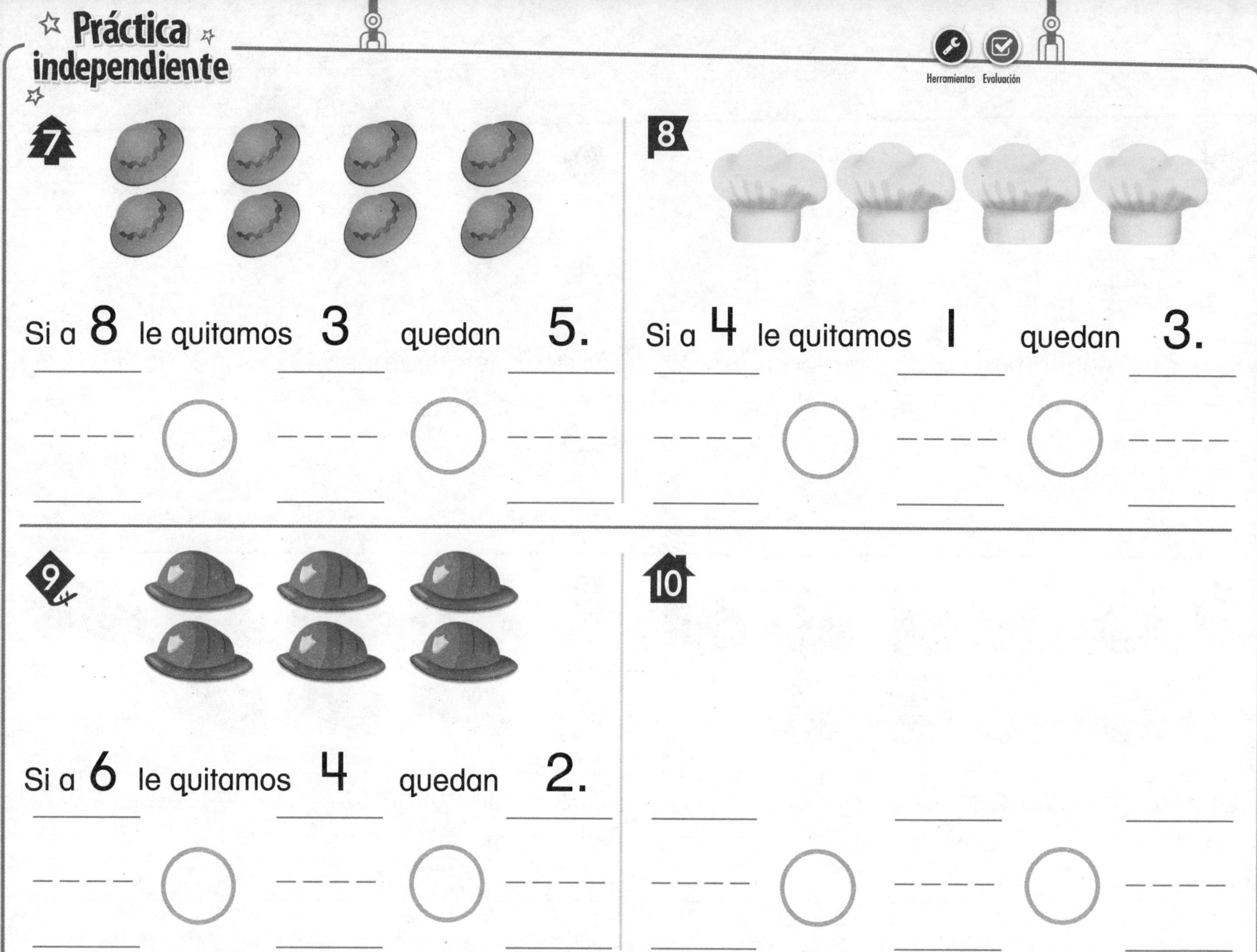

Instrucciones 7 a 9 Pida a los estudiantes que usen fichas para representar el problema, marquen con una X para restar y luego escriban una ecuación de resta para hallar la diferencia. 10 **Razonamiento de orden superior** Pida a los estudiantes que escuchen el cuento, dibujen fichas y marquen con una X para mostrar el problema. Luego, pídales que escriban una ecuación para hallar la diferencia. *Hay 7 gorras de béisbol. Se usan algunas en un partido. Quedan 4 gorras. ¿Cuántas gorras se usaron en el partido?*

Nombre ______________________________

Lección 7-5

Resolver problemas verbales de resta: Quitar y separar

Instrucciones Diga: *A Motas, el perro de Marta, le encanta comer galletas para perros. Marta puso 6 galletas en una bolsa. Un día, Motas se comió 4 galletas. Ahora quedan solo 2 galletas. ¿Cómo sabe Marta que quedan 2 galletas? Usen fichas, dibujos o números para explicar y mostrar su trabajo.*

Puedo...
hallar la diferencia entre dos números.

También puedo entender problemas.

$5 - 3 = 2$

Práctica guiada

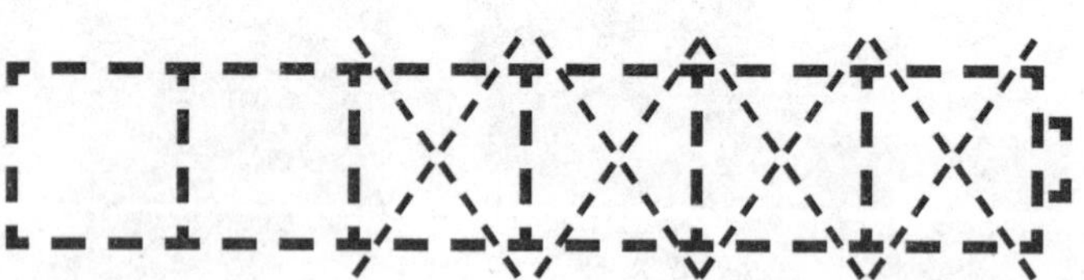

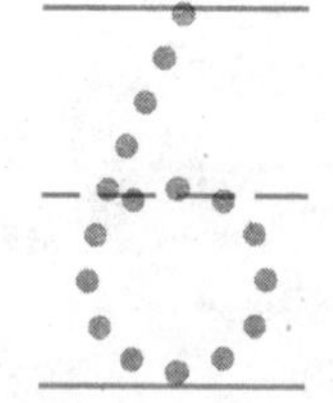

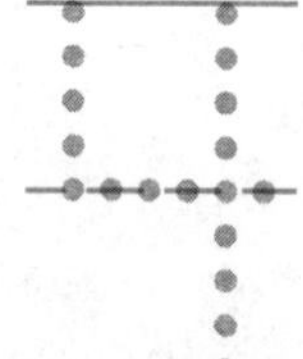
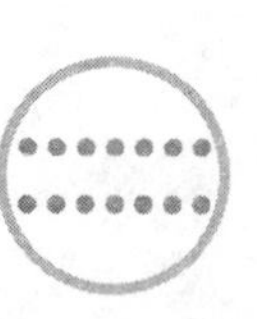
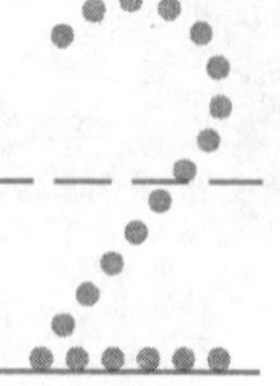

Instrucciones Pida a los estudiantes que escuchen el cuento, hagan un dibujo para mostrar lo que sucede y luego escriban una ecuación de resta. Pídales que expliquen su trabajo en voz alta. Diga: *Marta tiene 6 gatitos. Les da un gran tazón con agua para beber, pero solo hay lugar para 4 gatitos alrededor del tazón. 2 gatitos no pueden beber del tazón. ¿Cómo sabe Marta que 2 gatitos tienen que esperar?*

Nombre ________________

2

3

4

5

Instrucciones Pida a los estudiantes que escuchen cada cuento, hagan un dibujo para mostrar lo que sucede y escriban una ecuación. Luego, pídales que expliquen su trabajo en voz alta. 2 *Emily ve 8 conejos en una tienda de mascotas. Alguien compra 3 conejos. ¿Cuántos conejos quedan?* 3 *Emily ve 7 pájaros en una jaula. El dueño de la tienda abre la puerta de la jaula y 3 pájaros se van. ¿Cuántos pájaros quedan?* 4 *Emily ve 8 cachorros en la tienda. Se venden 6 cachorros. ¿Cuántos cachorros quedan?* 5 *Emily ve 5 hámsteres durmiendo. 1 hámster se va a comer. ¿Cuántos hámsteres quedan?*

Práctica independiente

Herramientas Evaluación

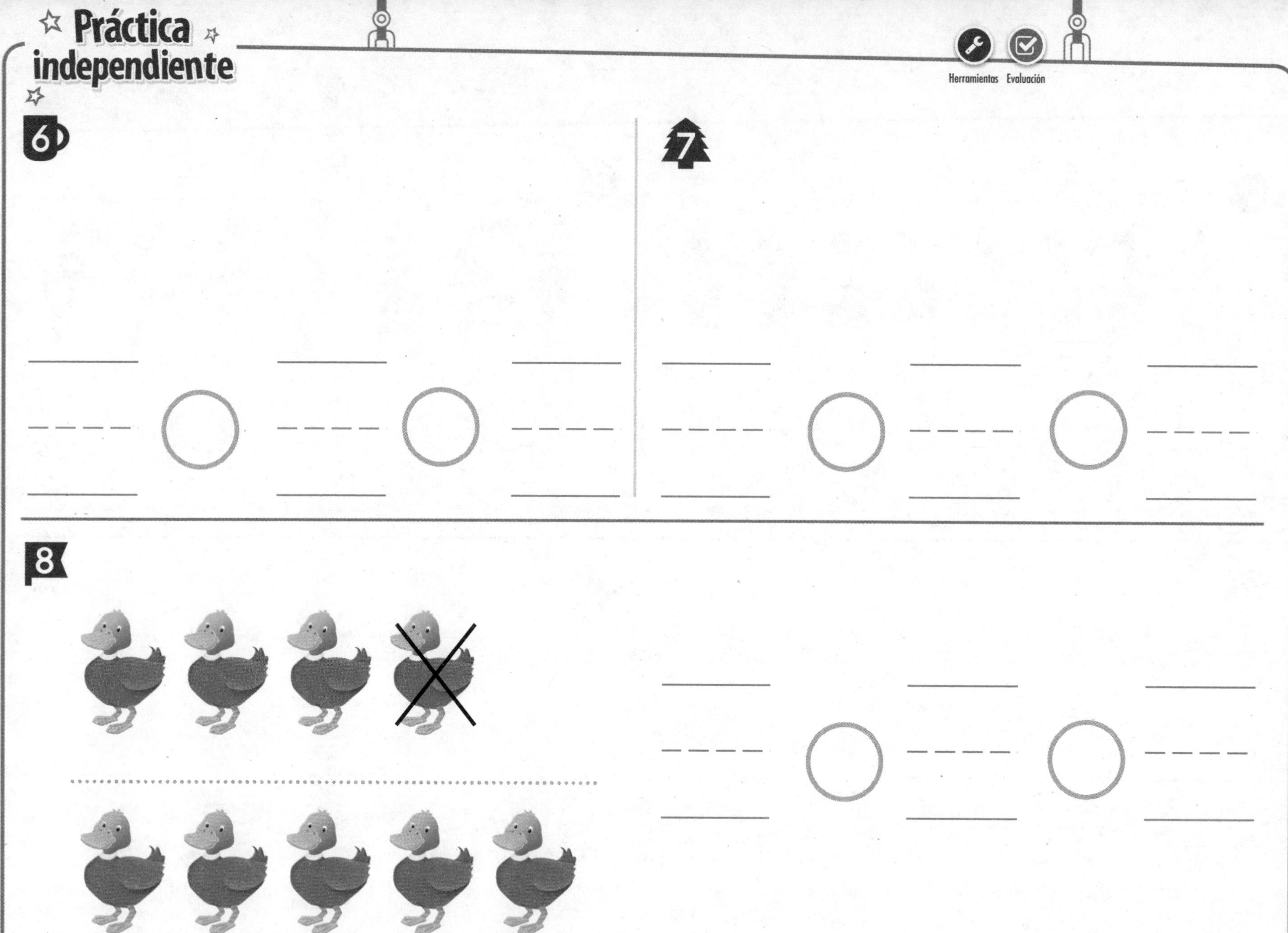

Instrucciones Pida a los estudiantes que escuchen cada cuento, hagan un dibujo para mostrar lo que sucede y luego escriban una ecuación. **6** *Hay 6 pájaros en una fuente. 4 se van volando. ¿Cuántos pájaros quedan?* **7** *Hay 5 bellotas bajo un árbol. Una ardilla se lleva 3 bellotas. ¿Cuántas bellotas quedan?* **8** **Razonamiento de orden superior** Pida a los estudiantes que escuchen el cuento, encierren en un círculo el dibujo que muestra el cuento, digan por qué el otro dibujo NO muestra el cuento y luego escriban una ecuación. *Hay 4 patos en un estanque. 1 se va. ¿Cuántos patos quedan?*

Nombre ____________________

Lección 7-6
Usar patrones para adquirir fluidez en la resta

0	1	2	3

$5 - \square = 2$

$5 - \square = 3$

$5 - \square = \_\_\_$

$5 - \square = \_\_\_$

Instrucciones Diga: *Miren la primera ecuación. Escriban en el recuadro anaranjado el número de la tarjeta numérica que completa la ecuación. Repitan con la siguiente ecuación. Coloquen las demás tarjetas numéricas en los recuadros anaranjados para completar el patrón y luego escriban los números para completar las ecuaciones. ¿Qué patrones ven?*

Puedo...
hallar patrones en ecuaciones de resta.

También puedo buscar patrones.

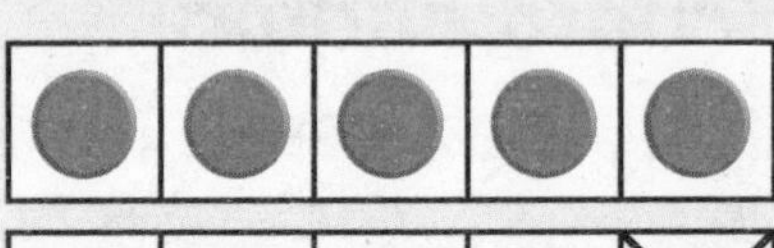

$5 - 0 = 5$

$5 - 1 = 4$

$5 - 2 = 3$

$5 - 3 = 2$

$5 - 4 = 1$

$5 - 5 = 0$

$5 - 0 = 5$ $5 - 1 = 4$

$5 - 5 = 0$ $5 - 4 = 1$

$5 - 2 = 3$

$5 - 3 = 2$

Patrones

Práctica guiada

$4 - 0 =$ ____

$4 - 2 =$ ____

$4 - 1 =$ ____

$4 - 3 =$ ____

Instrucciones Pida a los estudiantes que completen las ecuaciones para hallar el patrón y luego expliquen el patrón que ven.

Nombre ____________________

2

3 − ____ = ____

3 − ____ = ____

3 − ____ = ____

3

1 − ____ = ____

1 − ____ = ____

Instrucciones 2 y 3 Pida a los estudiantes que busquen un patrón, expliquen el patrón que ven y luego escriban una ecuación para cada fila de insectos.

Práctica independiente

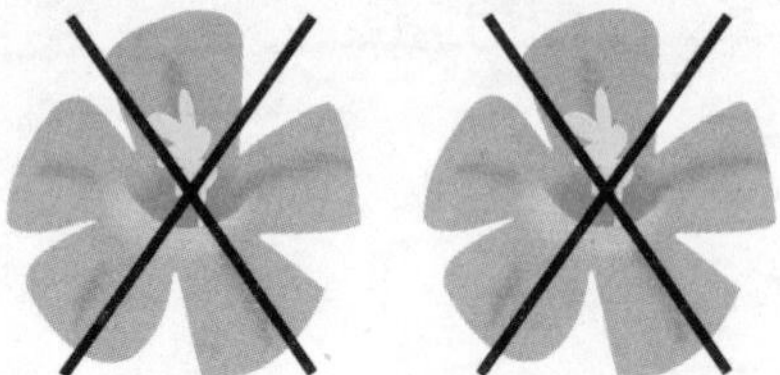

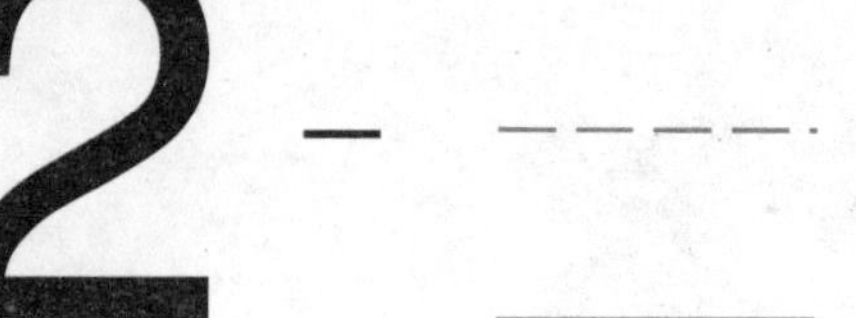

2 – ____ = ____

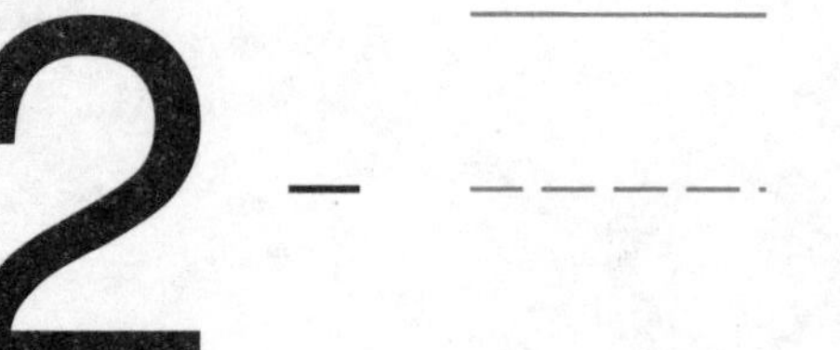

2 – ____ = ____

2 – ____ = ____

5 10 – 6 = 4

10 – 4 = ____

6 5 – 1 = 4

5 – ____ = 1

Instrucciones 4 **Álgebra** Pida a los estudiantes que marquen con una X para completar el patrón, expliquen el patrón que ven y luego escriban una ecuación para cada fila de flores. 5 **Razonamiento de orden superior** Pida a los estudiantes que hallen el patrón y luego completen la ecuación. 6 **Razonamiento de orden superior** Pida a los estudiantes que hallen el patrón y luego escriban el número que falta en la ecuación.

Nombre ____________________

Resolución de problemas

Lección 7-7
Usar herramientas apropiadas

____ ◯ ____ = ____

Instrucciones Diga: *Alex tiene una barra de alimento con 8 trozos de alimento para los flamencos del lago. Separa 2 trozos de la barra para darles a los flamencos. ¿Cuántos trozos le quedan en la barra? Usen una de las herramientas que tienen como ayuda para resolver el problema. Hagan un dibujo de lo que hicieron y luego escriban la ecuación.*

Puedo...
usar herramientas para restar números.

También puedo restar con números hasta el 9.

¿ ?

5 ⋯ 3 = 2

¿+ o - ?

Práctica guiada

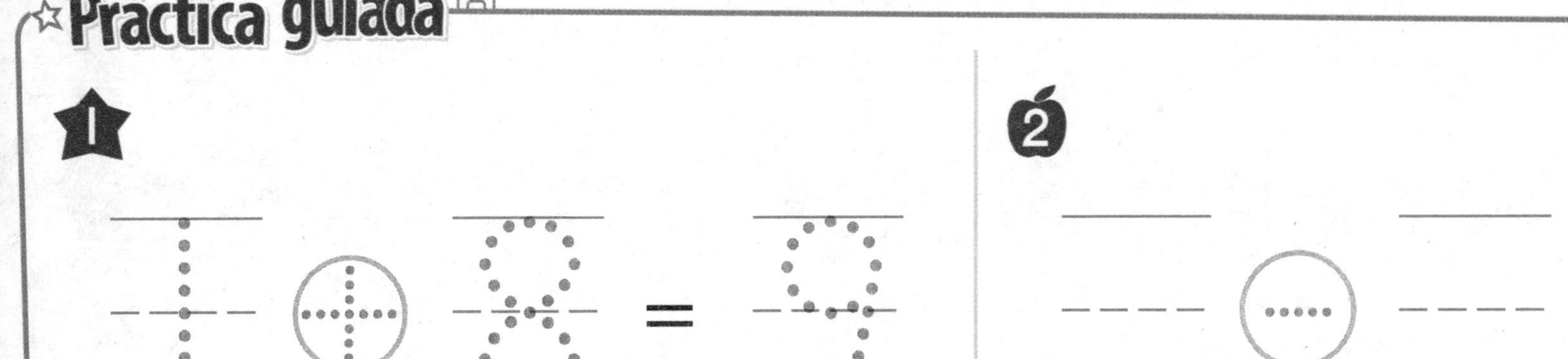

Instrucciones Pida a los estudiantes que escuchen cada cuento, usen una herramienta como ayuda para resolver el problema y luego escriban la ecuación. Pídales que expliquen si la herramienta que escogieron los ayudó a resolver el problema. **1** *Hay 1 flamenco parado en el agua. 8 flamencos más llegan volando. ¿Cuántos flamencos hay en total?* **2** *Marta ve 7 gaviotas. 4 se van volando. ¿Cuántas gaviotas quedan?*

Nombre ______

Herramientas Evaluación

Práctica independiente

3

_____ ○ _____ = _____

4

_____ ○ _____ = _____

5

_____ ○ _____ = _____

6

_____ ○ _____ = _____

Instrucciones Pida a los estudiantes que escuchen cada cuento, usen una herramienta como ayuda para resolver el problema y escriban la ecuación. Luego, pídales que digan qué herramienta escogieron y si les sirvió de ayuda para resolver el problema. 3 *Hay 3 mapaches en un árbol. Llegan 3 mapaches más y se trepan al árbol. ¿Cuántos mapaches hay en total?* 4 *Marta ve 9 tortugas nadando en un estanque. 5 tortugas se meten bajo el agua. ¿Cuántas tortugas quedan?* 5 *Hay 7 castores en el agua. 4 castores se alejan nadando. ¿Cuántos castores quedan?* 6 *Marta ve 6 patos en el lago. Llegan 2 patos más. ¿Cuántos patos hay en total?*

Resolución de problemas

Tarea de rendimiento

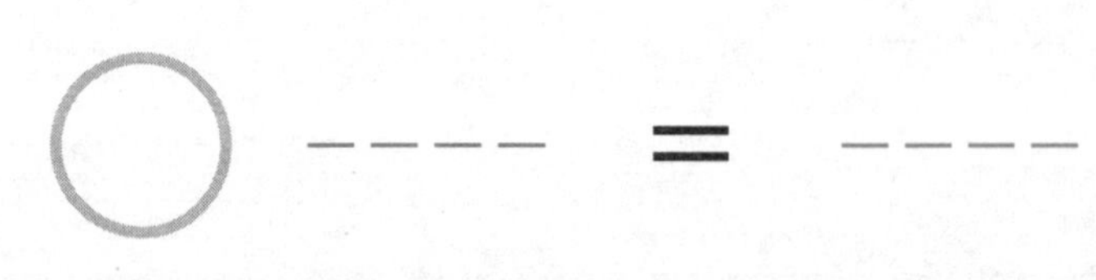

Instrucciones Lea el problema en voz alta. Luego, pida a los estudiantes que usen diferentes prácticas matemáticas para resolver el problema. Diga: *Carlos colecciona estampillas. Tiene 9 estampillas en total. Pone 1 estampilla en la cubierta. Pone el resto dentro del libro. ¿Cuántas estampillas pone Carlos dentro de su libro de estampillas?* **7 Entender** *¿Qué están tratando de hallar? ¿Usarán la suma o la resta para resolver el problema?* **8 Usar herramientas** *¿Qué herramientas pueden usar como ayuda para resolver el problema? Díganselo a un compañero y expliquen por qué.* **9 Hacerlo con precisión** *¿Escribieron correctamente la ecuación? Expliquen qué significan los números y los signos en la ecuación.*

Nombre ______________________

A-Z Glosario

7 ◯ 5

9 − 6 = 3

Si a 8 le quitamos ______ quedan ______.

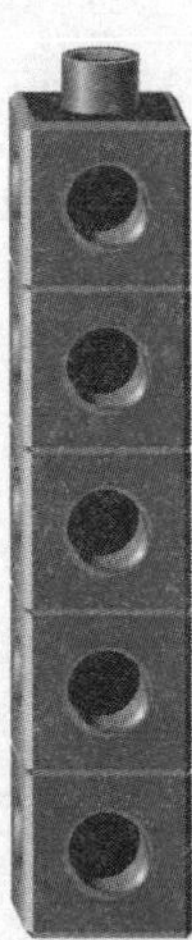

Instrucciones **Comprender el vocabulario** Pida a los estudiantes que: 1 escriban el **signo menos** para mostrar la resta; 2 encierren en un círculo el número que indica cuántos **quedan**; 3 completen la **operación de resta**; 4 **separen** la torre en 2 partes, dibujen cada parte y luego escriban los números que indican las partes.

8 − 3 = 5

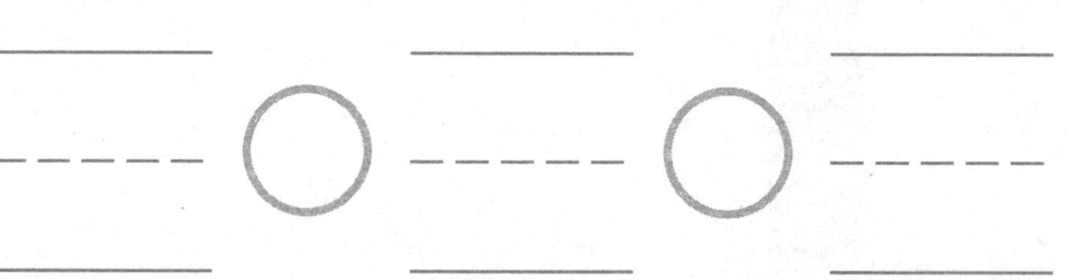

Instrucciones **Comprender el vocabulario** Pida a los estudiantes que: 5 encierren en un círculo la **diferencia**; 6 escriban una ecuación para mostrar cómo **restar** 3 de 7 para hallar la diferencia; 7 escuchen el cuento, hagan un dibujo para mostrar cómo **quitar** y luego escriban una ecuación que represente el cuento. *Laura ve 6 manzanas en la mesa. Quita 3. ¿Cuántas manzanas quedan?*

Nombre ______________________________

TEMA 7

Refuerzo

Grupo A

Quedan 2.

1

Quedan ______ .

Grupo B

Separa 7.

2 y 5

2

Separa 7.

______ y ______

Instrucciones Pida a los estudiantes que: 1 cuenten las abejas, digan cuántas NO están en la flor y luego escriban el número que indica cuántas quedan en la flor; 2 separen el grupo de manzanas. Pídales que encierren en un círculo las partes que formaron y luego escriban los números que representan las partes.

Grupo C

Si a 8 le quitamos 4 quedan 4.

3

______ ______ ______

Si a ______ le quitamos ______ quedan ______ .

Grupo D

Si a 6 le quitamos 2 quedan 4.

$6 - 2 = 4$

Si a 4 le quitamos 1 quedan 3.

______ ◯ ______ ◯ ______

Instrucciones Pida a los estudiantes que: 3 escuchen el cuento y luego completen la oración para mostrar cuántas quedan. *Javi ve 9 libélulas. 4 se van. ¿Cuántas libélulas quedan?* 4 usen fichas para representar el problema, marquen con una X para restar y luego escriban una ecuación para hallar la diferencia.

Nombre ______________________________

Grupo D *continuación*

$7 - 5 = 2$

5

______ ◯ ______ ◯ ______

Grupo E

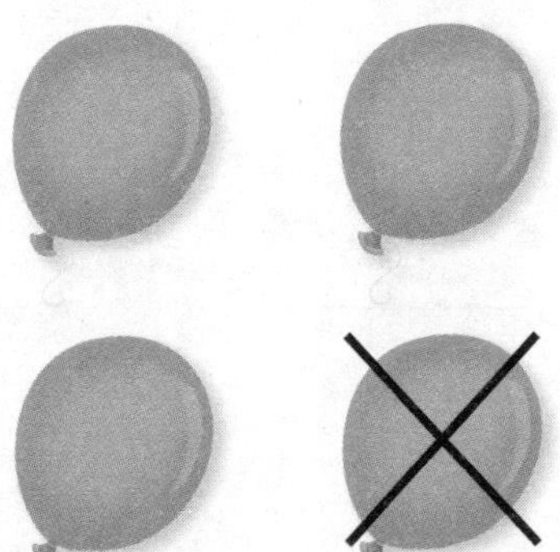

$4 - 1 = 3$

6

______ ◯ ______ ◯ ______

Instrucciones Pida a los estudiantes que: 5 usen fichas para representar el problema y luego escriban una ecuación para mostrar cuántos quedan; 6. escuchen el cuento, hagan un dibujo para mostrar lo que sucede y luego escriban una ecuación que represente el cuento. *Lidia tiene 5 globos. 2 globos explotan. ¿Cuántos globos le quedan?*

Grupo F

$4 - 3 = 1$
$4 - 2 = 2$
$4 - 1 = 3$

5 – ______ = ______

5 – ______ = ______

5 – ______ = ______

Grupo G

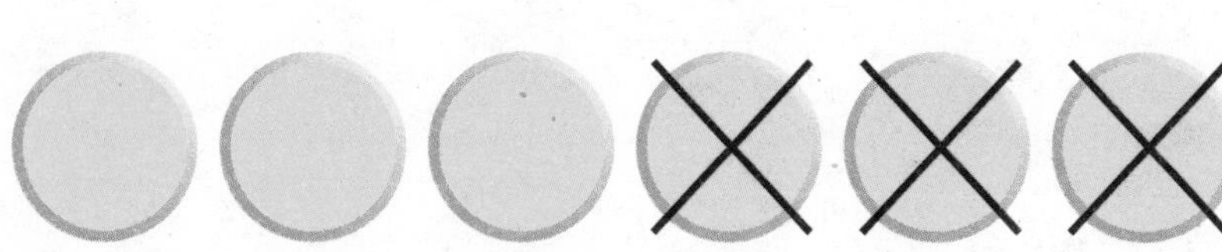

$6 - 3 = 3$

8

______ ◯ ______ ◯ ______

Instrucciones Pida a los estudiantes que: 7 completen cada ecuación para hallar el patrón; 8 escuchen el cuento, usen fichas como ayuda para resolver el problema y luego escriban la ecuación. *Diana ve 3 ranas en el estanque. Llegan 7 más. ¿Cuántas ranas hay en total?*

Nombre ___________________________

1

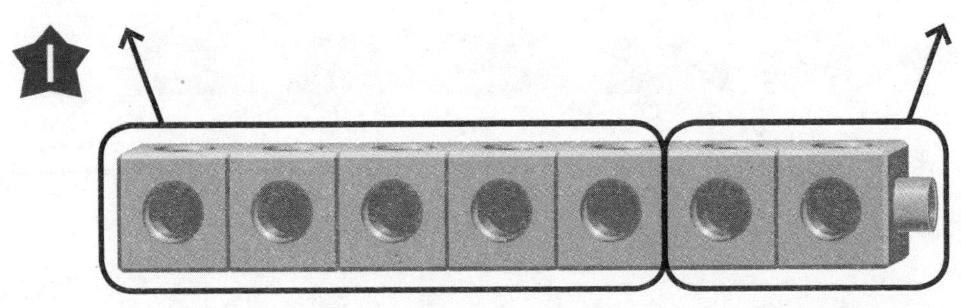

Ⓐ A 6 le quitamos 2.

Ⓑ A 7 le quitamos 2.

Ⓒ A 4 le quitamos 2.

Ⓓ A 5 le quitamos 3.

Ⓐ Si a 4 le quitamos 2 quedan 2. 8 – 2 = 6

Ⓑ Si a 4 le quitamos 3 queda 1. 4 – 3 = 1

Ⓒ Si a 3 le quitamos 1 quedan 2. 3 – 1 = 2

Ⓓ Si a 5 le quitamos 3 quedan 2. 5 – 3 = 2

Ⓐ 5 – 3 = 2

Ⓑ 5 – 2 = 3

Ⓒ 7 – 3 = 4

Ⓓ 7 – 2 = 5

Instrucciones Pida a los estudiantes que marquen la mejor respuesta. **1** Diga: *¿Qué expresión se corresponde con el dibujo e indica las partes que se separan?* **2** Diga: *Hay algunos animales en un grupo. Luego, algunos animales se van. ¿Qué oración y ecuación de resta se corresponden con el dibujo e indican cuántos animales quedan?* **3** *¿Qué ecuación se corresponde con el dibujo e indica cuántos patos quedan?*

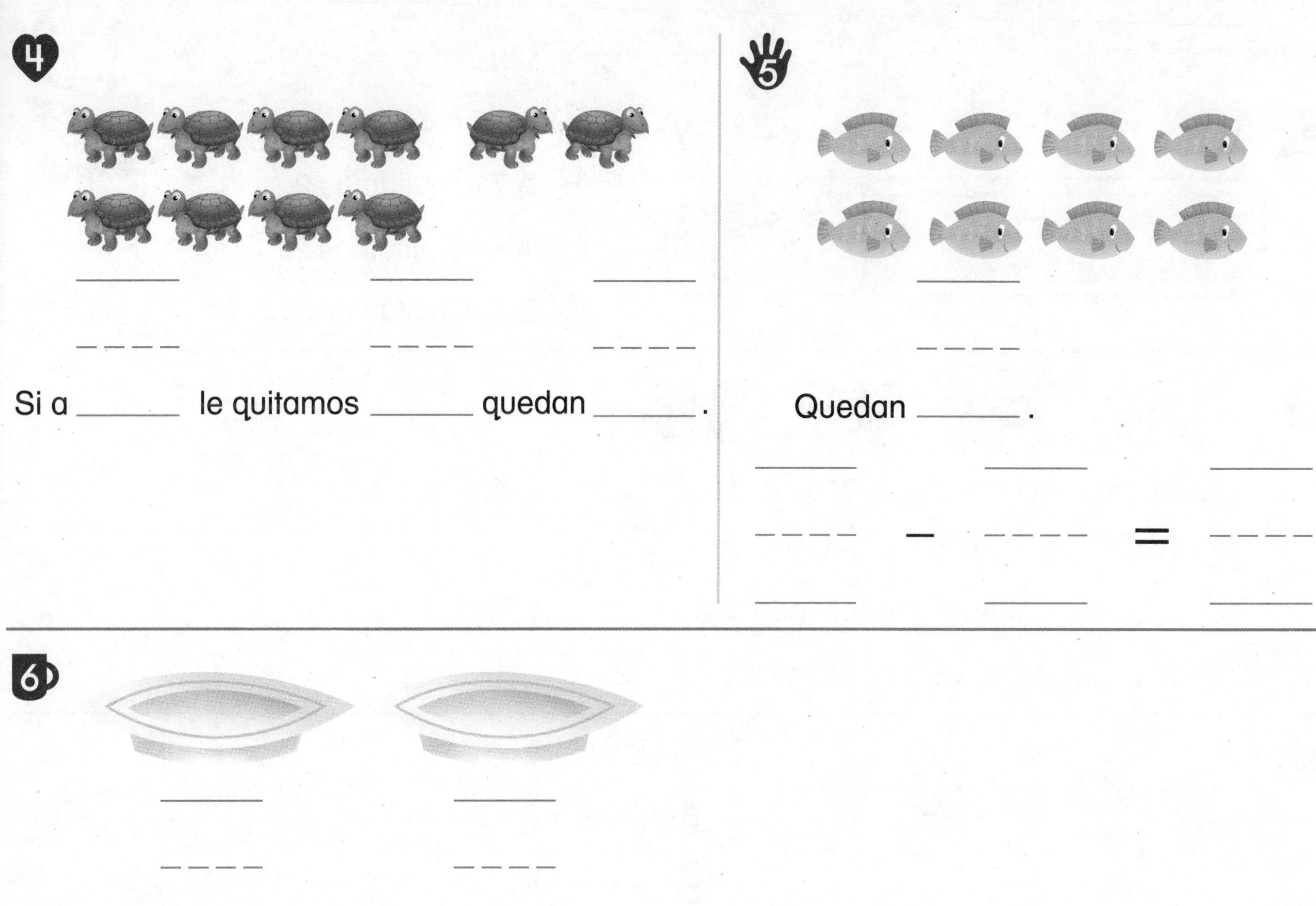

Instrucciones 4 Pida a los estudiantes que escuchen el cuento y luego completen la oración para indicar cuántas quedan. *Kiko ve 10 tortugas en el zoológico. 2 tortugas se van. Escriban una oración numérica que indique cuántas quedan.* 5 Pida a los estudiantes que cuenten los peces. Luego, pídales que marquen con una X algunos de los peces que se alejan, escriban el número que indica cuántos quedan y escriban una ecuación que se corresponda con su cuento. 6 Diga: *Ramona tiene 7 manzanas. Pone las manzanas en 2 platos. Dibujen manzanas para mostrar cuántas manzanas podría poner Ramona en cada plato. Luego, escriban los números para indicar las partes.*

Nombre ______________________________

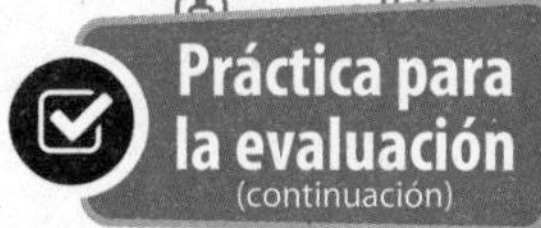

4 – 1 = ____

4 – 2 = ____

____ – ____ = ____

____ ◯ ____ ◯ ____

Ⓐ 6 – 2 = 4 Ⓑ 5 – 4 = 1 Ⓒ 9 – 4 = 5 Ⓓ 4 – 4 = 0

Instrucciones 7 Pida a los estudiantes que completen cada ecuación para hallar el patrón. 8 Pida a los estudiantes que escuchen el cuento, encierren en un círculo el dibujo que muestra el cuento y luego escriban una ecuación. *Hay 7 lagartijas en la arena. 1 se aleja. ¿Cuántas quedan?* 9 *¿Qué ecuación se corresponde con el dibujo?*

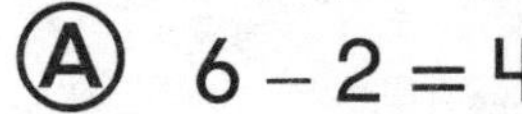

Separa 6.

______ − ______ = ______

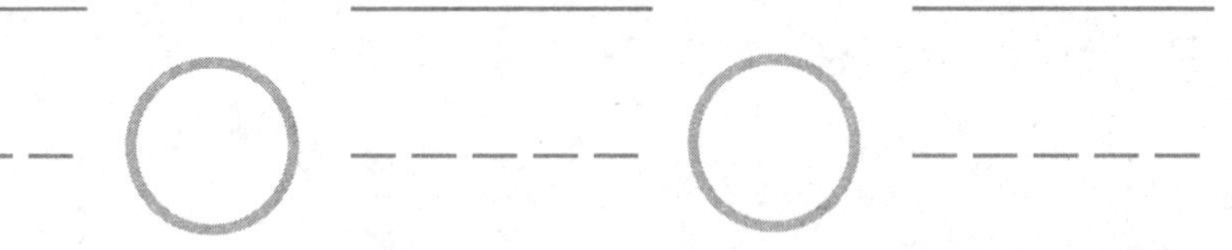

5 − 1 = 4

5 − 0 = 5

5 − 3 = 2

5 − 4 = 1

5 − 2 = 3

Instrucciones Pida a los estudiantes que: 10 separen el grupo de ciruelas. Pídales que encierren en un círculo las partes que formen y escriban una ecuación que se corresponda con el dibujo; 11 escuchen el cuento, hagan un dibujo, usen fichas u otros objetos como ayuda para resolver el problema y luego, escriban una ecuación que se corresponda con el cuento. *Kim recolecta 9 conchas marinas. Regala 6. ¿Cuántas conchas marinas le quedan a Kim?* 12 Pida a los estudiantes que unan cada ecuación con una fila de flores para hallar el patrón.

Nombre ______________________________

Si a ______ le quitamos ______ quedan ______.

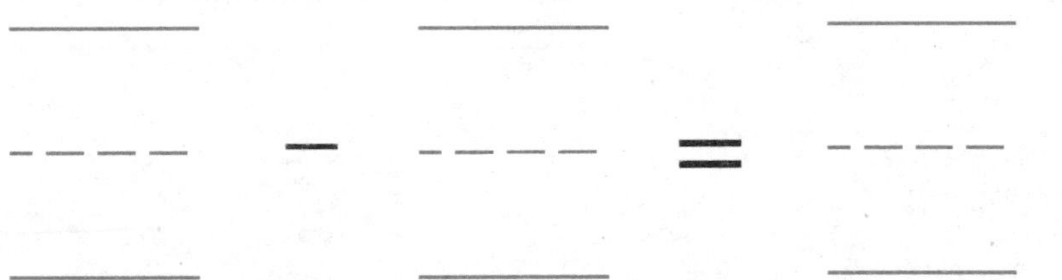

5 − ____ = ____

5 − ____ = ____

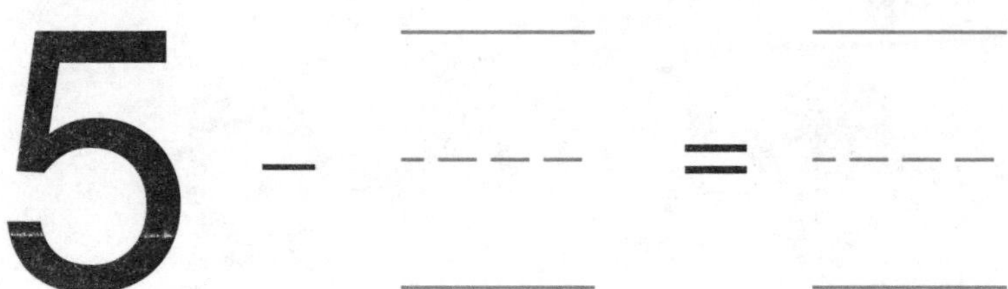

Instrucciones **Espectáculo de títeres** Diga: *La clase de Paco usa muchos títeres para su espectáculo.* 1 Pida a los estudiantes que escuchen el cuento y luego escriban una operación de resta que indique cuántos títeres de patos quedan. *Paco tiene 8 títeres de patos en la escuela. Lleva 3 a casa. ¿Cuántos títeres de patos quedan en la escuela?* 2 *Escriban una ecuación que indique cuántos títeres de patos quedan en la escuela.* 3 Diga: *El dibujo muestra que Paco puso 1 títere de gato en un cajón. ¿Cuántos títeres de gatos quedan?* Pida a los estudiantes que escriban una ecuación para el dibujo y luego escriban otra ecuación para completar el patrón.

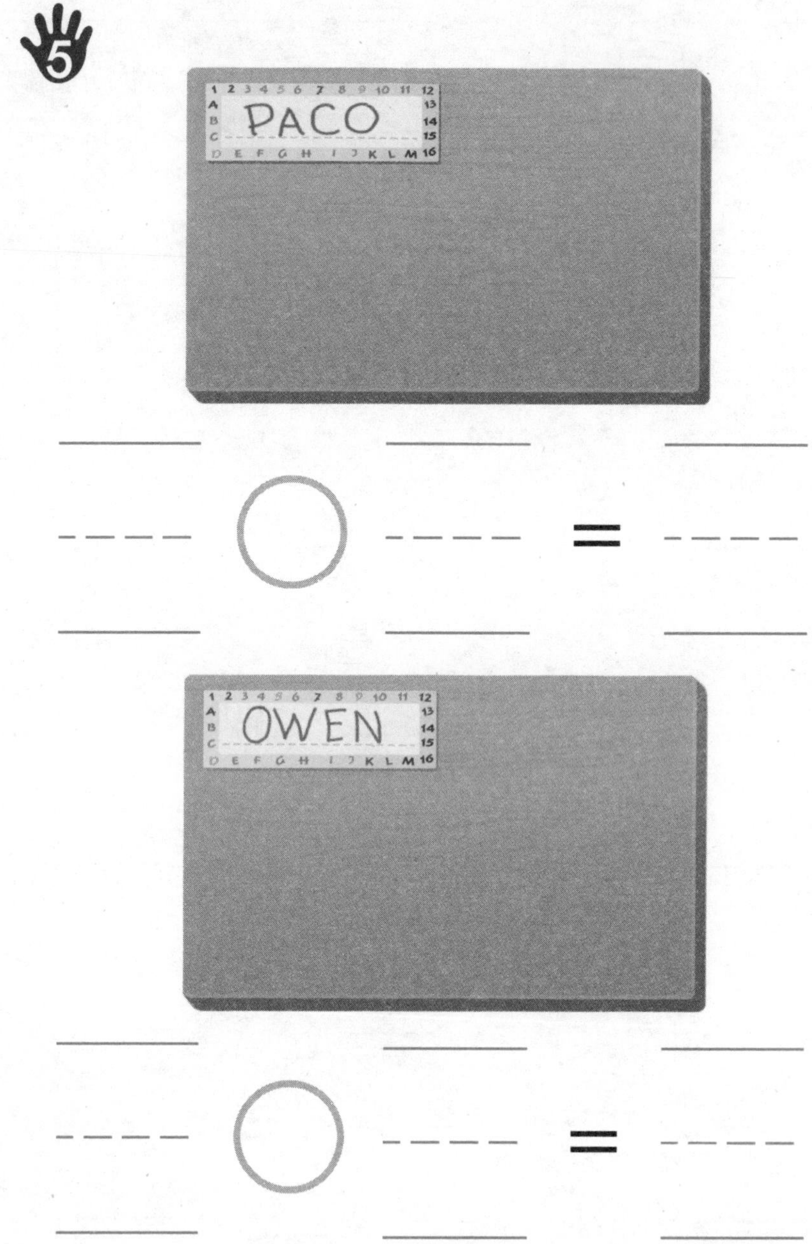

Instrucciones 4 Diga: *La clase de Paco presenta un espectáculo con 4 títeres. En cada escena de la obra, 1 títere más que en la escena anterior sale del escenario.* Pida a los estudiantes que marquen con una X para completar el patrón. Luego, pídales que escriban ecuaciones para mostrar cuántos títeres se van de cada escena. 5 Pida a los estudiantes que escuchen el cuento, usen fichas como ayuda para resolver cada parte del problema y luego escriban una ecuación. *Paco tiene 4 títeres de pájaros amarillos y 3 títeres de pájaros rojos en su escritorio. ¿Cuántos títeres de pájaros tiene Paco en total? Luego, Paco mueve 2 títeres de pájaros al escritorio de su amigo Owen. ¿Cuántos títeres quedan en el escritorio de Paco?*

Más sobre la suma y la resta

Pregunta esencial: ¿Cómo te puede ayudar el descomponer números de más de una manera a aprender sobre la suma y la resta?

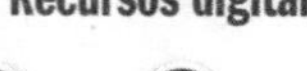

¡Mira!

Podemos reciclar.

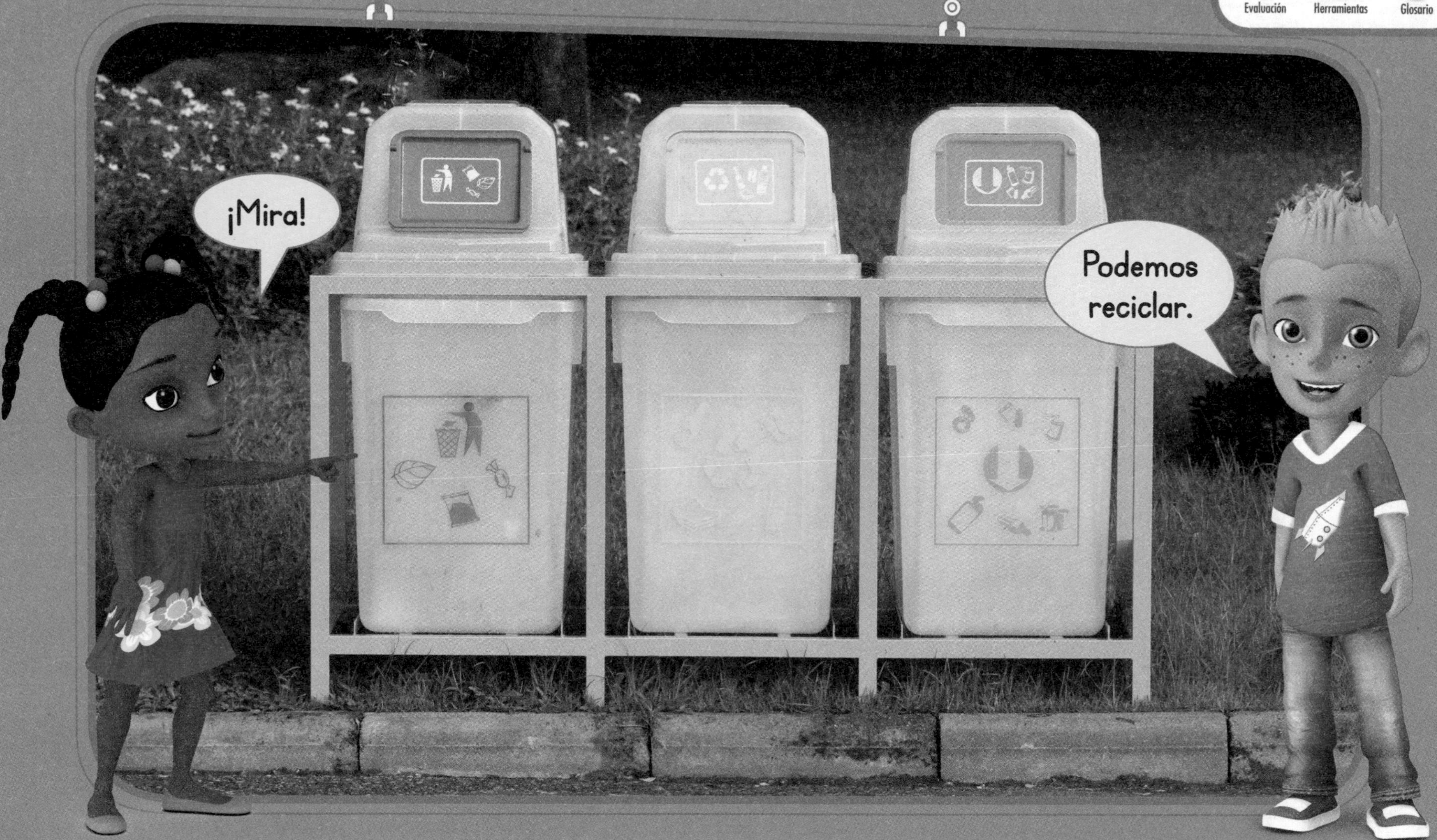

Proyecto de enVision STEM: Reciclar

Instrucciones Lea el diálogo a los estudiantes. **¡Investigar!** Pida a los estudiantes que investiguen sobre el efecto que produce la acumulación de basura y cómo el reciclaje reduce el impacto humano en el medio ambiente. Diga: *Hablen con sus amigos y familiares sobre los objetos que reciclan. Pregúntenles cómo colaboran para proteger el medio ambiente.* **Diario: Hacer un cartel** Luego, pida a los estudiantes que hagan un cartel. Pídales que dibujen un área de juego que tenga 4 papeles, 3 plásticos y 2 metales reciclables botados por allí. Pídales que encierren los papeles en un círculo verde, los plásticos en un círculo amarillo y los metales en un círculo anaranjado. Por último, pida a los estudiantes que escriban una ecuación que sume los 4 objetos de papel y los 3 de plástico.

Nombre ______________________________

Repasa lo que sabes

1

$7 - 5 = 2$

2

$8 - 6 = 2$

$3 + 2 = 5$

3

$+$ $-$

4

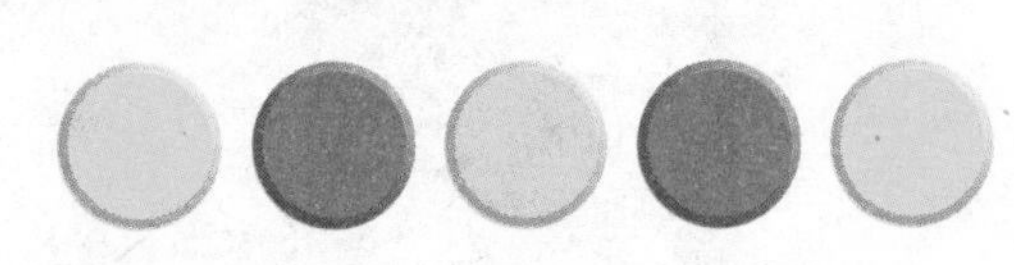

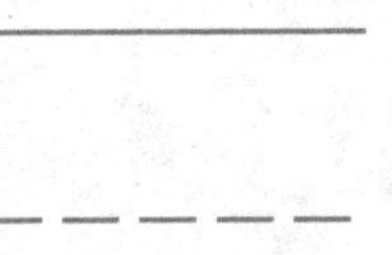

5

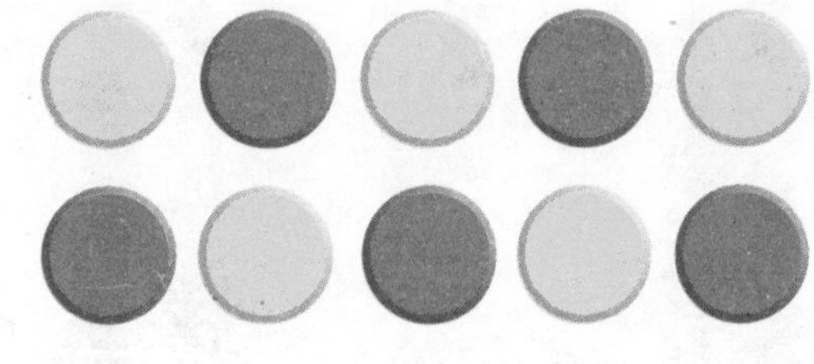

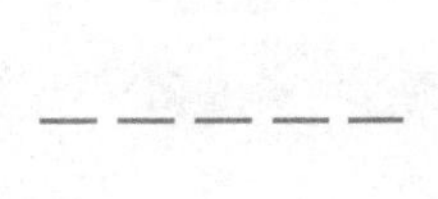

6

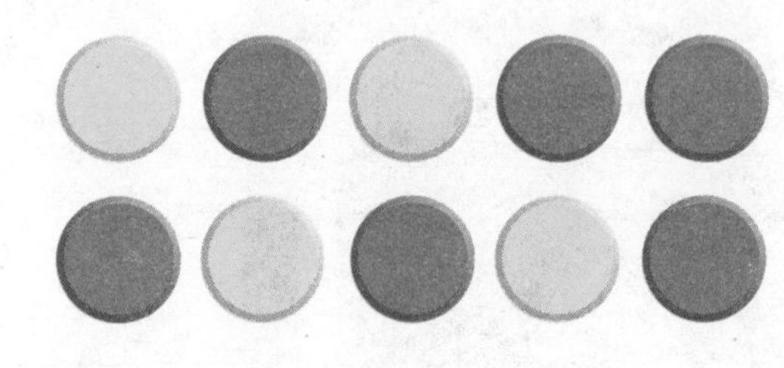

Instrucciones Pida a los estudiantes que: **1** encierren en un círculo la diferencia; **2** encierren en un círculo la ecuación de resta y marquen con una X la ecuación de suma; **3** encierren en un círculo el signo menos; **4** y **5** cuenten las fichas y luego escriban el número que indica cuántas hay; **6** cuenten las fichas y luego escriban los números que indican las partes.

Nombre ______________________________

Escoge un proyecto

Instrucciones Diga: *Escogerán uno de los siguientes proyectos. Miren la foto* **A**. *Piensen en esta pregunta: ¿Cuántos huevos ponen las gallinas? Si escogen el Proyecto A, harán una representación de cómo recolectar huevos. Miren la foto* **B**. *Piensen en esta pregunta: ¿Las flores son las únicas plantas que pueden crecer en un jardín? Si escogen el Proyecto B, harán el cartel de un jardín.*

Instrucciones Diga: *Escogerán uno de los siguientes proyectos. Miren la foto* **C**. *Piensen en esta pregunta: ¿Qué ven en el cielo durante la noche? Si escogen el Proyecto C, harán el dibujo de una estrella. Miren la foto* **D**. *Piensen en esta pregunta: ¿Les gustaría vivir en esta casa? Si escogen el proyecto D, dibujarán una casita del árbol.*

Resuélvelo y coméntalo

Nombre ______________________

Lección 8-1

Descomponer 5 para resolver problemas

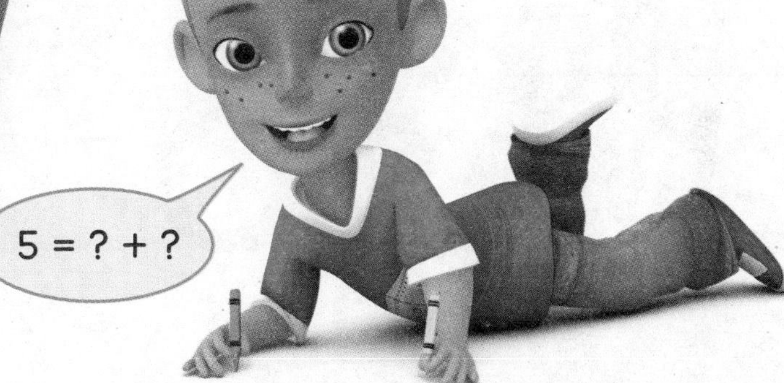

5 = ____ + ____

Instrucciones Diga: *Alex planta 5 margaritas en una maceta. Algunas son amarillas, otras son rojas. Usen fichas para mostrar una manera de descomponer un grupo de 5 margaritas. Dibujen sus fichas en la maceta. Coloreen las margaritas. Completen la ecuación para mostrar cuántas margaritas rojas y cuántas margaritas amarillas hay.*

Puedo...
escribir ecuaciones para mostrar partes de 5 y para resolver problemas.

También puedo usar herramientas matemáticas correctamente.

$5 = 1 + 4$

Práctica guiada

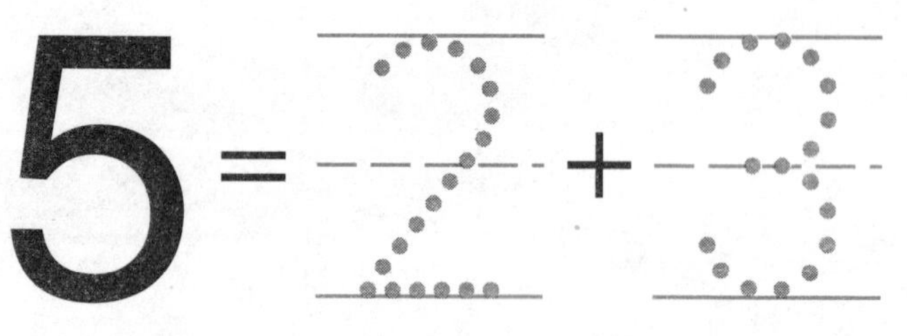

$5 = 2 + 3$

Instrucciones ★1 Pida a los estudiantes que escuchen el cuento, usen y dibujen fichas, coloreen las flores y completen la ecuación para representar otra manera de descomponer 5. *Alex planta 5 margaritas. Algunas son amarillas, otras son rojas. ¿Cuántas margaritas son amarillas y cuántas son rojas?*

Nombre ______

$5 = \_\_\_ + \_\_\_$

3

$5 = \_\_\_ + \_\_\_$

Instrucciones 2 y 3 Pida a los estudiantes que escuchen el cuento, usen y dibujen fichas, coloreen las flores y completen la ecuación para representar otras maneras de descomponer 5. Diga: *Marta planta 5 flores. Algunas son amarillas y otras son rojas. ¿Cuántas son amarillas y cuántas son rojas?*

Práctica independiente

Herramientas Evaluación

5 = ______ + ______

5 = ______ + ______

Instrucciones Pida a los estudiantes que escuchen el cuento, usen y dibujen fichas, coloreen las flores y completen la ecuación para mostrar otra manera de descomponer 5. Diga: *Carlos planta 5 flores. Algunas son amarillas y otras son rojas. ¿Cuántas son amarillas y cuánas son rojas?* **Razonamiento de orden superior** Pida a los estudiantes que dibujen otra manera de descomponer 5 con flores y luego escriban una ecuación que se corresponda con el cuento y muestre las partes que son iguales a 5.

Nombre ______________________________

Lección 8-2
Operaciones relacionadas

$2 + 2 = 4$

$4 - 2 = 2$

Instrucciones Diga: *4 pingüinos juegan afuera. 2 pingüinos entran a la cueva de hielo. ¿Cuántos pingüinos quedan afuera? Encierren en un círculo la ecuación que representa el cuento. Digan cómo lo saben.*

Puedo...
resolver ecuaciones relacionadas de suma y de resta.

También puedo entender problemas.

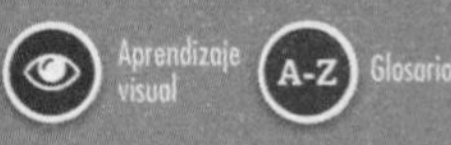

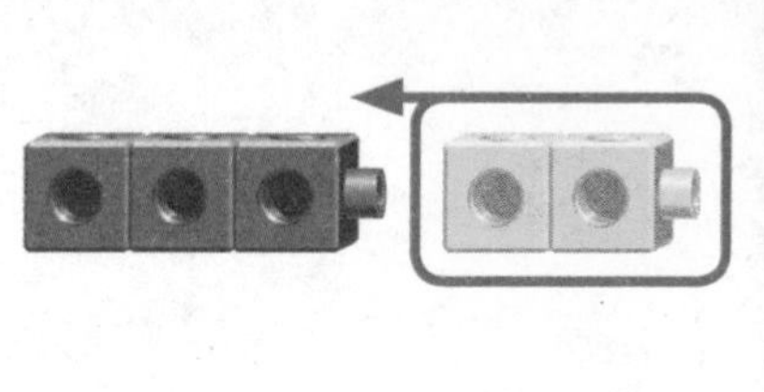

$$3 + 2 = 5$$

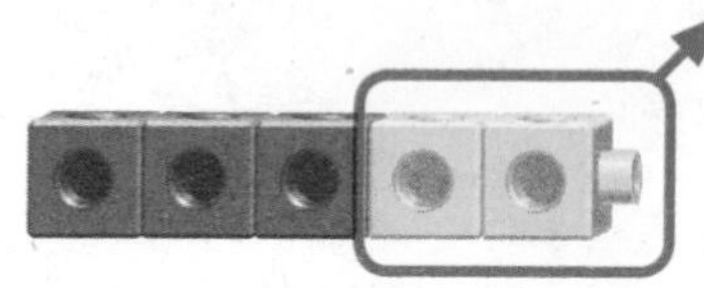

$$5 - 2 = 3$$

Práctica guiada

Instrucciones **1 Vocabulario** Pida a los estudiantes que escuchen cada cuento y usen cubos conectables como ayuda para representar cada cuento y escoger una **operación**. Luego, pídales que completen las ecuaciones para indicar las operaciones relacionadas. *Hay 4 pingüinos en un grupo. Se les une 1 pingüino más. ¿Cuántos pingüinos hay en total?* Luego, diga: *Hay 5 pingüinos en un grupo. 1 pingüino se va. ¿Cuántos pingüinos quedan?*

Nombre ______

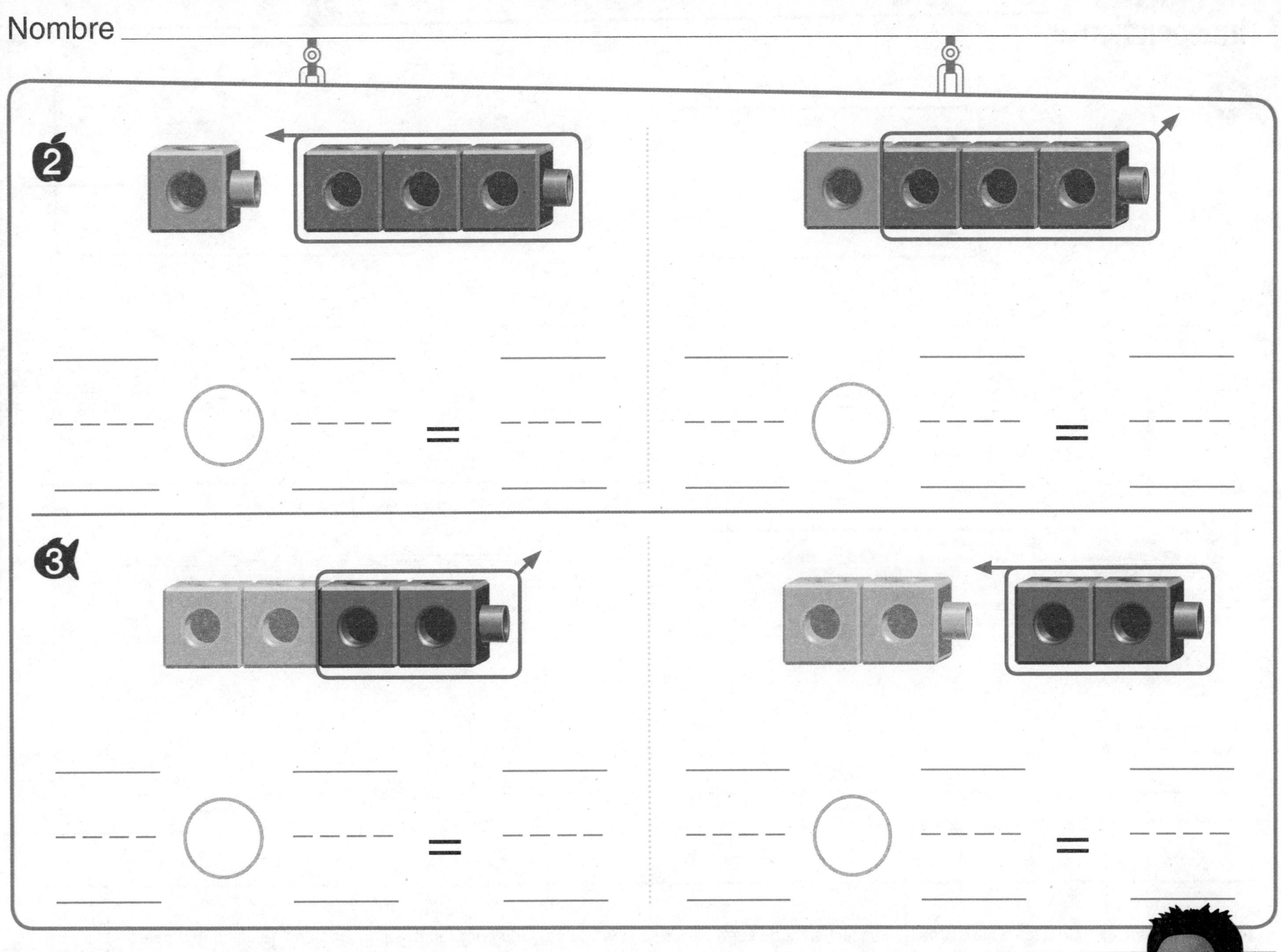

Instrucciones 2 y 3 Pida a los estudiantes que usen cubos conectables para representar estas operaciones con 4. Pídales que decidan si los cubos muestran la suma o la resta. Anímelos a inventar sus propios cuentos para que se correspondan con los cubos. Luego, pídales que escriban ecuaciones para indicar las operaciones relacionadas.

Práctica independiente

Herramientas Evaluación

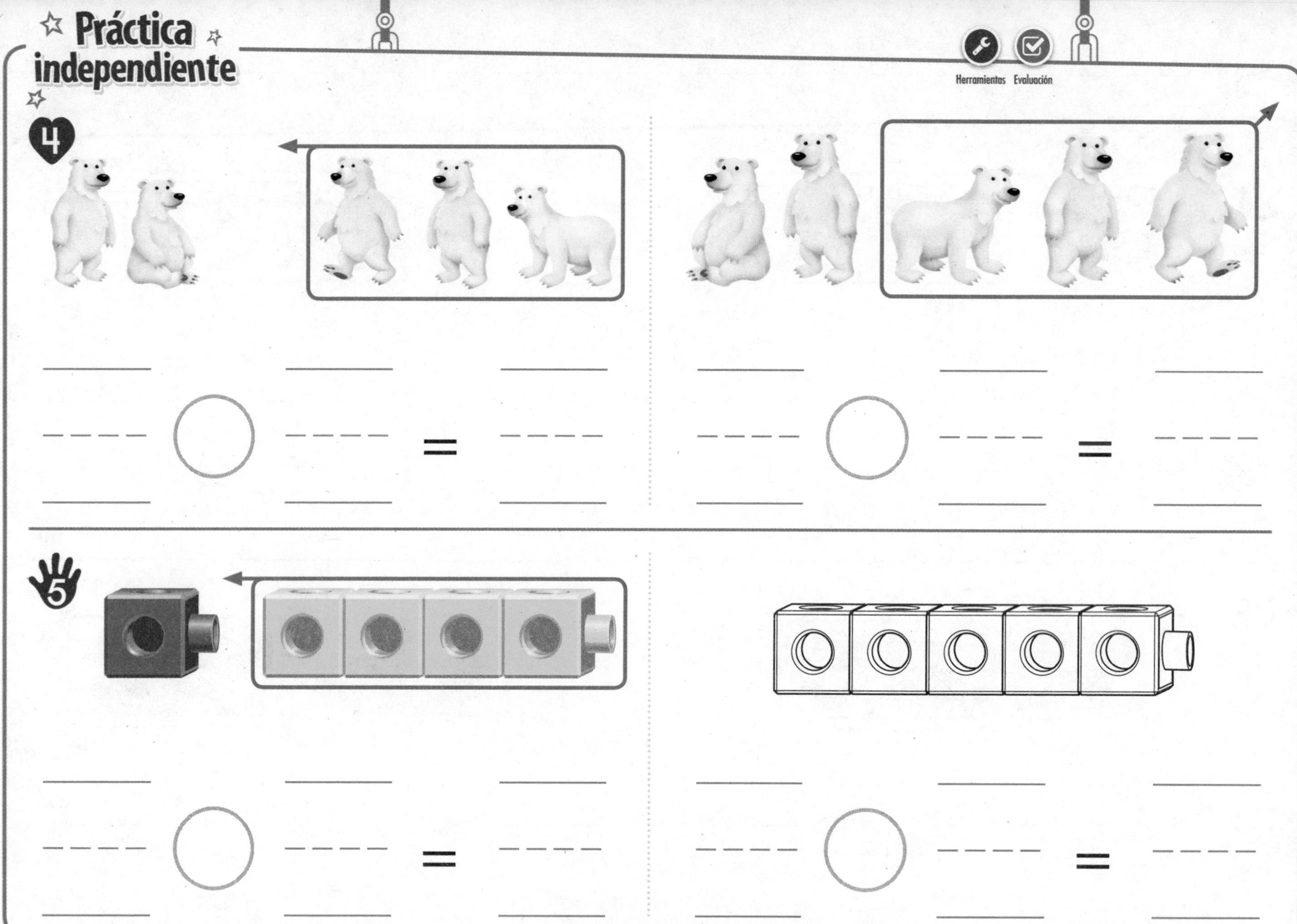

Instrucciones 4 Pida a los estudiantes que escuchen cada cuento, usen cubos como ayuda para representar cada uno, escojan una operación, y luego escriban las ecuaciones para indicar las operaciones relacionadas. Diga: *Hay 2 osos. 3 se les unen. ¿Cuántos osos hay en total?* Luego, diga: *Hay un grupo de 5 osos. 3 osos se van. ¿Cuántos osos hay ahora?* 5 **Razonamiento de orden superior** Pida a los estudiantes que decidan si quieren usar los cubos para mostrar la suma o la resta y escriban una ecuación que se corresponda. Para el segundo grupo de cubos, pídales que coloreen los cubos usando los mismos números que usaron en la ecuación que acaban de escribir, dibujen una flecha para mostrar la operación relacionada y escriban la ecuación que corresponda.

Nombre ______________________________

Resolución de problemas

Lección 8-3
Razonar

4 – 3 = 1

Piensa.

Instrucciones Diga: *Jada y Carlos están en el zoológico. Cada uno cuenta un cuento sobre un animal en un hábitat. ¿Qué cuento pueden contar que se corresponda con la ecuación que se muestra? Cuéntenselo a un compañero. Hagan un dibujo que represente su cuento.*

Puedo...
razonar sobre números y operaciones.

También puedo sumar y restar hasta el 5.

Puente de aprendizaje visual

$2 + 3 = ?$

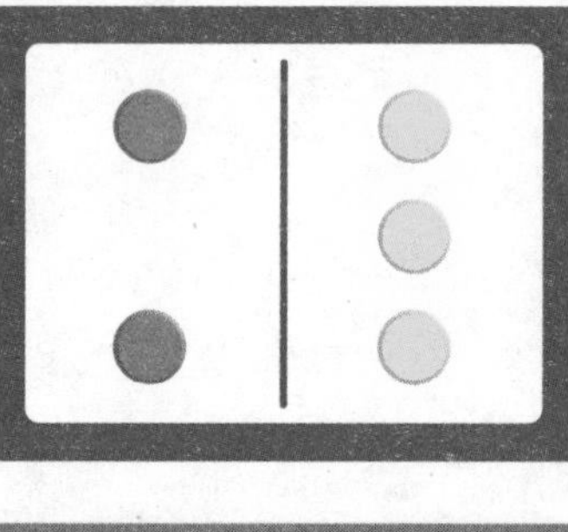

¿Qué significa el signo +?

Práctica guiada

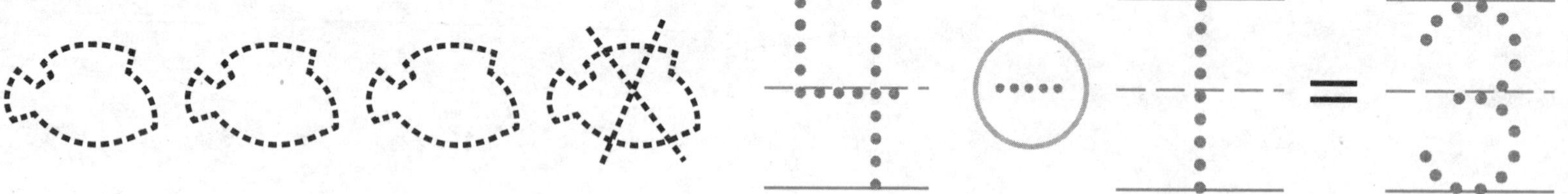

Instrucciones Pida a los estudiantes que cuenten un cuento para 4 − 1. Luego, pídales que hagan un dibujo para ilustrar su cuento y escriban la ecuación.

Nombre

Práctica independiente

2

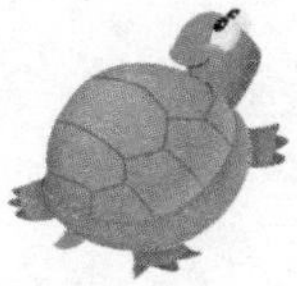

3

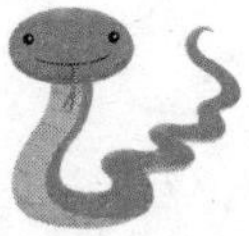

Instrucciones Pida a los estudiantes que cuenten un cuento para: 2 1 + 3 tortugas. Luego, pídales que hagan un dibujo para ilustrar su cuento y escriban la ecuación; 3 3 – 2 culebras. Luego, pídales que hagan un dibujo para ilustrar su cuento y escriban la ecuación.

Resolución de problemas

Tarea de rendimiento

4 + ____ = 5

Instrucciones Lea el problema a los estudiantes. Luego, pídales que usen diferentes prácticas matemáticas para resolverlo. Diga: *La maestra de Carlos escribió esta ecuación en el pizarrón:* 4 + ☐ = 5 *¿Pueden contar un cuento para esa ecuación?* **Razonar** *¿Qué cuento pueden contar como ayuda para resolver el problema y escribir la ecuación?* **Usar herramientas** *¿Los ayuda a resolver el problema hacer un dibujo? ¿Qué muestran sus dibujos? ¿Qué otras herramientas pueden usar para resolver el problema?* **Representar** *¿Puede un modelo ayudarlos a resolver el problema? Usen el tablero de partes para comprobar su respuesta.*

Resuélvelo y coméntalo

Nombre ______________________________

Lección 8-4
Sumar y restar con fluidez hasta el 5

0 1 2 3 4 5

$1+2=3$ $4-2=2$

Instrucciones Diga: *Ayuden a Jada a escribir dos ecuaciones más de suma y dos ecuaciones más de resta usando los números de la parte superior de la página. Usen fichas para explicar sus ecuaciones.*

Puedo...
escribir ecuaciones de suma y resta hasta el 5 y recordarlas.

También puedo construir argumentos matemáticos.

Puente de aprendizaje visual

$3 + 2 = ?$

$3 + 2 = 5$

$3 - 1 = ?$

$3 - 1 = 2$

$3 - 1 = 2$

Práctica guiada

$4 + 1 = 5$

$5 - 1 = \_\_\_$

Instrucciones 1 y 2 Pida a los estudiantes que resuelvan la ecuación de la manera que prefieran y luego expliquen cómo resolvieron el problema.

Nombre ____________________

3

$2 + 1 =$ ____

4

$3 - 1 =$ ____

5

$2 - 2 =$ ____

6

$1 + 4 =$ ____

7

$4 + 0 =$ ____

8

$4 - 2 =$ ____

Instrucciones 3 a 8 Pida a los estudiantes que resuelvan la ecuación de la manera que prefieran y luego digan cómo resolvieron el problema.

Práctica independiente

4 − 1 = ____

10

3 + 1 = ____

3 − 2 = ____

12

1 + 0 = ____

13

5 − 2 = ____

14

5 − ____ = 5

Instrucciones 9 a 13 Pida a los estudiantes que resuelvan la ecuación de la manera que prefieran y luego digan cómo resolvieron el problema. 14 **Razonamiento de orden superior** Pida a los estudiantes que hallen el número que falta en la ecuación de la manera que prefieran y luego digan cómo resolvieron el problema.

Resuélvelo y coméntalo

Nombre ______________________________

Lección 8-5

Descomponer 6 y 7 para resolver problemas

6 = ? + ?

Instrucciones Diga: *Jada quiere descomponer 6 libros en 2 grupos y ponerlos en sus estantes. Dibujen una manera en que podría poner los libros y luego escriban los números que indican cuántos libros dibujaron en cada estante. Escriban una ecuación que se corresponda con el dibujo. Expliquen por qué su respuesta es correcta.*

Puedo...

escribir ecuaciones para mostrar partes de 6 y 7 y para resolver problemas.

También puedo representar con modelos matemáticos.

Aprendizaje visual | A-Z Glosario

Puente de aprendizaje visual

7

7 = 1 + 6

Práctica guiada

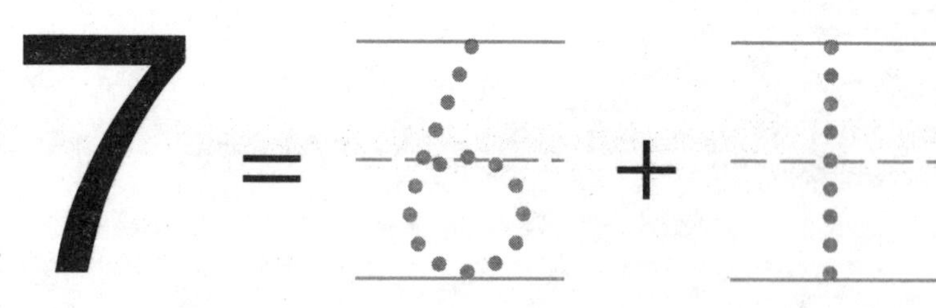

Instrucciones ★ Pida a los estudiantes que escuchen el cuento, usen los cubos para representar cuántas flores hay en cada florero y luego completen la ecuación que se corresponda con los cubos. Diga: *Jada tiene 7 flores. Pone algunas en un florero azul y algunas en un florero rojo. ¿Cuántas flores puso en cada florero?*

Nombre ______________________________

2

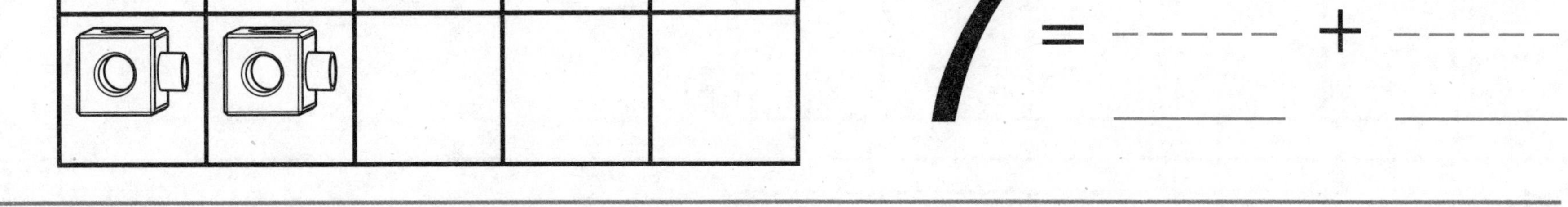

7 = ______ + ______

3

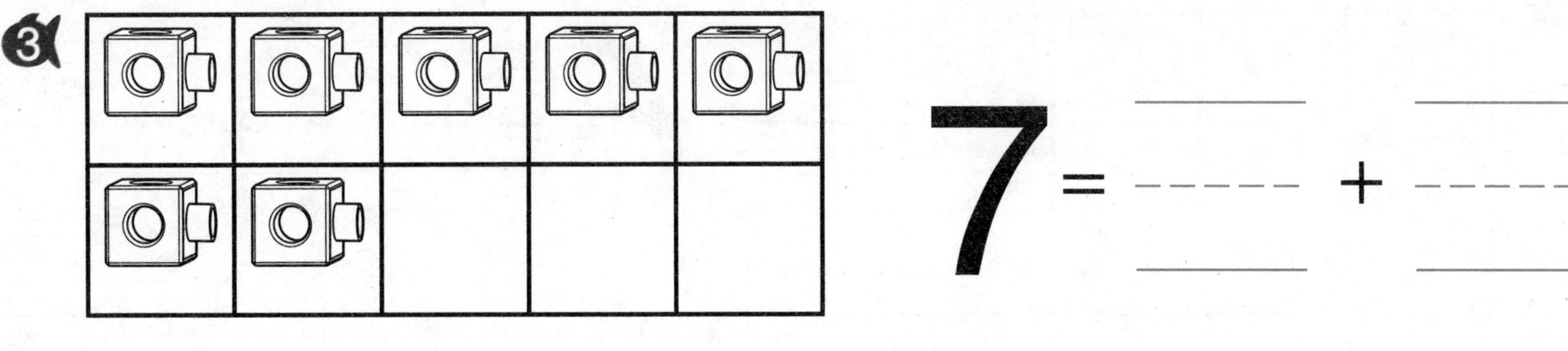

7 = ______ + ______

4

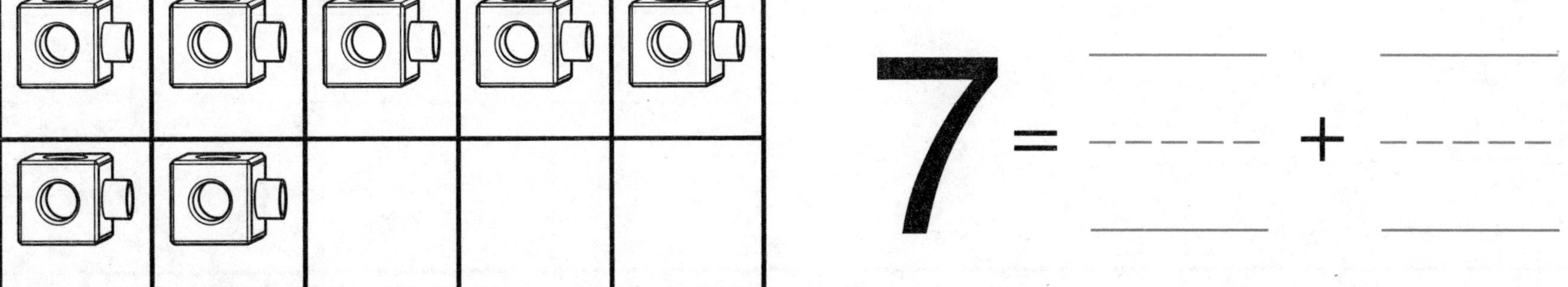

7 = ______ + ______

Instrucciones 2 a 4 Pida a los estudiantes que escuchen el cuento, usen y coloreen cubos para mostrar 3 maneras diferentes de descomponer las flores y ponerlas en los floreros y luego completen las ecuaciones que se correspondan con cada manera. Diga: *Carlos tiene 7 flores. Quiere poner algunas en un florero rojo y algunas en un florero azul. ¿Cuántas flores puede poner en cada florero?*

Práctica independiente

Herramientas Evaluación

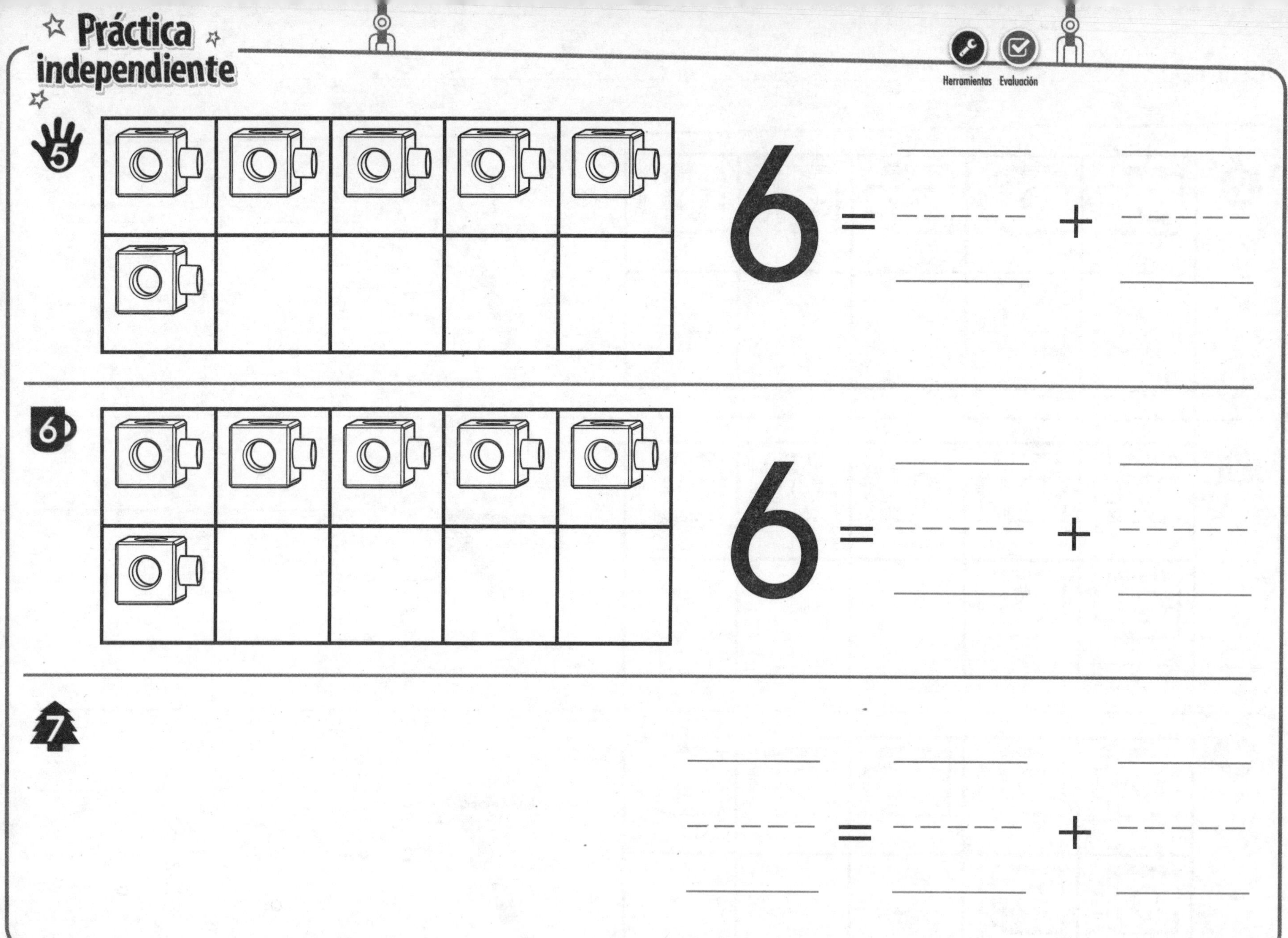

Instrucciones 5 y 6 Pida a los estudiantes que escuchen el cuento, usen y coloreen cubos para mostrar diferentes maneras de descomponer las flores y ponerlas en los floreros y luego completen las ecuaciones que se correspondan con cada manera. Diga: *Daniel tiene 6 flores. Pone algunas en un florero rojo y algunas en un florero azul. ¿Cuántas flores puede poner en cada florero?* 7 **Razonamiento de orden superior** Pida a los estudiantes que dibujen cubos para mostrar otra manera de resolver el problema y luego escriban una ecuación que se corresponda con él.

Nombre ____________________

Lección 8-6
Descomponer 8 y 9 para resolver problemas

8 = ____ + ____

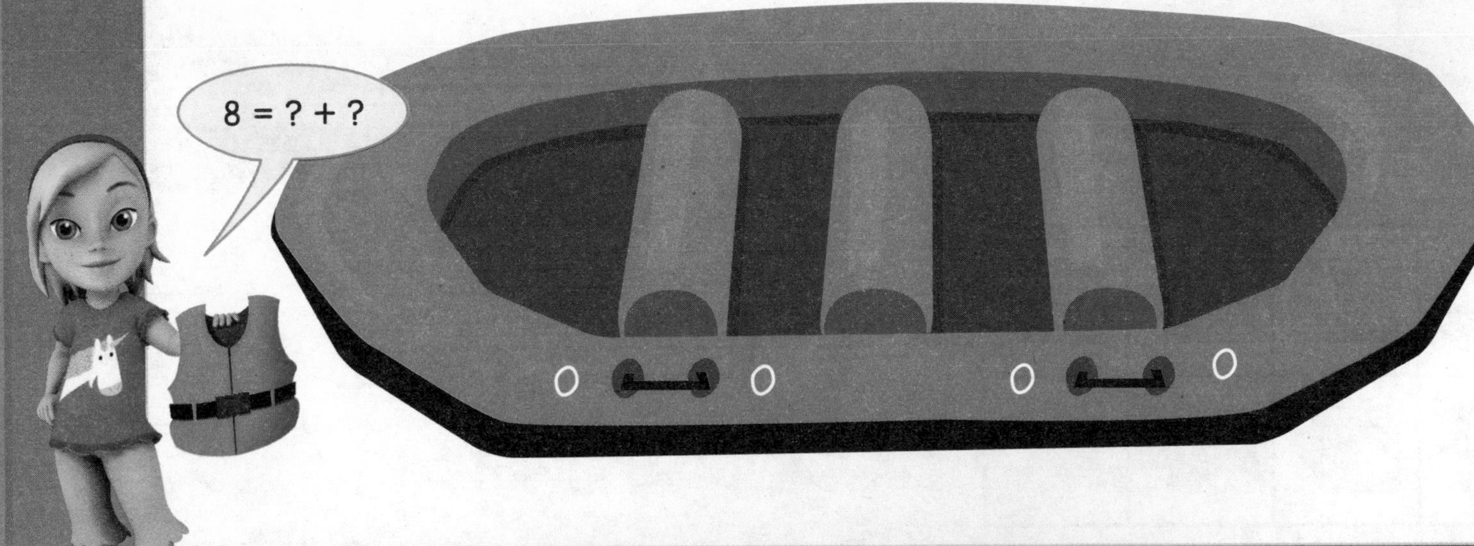

Instrucciones Diga: *8 niños van a navegar en rápidos. Necesitan chalecos salvavidas. Algunos de los chalecos son rojos y otros son azules. ¿Cuántos chalecos de cada color necesitan si todos usan un chaleco? Usen cubos para representar una manera de descomponer 8 y mostrar cuántos son rojos y cuántos son azules. Completen la ecuación para que se corresponda con los cubos.*

Puedo...
escribir ecuaciones para mostrar partes de 8 y 9 y para resolver problemas.

También puedo representar con modelos matemáticos.

Puente de aprendizaje visual

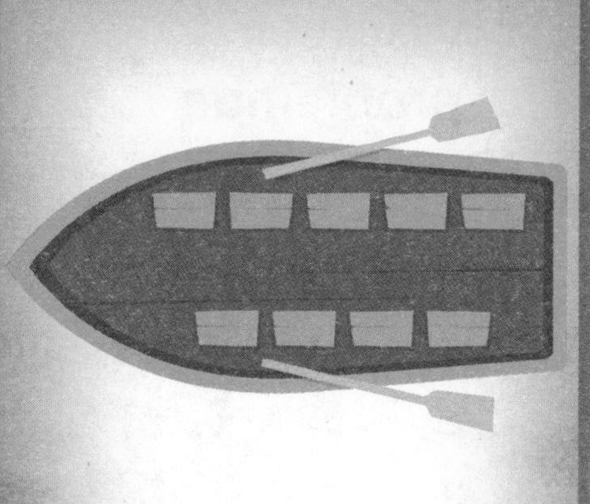

9

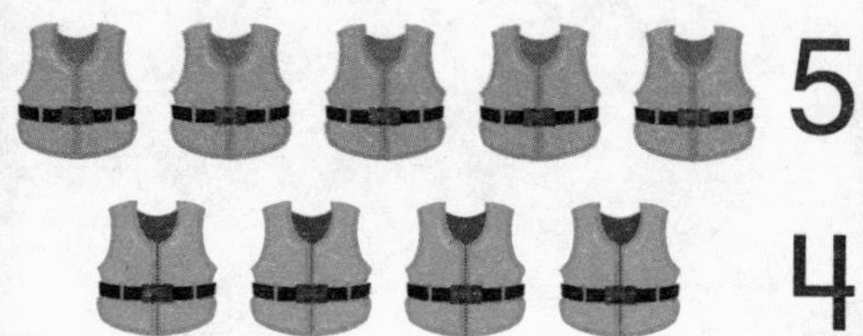

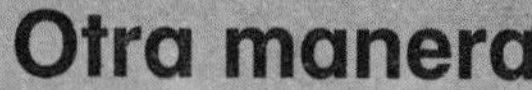

$9 = ? + ?$

Práctica guiada

$9 = 8 + 1$

Instrucciones Pida a los estudiantes que escuchen el cuento, usen y coloreen cubos para representar cuántos hay de cada color y luego completen la ecuación para mostrar otra manera de descomponer 9. Diga: *9 niños van a navegar en rápidos. Necesitan chalecos salvavidas. Algunos chalecos son rojos y otros son azules. ¿Cuántos chalecos de cada color necesitan si todos usan un chaleco?*

Nombre ____________________

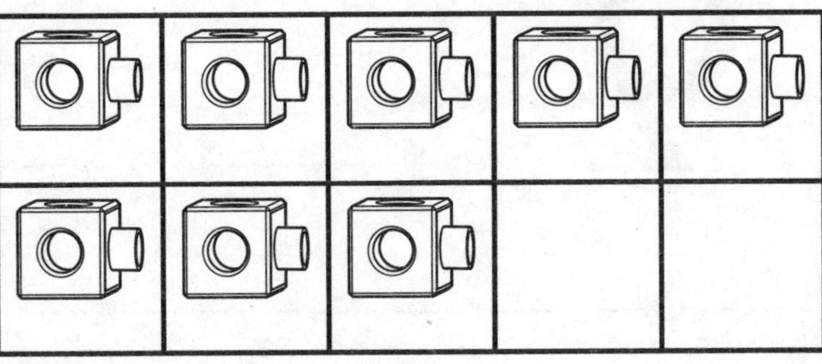

8 = ____ + ____

3

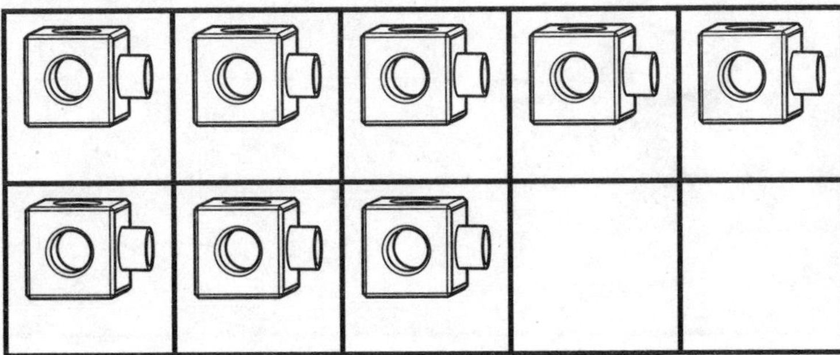

8 = ____ + ____

4

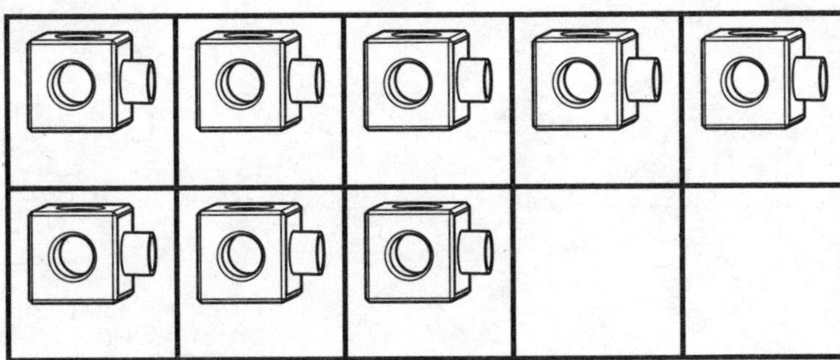

8 = ____ + ____

Instrucciones 2 a 4 Pida a los estudiantes que escuchen el cuento, usen y coloreen cubos para representar cuántos hay de cada color y luego completen las ecuaciones para que se correspondan con los cubos y representen 3 maneras más de descomponer 8. Diga: *8 niños van a navegar en rápidos. Necesitan chalecos salvavidas. Algunos de los chalecos son rojos y otros son azules. ¿Cuántos chalecos de cada color necesitan si todos usan un chaleco?*

Práctica independiente

Herramientas Evaluación

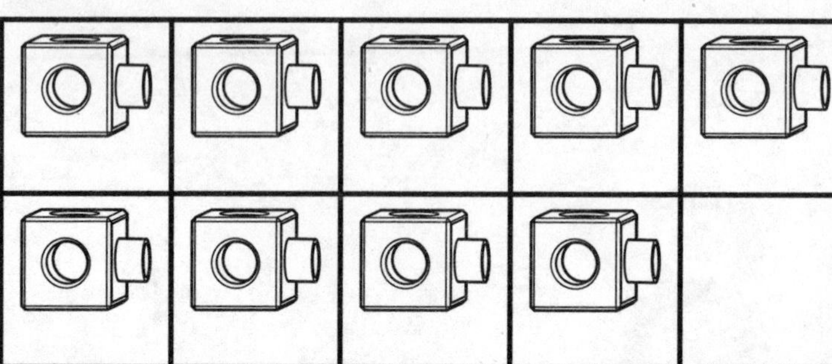

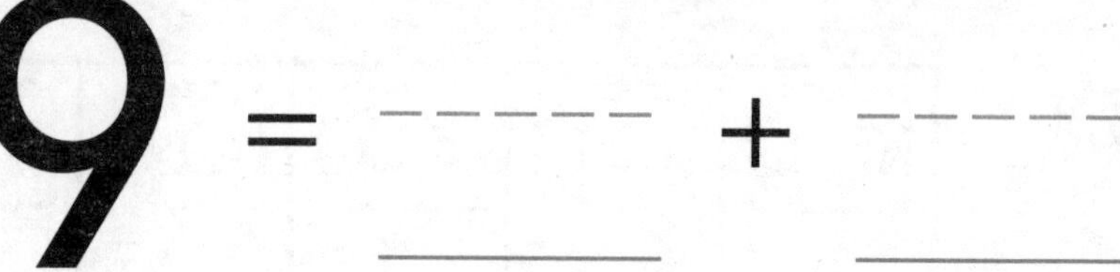

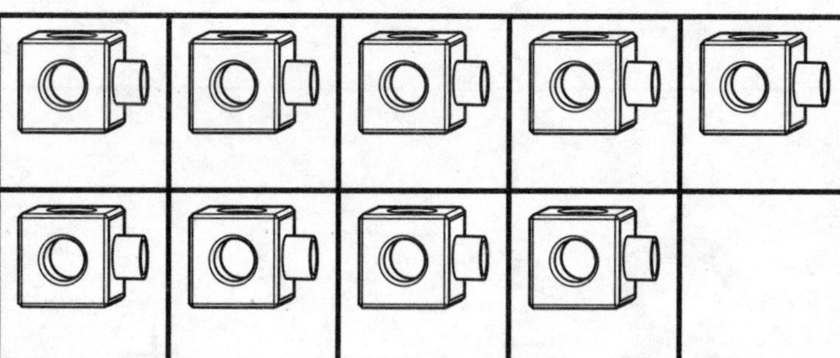

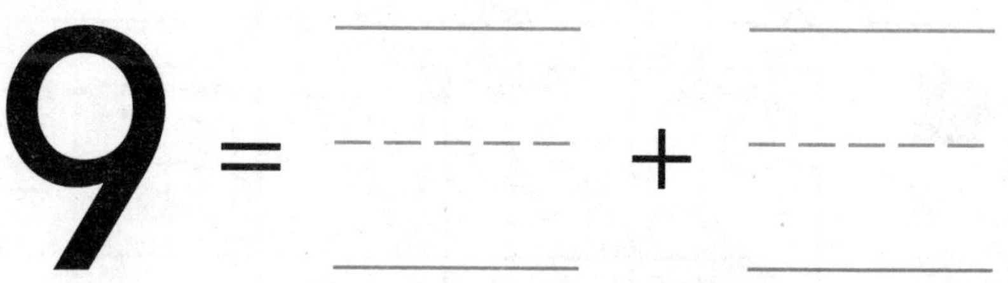

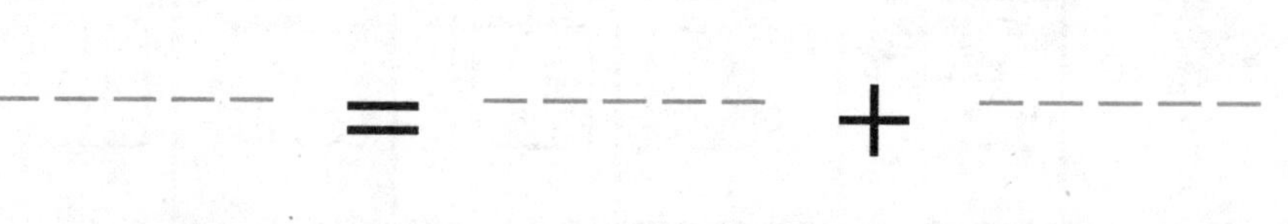

Instrucciones 5 y 6 Pida a los estudiantes que escuchen el cuento. Luego, pídales que usen y coloreen cubos para indicar cuántos hay de cada color. Luego, pídales que completen las ecuaciones para representar 2 maneras más de descomponer 9. Diga: *9 niños van a navegar en rápidos. Necesitan chalecos salvavidas. Algunos son rojos y otros son azules. ¿Cuántos chalecos de cada color necesitan si todos usan un chaleco?* 7 **Razonamiento de orden superior** Pida a los estudiantes que dibujen cubos para mostrar otra manera de resolver el problema y luego escriban una ecuación que se corresponda con esa manera.

Nombre ______________________________

Lección 8-7
Maneras de formar 10

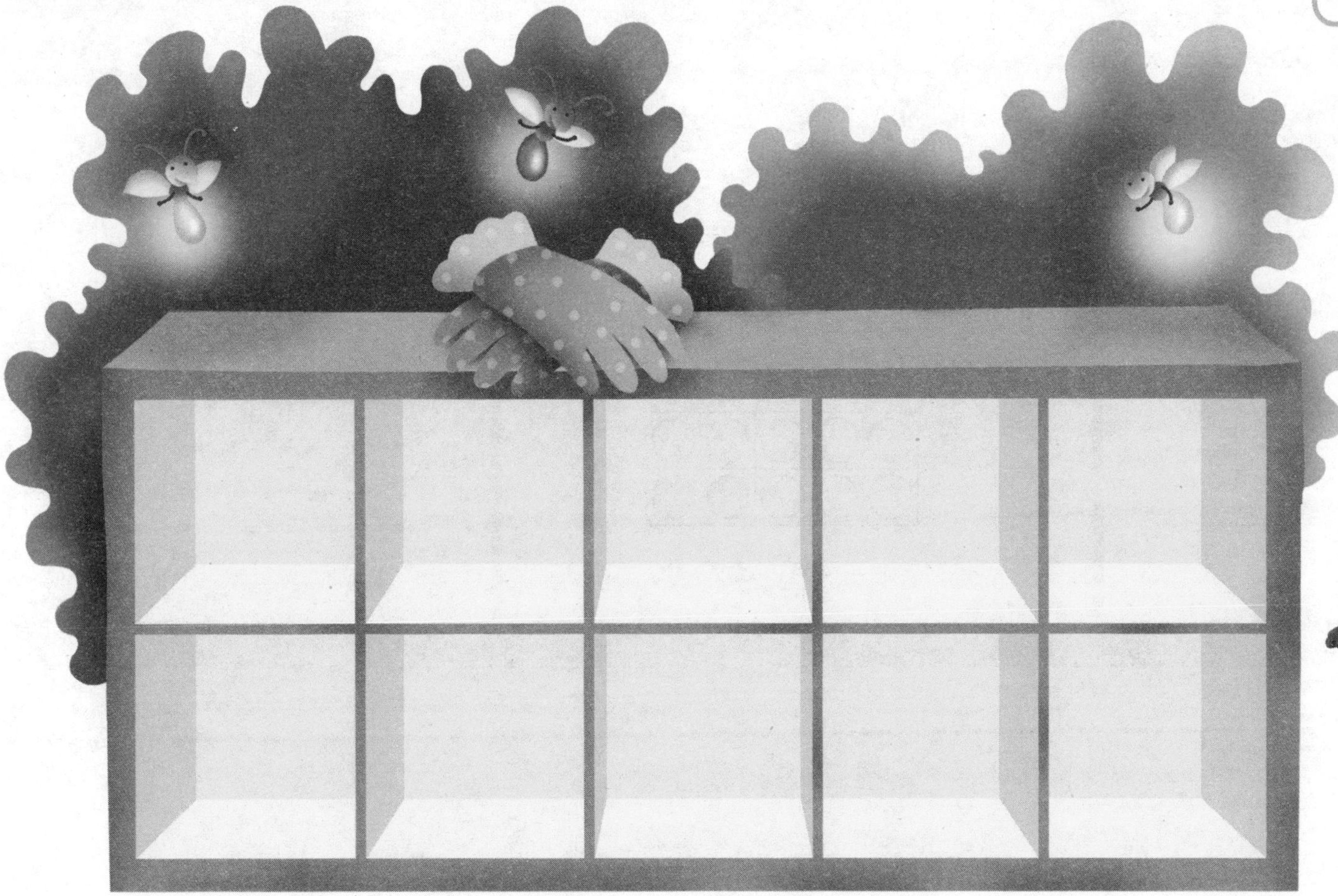

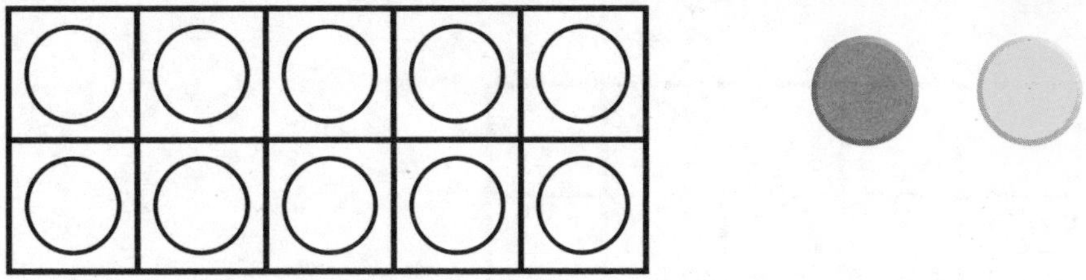

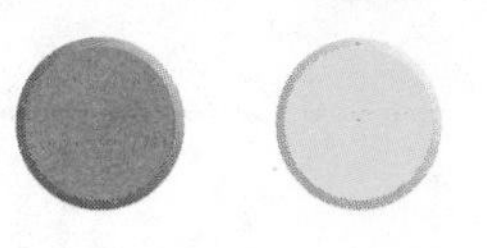

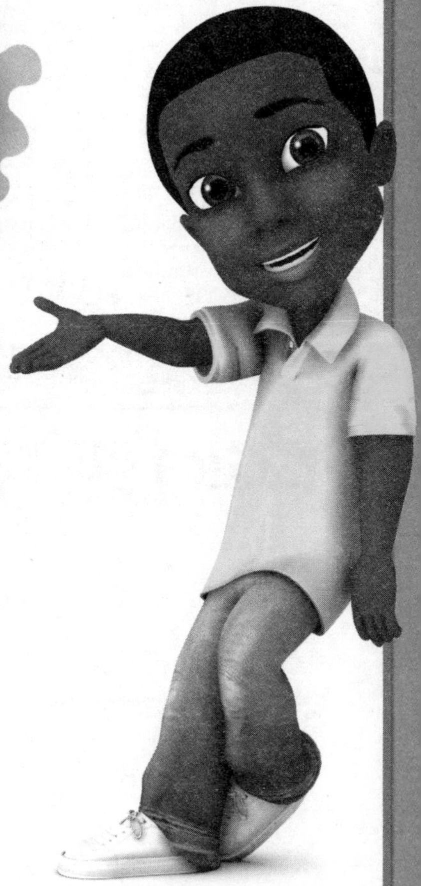

Instrucciones Diga: *Jackson pone 10 regaderas en un estante de la tienda de jardinería. Usen fichas para mostrar cómo puede poner Jackson las 10 regaderas. Luego, usen diferentes cantidades de fichas rojas y amarillas para mostrar otras maneras de poner las regaderas en el estante. Coloreen las fichas de rojo y amarillo en el marco de diez para mostrar su manera favorita.*

Puedo...
mostrar cómo formar un grupo de 10.

También puedo usar razonamientos repetidos.

Puente de aprendizaje visual

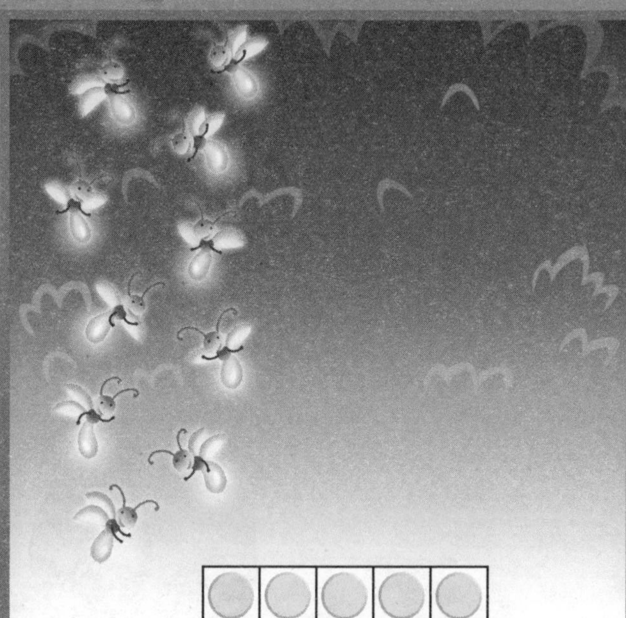

10 y 0

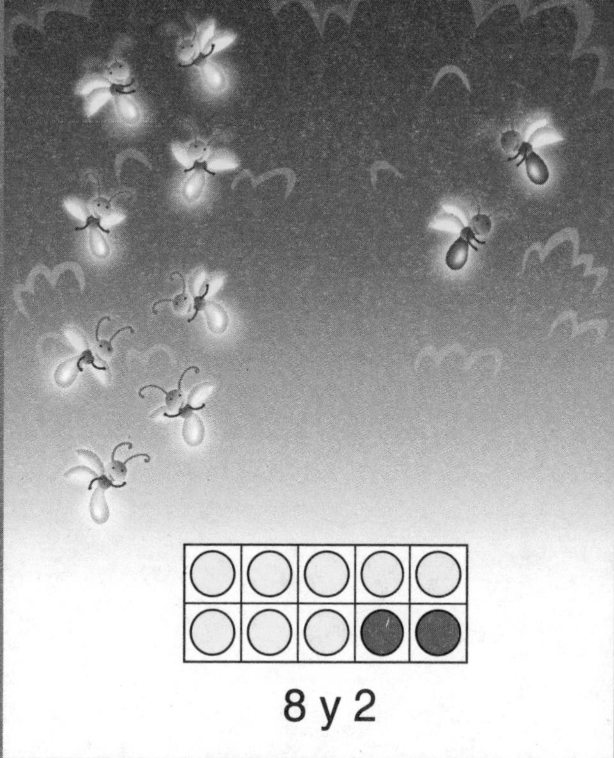

8 y 2

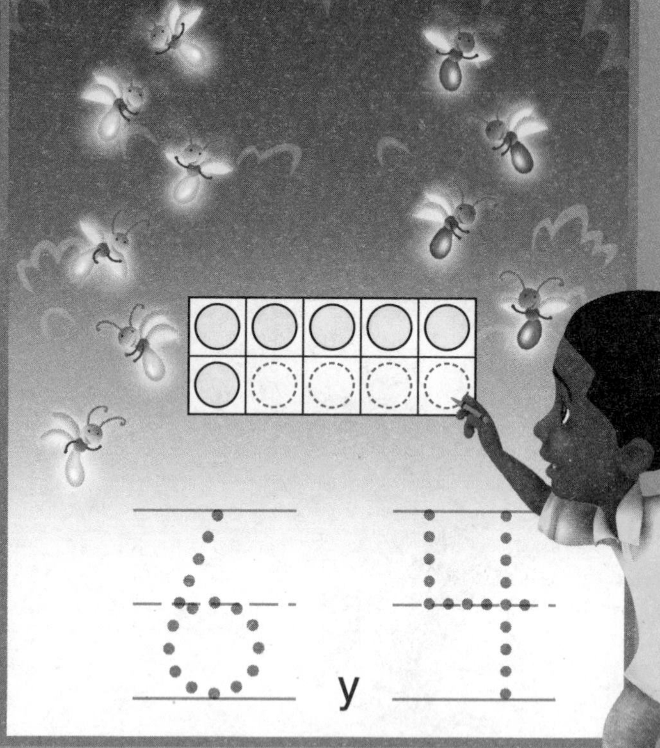

6 y 4

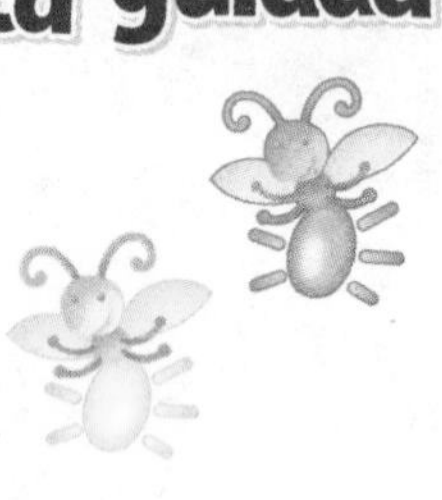

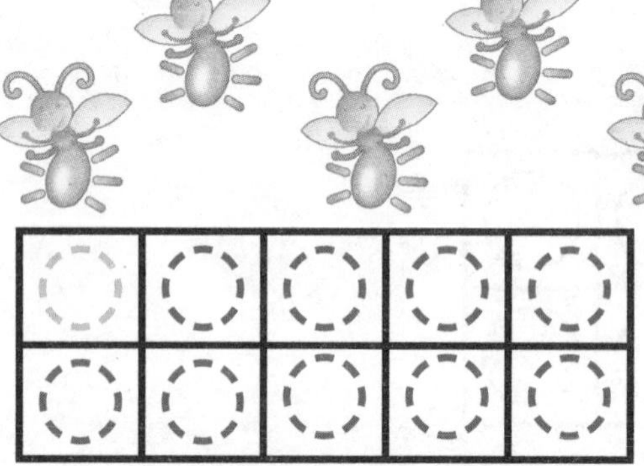

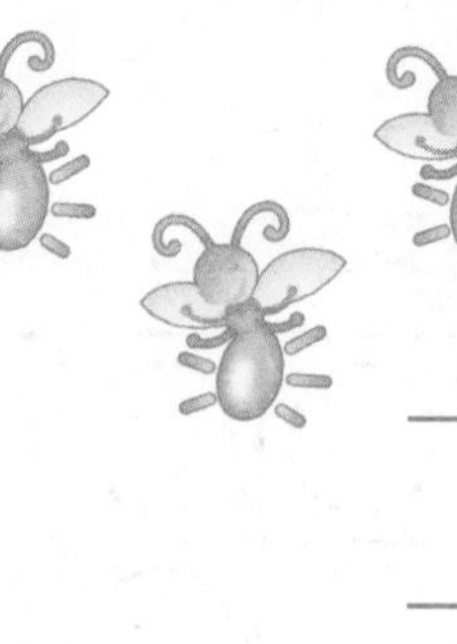

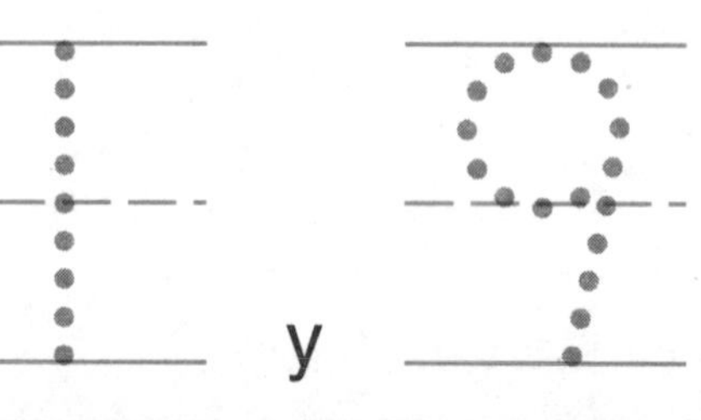

1 y 9

Instrucciones 1 Pida a los estudiantes que dibujen y coloreen fichas rojas y amarillas para mostrar una manera de formar 10, luego coloreen las luciérnagas de rojo y amarillo para mostrar la manera y luego escriban los números.

Nombre ______

2

______ ______

------ ------

______ y ______

3

______ ______

------ ------

______ y ______

4

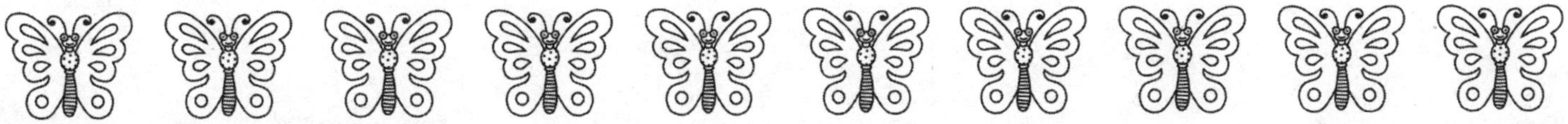

______ ______

------ ------

______ y ______

Instrucciones 2 a 4 Pida a los estudiantes que dibujen y coloreen fichas de rojo y amarillo para mostrar una manera de formar 10, coloreen los insectos de rojo y amarillo para mostrar cada manera y luego escriban los números.

Práctica independiente

Herramientas Evaluación

5

_____ y _____

6

_____ y _____

7

_____ y _____

Instrucciones 5 y 6 Pida a los estudiantes que dibujen y coloreen fichas de rojo y amarillo para mostrar una manera de formar 10, coloreen los insectos de rojo y amarillo para mostrar cada manera y luego escriban los números. 7 **Razonamiento de orden superior** Pida a los estudiantes que dibujen una manera de formar 10 y luego escriban los números.

Resuélvelo y coméntalo

Nombre ______________________

Lección 8-8
Descomponer 10 para resolver problemas

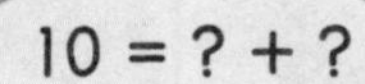

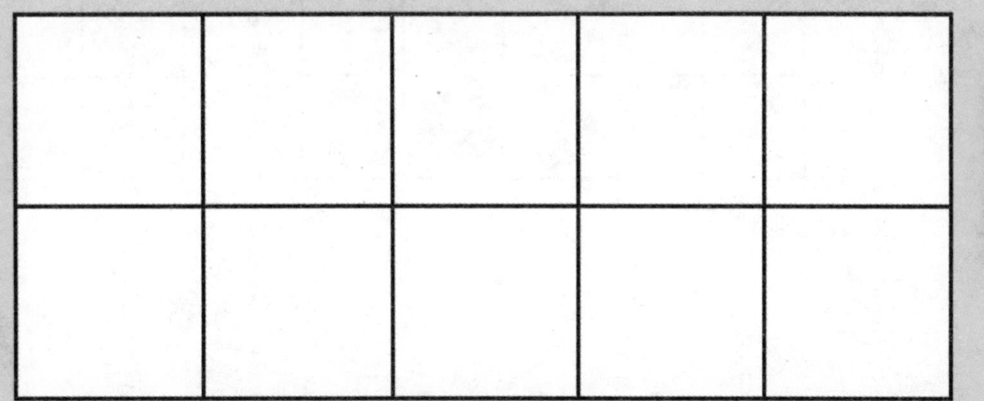

10 = ? + ?

10 = ___ + ___

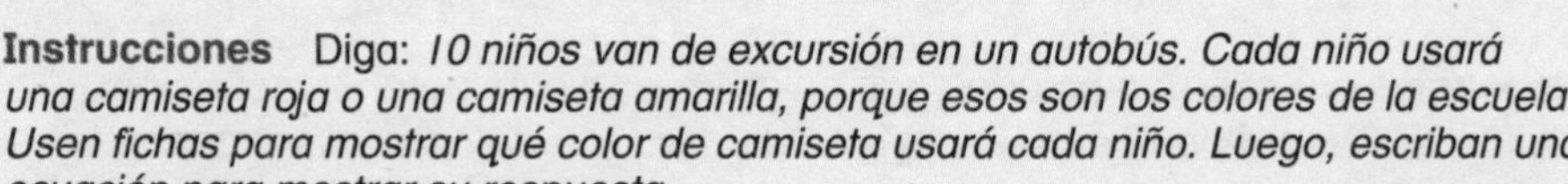

Instrucciones Diga: *10 niños van de excursión en un autobús. Cada niño usará una camiseta roja o una camiseta amarilla, porque esos son los colores de la escuela. Usen fichas para mostrar qué color de camiseta usará cada niño. Luego, escriban una ecuación para mostrar su respuesta.*

Puedo...
escribir ecuaciones para mostrar partes de 10 y para resolver problemas.

También puedo buscar patrones.

10

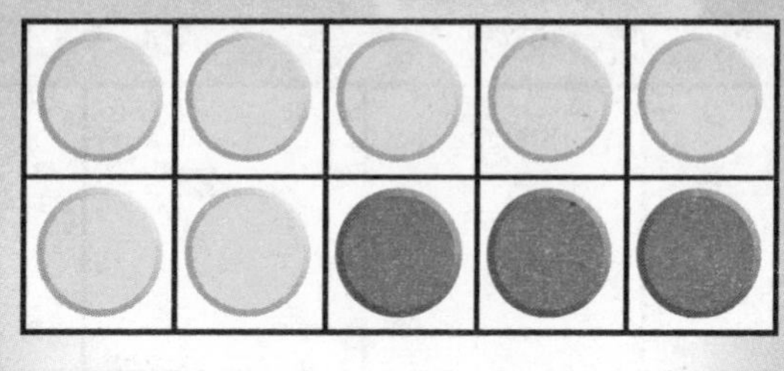

10 = ? + ?

Práctica guiada

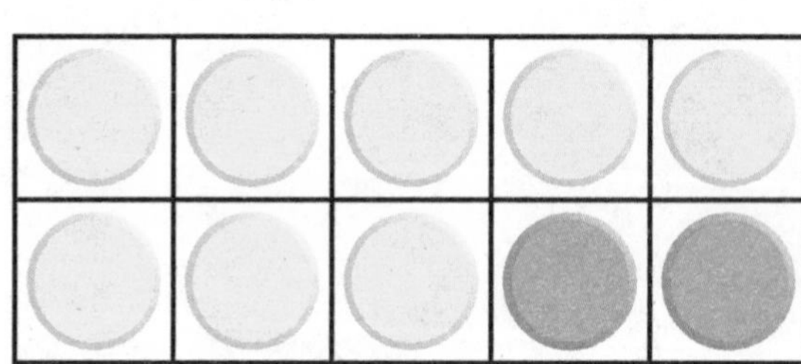

10 = 8 + 2

Instrucciones Pida a los estudiantes que escuchen el cuento, usen las fichas para indicar cuántas hay de cada color y luego completen la ecuación para mostrar cómo 10 se separa en dos partes. Diga: *10 niños van de excursión. Cada niño usará una camiseta roja o amarilla. ¿Cuántas camisetas de cada color habrá?*

Nombre ____________________

2

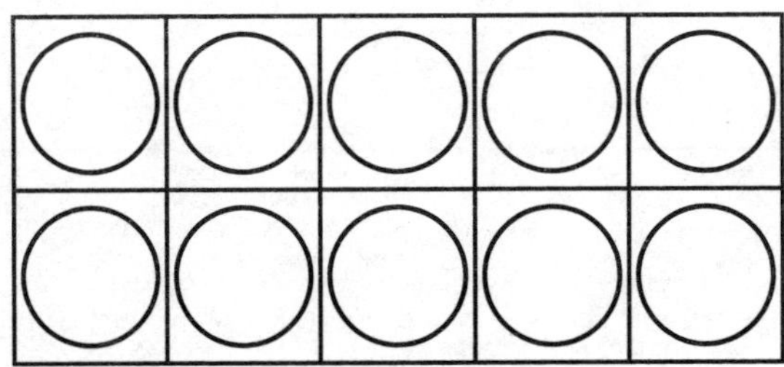

10 = ______ + ______

3

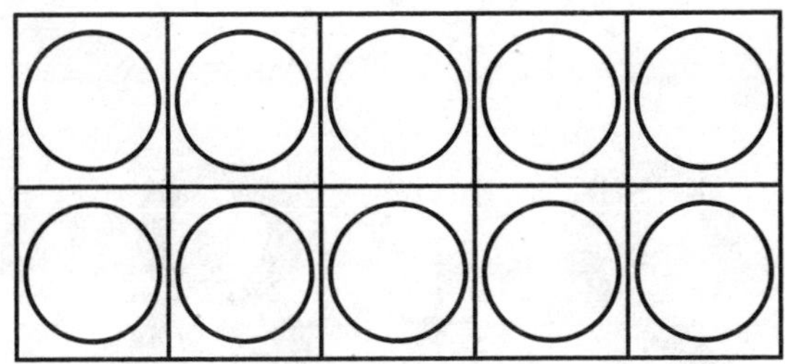

10 = ______ + ______

4

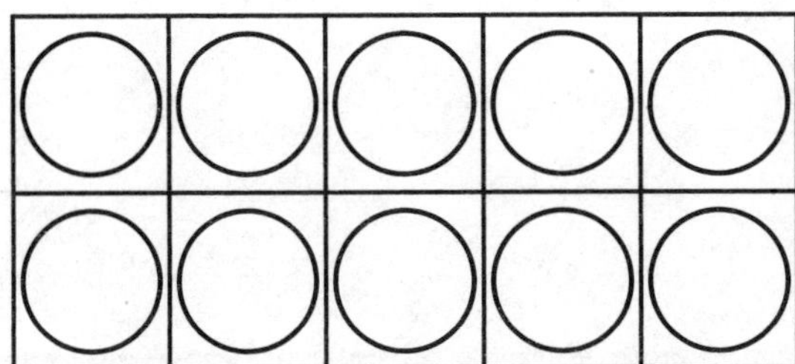

10 = ______ + ______

Instrucciones 2 a 4 Pida a los estudiantes que escuchen el cuento nuevamente, usen y coloreen fichas para mostrar 3 maneras diferentes de descomponer 10 y mostrar cuántas camisetas de cada color hay y luego completen las ecuaciones para que se correspondan con sus respuestas.

Práctica independiente

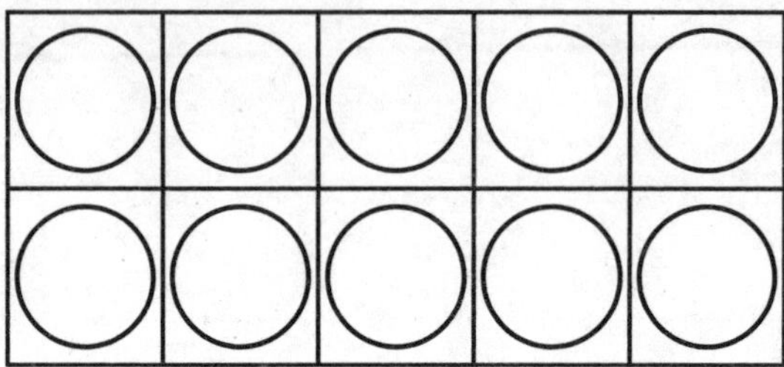

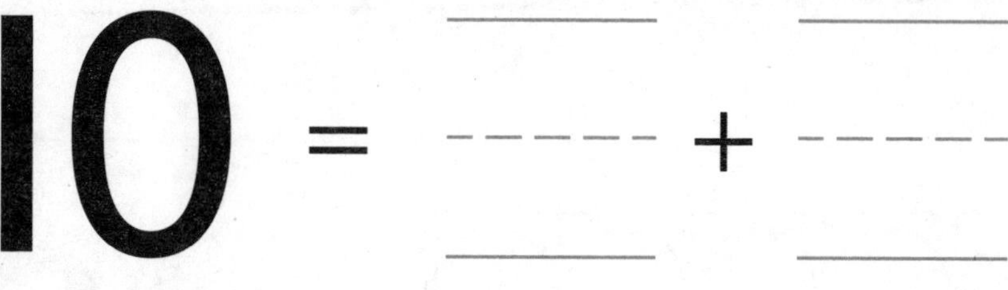

10 = ___ + ___

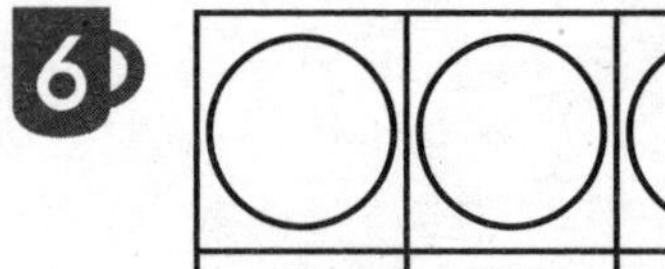

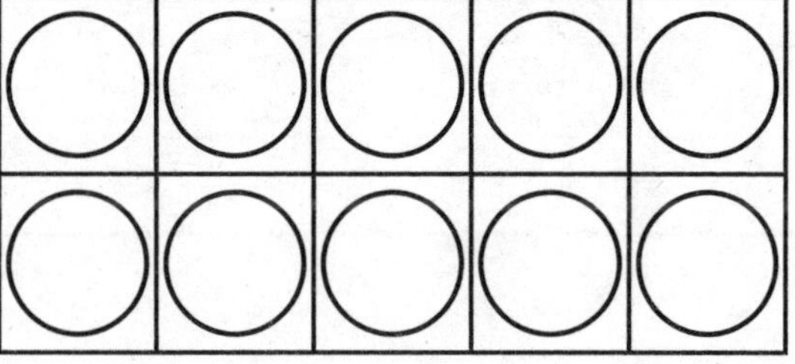

10 = ___ + ___

10 = 2 + 8

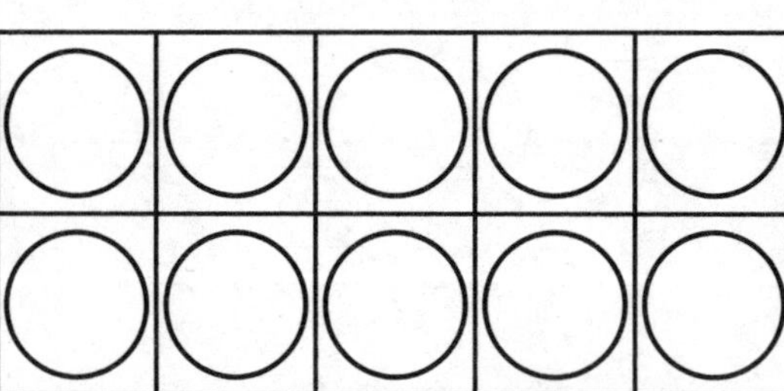

___ = ___ + ___

Instrucciones 5 a 6 Pida a los estudiantes que usen y coloreen fichas para mostrar otras 2 maneras diferentes de descomponer 10 y mostrar cuántas camisetas de cada color hay en el primer cuento. Luego, pídales que completen las ecuaciones para que se correspondan con cada manera. 7 **Razonamiento de orden superior** Pida a los estudiantes que coloreen de amarillo y rojo las fichas del primer marco de diez para mostrar la ecuación. Luego, pídales que escriban la operación relacionada con la ecuación dada y luego coloreen de amarillo y rojo las fichas del segundo marco de diez para representar la ecuación que escribieron. Pida a los estudiantes que digan en qué se parecen y en qué se diferencian las ecuaciones.

Nombre ____________________

Lección 8-9
Hallar la parte que falta de 10

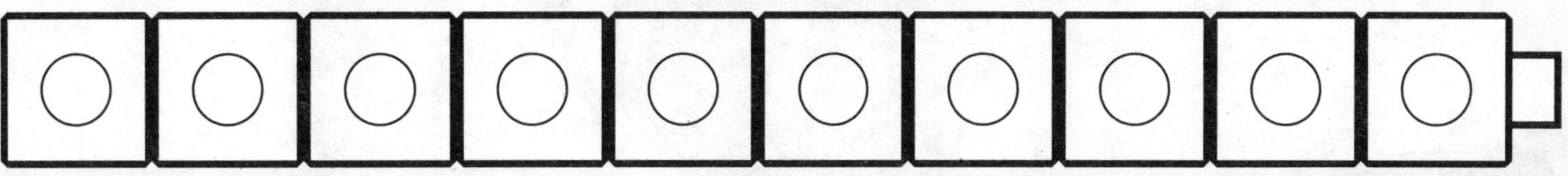

____ + ____ = 10

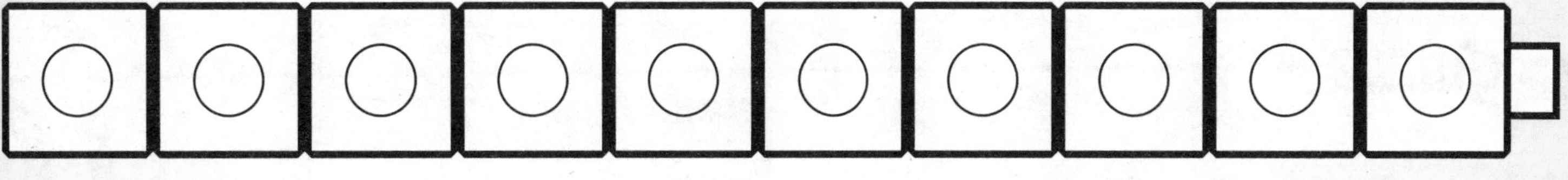

____ + ____ = 10

Instrucciones Diga: *Usen cubos rojos y azules para hacer dos trenes diferentes. Cada tren debe tener 10 cubos. Usen crayones azules y rojos para colorear los trenes de cubos que hicieron. Luego, escriban los números que faltan en la ecuación para cada tren de cubos.*

Puedo...
hallar parejas de números para 10.

También puedo razonar sobre las matemáticas.

Puente de aprendizaje visual

Práctica guiada

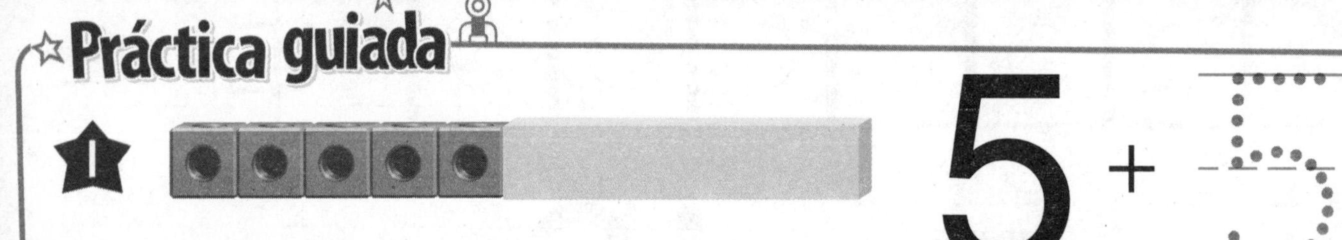

1. 5 + 5 = 10

2. 9 + ___ = 10

Instrucciones Pida a los estudiantes que: 1 cuenten los cubos rojos para hallar una parte de 10, usen cubos azules para hallar la cantidad que está cubierta y luego escriban el número que falta en la ecuación para indicar las partes de 10; 2 cuenten los cubos azules para hallar una parte de 10, usen cubos rojos para hallar la cantidad que está cubierta y luego escriban la cantidad que falta en la ecuación para indicar las partes de 10.

Nombre ______________________________

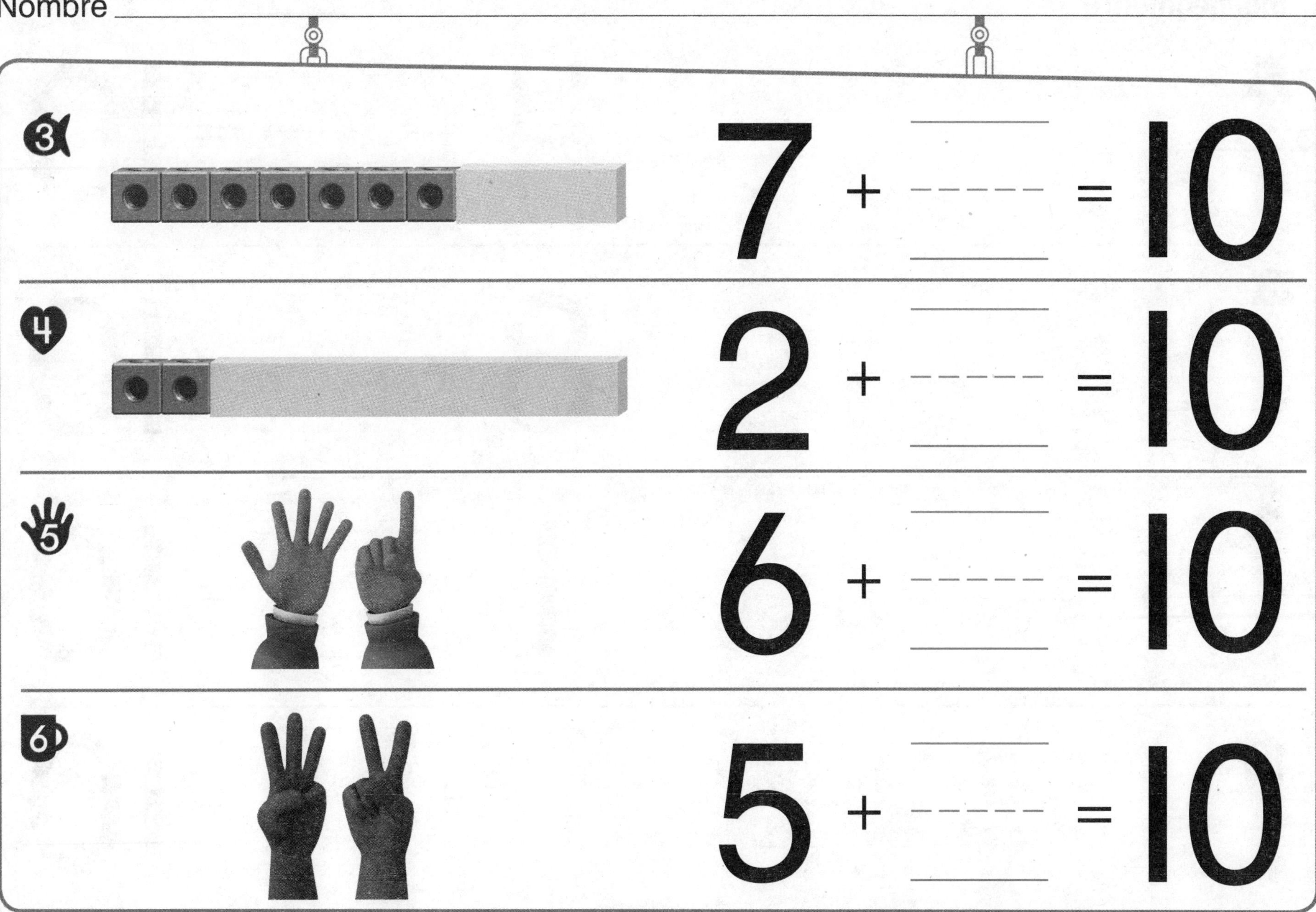

Instrucciones Pida a los estudiantes que 3 cuenten los cubos rojos para hallar una parte de 10, usen cubos azules para hallar la cantidad que está cubierta y luego escriban el número que falta en la ecuación para indicar las partes de 10; 4 cuenten los cubos azules para hallar una parte de 10, usen cubos rojos para hallar la cantidad que está cubierta y luego escriban el número que falta en la ecuación para indicar las partes de 10; 5 y 6 cuenten los dedos levantados para hallar una parte de 10, usen sus propios dedos para hallar la otra parte y luego escriban el número que falta en la ecuación para indicar las partes de 10.

Práctica independiente

4 + ______ = 10

8 + ______ = 10

9

1 + ______ = 10

10

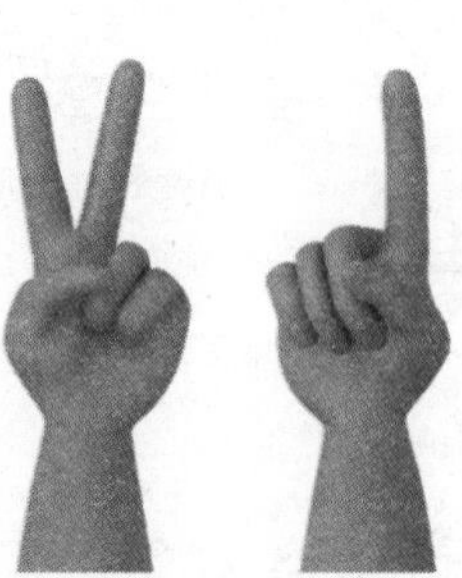

______ + ______ = 10

Instrucciones 7 a 9 Pida a los estudiantes que hagan un dibujo para mostrar las partes de 10 y luego escriban el número que falta en la ecuación para indicar las partes de 10. 10 **Razonamiento de orden superior** Diga: *Una niña levanta 3 dedos para indicar su edad. ¿Qué parte de 10 está mostrando? Usen ese número para escribir los números que faltan en la ecuación para indicar las partes de 10.*

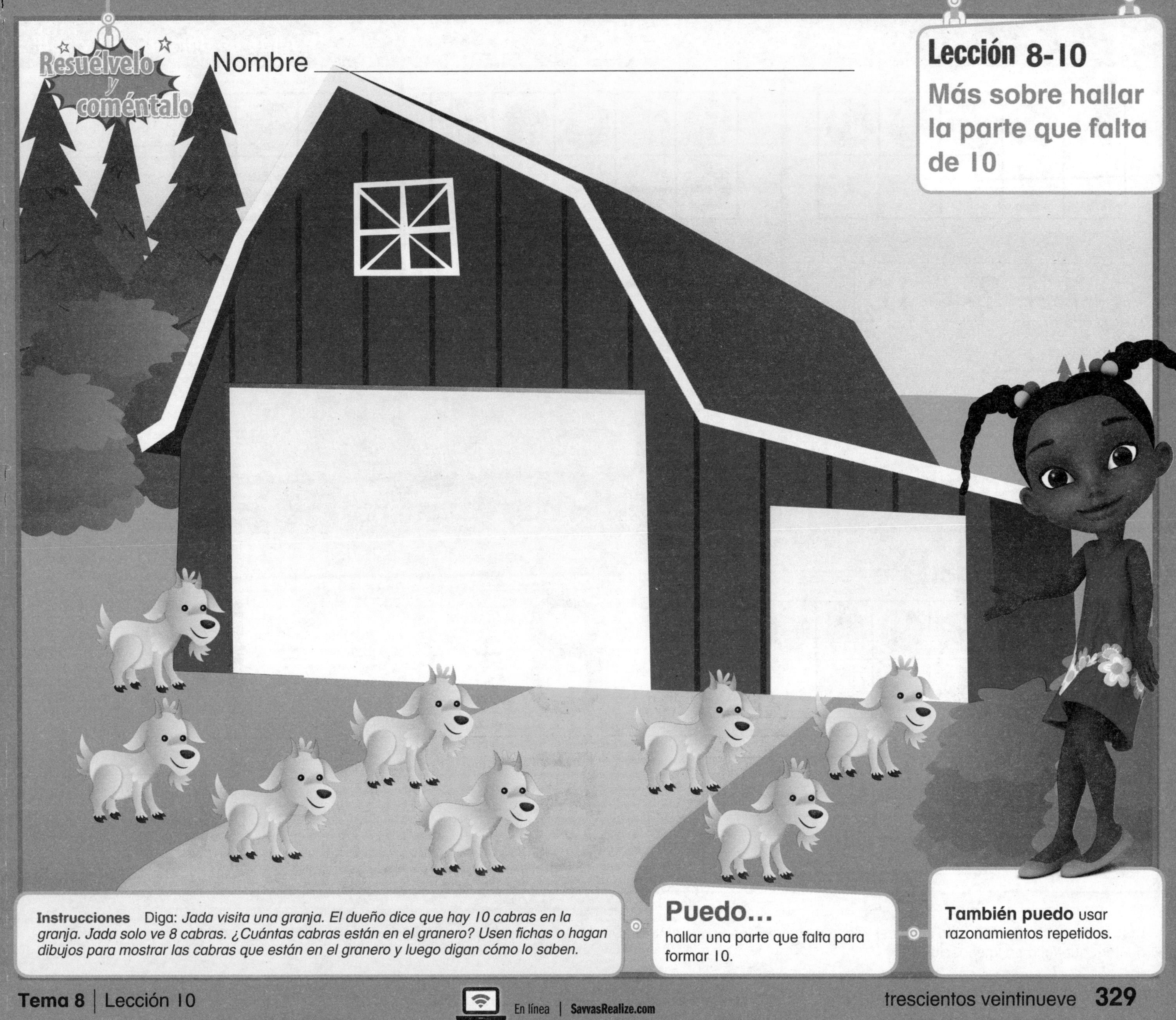

Instrucciones Diga: *Jada visita una granja. El dueño dice que hay 10 cabras en la granja. Jada solo ve 8 cabras. ¿Cuántas cabras están en el granero? Usen fichas o hagan dibujos para mostrar las cabras que están en el granero y luego digan cómo lo saben.*

Puedo...
hallar una parte que falta para formar 10.

También puedo usar razonamientos repetidos.

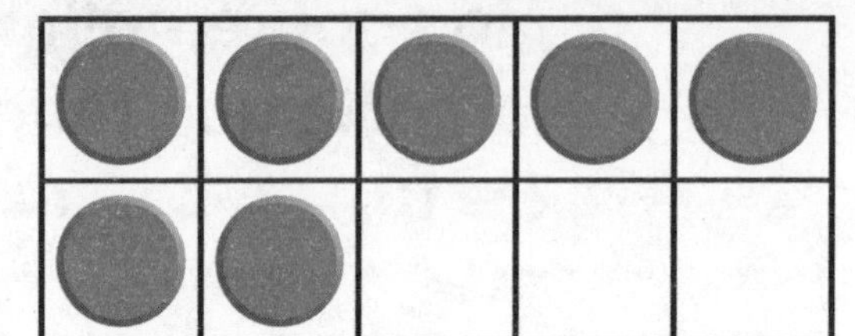

7 + ? = 10

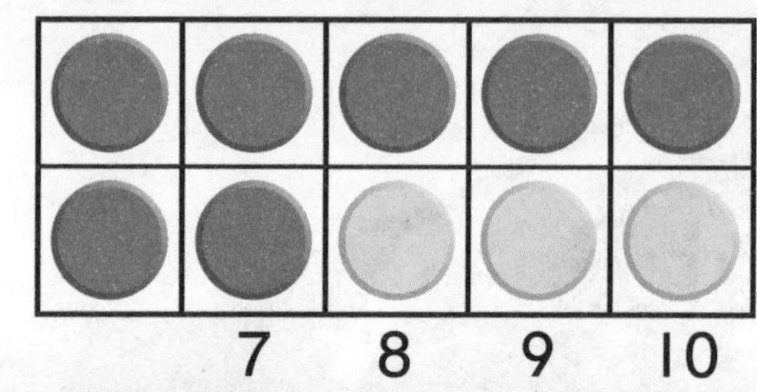

7 + 3 = 10

Práctica guiada

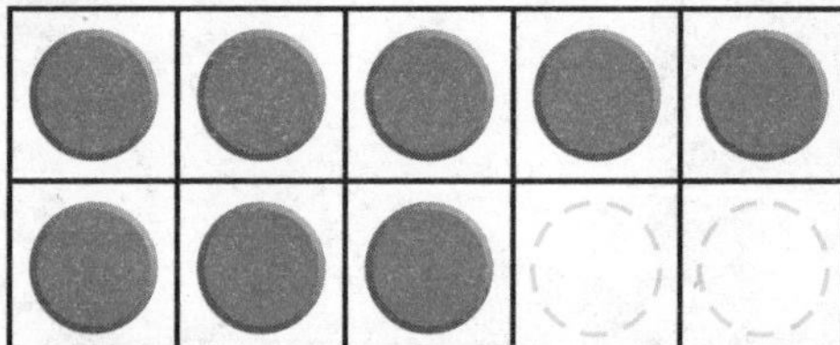

8 + 2 = 10

2

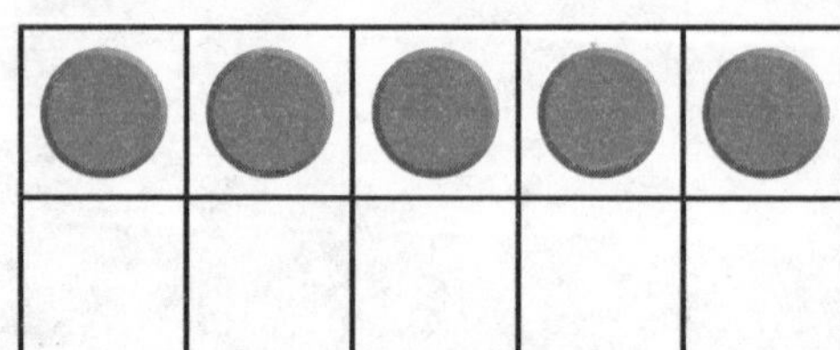

5 + ___ = 10

Instrucciones 1 a 2 Pida a los estudiantes que dibujen fichas amarillas en el marco de 10 para hallar las partes que faltan de 10 y luego escriban el número que falta en la ecuación.

Nombre ______________________________

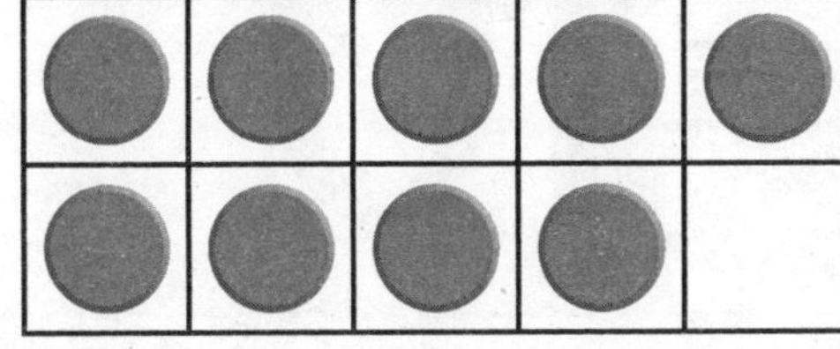

9 + ______ = 10

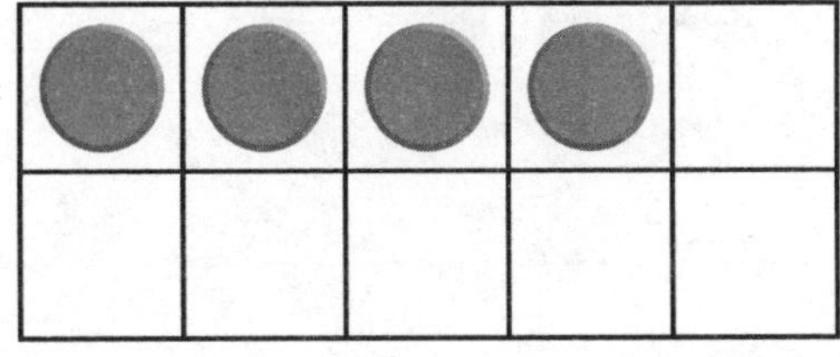

4 + ______ = 10

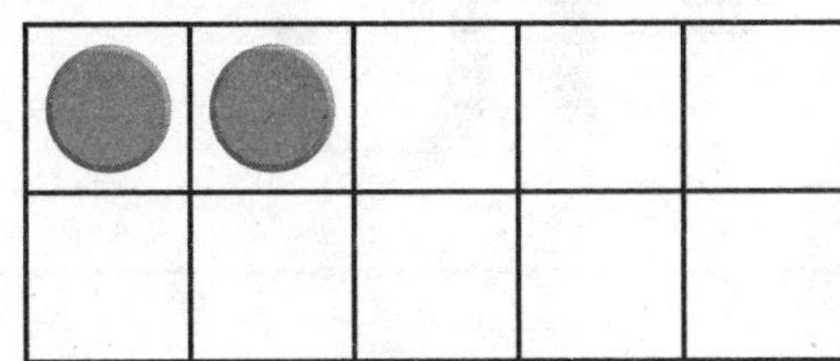

2 + ______ = 10

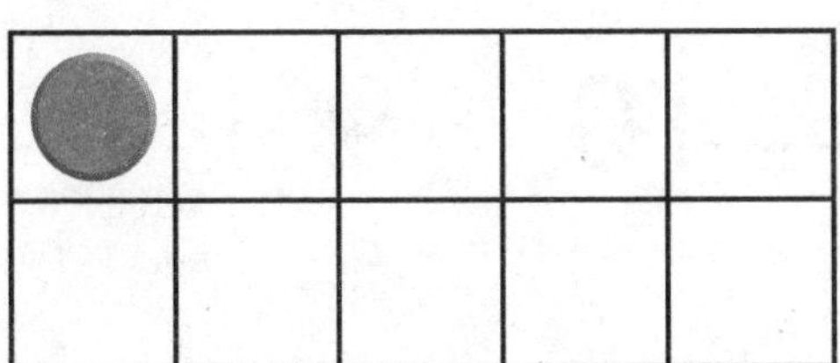

1 + ______ = 10

Instrucciones 3 a 6 **Álgebra** Pida a los estudiantes que dibujen fichas amarillas en el marco de 10 para hallar la parte que falta de 10 y luego escriban el número que falta en la ecuación.

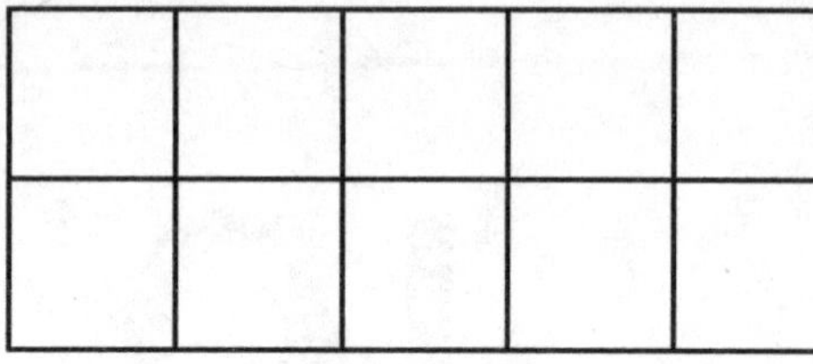

$3 + \_\_\_\_ = 10$

8

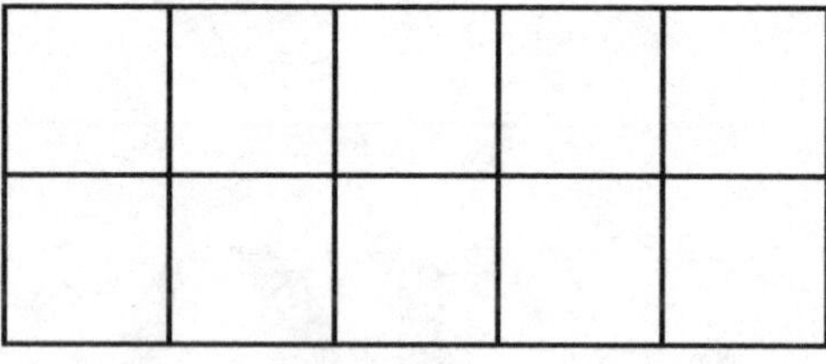

$5 + \_\_\_\_ = 10$

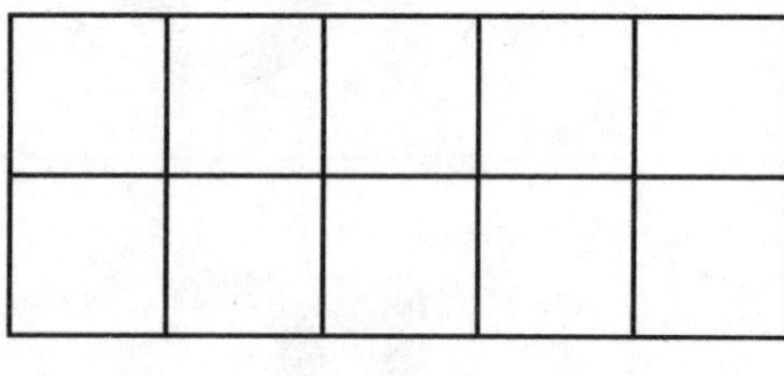

$0 = \_\_\_\_ = 10$

$5 + 5 = 10$ $5 + 6 = 10$ $9 + 2 = 10$ $9 + 1 = 10$

Instrucciones 7 a 9 Pida a los estudiantes que dibujen fichas en el marco de 10 para mostrar la parte que conocen y luego dibujen fichas amarillas en los espacios vacíos del marco de 10 y cuenten para hallar la parte que falta de 10. Luego, pídales que escriban el número que falta en la ecuación. 10 **Razonamiento de orden superior** Pida a los estudiantes que marquen con una X las dos ecuaciones que NO son verdaderas. Luego, pídales que expliquen cómo saben qué ecuaciones son verdaderas y cuáles NO son verdaderas.

Muestra la letra Nombre ___________________________

TEMA 8

Actividad de práctica de fluidez

1

1 + 2	5 − 2	4 − 1	3 + 0	3 − 0
5 − 3	4 + 1	0 + 3	2 + 2	1 + 0
2 − 1	5 − 4	5 − 2	0 + 0	1 + 4
3 + 2	3 − 1	4 − 1	5 − 1	4 − 0
3 − 3	2 + 0	2 + 1	2 + 3	1 + 1

2

Instrucciones Pida a los estudiantes que: 1 coloreen los recuadros que tengan una suma o diferencia que sea igual a 3; 2 escriban la letra que ven.

Puedo...
sumar y restar con fluidez hasta el 5.

También puedo hacer mi trabajo con precisión.

TEMA 8 Repaso del vocabulario

A-Z Glosario

$10 - 5 = 5$

2

$6 + 3 = 9$

3

8 ○ 7 = ______

9 = ______ ○ ______

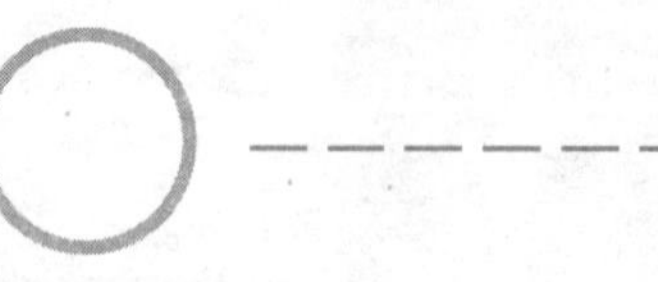

Instrucciones **Comprender el vocabulario** Pida a los estudiantes que: 1 encierren en un círculo el **signo menos**; 2 encierren en un círculo la **suma o total**; 3 completen la oración numérica y hallen la **diferencia**; 4 muestren una manera de formar el número dibujando una parte en la caja y una parte fuera de la caja. Luego, pídales que escriban los números que representan las partes y escriban la **operación** para completar la ecuación.

Nombre ______________________________

Grupo A

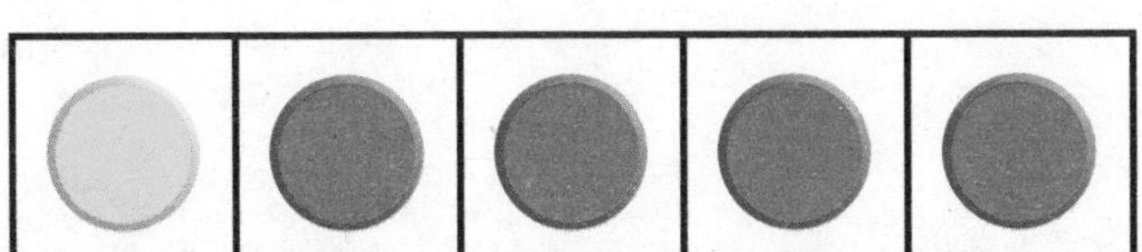

$5 = 1 + 4$

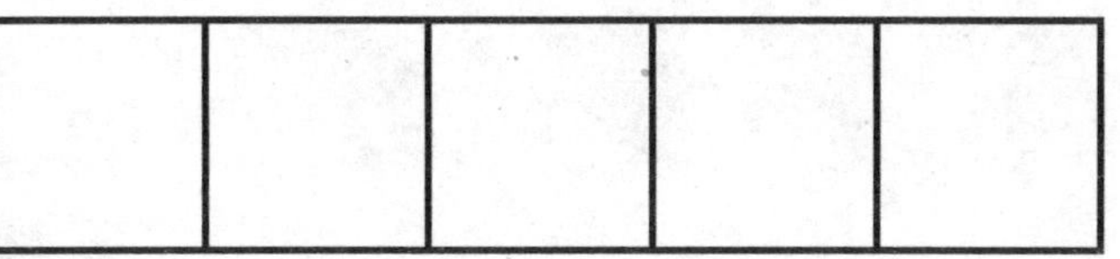

$5 =$ ____ $+$ ____

Grupo B

$2 + 1 = 3$

____ ◯ ____ $=$ ____

Instrucciones Pida a los estudiantes que: 1 escuchen el cuento, luego usen y dibujen fichas para representar otra manera de descomponer 5 y completen la ecuación para que se corresponda con las fichas. Diga: *Emily planta 5 rosas. Algunas son amarillas y otras son rojas. ¿Cuántas son amarillas y cuántas rojas?* 2 escuchen el cuento y luego usen cubos conectables como ayuda para representar el cuento y escoger una operación. Luego, pídales que completen la ecuación para mostrar una operación relacionada con 2 + 1 = 3. *Hay 3 pingüinos en un grupo. 1 se va. ¿Cuántos pingüinos quedan?*

Grupo C

4 + 1 = 5

____ ◯ ____ = ____

Grupo D

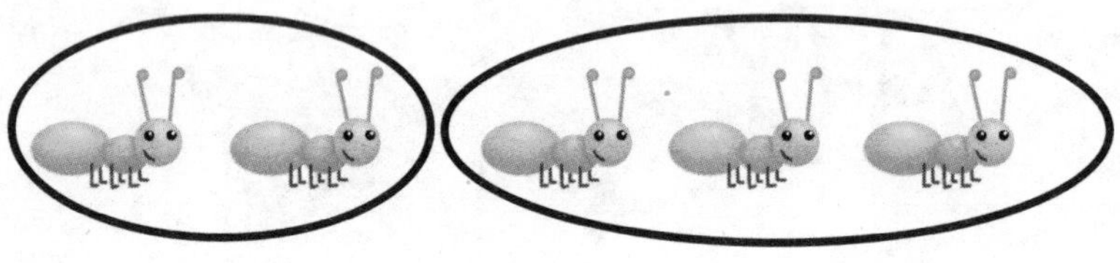

5 – 3 = 2

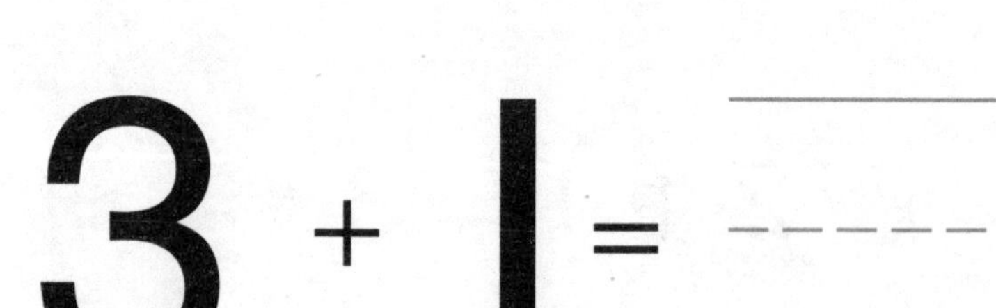

3 + 1 = ____

Instrucciones Pida a los estudiantes que: 3 cuenten un cuento para 4 – 3. Luego, pídales que hagan un dibujo para ilustrar su cuento y escriban la ecuación; 4 resuelvan la ecuación de la manera que prefieran y luego digan cómo resolvieron el problema.

Nombre ______________________________

Grupo E

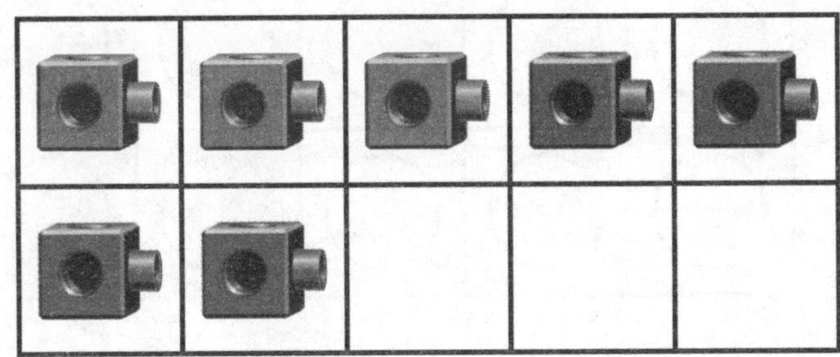

7 = 3 + 4

5

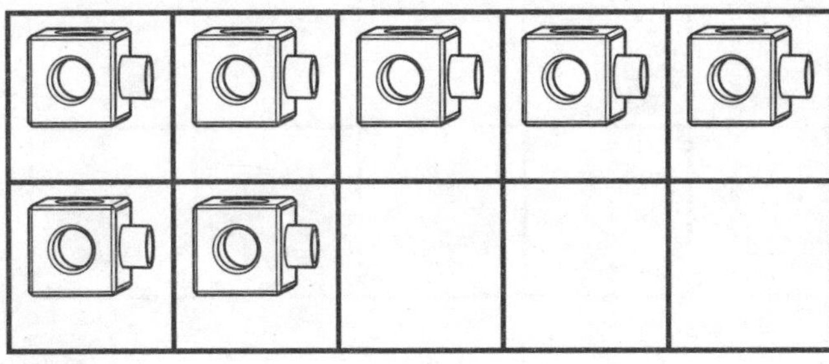

7 = ____ + ____

Grupo F

9 = 6 + 3

6

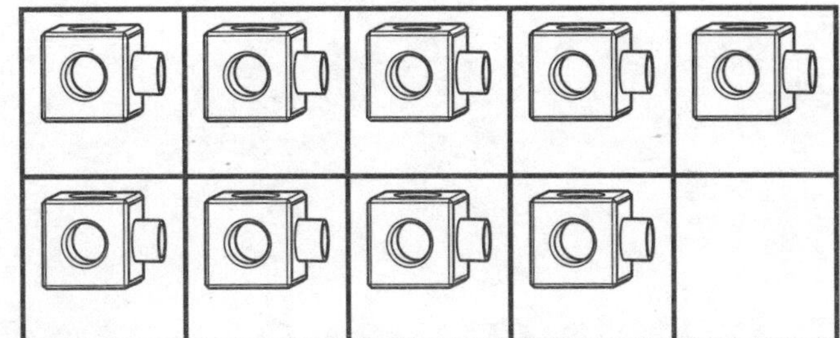

9 = ____ + ____

Instrucciones Pida a los estudiantes que escuchen cada cuento, usen y coloreen cubos para representar otras maneras de descomponer 7 y 9 y mostrar cuántos hay de cada color y luego completen la ecuación para que se corresponda con los cubos. 5 Diga: *Jada tiene 7 flores. Pone algunas en un florero rojo y otras en un florero azul. ¿Cuántas flores habrá en cada florero?* 6 Diga: *9 niños van a dar un paseo en bote. Necesitan chalecos salvavidas. Algunos chalecos son anaranjados y otros son rojos. ¿Cuántos chalecos de cada color necesitan si todos usan un chaleco?*

Grupo G

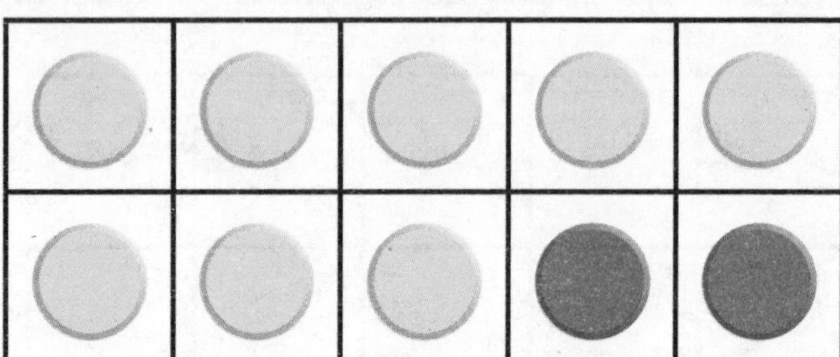

$10 = 8 + 2$

$10 = \_\_\_ + \_\_\_$

Grupo H

$1 + 9 = 10$

8

$6 + \_\_\_ = 10$

Instrucciones Pida a los estudiantes que: 7 dibujen y coloreen fichas de rojo y amarillo para mostrar otra manera de descomponer 10 en dos partes y luego completen la ecuación para que se corresponda con las fichas. 8 cuenten los cubos verdes para hallar una parte de 10, usen cubos amarillos para hallar la cantidad que está cubierta y luego completen la ecuación para indicar las partes de 10.

Nombre ______________________________

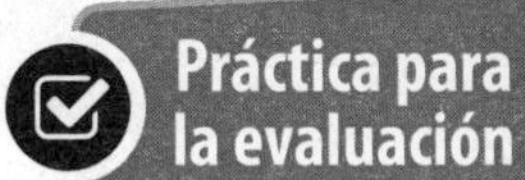

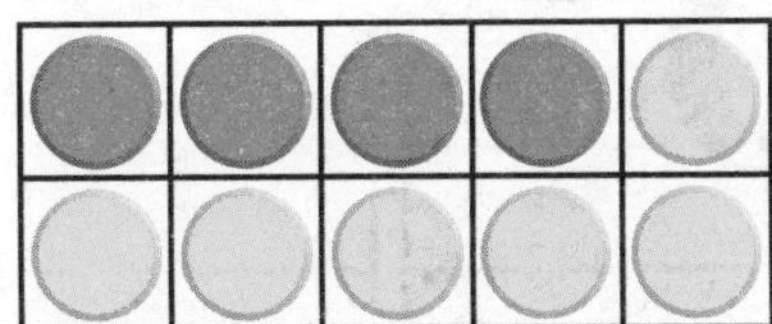

10 = ______ + ______

2

______ frutas

3

Ⓐ 5 + 4 = 9 y 9 – 4 = 5

Ⓑ 5 + 2 = 7 y 7 – 2 = 5

Ⓒ 5 + 3 = 8 y 8 – 5 = 3

Ⓓ 5 + 1 = 6 y 6 – 1 = 5

4

☐ 2 + 6 = 8

☐ 2 + 7 = 9

☐ 3 + 6 = 9

☐ 6 + 3 = 9

☐ 6 + 4 = 10

Instrucciones Pida a los estudiantes que: 1 escriban una ecuación para mostrar cómo se usan las fichas rojas y amarillas para mostrar las partes que forman 10; 2 cuenten las frutas, dibujen fichas para mostrar cuántas frutas más se necesitan para formar 10 y escriban el número que representa esa cantidad; 3 miren el dibujo y marquen la mejor respuesta. Diga: *¿Qué par de ecuaciones de suma y resta se pueden usar para representar un cuento sobre estas manzanas?* 4 escuchen el cuento y luego marquen todas las ecuaciones que muestren maneras posibles de descomponer 9. *Valentina compra 9 cuentas para hacer una pulsera. Algunas cuentas son azules y otras son moradas. ¿Cuántas cuentas de cada color puede usar Valentina para hacer una pulsera que tenga exactamente 9 cuentas?*

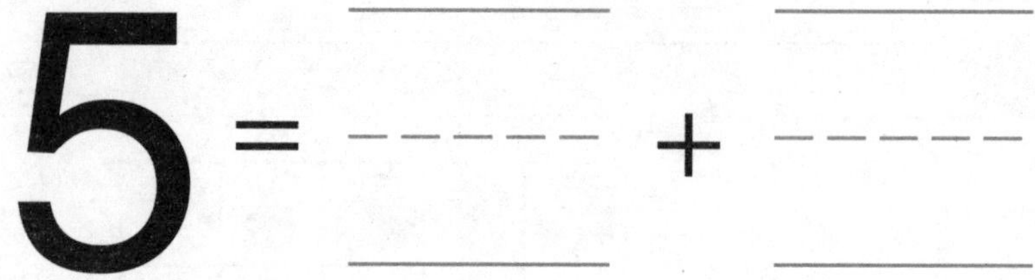

$5 = \_\_\_ + \_\_\_$

=

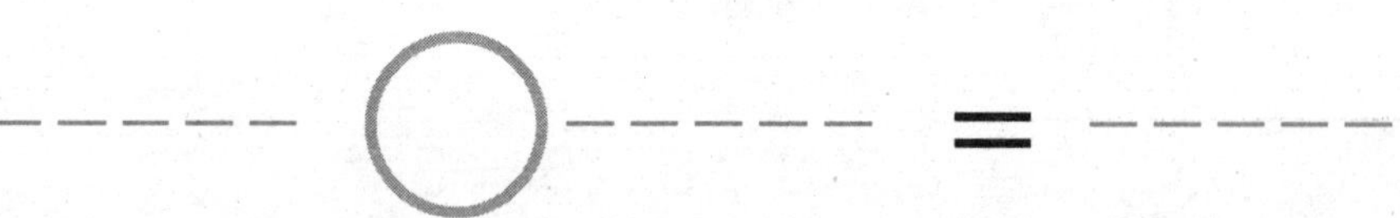

=

Instrucciones Pida a los estudiantes que 5 usen fichas amarillas y rojas para mostrar una manera de separar 5 caracoles en dos grupos, encierren en un círculo dos grupos de caracoles para mostrar las mismas cantidades que muestran las fichas y luego completen la ecuación para mostrar la manera de formar 5; 6 miren las imágenes mientras escuchan cada cuento, usen cubos conectables como ayuda para representar cada cuento y escojan una operación. Luego, pídales que escriban las ecuaciones para mostrar las operaciones relacionadas. *Hay 2 pingüinos en un grupo. 3 más se unen al grupo. ¿Cuántos pingüinos hay en total?* Luego, diga: *Hay 5 pingüinos en un grupo. 3 se van. ¿Cuántos pingüinos quedan?* 7 cuenten un cuento para 5 – 4. Luego, pídales que hagan un dibujo para ilustrar su cuento y escriban una ecuación.

Nombre ______________________________

TEMA 8

8

6 = ______ + ______

9

8 = ______ + ______

10

5 = ______ + ______

Instrucciones Pida a los estudiantes que: 8 encierren en un círculo dos grupos de carros para mostrar un par de números que formen 6 y luego completen la ecuación para que se corresponda con el dibujo y muestre la manera de formar 6; 9 encierren en un círculo dos grupos de cebollas para mostrar un par de números que formen 8 y luego completen la ecuación para que se corresponda con el dibujo y muestre la manera de formar 8; 10 miren el dibujo y escuchen el cuento, dibujen un círculo para mostrar cómo descomponer 5 flores y luego escriban los números en la ecuación para representar los grupos de flores encerrados en círculos. *Marco tiene 5 flores. Le da algunas a su mamá y algunas a su abuela. ¿Cuántas flores le da a su mamá? ¿Cuántas le da a su abuela?*

____ + ____ = 10

12

10 = ____ + ____

13

●	●			

2 + ____ = 10

Instrucciones Pida a los estudiantes que: 11 cuenten los cubos rojos para hallar una parte de 10, usen cubos azules para hallar la cantidad que está debajo de la cubierta y luego completen la ecuación para mostrar las partes de 10; 12 usen crayones rojos y azules para colorear el tren de cubos y mostrar una manera de separar 10 en partes. Luego, pídales que completen la ecuación para que se corresponda con su dibujo y muestre cada parte de 10. 13 dibujen fichas amarillas en el marco de 10 para mostrar la parte que falta de 10. Luego, pídales que completen la ecuación para que se corresponda con el dibujo.

Nombre ______

TEMA 8

Tarea de rendimiento

1

7 = ___ + ___

7 = ___ + ___

2

___ = ___ + ___

3

___ + ___ = 5

___ + ___ = 5

5 − ___ = ___

5 − ___ = ___

Instrucciones **El puesto de verduras de Ferni** Diga: *Ferni vende diferentes frutas y verduras en su puesto de verduras.* Pida a los estudiantes que miren: 1 las zanahorias y los pepinos en el puesto de verduras y luego escriban dos ecuaciones para describirlos; 2 las lechugas y los rábanos en el puesto de verduras y luego escriban una ecuación para describirlos; 3 los pimientos rojos y verdes que vende Ferni en su puesto de verduras. Pida a los estudiantes que cuenten un cuento sobre los pimientos y luego escriban los números que faltan en la ecuación para su cuento. Luego, pídales que escriban los números que faltan en las otras tres ecuaciones.

9 = ______ + ______

9 = ______ + ______

●	●	●	●	

4 + ______ = 10

Instrucciones Pida a los estudiantes que: 4 escuchen el cuento, hagan dibujos para mostrar 2 maneras de descomponer 9 y resolver el problema y luego completen las ecuaciones para que se correspondan. *Ferni cultiva tomates para su puesto de verduras. Cultiva tomates rojos y tomates amarillos. ¿Cuántos tomates de cada color debe poner en su puesto de verduras para tener exactamente 9 tomates?* 5 escuchen el cuento, dibujen fichas para completar el modelo y luego escriban una ecuación para resolver el problema. *Ferni tiene 10 cebollas en su puesto de verduras. 4 de ellas están de un lado del puesto. ¿Cuántas cebollas hay del otro lado?*

Glosario

abajo

agrupar

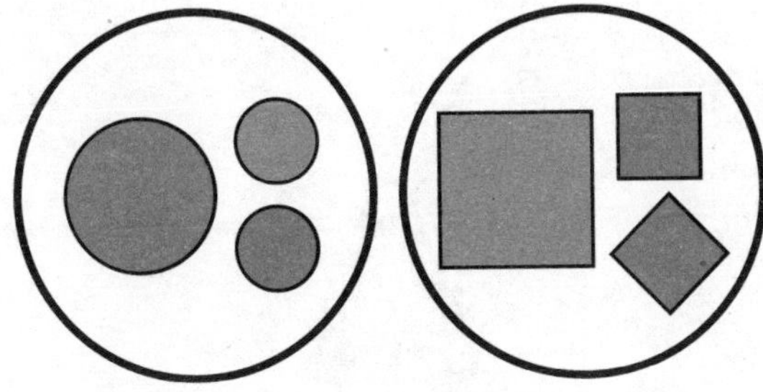

al lado de

altura

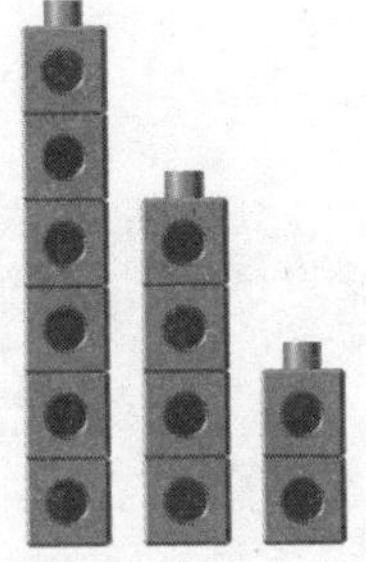

apilar

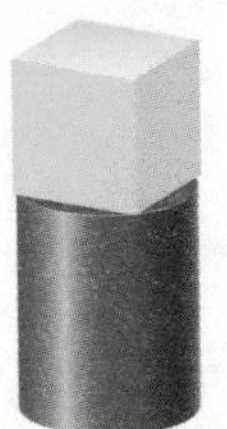

arriba

atributo

B

balanza de platillos

C

capacidad

categoría

II

catorce

14

cero

0

cilindro

cinco

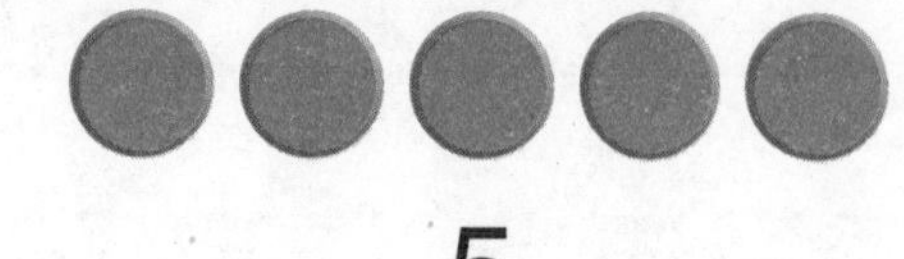

5

círculo

clasificar

columna

1	2	3	4	5
11	12	13	14	15
21	22	23	24	25
31	32	33	34	35

comparar

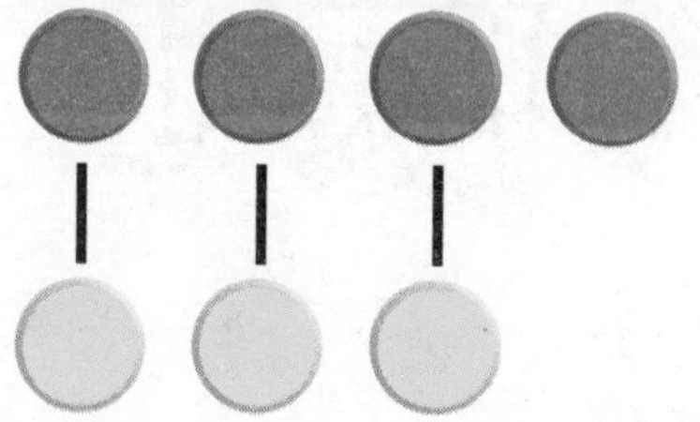

cono

contar

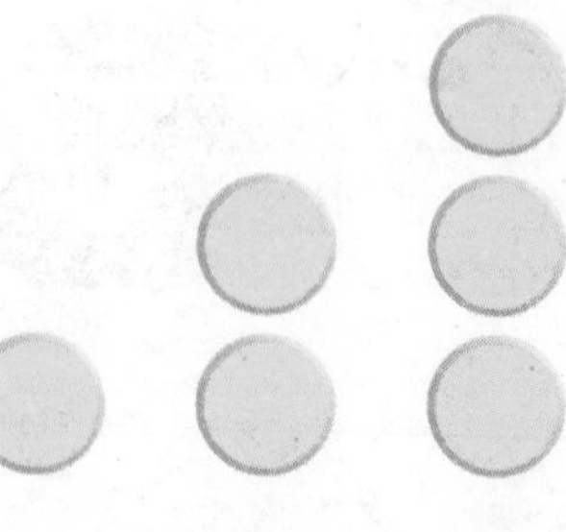

1 2 3

cuadrado

¿Cuántos más?

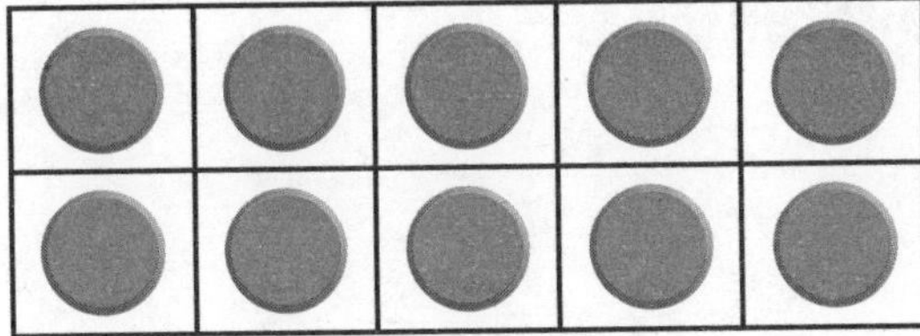

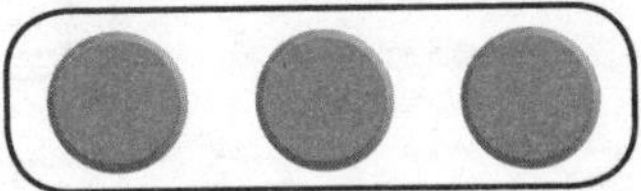

cuatro

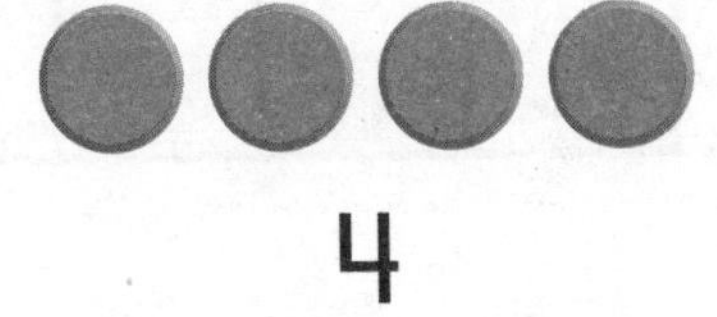

cubo

decenas

5	6	7	8	9	10
15	16	17	18	19	20
25	26	27	28	29	30

1	2	3	4	5	6	7	8	9	10
11	12	13	14	15	16	17	18	19	20
21	22	23	24	25	26	27	28	29	30
31	32	33	34	35	36	37	38	39	40
41	42	43	44	45	46	47	48	49	50
51	52	53	54	55	56	57	58	59	60
61	62	63	64	65	66	67	68	69	70
71	72	73	74	75	76	77	78	79	80
81	82	83	84	85	86	87	88	89	90
91	92	93	94	95	96	97	98	99	100

delante

descomponer

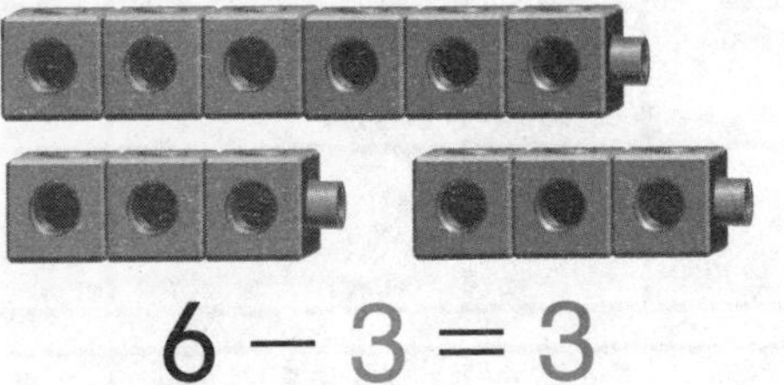

deslizar

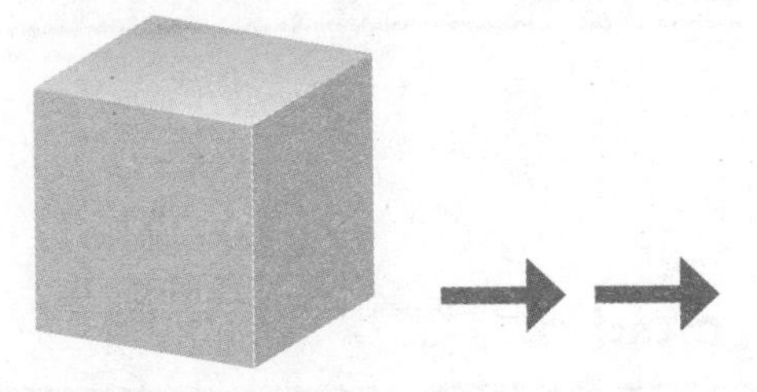

detrás

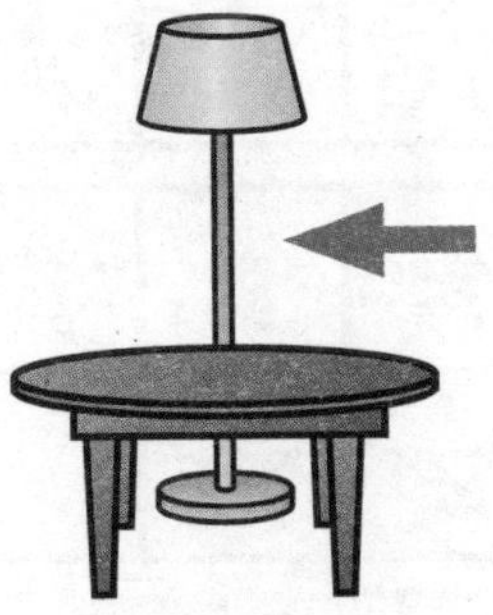

diecinueve

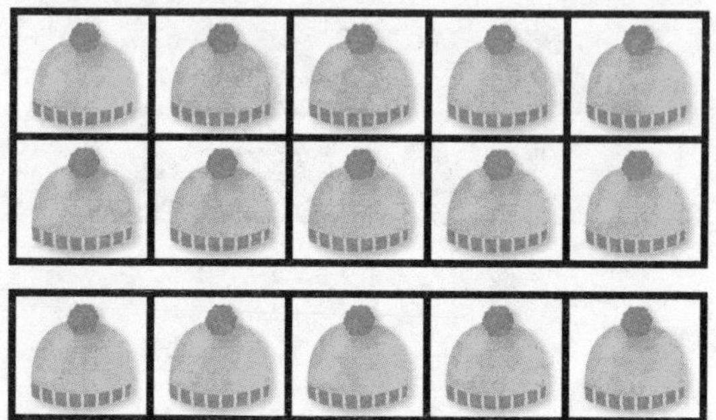

19

dieciocho

18

dieciséis

16

diecisiete

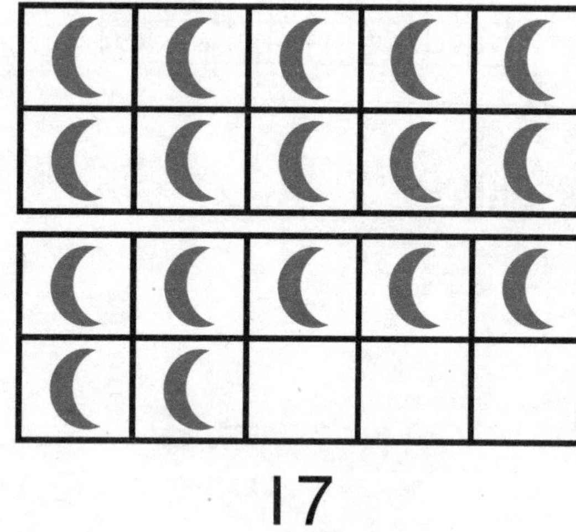

17

diez

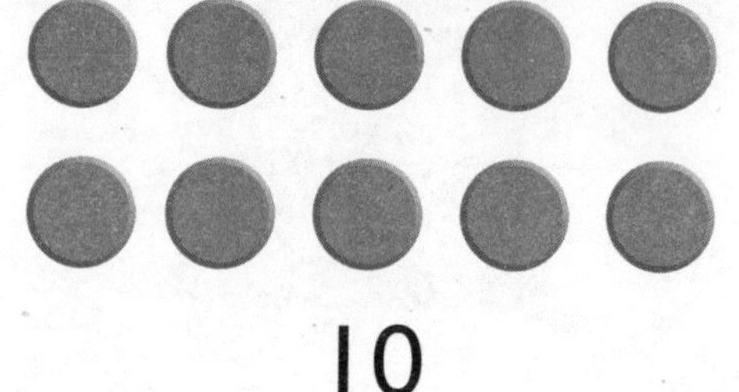

10

diferencia

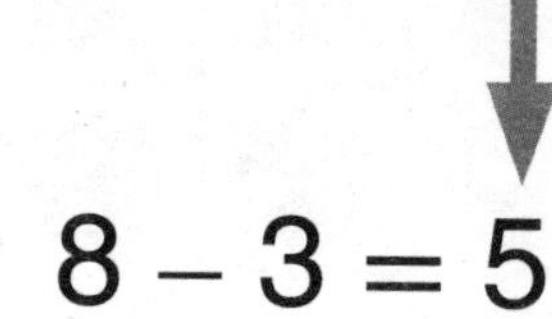

$8 - 3 = 5$

doce

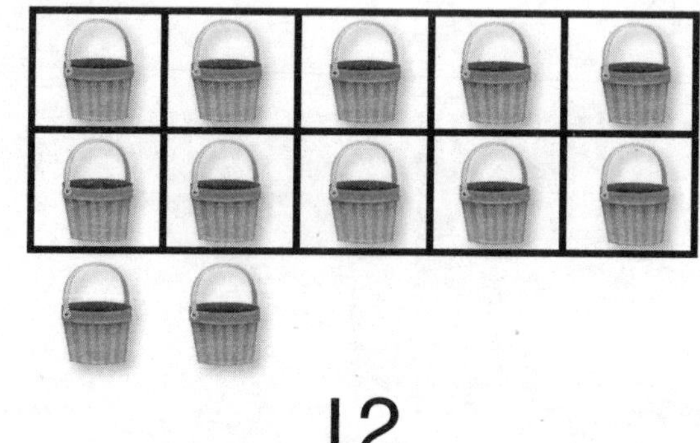

12

dos

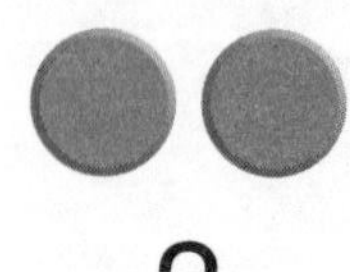

2

ecuación

$$5 + 3 = 8$$
$$\downarrow \quad \downarrow$$
$$8 = 8$$

en total

esfera

figura bidimensional

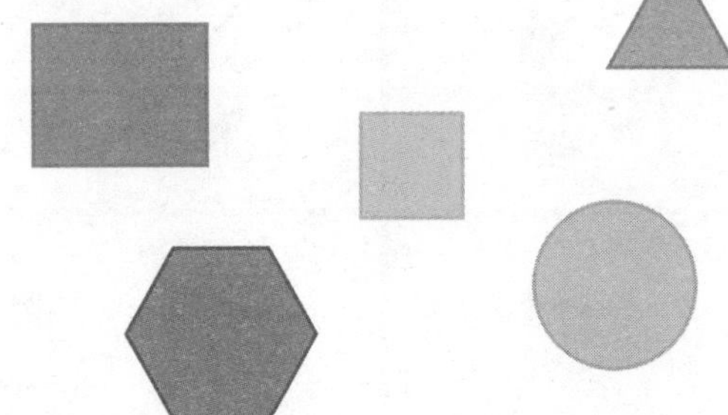

figura tridimensional

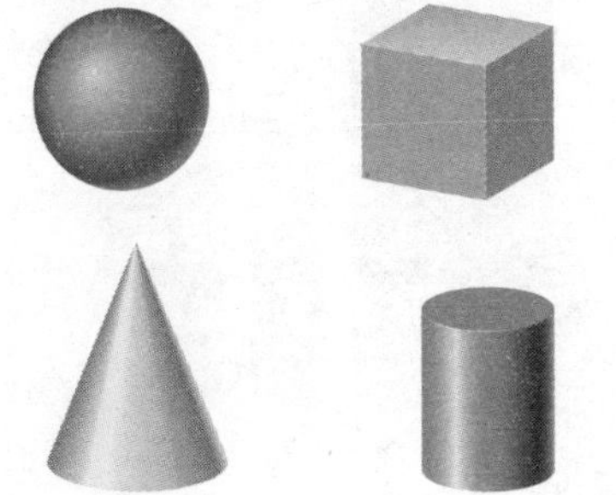

fila

1	2	3	4	5
11	12	13	14	15
21	22	23	24	25
31	32	33	34	35

grupo

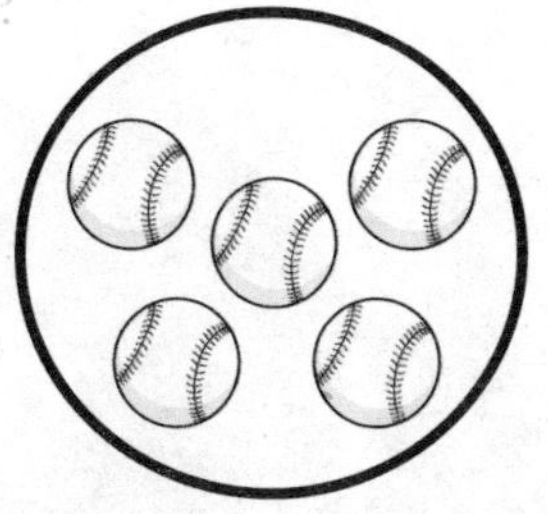

hexágono

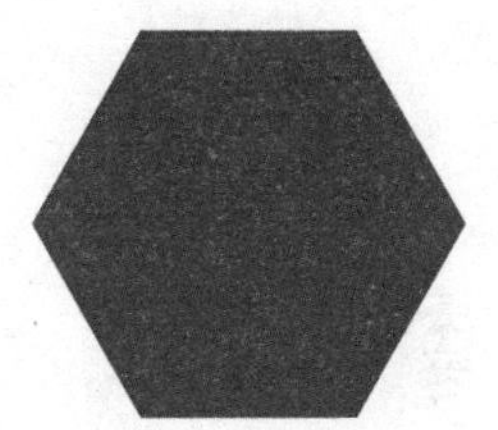

igual

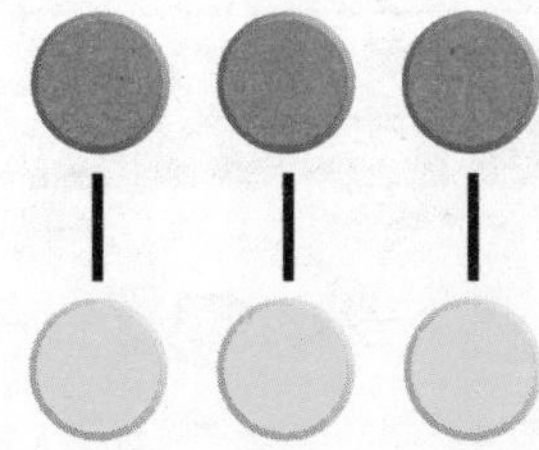

J

junto a

L

lado

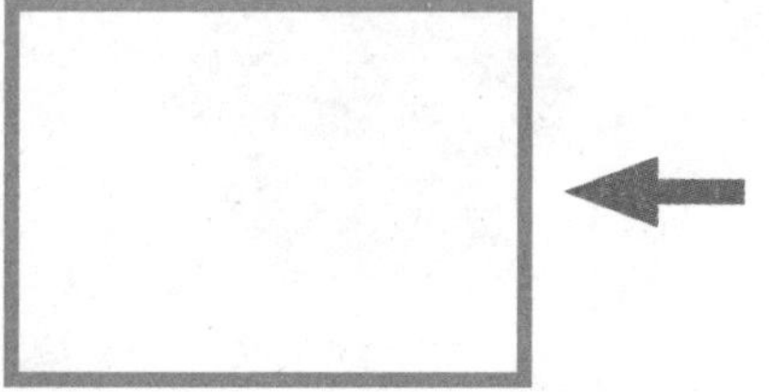

longitud

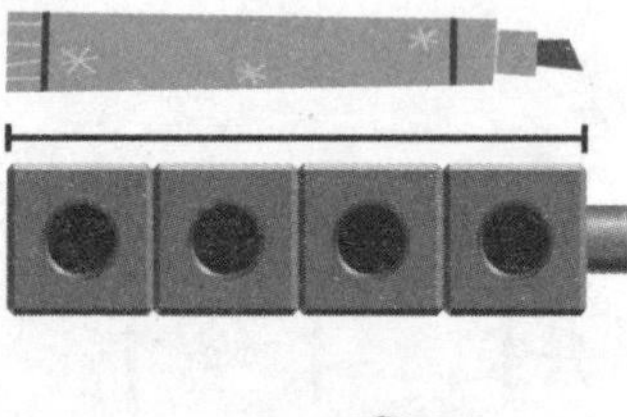

M

marca de conteo

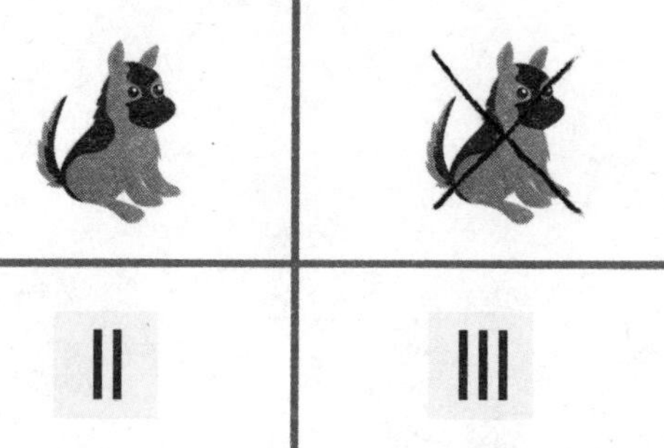

más alto

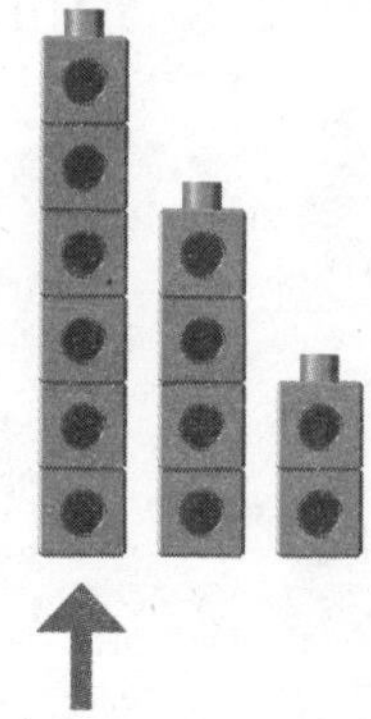

más bajo

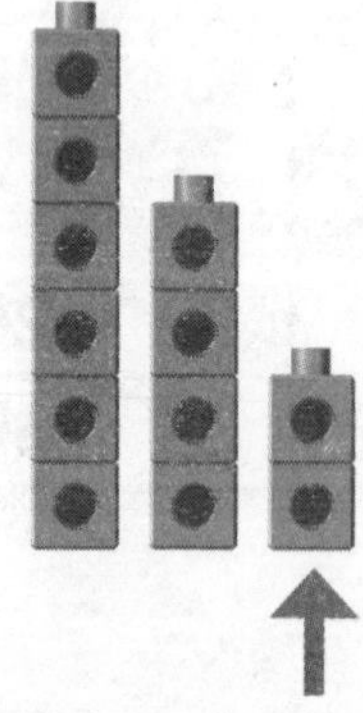

más corto

más largo

más liviano

más pesado

mayor que

menor que

misma cantidad que

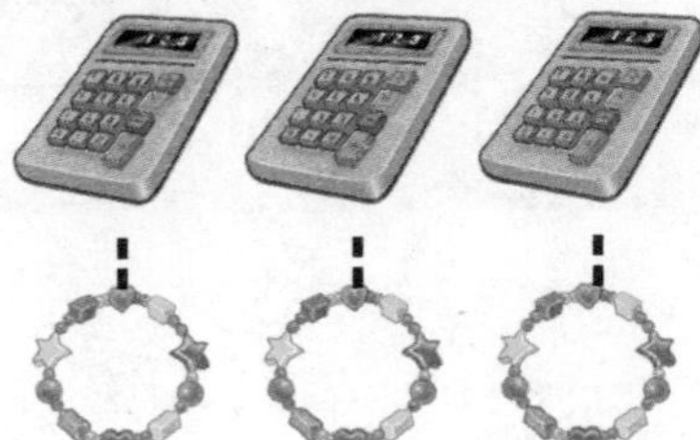

modelo

ninguno

0

nueve

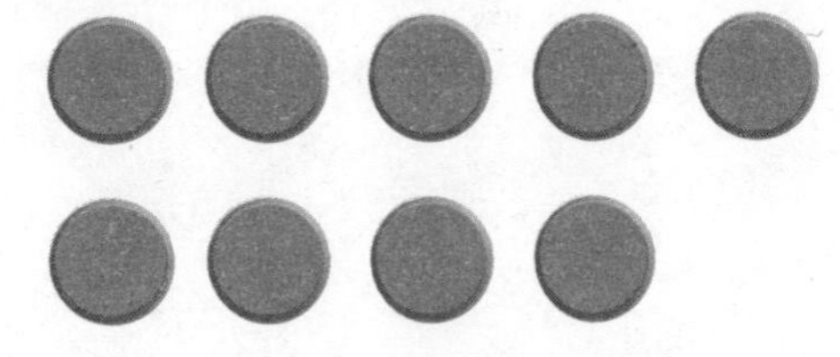

9

número

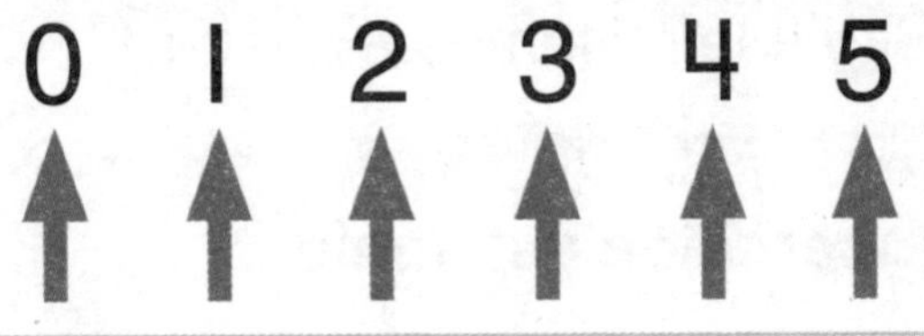

ocho

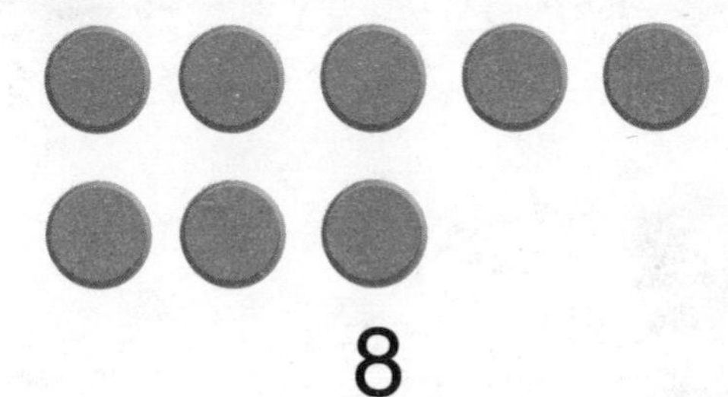

8

once

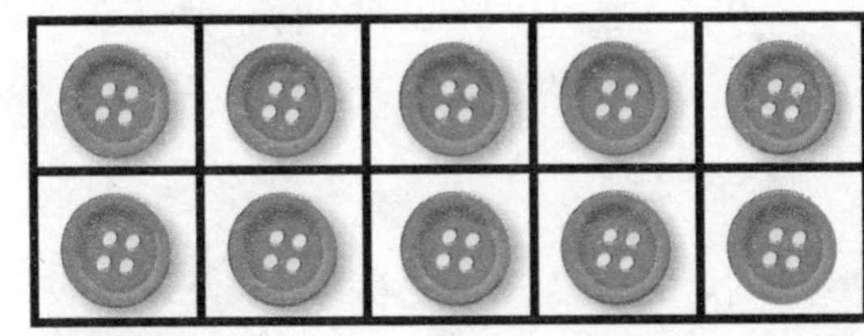

11

operación

$4 \oplus 2 = 6$

$4 \ominus 2 = 2$

(operación de) resta

Si a 4 le quitamos 3 queda 1.

(operación de) suma

3 y 5 son 8.

orden

0 → 1 → 2 → 3 → 4 → 5

parte

patrón

10 20 30 40 50

pesa

pesar

Q

quedan

quince

15

quitar

R

rectángulo

restar

3 – 1 = 2

rodar

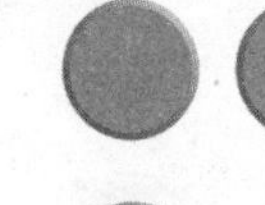

seis

6

separar

siete

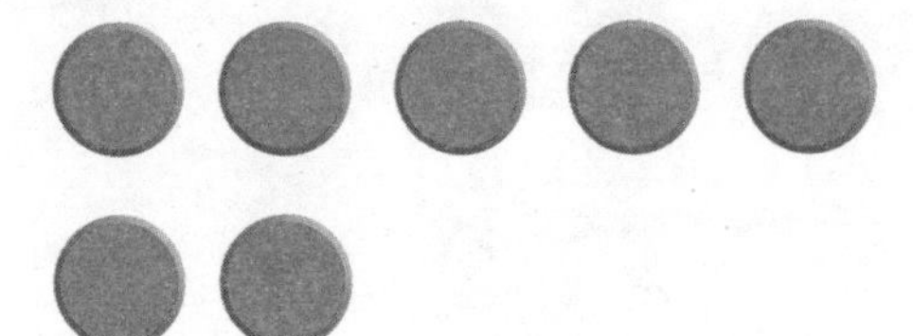

7

signo igual (=)

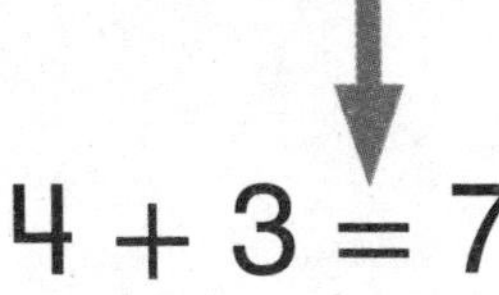

4 + 3 = 7

signo más (+)

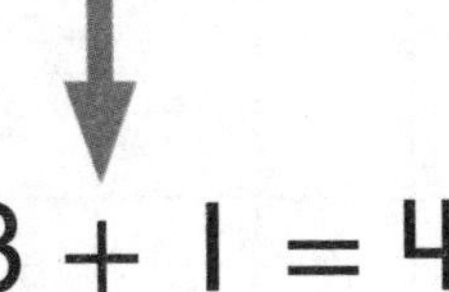

3 + 1 = 4

signo menos (–)

8 – 3 = 5

suma o total

2 + 3 = 5

sumar

3 + 2 = 5

superficie plana

tabla

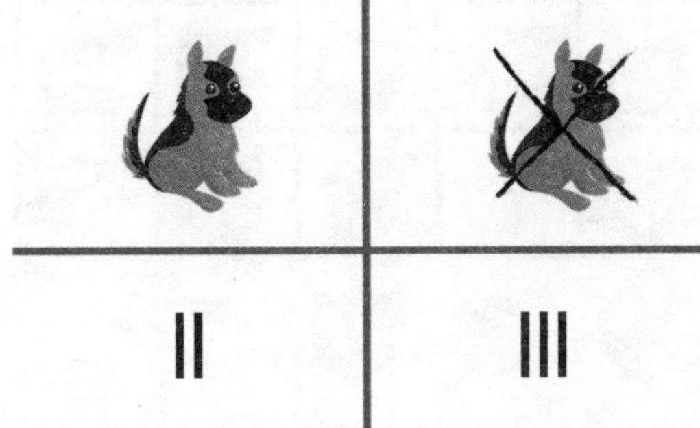

tabla de 100

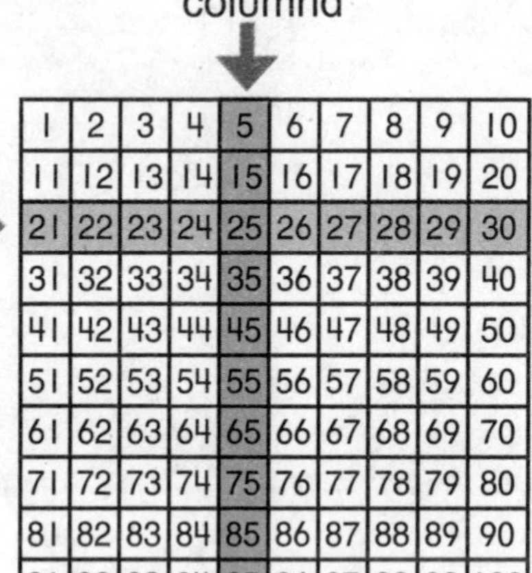

1	2	3	4	5	6	7	8	9	10
11	12	13	14	15	16	17	18	19	20
21	22	23	24	25	26	27	28	29	30
31	32	33	34	35	36	37	38	39	40
41	42	43	44	45	46	47	48	49	50
51	52	53	54	55	56	57	58	59	60
61	62	63	64	65	66	67	68	69	70
71	72	73	74	75	76	77	78	79	80
81	82	83	84	85	86	87	88	89	90
91	92	93	94	95	96	97	98	99	100

todo

trece

13

tres

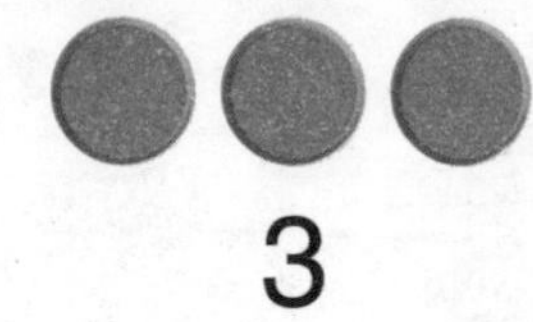

3

triángulo

unidades

5	6	7	8	9	10
15	16	17	18	19	20
25	26	27	28	29	30

unir

uno

1

veinte

20

vértice

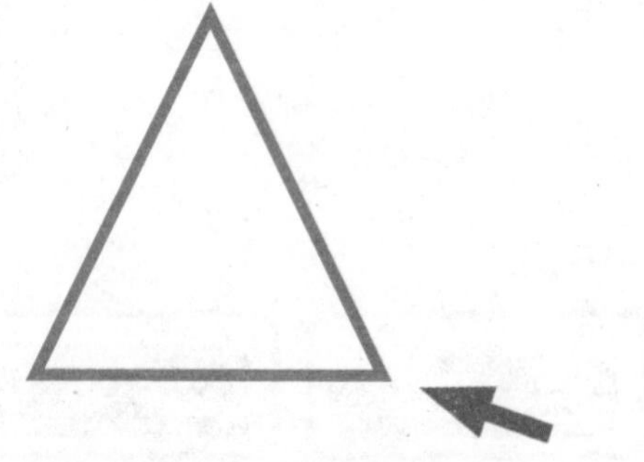

Fotografías

Every effort has been made to secure permission and provide appropriate credit for photographic material. The publisher deeply regrets any omission and pledges to correct errors called to its attention in subsequent editions.

Unless otherwise acknowledged, all photographs are the property of Savvas Learning Company LLC.

Photo locators denoted as follows: Top (T), Center (C), Bottom (B), Left (L), Right (R), Background (Bkgd)

1 Jorge Salcedo/Shutterstock; **3** (T) Leighton Photography & Imaging/Shutterstock, (C) FatCamera/iStock/Getty Images, (B) Amy Cicconi/Alamy Stock Photo; **4** Rawpixel/Shutterstock, Peacorx/Shutterstock, Yulia Sverdlova/Shutterstock; **57** (L) Evgeny Murtola/Shutterstock, (R) 2rut/Shutterstock; **59** (T) Aleksey Stemmer/Shutterstock, (B) Pedro Turrini Neto/ Shutterstock; **60** (T) Loan Florin Cnejevici/123RF, (B) KPG_ Payless/Shutterstock; **89** Michal Kolodziejczyk/Fotolia; **91** (T) Carterdayne/E+/Getty Images, (C) Ssuaphotos/ Shutterstock, (B) Cdwheatley/iStock/Getty Images; **92** Owen Franken/Alamy Stock Photo, Evgeny Karandaev/Shutterstock; **137** James Insogna/Fotolia; **139** (T) LightField Studios/ Shutterstock, (B) Daniel Reiter/Alamy Stock Photo; **140** (T) Dmitro2009/ Shutterstock, (B) Ian Dagnall/Alamy Stock Photo; **169** Christopher Elwell/Shutterstock; **171** (T) Yui/Shutterstock, (C) Monkey Business Images/Shutterstock, (B) Ted Foxx/Alamy Stock Photo; **172** Best dog photo/Shutterstock, Creative Stock Exchange/Shutterstock; **197** Tankist276/Shutterstock; **199** (T) Frank Krahmer/Radius Images/Getty Images, (B) Sean Pavone/ Shutterstock; **200** (T) Wisanu_nuu/Shutterstock, (B) Phonix_a Pk.sarote/Shutterstock; **245** Shutterstock; **247** (T) Helen Marsden christmassowhite/DigitalVision/Getty Images, (C) 21singha/Shutterstock, (B) Engel Ching/Alamy Stock Photo; **248** Leonori/Shutterstock, Gts/Shutterstock, Sarawut Aiemsinsuk/Shutterstock; **289** Winai Tepsuttinun/Shutterstock; **291** (T) Chesh/Alamy Stock Photo, (B) Irina Fischer/ Shutterstock; **292** (T) Vovan/Shutterstock, (B) Ron Zmiri/ Shutterstock; **345** Somdul/Shutterstock; **347** (T) Pixpack/123RF, (C) Delpixel/Shutterstock, (B) Dobermaraner/Shutterstock; **348** 5second/123RF, Elena Zajchikova/Shutterstock; **385** Turbojet/Shutterstock; **387** (T) Oliveromg/Shutterstock (B) Daniel Mortell/123RF; **388** (T) Inna Reznik/Shutterstock (B) Robert F. Leahy/Shutterstock; **429** Andrey Pavlov/Shutterstock; **431** (T) Nattawat Kaewjirasit/Shutterstock, (C) Africa Studio/ Shutterstock, (B) Evru/Shutterstock; **432** Anatoli Styf/ Shutterstock, Romsvetnik/Shutterstock; **461** Eugene Sergeev/ Shutterstock; **463** (T) Robert McGouey/Alamy Stock Photo, (B) ESB Professional/Shutterstock; **464** (T) Olga Ezdakova/ Shutterstock, (B) Milena Ugrinova/Shutterstock; **505** Michael Flippo/Fotolia; **507** (T) Monkey Business Images/Shutterstock, (C) Africa Studio/Shutterstock, (B) Stanislav Samoylik/ Shutterstock; **508** Tomertu/123RF, Berke/Shutterstock; **545** Singkham/Shutterstock; **547** (T) Jean-Paul Chassenet/123RF, (B) Guy Bell/REX/Shutterstock; **548** (T)Wavebreakmediamicro/123RF, (B) Giannimarchetti/ Shutterstock.